ı Habsburger

Fernando II.
v. Aragón
* 1452, † 1516

Catalina ∞ (1) Arthur
† 1536 v. Wales, † 1502
∞ (2) Heinrich VIII.
v. England † 1547

Juana (Johanna)
* 1479, † 1555
∞ **Philipp I. d. Schöne**
v. Kastilien
* 1478, † 1506
f. 1504

I.

ɪ.
ich

Catalina ∞ Juan III.
† 1578 v. Portugal
† 1557

Ferdinand I.
dt. Kaiser
* 1503, † 1564
f. 1558

∞ Maximilian II.
dt. Kaiser
* 1527, † 1576
f. 1564

Juana ∞ Juan
† 1573 v. Portugal
† 1554

Juan
de Austria
† 1578

ɛe
ɾeich, † 1611

Isabella Clara Eugenia ∞ Albert
† 1633 v. Österreich, † 1621

Eberhard Horst

Die spanische Trilogie

Eberhard Horst

Die spanische Trilogie

Isabella – Johanna – Teresa

Claassen

CIP-Titelaufnahme der Deutschen Bibliothek
Horst, Eberhard:
Die spanische Trilogie: Isabella – Johanna – Teresa /
Eberhard Horst. – Düsseldorf: Claassen, 1989
ISBN 3-546-44784-0

Gesetzt aus der Garamond Stempel, Berthold
Satz: Dörlemann-Satz, Lemförde
Papier: Papierfabrik Schleipen GmbH, Bad Dürkheim
Druck und Bindearbeiten: Ebner Ulm
Printed in Germany
ISBN 3-546-44784-0

Im Gedenken an Oda Schaefer

In jeder Epoche muß versucht werden, die Überlieferung von neuem dem Konformismus abzugewinnen, der im Begriff steht, sie zu überwältigen.

Walter Benjamin

Einleitung

Die Riesen von Valladolid

In Valladolid stand ich vor der Fassade von San Pablo, versuchte zwischen den beiden Ecktürmen die Fabeltiere, Wappen und Figuren der spanischen Geschichte zu entziffern, als ich von fern rhythmische Trommelschläge hörte. Aus der Seitenstraße zogen die Gigantones auf den großen freien Platz vor der Kirche der Dominikaner. Kinder folgten dem Aufzug der Riesengestalten, die gut vier Meter hoch auf Stelzen gingen, steif und feierlich im bodenlangen buntsamtenen Königsornat. *Los Reyes Católicos,* sagte neben mir eine alte Frau, wiederholte es lispelnd, doch eifrig, weil ich nicht gleich reagierte.

Ein Bild, das sich einprägte, das ich noch ein paar Mal bei festlichen Anlässen sah, in Santiago de Compostela oder Valencia. In Märchenfiguren ein Stück zentraler spanischer Geschichte: die *Reyes Católicos,* die Katholischen Könige Fernando und Isabel, die auch als Isabella von Kastilien bekannt ist, im Buch aber ihren spanischen Namen tragen wird, die dem *Siglo de Oro,* Spaniens Goldenem Jahrhundert, den Weg bereiteten. In ihrem Gefolge je ein Vertreter der fernen, jenseits der Ozeane lebenden Völker. In den gigantischen Stelzenpuppen blieb der Traum von Weltmacht und dem Reich, in dem »die Sonne nicht unterging«, dem Gedächtnis der Nachfahren erhalten.

Märchen haben ihren eigenen Sinn. Natürlich ging auch im großspanischen Reich die Sonne unter. Die Kühnheit, mit der stellvertretend für den ganzen Erdkreis die rot- und schwarzhäutigen oder gelb- und weißgesichtigen Figuren als Untertanen der spanischen Majestäten auftreten, spricht für eine stolze und naive Verbundenheit mit der eigenen Geschichte. Märchenhaft waren die Anfänge, waren die Höhepunkte dieser Geschichte, und etwas davon verkörpert der Aufzug der Gigantones. Doch gehört auch zum Märchen das unter Ornaten versteckte Böse, das unermeßliche Abgründe aufreißt.

Beinahe harmlos, ganz dem Privaten angehörend, der Anfang: die Geschichte von der Prinzessin und dem Prinzen, die nicht zueinander kamen, weil der Stiefbruder der Prinzessin in Kastilien herrschte. Der aber hatte andere Ehepläne mit der Königstochter.

In ihrer Not sandte die Achtzehnjährige ihrem erwählten Prinzen im Nachbarland Aragón eine geheime Botschaft. Der Prinz kam, auf abenteuerlichen Wegen, verkleidet als Maultiertreiber, um den Häschern zu entgehen. Einmal wäre er beinahe dem Steinwurf eines übereifrigen Stadtwächters zum Opfer gefallen. Das war am Stadttor von Burgo de Osma, des ersten kastilischen Ortes. Einige Tage später, im Schutz der Dunkelheit, erreichte der Prinz Valladolid. Im Haus des befreundeten Juan de Viveros begegnete sich das Paar zum ersten Mal und konnte dort Hochzeit feiern, geheim. So begann die Geschichte von Isabel und Fernando, ein Anfang, den Don Miguel de Cervantes hätte erfinden können.

Isabel war nicht von zierlicher Schönheit wie andere zeitgenössische Königstöchter, deren Bildnisse wir kennen. Ihr rundes, volles Gesicht, ihre mittelgroße, kräftige, etwas plumpe Statur erinnern eher an eine *campesina*, eine Landfrau. Dem widersprechen nur Isabels zarte, helle Haut, ein Erbe ihrer Familie, der Trastámara, und die blonden, ins Rötliche spielenden Haare. Sie saß gut im Sattel, schon als junge Frau. Sie beschämte durch körperliche Zähigkeit und Energie manchen Mann. Ihre Augen, die blaugrünen Trastámara-Augen, blicken unbeirrbar, klug, zielgerichtet. Sie sprechen aus, was man ohnehin von Isabel weiß. *Sie,* die Achtzehnjährige, hat den aragonesischen Prinzen, der ihr an einem milden Herbsttag im Jahr 1469 im Stadtpalast der Viveros gegenübersteht, gerufen. *Sie* hat den Heiratsvertrag aufgesetzt, um von vornherein Klarheit über ihre Kronrechte zu schaffen. Fernando hatte die »Capitulationes«, den Ehevertrag, einen Monat zuvor ohne Einspruch unterschrieben.

Was hat die beiden zueinander gezogen? War es mehr als das erwartete beiderseitige Thronerbe, die erhoffte Vereinigung von Kastilien und Aragón? Es fällt schwer, die Frage schlüssig zu beantworten. Auch ihm, Fernando, dem schwarzhaarigen Aragonesen, schmeicheln die Porträtisten nicht, wenn sie später seinem Gesicht derbe, verschlagene, genußsüchtige Züge geben. Doch wird das junge Paar, das einander durch Bilder und vom Erzählen kannte, nicht ganz ohne gegenseitige Anziehungskraft gewählt haben.

Es muß Isabel imponiert haben, wie der aragonesische Infant keine Abenteuer und Gefahren scheute. Zerlumpt und in den Herbergen schlecht behandelt, kam er aus Zaragoza zu seiner Novia. In jenen Herbsttagen in Valladolid wußte sie nicht, daß ihr Märchenprinz, der etwas kleiner war als sie und fast ein Jahr jünger, bereits Vater war. Noch weniger ahnte sie etwas von Fernandos künftigen Liebschaften. Nichts ahnte sie von den wenigstens fünf Bastarden, die er später ihrem eher strengen Moraldenken zumuten würde. Sie lernte Fernandos Schwächen kennen, doch offensichtlich überwand ihre Liebe zu ihm alle Skrupel, wie ihr Verhalten in Krisenzeiten und noch die Abfassung ihres Testaments beweist.

Nur in einem Punkt ließ sie nicht mit sich handeln, in der Wahrung ihrer kastilischen Thronrechte. Der Ehevertrag war erst der Anfang. *Yo la Reina,* Ich die Königin, wird sie die königlichen Dokumente unterzeichnen, die Königin gleichberechtigt neben dem König, *Isabel como Fernando.*

Nach dem Eheschluß der beiden Siebzehn-Achtzehnjährigen beginnt die Geschichte des Königspaars. Die einzelnen Phasen sind bekannt, denn sie gehören zur übergreifenden Geschichte Europas und der Neuen Welt. Das bettelarme Hochzeitspaar, das nur mit geliehenem Geld die Hochzeitstafel bestellen konnte und noch im Folgejahr Geld zur Bezahlung einer kleinen Leibwache erbetteln mußte, war auch in der Glanzzeit oft genug auf die Hilfe der reicheren Feudalherren angewiesen.

Aber diesen beiden, ihrem jugendlichen Trotz, ihrer Zähigkeit, ihrer mit den Jahren reifenden staatspolitischen Klugheit, verdankt Spanien die politische Einigung und den Aufstieg zur Weltmacht. Spanien und die Hispanidad wurden durch sie geschaffen. Mit ihrem Einzug in Granada und der Schlüsselübergabe des letzten Maurenkönigs Boabdil beendeten Isabel und Fernando die siebenhundertjährige Rückeroberung Spaniens, die Reconquista. Durch die Entsendung von Kolumbus, des Cristóbal Colón, und die Entdeckung der Neuen Welt gewann Spanien neues Land und profitierte von den Gold- und Silberschätzen der fremden, zu Untertanen gemachten Völker. Spanien glaubte zu profitieren und stürzte sich selbst und andere Völker in ein Abenteuer, das nach der Verschleuderung der ersten Gewinne unaufhaltbar auf den Bankrott seiner geistigen, politischen und wirtschaftlichen Erwartung zusteuerte.

Aber noch überwog der Glaube an das Machbare und wurde bestätigt. Zwei Jahre nach der Entdeckung Amerikas verlieh der Papst dem Königspaar den Titel *Reyes Católicos,* Katholische Könige. Die in der Geschichte der römischen Kirche einzigartige Ehrung sollte Fernandos und Isabels Verdienste um den christlichen Glauben anerkennen. Die Kirche bestätigte die Gleichstellung Isabels im Rang und Verdienst neben Fernando, während

für die zeitgenössischen Theologen und Autoren das »unvollkommene Wesen« der Frau allein in der Unterordnung und im häuslichen Dienst Erfüllung fand.
In Spanien noch stärker als anderswo widersprach die resolute, selbstbewußte politische Aktivität einer Frau und deren offizielle Hervorhebung dem Zeitempfinden. Diese lautlose Revolution wird auch dadurch nicht erklärbarer, daß Isabel als kastilische Thronerbin nach dem Tod ihres Stiefbruders, des Königs Enrique, die Krone des zentralen spanischen Königreichs trug.
An Versuchen, zu relativieren und die Verdienste König Fernandos hervorzuheben, hat es nicht gefehlt. Gewiß wären ohne die Partnerschaft die politischen, militärischen, wirtschaftlichen Erfolge der Reyes Católicos undenkbar. Fernandos Tüchtigkeit ist unumstritten: in der Bündnispolitik; in der Kriegführung und persönlicher Tapferkeit; im Umgang mit den kastilischen, aragonesischen Adeligen oder in der Geschicklichkeit, mit der er bestimmte Interessengruppen befriedigte und dienstbar machte. Hier allerdings, wenn es um nutzenbringende Absprachen und Verträge ging, schlug Fernandos politische Schlauheit oft genug um in pure unehrenhafte List und willkürliche Vertragsbrüche. Nicht ohne Grund sieht Machiavelli in ihm den idealen Fürsten. Nur, wenn der Florentiner Machiavelli die Taten Fernandos »alle groß und einige außerordentlich« nennt, so trifft das Außerordentliche weniger auf Fernando als auf Isabel zu.
Isabel führte die Staatsgeschäfte aus intuitivem und nicht selten genialem Antrieb. Sie wußte, was sie erreichen wollte und welche Mittel einzusetzen waren. Aber politisches Handeln wurde bei ihr zur Staatskunst und übertraf an Weitsicht und Mut unvergleichlich Fernandos Tüchtigkeit, die immer auch etwas mit Berechnung oder Arglist zu tun hatte.
Manche Entscheidungen, die Isabel mit Fernando traf oder allein verantwortete, waren ein Ärgernis und können heute noch

weniger als damals gutgeheißen werden. Dennoch wird man der Königin nicht nur staatspolitische Führungskraft, sondern ebenso persönliche charakterliche Stärke zugestehen müssen. Isabel war die treibende Kraft und neben Fernando die in jeder Hinsicht Stärkere, so daß kastilische Adelige den König spöttisch *Rey jupon*, König Unterrock, nannten. Das war nicht selbstgefälliger Spott, mit dem die Kastilier den Aragonesen herabsetzen wollten. Es war das Verhältnis der beiden, das zum Spott verführte.

Zu keiner Zeit ließ Isabel Zweifel an ihrer Liebe aufkommen, im Gegensatz zu Fernando, der sich in seinen Liebeshändeln ungeniert freizügig benahm. Derbe Genußsucht und ein Mangel an innerer wie äußerer Wahrhaftigkeit waren seine Schwächen.

Wie sehr Isabel ihren geliebten Mann in persönlichen Krisenzeiten und in allen menschlichen Belangen stützte, zeigte sich nach ihrem Tod in krasser Weise. Fernando versagte, menschlich wie staatspolitisch. Selbst seine positiven und von Machiavelli gerühmten Fähigkeiten, seine diplomatische Schlauheit oder seine Feldherrnkunst, verkümmerten mit den Jahren.

Als ihm Isabel fehlte, entpuppte er sich als skrupelloser Verfechter seiner Machtgier, anfangs noch mit der ihm eigenen Geschicklichkeit, später grob und verleumderisch. So jedenfalls verhielt er sich gegenüber seiner und Isabels Tochter Juana, die auch als Johanna die Wahnsinnige bekannt ist, der legitimen kastilischen Thronerbin, die ihrem Vater auf rührende Weise zugetan war.

Juana erbte die kastilische Krone, weil der einzige Sohn der Katholischen Könige – Isabel nannte ihn zärtlich *mi ángel*, mein Engel, – neunzehnjährig starb. Mit Juana, die am Todestag ihrer Mutter fünfundzwanzig Jahre alt war, beginnt ein neues Kapitel spanischer Geschichte, ein zwischen menschlicher Tragik und rührender Melodramatik schwankendes, in seiner furchtbaren Hintergründigkeit bis heute ungeklärtes Zwischenstück.

Wie zu keiner Zeit sonst und nirgendwo in Europa mischen sich am Ende des fünfzehnten und im sechzehnten Jahrhundert in Spanien Märchenhaftes und harte Realität. Unvorstellbares, die kühnsten Träume und jegliche Phantasie übertreffend, stieg herauf und drängte in rascher Abfolge in das zwar von manchen Stürmen heimgesuchte, doch im Grunde religiös und existentiell gefestigte Weltbild der Spanier. Die Eroberung Granadas beendete nicht nur die ersehnte Wiedereroberung. Sie führte auch zu einer großen innerspanischen Problematik. Welche Perspektiven, als sich Nord- und Mittelspanien mit dem islamisch geprägten Andalusien verband! Ganz Spanien war nun den Katholischen Königen untertan. Doch das muselmanische, das maurische Element, sieben Jahrhunderte lang verwurzelt in allen Bereichen des Lebens, in der Kultur, Kunst, Wirtschaft und im Alltag, wirkte weiter. Wie konnte das ausdrücklich christlich-katholische Spanien, wie wollten die für das staatliche und religiöse Zusammenleben Verantwortlichen und das einfache Volk mit diesem Problem fertig werden?
Die Entdeckung Westindiens führte zum Zusammenstoß mit der fremden, exotischen, jegliche Vorstellungskraft überfordernden Neuen Welt. Deren Völker galten nach zeitgenössischer spanischer Auffassung als Barbaren. Ihre Unterwerfung durch die spanischen Eroberer und die christliche Taufe sollten zu ihrem Heil dienen. Doch die Konquistadoren, viele, die guten Willens in den engen Laderäumen der Karavellen den Ozean überquerten, handelten barbarischer als Barbaren, getrieben von Habsucht, von der Gier nach den sagenhaften Schätzen der Eingeborenen oder nach Reichtum aus dem Menschenhandel.
Zur Charakterisierung der Königin Isabel gehört ihr Ende 1503 dem Statthalter der westindischen Insel Hispaniola zugesandter Befehl, das »gute Recht« der Einheimischen, die »freie Menschen und keine Hörigen« seien, zu wahren. Nochmals, wenige

Tage vor ihrem Tode, verfügte sie in ihrem Testament, die Indianer »gut und gerecht« zu behandeln und daß entstandener Schaden gutzumachen wäre. Angesichts der realen Vorgänge war das eine der erstaunlichsten Verfügungen der Königin.

Der Kronerbin, Isabels Tochter Juana, wurden Befehle oder Anweisungen dieser Art nicht abverlangt. Was man oberflächlich von Juana weiß, bezieht sich auf ihren Beinamen *la Loca*, die Wahnsinnige, und auf eine makabre Geschichte. Beides ging, vielfach entstellt und mehrdeutig, in die Geschichtsbücher ein. Es handelt sich um eine Episode, die von romantischen Gemütern allzu gern ungeprüft weitergegeben wurde, beliebtes Motiv der Historienmalerei:

Die junge Juana, in neunjähriger Ehe bis zur Tollheit und rasend vor Eifersucht in ihren Mann, Philipp den Schönen, verliebt, hingelagert am Totenbett des Frühverstorbenen, schon vom Wahnsinn gezeichnet. Juana, wie sie im düsteren nächtlichen Pomp, begleitet von fackeltragenden Mönchen, mit dem Sarg ihres Mannes über die spanischen Straßen zieht, wie sie den Sarg öffnen läßt, mehrmals, um sich vom Vorhandensein des Leichnams zu überzeugen oder ihn gar zu liebkosen. Juana die Wahnsinnige, *loca de amor*, wahnsinnig vor Liebe, zweieinhalb Jahre nach Philipps Tod von ihrem Vater Fernando nach Tordesillas befohlen, eingesperrt ein langes Leben unter grausamen, qualvollen Bedingungen.

Was bleibt als Wahrheit, wenn wir versuchen, das Legendäre, das romantisch Ausfabulierte oder aus welchen Gründen auch Hinzugefügte abzutragen?

Die zeitgenössischen Bildnisse stehen in den Bücherregalen meines Arbeitszimmers vor und neben mir: Juana und Philipp der Schöne mit gepflegtem, in den Nacken fallendem Blondhaar, mit skeptischem Mund und umschleierten Augen; Juanas von allen

geliebter Bruder Juan, der eher den Beinamen *der Schöne* verdient hätte, dessen viel zu früher Tod sie zur Königin machte und der in Santo Tomás in Avila unter einem weißen Marmorberg begraben liegt; Juanas königliche Eltern Isabel und Fernando und andere aus der Dynastie, aus der Lebenswelt ihrer Zeit. In ihren Gesichtern kann ich lesen. Die Bildnisse sind mir ebenso wichtig wie die überlieferten Äußerungen, wie Berichte und Briefe von Zeitgenossen oder das in den Chroniken Überlieferte. Ich versuche, eine Verbindung herzustellen zwischen den Gesichtern und der schriftlichen Überlieferung. Die Gesichter trügen nicht.
Juanas Bildnisse machen glaubhaft, daß sie von einigen schönste Prinzessin Europas genannt wurde. Als zierliche Schönheit mit ovalem, zartem Gesicht, mit hochgeschwungenen Brauen über den dunkelblauen Augen und dem noch mädchenhaften Mund verkörpert sie ein Idealbild ihrer Zeit. Ein Schimmer von Melancholie liegt in ihren Augen. Auf einem der Bilder hat sie ihre feinen, weißen Hände ineinandergelegt, unmädchenhaft, fast schon eine Geste früher Ergebenheit und Müdigkeit.
Sie soll eine anmutige Tänzerin gewesen sein. Sie liebte die Musik und spielte selbst mit großem Vergnügen Clavichord und Gitarre. In den Künsten und Disziplinen ihrer Zeit war sie außerordentlich gebildet, war sprachengewandt, perfekt im Französischen und im Lateinischen. Aber offensichtlich wurde ihre zarte Psyche schon als Kind und Mädchen überfordert. Das begabte und deswegen Besuchern zuweilen vorgeführte Mädchen reagierte eigensinnig, abweisend, exzentrisch oder flüchtete irgendwohin, wollte niemanden sehen. Nach ihrer Heirat wird sich ihre Verschlossenheit oder ihre jäh ausbrechende Schroffheit noch schärfer bemerkbar machen. Ein Verhalten wie zum Selbstschutz, ein Schild zur Abschirmung ihrer inneren Verletzlichkeit, ihrer geistigen und körperlichen Labilität.

Juana verfügte nicht über die Robustheit ihrer Mutter Isabel. Vielleicht war sie erblich belastet durch ihre gemütskranke Großmutter Isabel von Portugal, die in Arévalo in geistiger Umnachtung starb. Doch deuten alle Anzeichen viel eher auf eine extreme Empfindsamkeit.

Sie war oft schwanger, und es ist merkwürdig, daß diese anfällige, übersensible junge Frau in neunjähriger Ehe sechs lebende Kinder zur Welt brachte und daß jedes Kind später durch Erbfolge oder Heirat in einer der Herrscherfamilien Europas den höchsten Rang einnahm. Juanas beide Söhne wurden deutsche Kaiser, Karl V. und Ferdinand I. Ihre vier Töchter wurden Königinnen von Portugal, von Böhmen und Ungarn, von Dänemark und von Frankreich. Spanien wird durch Juana zum Schoß der europäischen Dynastien.

Ihre »schaurigen Nachtfahrten« quer durch Spanien mit dem Leichnam Philipps, das »wiederholte Sargöffnen« (Karl Brandi) basieren auf romantischer Übertreibung oder auf Vorurteilen. Bei genauer Prüfung der Berichte ist der Hergang wesentlich einfacher.

Juanas Entscheidungen waren vernünftig und folgerichtig. Alles, was auf ein mögliches Irresein hindeutet, stützt sich auf den fragwürdigen Bericht eines Höflings aus Philipps Gefolge. Nach Philipps Tod lag seinen Anhängern daran, Juana als regierungsunfähig darzustellen. Und noch jemand betrieb das mit größerer Raffinesse und scheute dabei nicht Arglist und schließlich brutale Gewalt: ihr eigener Vater Fernando.

Zweifellos überstieg die physische und mehr noch die psychische Belastung in den Wintermonaten nach Philipps Tod Juanas Kräfte. Schon einer robusteren Natur hätte diese Überforderung zugesetzt. So jedenfalls wird verständlich, daß Juana den Überredungskünsten ihres aus Italien zurückgekehrten Vaters vertraut und ihm gutgläubig die Regierungsgewalt in Kastilien überläßt.

Glaubt man zeitgenössischen Berichten, war Fernando ein um sie besorgter, sogar liebevoller Vater. War aber Fernando nicht derjenige, der Juana offiziell als Wahnsinnige bezeichnet und ihr später ebenso offiziell klaren Verstand bescheinigt? Die eine wie die andere Erklärung entsprach allein seinem eigenen machtpolitischen Kalkül. Nach Isabels Tod schob Fernando, solange er lebte, die ihm blindlings ergebene, im politischen Spiel unkundige Thronerbin wie eine Schachfigur in die Position, die ihm am ehesten gefiel. Sein Meisterzug gelang ihm, als er Juana überredete oder sie zwang, nach Tordesillas zu ziehen und im Kastell am Hochufer des Duero Wohnung zu nehmen.
Nun war es leicht, die reizbare, labile und zur Hysterie neigende Juana zu überwachen, als Gefangene zu halten und sie des Wahnsinns zu bezichtigen oder allmählich in den Wahnsinn zu treiben.
Sie weiß nicht, daß sie über sechsundvierzig lange Jahre, zuletzt nur noch vegetierend, eingesperrt bleibt, hilflos rohen Bewachern ausgeliefert. Welche furchtbaren Szenen sich hier abspielten, hinter den Mauern des Gefängnispalastes, wird nie ganz aufzudecken sein. Es gibt wenige glaubhafte, zuweilen widersprüchliche Berichte. Öfter muß man zwischen den Zeilen lesen, denn zwangsläufig stammen die meisten Aussagen von den Bewachern, den Zuchtmeistern der Eingesperrten.
Sie wurde isoliert, jeglichem Kontakt mit der Außenwelt entzogen. Keine Nachricht erreichte sie, weder vom Tod ihres Vater (davon hörte sie erst vier Jahre später) noch von ihren Kindern (abgesehen von der letztgeborenen Tochter, die zunächst bei ihr sein durfte). So unterschiedlich die Berichte auch sind, eines lassen sie unschwer erkennen: wie die Bewacher, von ihrem Auftraggeber befohlen oder durch ihn gedeckt, die ihnen ausgelieferte Juana seelischen und körperlichen Qualen aussetzten, die selbst einen gesunden Menschen nach zehn, fünfzehn, zwanzig

Jahren in apathisches Vegetieren oder in den Wahnsinn hätten treiben müssen.
Je länger mich das Verhalten der Beteiligten beschäftigt, je länger ich deren Bildnisse betrachte und die Berichte gegeneinanderhalte, um so mehr festigt sich ein schrecklicher Verdacht. Fast scheint es so, als habe die Tochter zu büßen, was ihre Mutter Isabel, *Yo la Reina*, über das einer Frau gebotene Maß hinaus beanspruchte und ihrem königlichen Mann an intuitiver staatspolitischer Führungskraft und Charakterstärke voraushatte. Nahm Fernando am Ende, vielleicht unbewußt, Rache dafür, daß ihn Isabels überragende Persönlichkeit oft genug in den Schatten stellte? Fernando vor allem nutzte Juanas Schwäche und Unerfahrenheit, um sich selbst der kastilischen Regentschaft zu bemächtigen.
Aber nicht nur Fernando, auch die beiden anderen nächstverwandten Männer betrieben dieses ausgeklügelte Spiel um eigene Macht, das allein Sieg versprach, wenn die Königin vom Spielfeld verschwand, zur Geisteskranken erklärt und demnach regierungsunfähig. Nachweislich zweckgebundene verleumderische Behauptungen dieser Art ließ schon Philipp der Schöne über seine Frau verbreiten. Und selbst Juanas Sohn Carlos, der spätere Kaiser Karl V., hat nur eines im Sinn, Juana »vom Thron fernzuhalten« (Johan Brouwer) und so schnell wie möglich die kastilisch-aragonesische Krone zu erlangen. Das zeigte sich schon, als der siebzehnjährige Carlos im Jahre 1517 seine Mutter in Tordesillas besuchte und alles unternahm, um die über Juana verhängte Verdammung dauerhaft zu machen.

Zur gleichen Zeit wuchs in Avila, in der adeligen Familie der Cepeda y Ahumada – wie Vater- und Muttername lauteten –, das Kind Teresa heran. Resolut muß schon die kleine Teresita gewesen sein. Die Siebenjährige stiftete ihren vier Jahre älteren

Bruder Rodrigo an, mit ihr ins »Maurenland« zu ziehen und dort das Martyrium zu erleiden. Die beiden hatten bereits, außerhalb der Stadtmauer, das Flüßchen Adaja überschritten, als ihr Onkel sie einholte und ins Elternhaus zurückbrachte.
Hätten die Kinder von der steinernen Brücke ein Rindenstück der Korkeiche mit einer Botschaft in die Adaja hinuntergeworfen, ihr primitives Schiffchen wäre noch am selben Vormittag an Tordesillas, unterhalb der Palastfenster der eingesperrten Juana, vorübergeschwommen. Denn die Adaja fließt nach Norden, streift das Städtchen Arévalo, wo Isabel ihre Kindheit verbracht hatte, und mündet in den nach Westen strömenden Duero.
Das Unternehmen, von dem Teresa in ihrer Lebensgeschichte erzählt, klingt wie im Märchen. Doch nichts wäre mißverständlicher als eine romantische Verharmlosung der pilgernden Kinder oder die Behauptung, hier rühre sich schon im zärtlich Teresita gerufenen Kind die künftige Heilige. Der kindliche Glaubens- und Missionseifer entsprach einer bitteren Realität, dem Mitgerissensein von einer religiös-politischen ideologischen Strömung, die damals alle Lebensbereiche erfaßt und die die Katholischen Könige, Isabel vor allem, ins Leben gerufen hatten. Sie hatten das Land politisch geeint, mit der Besiegung der islamischen Mauren die Grundlage für die Glaubenseinheit geschaffen und in ihrem Namen überquerten Eroberer und Missionare den Ozean.
Im Taumel der außerordentlichen Erfolge führte das Einheitsstreben einer ideologisch geschlossenen, insofern auch unduldsamen Staatsgemeinschaft unmittelbar zum Verlangen nach absoluter Reinheit und totaler Vernichtung aller störenden, ketzerischen Elemente. So kam es zur Ausweisung ganzer Volksgruppen, der andersgläubigen Mauren und Juden. Zur Reinerhaltung des Glaubens entstand die Inquisition, die durch Befragung angeklagter Abweichler der Ausrottung ketzerischer Umtriebe dienen sollte. Die zahlreichen Juden, die zum Christentum übertraten

und darum *Conversos* genannt wurden, wurden überprüft, ob sie sich aus wahrer Glaubensüberzeugung oder wegen materieller Vorteile hatten taufen lassen.
Bereits um 1200 forderte Papst Innozenz III. den Gebrauch des »weltlichen Schwertes« gegen Ketzer, wenn das »geistliche Schwert« keine Umkehr erzwingt. Schon sein zweiter Nachfolger, Gregor IX., berief einen »außerordentlichen und ständigen Gerichtshof zur Untersuchung der Ketzerei«, also ein Inquisitionstribunal. Aber auch von sich aus ahndete der spätmittelalterliche Kaiserstaat Ketzerei als Staatsverbrechen, weil der vom rechten Glauben Abweichende an den Fundamenten der gottgegebenen Ordnung rüttelte.
Inquisition und Strafmaßnahmen der weltlichen Macht gegen Ketzer sind keine spanische Erfindung. Sie sind auch keine ausschließlich persönliche Einrichtung der Katholischen Könige, sondern haben auch in Spanien ihre Vorgeschichte. Sie wurden getragen von einer breiten, mehrheitlichen und meinungsbildenden Strömung in der Bevölkerung und wären ohne deren mitreißende Gewalt nicht zustandegekommen. In die zentrale Strömung, ausgerichtet auf totalitäre Glaubensreinheit, einer Art Fundamentalismus, mündeten andere, kleinere Strömungen. Im Falle der Juden, die ja meist als geschickter, tüchtiger, reicher galten und vielfach der Oberschicht, zumindest der Mittelschicht angehörten, rührte sich Neid, Haß, verbunden mit sozialökonomischen Umschichtungserwartungen zum eigenen Vorteil.
Dieser ganze irrational aufgeladene Komplex schuf auch anderswo im spätmittelalterlichen Europa Spannungen, die nicht selten in rohe Gewalt oder in Pogrome ausarteten. Aber nirgendwo anders als in Spanien erhielt die Inquisition, erhielten die Maßnahmen gegen Abtrünnige und Andersgläubige ihre kennzeichnende, in das Leben des einzelnen wie in das Leben des gesamten Volkes einschneidende Radikalität.

Teresa von Avila war eine Betroffene. Sie stammte väterlicherseits aus einer jüdischen Familie. Ihr Großvater war ein zum Christentum konvertierter Jude, der damit zu den verdächtigen Conversos gehörte und der sich in Toledo vor dem Inquisitionstribunal verantworten mußte.

Nach jahrhundertelangem Schweigen brachte erst 1946 die Veröffentlichung von Prozeßakten und ein Jahrzehnt danach das Erscheinen einer Neuen Genealogie volle Gewißheit über die jüdische Abstammung Santa Teresas. Möglicherweise besteht ein Zusammenhang zwischen ihrer Herkunft und ihrem Werk, das sich in mystischer Gottbezogenheit wie im resolut erfüllten Menschenwerk vollendet. Um so merkwürdiger wirkt der Hinweis, daß die neuen Erkenntnisse von Teresas eigenem Orden »nur sehr zögernd und offensichtlich widerstrebend akzeptiert werden«, wie ein dem Karmeliterorden angehörender Theologe noch 1978 schrieb. War es noch immer ein Makel, daß die Heilige nicht zu den reinen Altchristen gehörte?

Zu Teresas Lebzeiten war die jüdische Abstammung in der öffentlichen Meinung ein Makel, eine Befleckung der Ehrwürdigkeit, der Ehre. Geachtete christliche Männer bemühten sich um gerichtliche Bestätigung der *limpieza de sangre*, der Reinheit des Blutes, oder unternahmen alles, um als glaubensüberzeugte Conversos anerkannt zu werden.

Als Teresa noch ein Kind war, hatten die Cepeda einen Prozeß angestrengt, um ihren durch die jüdische Herkunft gefährdeten niederen Adel zu verteidigen. Der mehrjährige Prozeß, dessen Akten auch das Bekenntnis des konvertierten Großvaters enthalten, endete 1522 durch den positiven Bescheid der Stadt Avila. Im selben Jahr wollten die Kinder Teresita und Rodrigo über die Adajabrücke ins Land der Mauren ziehen. Sie konnten nicht ahnen, wie sehr ihre Zukunft vom Ausgang des Prozesses abhing.

Teresa selbst hat sich später als Klostergründerin bei der Aufnahme von Novizinnen der öffentlichen Meinung nicht gebeugt. Galten in der spanischen Gesellschaft die Fragen nach der Ehrwürdigkeit, nach jüdischer oder »vornehmer« Abstammung als lebens- und zukunftsbestimmend, so reagierte Teresa in ihren Schriften eher ironisch. »Gott befreie euch, Schwestern, von derartigem Geschwätz und sei es auch nur zum Scherz ...«, »Gott befreie uns von Klöstern, in denen es einen solchen Ehrenkodex gibt.«

Als in Tordesillas die von ihrem Vater, Ehemann und Sohn verratene, von den Bewachern und ihren Einbildungen gequälte Königin Juana starb, stand Teresa im vierzigsten Lebensjahr. Sicherlich wußte sie vom Schicksal der unglücklichen Königin, zumindest von deren letzter Lebenszeit. Derselbe Jesuitenpater, der im Frühjahr 1554 Juana besucht hatte und der im April des nächsten Jahres der Sterbenden beistand, reiste anschließend nach Avila, zu einem Gespräch mit der Karmelitin Teresa. Es war der vierundvierzigjährige Francisco de Borja (Franz von Borgia), ehemals Fürst von Gandía, nun Priester der Gesellschaft Jesu, ein Geistlicher, dem Juana wie keinem anderen vertraute. Es ist undenkbar, daß das bewegende Schicksal der Königin im Gespräch mit Teresa unerwähnt blieb.
Genau in dieser Zeit, 1554, fand die Nonne Teresa de Ahumada im Kloster *de la Encarnación* in Avila zu ihrer inneren Freiheit, die sie zur mystischen Gotteserfahrung befähigte. Aber dies, das verinnerlichte und zunächst ja sie selbst betreffende Ereignis blieb nicht auf ihr eigenes Klosterleben beschränkt, auf ihre der Welt entrückte Selbstverwirklichung. Teresas, von ihr selbst beschriebenes und datiertes Bekehrungserlebnis, das ihr Leben radikal veränderte und einen neuen Anfang bedeutete, erwies sich gerade darin als wirksam, als sie mit der Gotteserfahrung

zugleich eine neue, intensivierte Beziehung zu der sie umgebenden menschlichen Realität gewann.
Jetzt erst, bestärkt durch das Lesen der *Bekenntnisse* des Augustinus, begann die Geschichte ihrer Gottesfreundschaft, die zugleich die Geschichte ihrer Menschenfreundschaft ist. »Denn ob wir Gott lieben«, sagt sie ihren Mitschwestern, »kann man nicht wissen, obwohl es Anzeichen dafür geben mag. Aber die Liebe zum Nächsten ist erkennbar. Und glaubt mir: je weiter ihr in dieser fortschreitet, um so mehr wächst eure Liebe zu Gott.«
Den Kirchenoberen war die Sonderart der teresianischen Gottesfreundschaft verdächtig. Unheimlich war ihnen die Nonne, die ihre Zelle verließ und im zweirädrigen Eselskarren über die steinigen spanischen Straßen fuhr, landauf, landab bis hinunter nach Sevilla, um ihre Klöster zu gründen und ihre Vorstellungen eines reformierten Karmeliterordens zu verwirklichen. »Ruheloses, streunendes Weib«, nannte sie der päpstliche Nuntius. Ungeheuerlich war es allerdings, wie die große, mit den »Dingen der Seele« vertraute Mystikerin nun einen praktischen Realitätssinn entwickelt, wie sie Kontemplation und äußere Aktivität, eine handfeste, lebenskluge Diesseitigkeit verbinden konnte. »Wir sind keine Engel, sondern haben einen Leib. Es wäre töricht, aus uns Engel machen zu wollen, die wir auf der Erde sind«, schreibt sie in ihrer Lebensgeschichte.
Es war Teresas unvergleichliche Gabe, ihren Elan vital mit ihrer Spiritualität zu vereinen und sich zudem in ihren Schriften mitzuteilen, in psychologisch genauer, rückhaltloser Selbsterkenntnis Worte zu finden für ihr innerstes Erleben. Sie schrieb nicht aus literarischem Antrieb, sondern erzwungen von ihren Beichtvätern, zur Selbstprüfung und zur beispielgebenden Unterweisung ihrer Mitschwestern. Doch summierten sich ihre, in ihrer schönen temperamentvollen Handschrift geschriebenen Erfahrungsberichte, ihre ratgebenden und mystisch eindringli-

chen Texte zu einem literarischen Kunstwerk, das in der Weltliteratur seinen eigenen höchsten Rang behauptet.
Zur Freude ihrer Novizinnen musizierte und tanzte die Madre Teresa. Sie wünschte fröhliche Herzen, duldete bei ihren Mitschwestern keinen Trübsinn, keine »dumpfsinnige Frömmigkeit«, keine »albernen Andachten«. Davor »bewahre uns Gott«, sagte sie einfach. Doch Teresa, die in ihren Unterweisungen wie persönlich eine heitere Gelöstheit liebte, die im Zuge ihrer Klostergründungen härteste Strapazen auf sich nahm, war bis zu ihrem Tode eine Leidende.
Körperliche und psychische Krankheiten oder eher solche psychosomatischer Art plagten sie während ihres ganzen Lebens. In ihrem mystischen Hauptwerk *Die innere Burg* schreibt die Zweiundsechzigjährige, seit vierzig Jahren sei sie »keinen Tag ohne Schmerzen und Leiden aller Art« gewesen. Die Jahre bis zu ihrem Tode hinzugezählt, ergibt die gesamte Zeitspanne eine merkwürdige, fast genaue Übereinstimmung mit den sechsundvierzig Leidensjahren der Königin Juana in Tordesillas.
Teresa gewann nach ihrem Bekehrungserlebnis eine innere Freiheit, die Juana versagt blieb. Aus dieser neugewonnenen inneren Freiheit konnte Teresa ihren Krankheiten einen Sinn geben, konnte sie ihre körperlichen Leiden durch eine nun wirksam werdende Gott vertrauende Kraft überwinden. Doch sollte man nicht vergessen, daß die Krankheitssymptome der jungen Teresa eine Sensitivität anzeigen, eine neurophysische Labilität, die der jungen Juana nicht unähnlich war und hier wie dort der damaligen Diagnostik unlösbare Rätsel aufgab. Sie nennt selbst ihre Krankheiten: häufige Fieberanfälle, schwere Ohnmachten, Nervenschmerzen, Herzleiden, Ekel vor der Nahrungsaufnahme, eine viertägige Bewußtlosigkeit, so daß man der Scheintoten schon das Grab richtete, eine dreijährige Lähmung, wonach sie nur noch »auf Händen und Füßen« kriechen konnte.

Davon spricht Teresa in ihrer klaren Sprache ohne Scheu. Wo in nicht wenigen Schriften über Teresa der leibhaftige Mensch unter dem Gewicht von Heiligkeit, Spiritualität und Mystik zu verschwinden droht, bleibt sie selbst realistisch und vergißt zu keiner Stunde, daß sie »einen Leib« hat und »auf der Erde« lebt. Man weiß oder glaubt zu wissen, aus welchen Bedürfnissen die Karmelitin Teresa vierzig Jahre nach ihrem Tode als Santa Teresa zur Heiligen erhoben und ihr als erster Frau 1970 der Titel Kirchenlehrerin zugesprochen wurde. Doch solche und andere Titel vereinnahmen allzu leicht die geehrte Person, machen sie einem bestimmten Denken gefügig. Teresa wie auch Franz von Assisi sprengen jede ideologische Engführung. Zutreffend wurde von Teresa gesagt, sie könne der heutigen Menschheit helfen, »nicht unmenschlich zu sein« (Papst Paul VI.). Die konkretere Ergänzung kommt aus dem Mund eines französischen Kommunisten, der 1965 sagte, Teresa von Avila bedeute »heute noch für uns Marxisten die höchste Aussage menschlicher Liebe« (Roger Garaudy).

Was am meisten staunen läßt, was uns neugierig macht und antreibt, der Person Teresa von Avila näherzukommen, das ist die geradezu mühelose Aufhebung des Gegensätzlichen in ihrem Leben. Das betrifft nicht nur die gelebte Vereinbarkeit von Kontemplation und äußerer Aktivität, von Demut und Resolutheit. In Teresa sind auch die gegensätzlichen Naturelle der Königinnen Isabel und Juana aufgehoben. Einerseits eine Juana ähnelnde Überempfindlichkeit der jungen Teresa und ihre Leidensfähigkeit, ihre lebenslangen Krankheiten. Andererseits Eigenschaften, die an Königin Isabel erinnern: kluge Nüchternheit, resolutes Verhandeln, organisatorische und menschenführende Begabung, eine nie erlahmende Tatkraft.

Isabel, Juana, Teresa, drei Frauen, deren Lebensjahre sich überschneiden, nehmen wir die Tochter der Königin Isabel als die verbindende Mitte. Drei herausgehobene und dennoch ihrer Zeit verpflichtete Schicksale: die selbstbewußt den Staat führende Isabel; die ganz ins Menschliche, ins hilflose Erleiden zurückgeworfene Juana; die ihre Schwächen überwindende Teresa, deren mystische Erfahrung eine geradezu gesteigerte Realitätsnähe zuläßt oder erst herausfordert.
Die Königinnen und die Karmelitin Teresa stehen allerdings auch unter den Zwängen ihrer Zeit, des von Männern geprägten und beherrschten Jahrhunderts der Entdecker und Konquistadoren. Bei Isabel kann es nur ihre von den Männern als ebenbürtig empfundene, nicht zu ignorierende, Gewinn bringende staatsführende Kraft gewesen sein, die sie den Vorurteilen entzog. Um so erbarmungsloser unterlag Juana dem männlichen Machttrieb. Teresa konnte, wo sie persönlich auftrat, der ihr zunächst als Frau zugedachten Geringschätzung entgegenwirken. Doch selbst ihr vertrauter Beichtvater gestand neun Jahre nach ihrem Tode, er habe Teresas Lebensgeschichte »verbrennen wollen, da es nicht angebracht sei, Schriften von Frauen zu veröffentlichen«.
Ausschließlich männliche Chronisten überliefern die Geschichte der Königinnen und der Karmelitin. Im Falle Teresas stört dies am wenigsten. Ihre eigenen Schriften sind unverfälscht erhalten, und ihre Biographen seit dem von Lope de Vega und Cervantes bewunderten Fray Luis de León folgten den Berichten der Augenzeugen. Isabels Handeln, soweit es die Staatsgeschäfte betrifft, ist zureichend dokumentiert und von den Chronisten kaum eigenmächtig umzudeuten. Schwierig ist es, Juana gerecht zu werden, weil ihre Aussagen nur indirekt überliefert sind, von Berichtenden, die im Dienst der Widersacher der legitimen Königserbin standen.
In eigenartiger Weise sind die Lebensgeschichten Isabels, Juanas

und Teresas miteinander verzahnt und ergänzen einander. Wir brauchen nicht mühsam eine innere Übereinstimmung zu suchen, um zu sagen, daß in ihrem Leben das an die letzte Grenze getriebene Menschenmögliche ausgetragen wird und aus dieser Erfahrung, selbst bei der ja auch in die Machtausübung verstrickten Isabel, nicht der Wunsch nach Ehrwürdigkeit, sondern nach Menschenwürdigkeit geweckt wird.

Erstes Buch

Isabel von Kastilien

Yo la Reina
Ich die Königin

Eine Landschaft als Bestimmung

Tordesillas liegt im Zentrum der nördlichen Meseta, der altkastilischen Hochebene. Nach Norden erstrecken sich die weiten, kurzhalmigen Getreidefelder der Tierra de Campos. Nach Süden, jenseits des Duero bis zum Bergriegel der Sierren von Gredos und Guadarrama, hinter denen Madrid liegt, wird die Landschaft rauher, steiniger, unwirtlicher. Von den Sierren fällt ein kalter, scharfer Bergwind herab, durchfegt noch die Gassen Avilas, der höchstgelegenen Provinzhauptstadt Spaniens, und verliert sich im eintönig gedehnten Hochland.

Dieses dürftig bewachsene, nur wenig von Pinien- oder Steineichenwäldchen durchsetzte altkastilische Ursprungsland hatte Juana vor Augen, wenn sie aus dem Turmfenster ihres Gefängnispalastes oberhalb des Duero über den Fluß hinweg nach Süden blickte. Dort lagen die Orte, die ihr und noch mehr ihrer Mutter Isabel von Kastilien vertraut waren. Zumindest in den ersten Jahren, solange sie fähig war, sich zu erinnern, wird Juana im sommerlichen Dunst der weiten Ebene die Stätten ihrer Kindheit und Jugend vermutet haben. Die Erinnerung sucht ihre Bezugspunkte. Am nächsten lag Isabels Sterbeort Medina del Campo mit dem Castillo de la Mota, weiter südwärts deren Geburtsort Madrigal de las Altas Torres, dann, auf halbem Weg nach Avila, der königliche Familienbesitz von Arévalo.

Am weitesten entfernt, hundertzehn Kilometer von Tordesillas und schon im Anblick der Berge, die königlichen Residenzen von Avila, der wehrhaften, türmereich ummauerten Stadt, und Segovia mit seinem Alcázar auf dem Felssporn über dem schmalen grünen Tal. Auch für Juana, obwohl sie sechzehnjährig nach Gent befohlen wurde und als Gattin Philipp des Schönen zurückkam, verbanden sich mit jedem der Orte kindliche Geborgenheit und Verrat, Glück und Trauer.

Bei Avila wird Juana nicht an Teresa, die Novizin und Nonne im Kloster de la Encarnación, gedacht haben, sondern an ihren junggestorbenen Bruder Juan, der in Santo Tomás beigesetzt war. Wenn es in ihrem Leben unbeschwerte, glückliche Zeiten gab, so vielleicht mit dem ein Jahr älteren, unter den Geschwistern ihr nächststehenden Bruder, in den Kindheitstagen in Avila oder Arévalo oder Medina del Campo. Als Teresa von Avila über ihren Konvent hinaus bekannt wurde, war Juana in ihrem Turm von Tordesillas schon der Welt entrückt, unfähig Nachrichten aufzunehmen.

Bis zu Juanas Enkel Philipp II., der den Escorial jenseits der Guadarramaberge bauen ließ, hatte der Königshof keine feste, ortsgebundene Residenz. Während des Feldzugs gegen die Mauren und nach der Wiedereroberung Granadas wechselten die Standorte erst recht. Die königlichen Wohnsitze in Kastilien wurden ergänzt durch Residenzen in Andalusien, und so kam es, daß Isabels und Fernandos fünf Kinder alle andere Geburtsorte haben.

Doch Altkastilien blieb familiäres Ursprungsland, wo die Kinder erzogen wurden, wohin man aus den fernen Regionen zurückkehrte, wo man Kraft schöpfte, sich geborgen fand, auch wenn man diese Bindung nicht bewußt erfaßte und keine sentimentale Heimatbezogenheit kannte.

Das älteste Kastilien, das innerspanische Kernland bietet nichts Einschmeichelndes, Liebliches, Reizvolles, sondern zeigt sich herb und schroff, kennt keine sanften Übergänge. An klaren Tagen sieht man, wie fern am Horizont Erde und Himmel aneinanderstoßen. Da auf der hochgelegenen Meseta kein Berg und kein Hochwald den Blick hindert, zeigt sich die Ebene so weiträumig und gleichförmig wie der oft dramatisch bewegte Himmel unendlich. Bleiern lastet er im Winter über der frostigen Erde. Wohl dem Kastilier, der zur Zeit der Katholischen Könige und noch bis in unser Jahrhundert seine Hände am einzigen Wärmespender, dem Kohleglutbecken, dem *brasero*, wärmen konnte. Im Sommer flimmern die Hitzewellen über der trockenen Erde, und der lehmige oder felsige Boden wird zum Glutofen. Extreme von Jahreszeit zu Jahreszeit.

Dem altkastilischen Hochland fehlt nicht nur jede klimatische Gunst, sondern alles, was die Natur den Regionen rundum auf die eine oder andere Weise schenkt. Kastilien besitzt keine Bodenschätze, keine Industrie wie die nördlichen Regionen, kein fruchtbares, bewässertes Agrarland mit ertragreichen Kulturen wie die Levante. Verwehrt bleibt dem Binnenland der Zugang zu den Meeren, die Lebensvielfalt der Küstenregionen, deren weltoffenes Hafenleben, Außenhandel, Schiffsbau, Hochsee- oder Küstenfischerei.

Die negative Umschreibung kommt den charakterlichen Eigenschaften der Castellanos am nächsten. Sie sind nicht redselig, nicht spontan in Mimik und Gestik wie die Andalusier; weniger lebensfroh und kooperativ als die Levantiner; weniger agil und erwerbstüchtig als die Katalanen; nicht so selbstbewußt und kraftprotzend wie die Basken; weniger empfänglich für Träume und lyrisches Empfinden als die Gallegos.

Geboren, gelebt und gestorben in einer Region, die eher vom Mangel als vom Reichtum gekennzeichnet ist, das prägt über Generationen den Charakter.

»Hochgelegen, karg und weiträumig ergreift dieses Spanien den

Geist durch seine primitive Kraft«, bemerkte Salvador de Madariaga. Man sagt, der Castellano sei trocken und genügsam wie sein Land. Er gilt als geduldig, unsentimental, nüchtern, hartnäkkig, nicht rasch in seinen Entschlüssen, doch energisch und manchmal mit List und Tücke zum richtigen Ziel hindrängend, weniger intellektuell begabt, doch zum Hintergründigen, Mystischen neigend und befähigt zum asketischen Leben.
Was bleibt, wenn die Abhängigkeit von der Natur den Menschen zur Härte und Entsagung zwingt?
Tierra de cantos y de santos, Land der Steine und der Heiligen, heißt es vom innersten Kastilien. Zum Landschaftsbild auf dem Weg nach Avila gehören die aus dem Boden wachsenden, hochgebuckelten dunklen Granitbrocken – wie zur Stadt der granitene Mauerkranz mit den achtundachtzig Türmen gehört. *Cantos y santos,* Steine und Heilige! Wer Avila sagt, denkt an Santa Teresa de Jesús und ihren Mitstreiter Juan de la Cruz, den Reformer der Männerklöster des Karmel. Doch der Sprichworterfinder vergaß eine noch stärker kastilisch geprägte und wiederum die Region prägende Menschengruppe, die Krieger, die Männer in Waffen.
Kriegerisch, nicht bäuerlich, nennt der in Kastilien geborene Ortega y Gasset die kastilische Kultur. Das mag dem ersten Augenschein widersprechen, hat jedoch seine geschichtlichen Wurzeln. Die Castillos, Kastelle, deren eckiges, bizarres oder bullig rundes Mauerwerk aus dem felsigen Boden ragt, gaben der Region ihren Namen. »Die Burg, die am Felsen hängt, ist nicht wie das Gehöft eine Stelle zum Verweilen, sondern, gleich dem Adlerhorst, Aufbruchsort zur Jagd« ... und zum Kriegszug – müßten wir Ortegas Satz ergänzen. »Der Krieger verachtet den Bauern und betrachtet ihn als untergeordnetes Wesen, gerade weil er sich nicht bewegt, weil er bleibt.«
Der steinige Boden Kastiliens, die klimatischen Bedingungen

machten und machen dem seßhaften Landmann die Feldbestellung zur Schwerstarbeit. Wo das Land nichts hergab, lag die Verlockung zum Ortswechsel nahe, die Eroberung anderer Regionen, zumal noch nationale und religiöse Beweggründe die kriegerischen Aktionen rechtfertigten. Kastilien wurde zum Betreiber der nationalen Einigung und zur Wiedereroberung der von den Glaubensfeinden beherrschten Gebiete. Kastilische Krieger drangen vor bis an die iberischen Küsten im Osten und Süden, eroberten die letzten maurischen Bastionen, so daß die Katholischen Könige 1492 siegreich in Granada einziehen konnten.
Nach Beendigung der innerspanischen Reconquista fanden kastilische Krieger in der eben entdeckten Neuen Welt, in Mittel- und Südamerika, erneut Gelegenheit zu kriegerischen Unternehmungen. Es gab kaum eine respektable Familie, deren Söhne nicht auf einer der königlichen Karavellen über den Ozean segelten, zum Eroberungszug für die spanische Krone und den christlichen Glauben. Als Konquistadoren im nördlichen Lateinamerika kämpften allein sechs Brüder der Teresa von Avila, noch ehe die Karmelitin ihr Reformwerk begann, und drei, darunter der Teresa eng vertraute Rodrigo, kehrten nicht mehr zurück.

Im kriegerischen, nicht im bäuerlichen Handwerk fand der Castellano seine Erfüllung. Solange der kastilische Hidalgo, der Ritter und Waffenträger, zum Kampf aufgerufen war, zum Kampf für die Krone, die nationale Einheit und für den Glauben, konnte er seine Kräfte voll entfalten. Kaum jemand im spanischen Goldenen Jahrhundert wagte, diese innerste Bestimmung in Frage zu stellen, denn sie garantierte die politische, die nationale Vormacht Kastiliens. Ein Autor allerdings brachte den Mut auf, nicht nur die Ritterbücher seiner Zeit zu parodieren, sondern den Ritter selbst, den waffentragenden Hidalgo, zum Gegenstand eines satirisch umschriebenen, unheldischen Scheiterns

zu machen: Miguel de Cervantes in seinem Don Quijote. Aber als Cervantes sein Buch schrieb, war die Zeit der »Helden« vorbei; übriggeblieben als eine Art Fossil war sein Ritter von der traurigen Gestalt.
Kastilien schuf Spanien und machte sich zum Herrscher über die neue spanische Einheit. Es war der Krieger, der Träger der »primitiven Kraft« seines Landes, der dem Anspruch Kastiliens Geltung verschaffte. Der Herrschaftsanspruch blieb unangefochten, nach innen wie nach außen, solange der Kampfgeist des kastilischen Kriegers herausgefordert war.
Kastilien gab Spanien seine Sprache, der gebildete Spanier spricht Castellano. Aber es lag an seinen existentiellen Bedingungen, seinem nie endenden Kampf mit sich selbst und seiner Umwelt, wenn dem kastilischen Dichter zwar das heldische Epos gelang, jedoch nicht die formal und thematisch freie poetische Dichtung, wie wir sie aus anderen Regionen kennen.
Aus Andalusien, gebürtiger Sevillaner, stammte Antonio Machado, der Dichter, der in seinen Versen wie kein anderer Kastilien huldigte, der Dichter der »hohen Ebenen und Einöden«, der lehmtrockenen Dörfer und ihrer spröden Einwohner. Kein in der zentralspanischen Region geborener Dichter konnte so eindringlich und poetisch wie Antonio Machado das Wesen kastilischer geschichtsmächtiger Vergangenheit und elender Gegenwart benennen:

¡Castilla varonil, adusta tierra;
Castilla del desdén contra la suerte;
Castilla del dolor y de la guerra;
tierra inmortal, Castilla de la muerte!
(. . .)
Castilla miserable, ayer dominadora,
envuelta en sus andrajos desprecia cuanto ignora . . .

Männliches Kastilien, unwirtliches Land;
Kastilien, seine Bestimmung mißachtend;
Kastilien des Schmerzes und des Krieges;
unsterbliches Land, Kastilien des Todes!
(...)
Elendes Kastilien, gestern herrschend,
gehüllt in seine Lumpen, verachtend, was es nicht kennt...

Von solchen, aus unserer Gegenwart kommenden Gedanken wird die kastilische Thronerbin Juana zu keiner Lebenszeit geplagt gewesen sein.

Juana paßte nicht in das Reguläre. In der Zeit der Krieger und Helden war sie die Ausnahme, ganz und gar unheldisch, weit entfernt von der militanten Energie ihrer Mutter, der Königin Isabel. Wie bezeichnend, daß zu den wenigen Habseligkeiten, die im Kloster Santa Clara von Tordesillas an Juana erinnern, ein Clavichord und ein Messingwaschbecken gehören. Juanas Sensibilität bis zur Hysterie, ihre mädchenhafte, gepflegte Anmut, ihre Neigung zum Musischen und alle ihre überlieferten Äußerungen machen sie geradezu zum Gegentyp heldischen Verhaltens, wie es ihre Zeitgenossen verstanden.

Schon eher erwies sich Teresa als Kind ihres Landes und ihrer Zeit. Nicht nur, weil die kleine Teresita mit ihrem Bruder aufbrechen wollte, um im Land der Mauren für den Glauben zu streiten und den Märtyrertod zu erleiden. Doch später, in ihren Schriften, spricht Teresa vom Kämpfen und Siegen, von der Festung, auf deren höchstem Turm der Befehlshaber die Fahne Gottes hissen werde (Vida 20,22). Teresas mystisches Hauptwerk, das sie zweiundsechzigjährig schrieb, handelt vom »Castillo interior«, von der inneren Burg. Es berührt merkwürdig, wie die radikal dem Frieden dienende Karmelitin militantes Vokabular ihrer Zeit übernimmt. Natürlich gehörten solche

Begriffe zur zeitgemäßen Verständigung. Wer in Kastilien lebte, sah die wehrhaften Castillos; viele hatten an Kriegszügen teilgenommen oder wußten von Kämpfen und wie der Eroberer seine Siegesfahne aufzog.
Teresas *Castillo interior* kennzeichnet allerdings die »Seelenburg«, den innersten Ort der mystischen Begegnung mit Gott, den Ort der Gotteserfahrung. Nichts widerspräche der weltlichen Burg mehr als dieser Ort der meditativen Entäußerung, eine Wohnstatt also, völlig losgelöst von äußeren Aktivitäten und erst recht undenkbar als Sammel- oder Ausgangsort militärischer Unternehmungen.

Nicht weit von Teresas Stadt Avila entfernt, fünfzig Kilometer nördlich, auf der trockenen, baumlosen Hochebene, liegt Arévalo, wo Isabel ihre Kindheit verlebte, ein Stück weiter westlich, der schnurgeraden Landstraße folgend, zwischen öden Feldern ein Bauerndorf, dem der stolze Name Madrigal de las Altas Torres fast beziehungslos anhaftet. An die hohen Türme – hundert sollen es gewesen sein! – und die einstige Stadtmauer erinnert nur noch zerfallenes Mauerwerk. Überall in Madrigal bröckelt der lehmfarbene Backstein der alten Kirchen und Häuser. In der Kirche San Nicolás am Dorfplatz wurde Isabel getauft, mit ihrem ganzen Körper eingetaucht in das Wasser des Taufbekkens, wie es damals üblich war.
Schon als kleines Kind bekam die in Madrigal am Spätnachmittag des 22. April 1451 geborene Infantin Isabel die Herbheit der kastilischen Lebenswelt zu spüren und wurde zur Härte erzogen. Der Palast ihrer Eltern, des Königs Juan II. und seiner zweiten Gemahlin Isabel von Portugal, glich eher einem ländlichen Adelssitz, schön angelegt mit Patio, dem von Arkaden umgebenen, grün bepflanzten Innenhof, doch nicht im mindesten vergleichbar den späteren prunkvollen königlichen Schlös-

sern von La Granja oder Aranjuez oder dem Escorial. Vermutlich empfand Isabels Enkel, der kastilische König und deutsche Kaiser Karl V., die Dürftigkeit, die fehlende königliche Repräsentanz, denn er schenkte den Palast von Madrigal bereits 1527 den Schwestern des Augustinerordens.

Auch für Isabel wird Madrigal de las Altas Torres kaum mehr als ein verblaßtes Stück Erinnerung gewesen sein. Nach dem Tod des Königs Juan II. 1454 wurde der Königinwitwe mit ihrer dreijährigen Tochter Isabel und deren einjährigem Brüderchen Alfonso als neuer Wohnsitz Arévalo zugewiesen.

In Arévalo wie in Madrigal wird einem bewußt, wie bescheiden in karger Umgebung, ohne jeden Prunk, wie hart und rauh das Mädchen heranwuchs. Isabel fiel nicht die Rolle einer verwöhnten Prinzessin zu. Vorgeprägt und durchaus kastilisch waren jene Eigenschaften, die ihr als Königin zu Ruhm und Ansehen verhalfen und die ihre den Staatsführern ihrer Zeit überlegene Position mitbegründeten: Nüchternheit, persönliche Bedürfnislosigkeit, die Begabung zum ökonomischen Haushalten im kleinen wie im Staatsbereich, Tatkraft, Lebensklugheit gemischt mit intuitivem Entscheidungsvermögen. In solchen Eigenschaften war Isabel der ein Jahrzehnt nach ihrem Tod geborenen Teresa nicht unähnlich. Nur erfüllte sich Isabels ganzes Leben – anders als Teresas Hinwendung zur *inneren Burg* – im *Castillo exterior*, in der äußeren Burg, in den der Königin aufgetragenen Staatsgeschäften.

Familiäre Wirrnis

Ein aufsehenerregendes Ereignis scheint die Geburt der kastilischen Königstocher, die den Namen ihrer Mutter Isabel erhielt, nicht gewesen zu sein. Verzögert, erst nach Tagen und nicht im Geburtsort Madrigal, sondern in Segovia gab König Juan II. bekannt, seine »teure und vielgeliebte Gemahlin« sei »am vergangenen Donnerstag«, dem 22. April 1451, von einer Tochter entbunden worden, »Danket dafür dem Allmächtigen!«. Vermutlich galt der Aufruf zum Danksagen eher dem Ende der langen schmerzhaften Entbindung als der Geburt der Tochter. Ein Mädchen taugte nicht zum Regieren, Befehlen, Kriegführen. Nichts wäre notwendiger gewesen als ein Thronerbe, der einmal fähig sein würde, das durch Anarchie, Korruption und die Raffgier des Adels geschwächte Land wieder energisch zum Wohle des gesamten Königreichs zu regieren.

Aber hatte Kastilien nicht einen Thronfolger, Juans II. und seiner ersten Gemahlin María von Aragón sechsundzwanzigjähriger Sohn Enrique? Jedoch es stand nicht gut zwischen Vater und Sohn. Die Chronisten überstürzen sich in der Aufzählung negativer Eigenschaften, nennen Enrique boshaft, intrigant, schwachsinnig, homosexuell, auf jeden Fall ungeeignet, die Regierungsgeschäfte zu übernehmen. »Allzu ferne« läge das Regieren seinen Fähigkeiten, sagte sein eigener Hauskaplan und Chronist. Der König sehnte sich nach einem fähigeren, würdigeren Erben.

In diesen wirren Jahren hätte dem so schlecht beleumundeten, ungeliebten Prinzen Enrique ja auch etwas zustoßen können. Wie seiner Mutter María von Aragón, die sich zu sehr in politische Händel einließ, und von derem Vergiftungstod und daß Juans Günstling Don Alvaro de Luna eigenhändig der Königin das Gift verabreicht hätte, man offen erzählte.
Isabels königlicher Vater herrschte nominell über das gesamte Binnenland zwischen der galicischen und baskischen Atlantikküste und dem andalusischen Guadalquivir, über Sevilla hinaus bis zur Südküste um Cádiz. Ausgenommen war das maurische Emirat Granada, waren die Königreiche Portugal im Westen und Aragón im Osten. Das winzige Navarra, eher nach Frankreich orientiert, fiel kaum ins Gewicht. Nach Tradition und seinem gesamten Territorium – größer als die anderen Reiche zusammen – wäre Kastilien zur iberischen Vormacht berufen gewesen. Doch das Königreich befand sich in jämmerlichem Zustand.
Vorüber waren die Zeiten eines Fernando des Heiligen, der Kastilien mit León vereinigte und erfolgreich gegen die Mauren kämpfte, eines Alfonso des Weisen, der in den Wissenschaften und Künsten seiner Zeit, als gelehrter Astronom und Dichter Ansehen gewann. Schon deren Nachfahren machten sich zum Gespött, wie ihre Beinamen zeigen: Enrique der Kränkliche, Pedro der Grausame oder Alfonso der Geiferer. Im fünfzehnten Jahrhundert, unter der jahrzehntelangen Herrschaft Juans II., schien das Königshaus unaufhaltsam dem Verfall preisgegeben. Erschreckend war der Verlust an moralischer Glaubwürdigkeit und allgemeinem Ansehen, demütigend waren Armut und Machtbegrenzung der Krone. Vor allem zur Bewilligung von Geldmitteln mußte der König vor den Cortes, der Ständeversammlung, als Bittender auftreten. Nicht selten hing die Bewilligung von Zugeständnissen ab, von der Gewährung neuer Sonderrechte der Städte oder anderer Körperschaften.

Nahezu jeder dem Hochadel angehörende Grande beschämte die Krone durch seinen hemmungslos erworbenen Reichtum. Wer eins oder gar mehrere von den wehrhaften Kastellen besaß, nutzte die militärische Stärke zu Erpressung und einem halblegalen Raubrittertum.

Der jeweilige hochadelige Großmeister eines reichen geistlichen Ritterordens bemächtigte sich ungeniert der hohen Jahreseinkünfte des Ordens. Der berühmteste Ritterorden, der von Santiago, war begründet worden zum Schutz der Pilger auf dem langen Weg zum Grab des Apostels Jakobus, des San Jago, im galicischen Compostela. Der Orden besaß 83 Komtureien, 5 Hospitäler, 5 Klöster, 2 Städte, 178 Dörfer, 200 Pfarrstellen und die Universität Salamanca. Jährlich füllten 600000 Dukaten die Ordenskasse, während die Krone zur Zeit von Isabels Regierungsübernahme lediglich über 40000 Dukaten im Jahr verfügte.

Der armselige Zustand der Königsmacht und des Landes hing jedoch nicht nur mit der Macht der Cortes und der Habgier und Verderbtheit des Adels zusammen. Das Übel vergrößerte sich rasch durch den 1405 geborenen Juan II. aus dem Hause Trastámara, der vierzehnjährig gekrönt wurde und bis über die Jahrhundertmitte regierte.

So armlich die Verhältnisse waren, es reichte immerhin zu einem dem eigenen Vergnügen und den schönen Künsten gewidmeten Leben. Der König förderte die Künste, soweit es seine Mittel erlaubten. Er beschäftigte sich mit antiker Philosophie und sprach gut Latein. Er musizierte vortrefflich, dichtete Verse und übersetzte Vergil. Sicher ist das besser als Kriegführen, nur läßt sich mit Lautenspiel und lateinischen Versen allein kein Land regieren, noch weniger in einer politisch überaus bedrängten Zeit, in der ein starker Regent nötig gewesen wäre.

Bei den Staatsgeschäften verließ sich der willensschwache Juan II.

auf seinen Günstling Alvaro de Luna, auf jenen Mann, der für die Vergiftung von María von Aragón und deren Schwester verantwortlich gewesen sein soll.
Hätte es Don Alvaro de Luna nicht wirklich gegeben und wäre er nicht als Hauptakteur im politischen Leben Kastiliens bekannt, er könnte als eine exemplarische Novellengestalt gelten. Als Page am Hof erwarb er bald die Freundschaft des jungen Juan. Mit den Jahren steigerte sich das Vertrauensverhältnis in einem Maße, daß der junge König staatspolitische wie ihn persönlich betreffende Entscheidungen seinem Günstling überließ. Wer war dieser Mann? Der uneheliche oder von der Mutter untergeschobene Sohn eines Landadeligen aus Aragón? Dieses Gerücht verbreitete der kastilische Hochadel, der den machthungrigen Günstling am meisten haßte. Denn Don Alvaro hatte sich vorgenommen, die Granden und den Klerus in die Schranken zu weisen, und er hatte Erfolg dabei.
Don Alvaro war nicht nur eine stattliche, elegante Erscheinung, er verfügte über Intelligenz und war ungewöhnlich gebildet. Bei politischen Verhandlungen konnte er seine Überlegenheit ausspielen, und auf Feldzügen dienten sein strategisches Können und sein persönlicher Mut der Krone.
Der König dankte seinem Günstling, der ihn von lästigen Regierungsgeschäften befreite. Er beschenkte Don Alvaro mit Ländereien und höchsten Ehrenämtern, ernannte ihn zum Konnetabel von Kastilien, zum Kronfeldherrn, und berief ihn zum Großmeister des Ordens von Santiago. Don Alvaro hatte nicht nur politischen Einfluß; er wurde der reichste Mann Kastiliens, reicher als der König und angeblich reicher als alle kastilischen Adeligen zusammen.
Diese Geschichte, die für Kastilien sehr vorteilhaft hätte werden können, hat jedoch einen alles in Frage stellenden und schließlich tödlichen Makel. Schon bald wurde Don Alvaro ein Musterbei-

spiel dafür, daß Macht korrumpiert. In seinem grenzenlosen Ehrgeiz verlangte er mehr und mehr, er suchte Befriedigung in Intrigen, Bestechungen, selbstherrlichen Vergaben von Pfründen und Privilegien an zweifelhafte, ihm ergebene Freunde. Seine Anmaßung und Zügellosigkeit erregten Ärgernis, machten ihn bei seinen Standesgenossen zum meistgehaßten Mann Kastiliens.

Doch was dem Adel trotz aller Versuche nicht gelang, den allmächtigen Günstling zu stürzen, gelang einer Frau. Besonders pikant deswegen, weil Don Alvaro selbst diese Frau, die junge Tochter des Infanten von Portugal, ausgewählt und seinem König als Gemahlin zugeführt hatte.

Zwei Jahre nach dem Tod seiner Gemahlin María von Aragón feierte Juan II. in Burgos die Hochzeit mit der fünfzehnjährigen Portugiesin. Es heißt, Isabel von Portugal sei nicht nur von schöner, zarter Anmut und reizvoll gewesen, sondern ebenso intelligent und energisch. Juan liebte spontan seine junge Frau, und sie war nicht weniger innig dem König zugeneigt, dessen Schwächen und dessen Abhängigkeit von Don Alvaro ihr nicht verborgen blieben. Diesmal ging Don Alvaros Kalkül, die erhoffte erweiterte Einflußnahme über eine willfährige Königin, nicht auf. Die Portugiesin durchschaute sein Spiel, nutzte jede Gelegenheit, um dessen Machenschaften aufzudecken.

Die im vierten Ehejahr geborene kleine Isabel blieb von diesen intimen Auseinandersetzungen unberührt. Man sagte zwar, ihre Mutter habe im Kindbett schmerzhafte Vergiftungserscheinungen gezeigt und wiederum wurde Don Alvaro als Urheber bezichtigt. Seitdem sei die Königin ihren Depressionen verfallen, die später in den Wahnsinn führten. Aber diese Ursachenkette mag Gerücht sein. Zunächst, Anfang Juni 1453, als die Infantin Isabel zwei Jahre alt war und noch vor der Geburt ihres Bruders Alfonso, triumphierte die Königin. Es war ihr gelungen, Juan II.

das Todesurteil für Don Alvaro de Luna abzutrotzen, und die spektakuläre Hinrichtung fand auf der Plaza de Ochavo in Valladolid statt. Der so machtvoll ausgestattete Günstling war beschuldigt worden, er habe die Ermordung des königlichen Schatzmeisters durch einen brutalen Sturz aus dem Fenster veranlaßt.

Nach der Hinrichtung seines Freundes verlor Juan II. jeglichen Halt. Selbstvorwürfe peinigten ihn, und weder die Geburt seines Sohnes Alfonso Mitte November noch die kleine muntere Isabel oder die Königin selbst konnten dem Lebensmut des Königs Auftrieb geben. Er starb im folgenden Jahr, noch nicht fünfzigjährig, und soll zuletzt gesagt haben, lieber wäre er der Sohn eines Handwerkers als der eines Königs gewesen.

Ende einer Kindheit

Sicherlich wäre König Juan II. ein anderer Nachfolger lieber gewesen als der ungeliebte Sohn aus erster Ehe. Doch völlig legitim übernahm der neunundzwanzigjährige Erbe nach dem Tod Juans 1454 die kastilische Krone und nannte sich Enrique IV. Er sorgte für die würdige Beisetzung des Vaters in der Kartause von Miraflores bei Burgos, residierte jedoch vorzugsweise in Segovia und Madrid.

Der neue König wies seiner Stiefmutter Isabel von Portugal und den beiden Kleinkindern Isabel und Alfonso die Burg von Arévalo als Wohnsitz zu. Warum durfte sie nicht in Madrigal de las Altas Torres bleiben? Wollte er der Königinwitwe Isabel zeigen, wer der Herr im Lande war? War Arévalo eine Art Verbannungsort? Die noch junge, erst zweiundzwanzigjährige Königinwitwe, als temperamentvoll, schön und intelligent geschildert, verfiel allmählich einem milden Wahnsinn. Noch über zweiundvierzig Jahre dämmerte sie dahin, in denen sie ihren Fuß nie über die Burgschwelle von Arévalo gesetzt hat. In diesen langen Jahren war sie keine Vergessene, Gemiedene. Sie bekam nicht selten Besuch von ihrer nun selbst gekrönten Tochter Isabel. Doch zunächst konnte die Tochter bis zum elften Lebensjahr bei der Mutter in Arévalo bleiben.

Die zwar herbe, doch auch freundliche Ländlichkeit von Madrigal mit dem schönen, grünbepflanzten Innenhof kann die Burg von Arévalo nicht vermitteln. Sie steht außerhalb der Ortschaft auf einem kahlen felsigen Hügel, bis auf Zinnen und hochgezogene Ecktürmchen ein schmuckloser Mauerblock aus Backstein. Ringsum, soweit der Blick reicht, eine öde, ausgemergelte, winddurchfegte Hochfläche, nur wenig durchbrochen von kleinen fahlgelben Weizenfeldern. Nicht viel anders wird es vor fünf Jahrhunderten gewesen sein, wenn auch belebter – innerhalb der dicken Mauern und draußen, auf dem Weg zur Ortschaft oder über die arabische Brücke nach Medina del Campo oder nach Avila.

Wie wächst ein Mädchen heran in dieser kargen, von höfischem Glanz weit entfernten Umgebung? Was lernt Isabel, was treibt sie in diesen für die körperliche, geistige, charakterliche Entwicklung so wichtigen Jahren?
Schon als Kind war sie unternehmungslustig, energisch, doch nicht zierlich wie ihre Mutter und später ihre Tochter Juana, sondern robust, stämmig wie eines der Landkinder, rundköpfig mit vollem rotblondem Haar. Aufgezwungene Einsamkeit und Enttäuschung trieben ihre sensible Mutter in die geistige Umnachtung. Kinder reagieren anders, passen sich unbewußt an. Isabel und der zwei Jahre jüngere Alfonso waren von den kärglichen Verhältnissen kaum berührt, nicht von der Armut, wenn König Enrique wieder einmal das Geld für den Unterhalt zurückhielt oder nicht zahlen konnte.
Es war Isabels Glück, daß sie in der nur wenig älteren Tochter des Burgkommandanten eine Spielgefährtin fand, die bald zur besten Freundin wurde: Beatriz de Bobadilla. Das war unschätzbar, denn sonst wäre das Leben innerhalb der Burgmauern für ein lebhaftes Mädchen ziemlich trist gewesen. Die nach außen streng gewahrte Etikette verbot den Umgang mit den Kindern des nahen Ortes. Vielleicht wurden die beiden Mädchen im

einen oder anderen der damals üblichen Lehrfächer gemeinsam unterrichtet. Und wahrscheinlich lernten sie die elementaren Wissensdinge, ergänzt durch Rhetorik, Geschichte, Philosophie, von Klerikern, die aus dem fünfzig Kilometer entfernten Avila herbeigeholt wurden.

Wir können nur aus der späteren Zeit Isabels auf das in ihrer Kindheit grundgelegte Wissen, auf bestimmte Vorlieben und deren Förderung schließen. Die Königin Isabel sprach und schrieb ein gutes, standesgemäßes und um bildhaften Ausdruck nicht verlegenes Kastilisch. Am Hof ihrer Eltern, ihres Bruders Enrique las man zeitgenössische Dichter wie Juan de Mena oder den Marqués de Santillana, las man die kastilischen Heldenepen, ebenso die griechischen und römischen Klassiker Homer und Vergil, Seneca und Dante in kastilischer Übersetzung. Die Lehrer werden das Kind mit diesen Dichtern, deren Kenntnis am Hof zum guten Ton gehörte, vertraut gemacht haben. Doch Isabel gewann nie eine über die Pflichtübung hinausgehende enge Beziehung zum Musischen, zur Dichtkunst oder Musik – wie ihr königlicher Vater, der Förderer Juan de Menas, oder ihre Tochter Juana.

Die Lehrer erkannten offensichtlich Isabels praktische und kunsthandwerkliche Begabung und förderten sie. Sie hatten auch keinen Grund, das Mädchen für irgendwelche königlichen Aufgaben zu erziehen. Damit hätte man eher den kleinen Alfonso plagen müssen, vorausgesetzt, der königliche Halbbruder Enrique bliebe kinderlos und sollte sterben. Aber daran dachte niemand, am allerwenigsten Enrique. Dem Mädchen Isabel scheint es gefallen zu haben, nähen und weben zu lernen, arabische Muster auf Samt oder Brokat zu sticken oder auch in gotischen Zierbuchstaben auf Pergament zu schreiben. In der Königlichen Kapelle von Granada werden ein von Isabel gemaltes Meßbuch und gestickte Zierdecken für den Altar aufbewahrt. Noch als

Königin übte sie diese Fähigkeiten aus, fand sie Entspannung beim Nähen und Ausbessern von Kleidung ihres königlichen Mannes.
Sehr selbstbewußt, fast schon ihr künftiges Verhalten vorwegnehmend, macht sich die Zehnjährige bemerkbar. Sie verschmäht das nach Landesbrauch Kindern und Frauen vorbehaltene Maultier, und bald sitzt sie bei Ausritten fest im Sattel ihres Pferdes – so bis zum Lebensende. Im kleinen Gefolge darf sie mitreiten nach Medina del Campo, dem damals größten spanischen Markt mit dem arabischen Namen, wo einheimische Wolle und Getreide gehandelt wurden, ebenso Zuchtstiere, Pferde, Maultiere aus Andalusien und alle zeitgenössische Handelsware. Unvorstellbar für das heutige Landstädtchen, daß es damals den Rang eines noblen Zentrums der Händler und Bankleute hatte: »Cuando la banca de Medina templa, templa la banca del mundo – Wenn die Bank von Medina wankt, wankt die Weltbank.«
Immer – von der kränkelnden Mutter gern gesehen – leistete die hochgewachsene, dunkelhaarige Beatriz de Bobadilla der jüngeren Isabel Gesellschaft. Die Freundschaft hält ihr Leben lang, auch nach der Heirat von Beatriz mit Andrés de Cabrera, einem Kämmerer des Königs Enrique, noch vor dessen Tod zum Burgkommandanten von Segovia ernannt, ein getaufter Jude, ein Converso, wie so viele in den höheren Rängen und der Umgebung der kastilischen Könige.
Es kennzeichnet den Charakter Isabels, daß sie ihre in der Kindheit gewonnene Freundin nie fallen läßt. In entscheidenden Momenten sieht man Beatriz an der Seite Isabels, am Krönungstag in Segovia, beim Einzug in Granada und noch in Isabels Todesstunde. Auch jetzt, als König Enrique IV. die elfjährige Isabel und den Infanten Alfonso an den Hof nach Madrid holt, darf Beatriz die Freundin begleiten. Mit dem Verlassen von Arévalo endet für Isabel die Kindheit.

Die Hofdamen im Alcázar von Madrid sollen die beiden Mädchen verwechselt und schon mit der Einkleidung von Beatriz anstatt Isabels begonnen haben. Vorstellbar wäre das, denn neben der etwas plumpen Isabel wirkte die größere und reifere Beatriz zierlicher, attraktiver, eher wie eine Prinzessin.

König Enrique erklärte, er wolle seine Halbgeschwister in seiner Nähe haben, damit ihnen eine »sittsame Erziehung« zuteil werde. Nachdem die Sitten am kastilischen Hof oberhalb des Río Manzanares und in der Umgebung Enriques allzu bekannt waren, war diese Begründung ein unüberbietbarer Zynismus. Sicherlich spielten auch politische Motive eine Rolle, wenn der toledanische Erzbischof Carrillo, der Primas der spanischen Kirche, öffentlich das lasterhafte und blasphemische Treiben am Königshof brandmarkte. Aber frei erfunden waren solche Vorwürfe nicht. Es bleibt genug menschlich und politisch Verwerfliches, auch wenn man Historikern folgt und der Überlieferung mißtraut, weil die maßgeblichen Chronisten im Dienst der Katholischen Könige standen und ihnen daran lag, durch die krasse negative Beurteilung Enriques die Legitimität seiner Halbschwester Isabel als Thronfolgerin besonders hervorzuheben.

Nicht wenige seiner Eigenschaften machen Enrique durchaus sympathisch, zunächst jedenfalls: seine Vorliebe für Dichtung und arabische Musik, ähnlich seinem Vater; seine Freigebigkeit, weshalb er *El Liberale* genannt wurde; seine Mißachtung von Adelsvorrechten und Achtung von Leuten niederer Herkunft, etwa bei Ämtervergaben; seine Friedensliebe und Scheu vor Blutvergießen. Weniger sympathisch ist die Kehrseite fast aller dieser modern anmutenden Charakterzüge. »Ich gebe meinen Feinden, um sie zu meinen Freunden zu machen, und meinen Freunden, damit sie nicht meine Feinde werden.« Ein bemerkenswerter Aphorismus Enriques. Doch seine verschwenderische Freigebigkeit kam ausnahmslos Günstlingen und Schmeich-

lern zugute und leerte die Staatskasse, so daß die Maßnahmen der Steuereintreiber drastisch verschärft wurden, bis zur Verhängung der Todesstrafe. Die Ämtervergabe an Leute niederen Standes grenzte oft ans Obszöne. In Sevilla verlieh Enrique einem bekannten Verbrecher das Recht der Steuereinnahme; die Mätresse Catalina von Sandoval ernannte er zur Äbtissin eines Klosters in Toledo; einen Straßenräuber, dessen Schilderung bestialischer Morde ihn entzückte, machte er zu seinem Stallknecht.
Derselbe Enrique sagt dem Bischof von Cuenca, als der ihn zum Kriegszug auffordert: »Wer nicht selber kämpfen muß, geht meist recht großzügig mit dem Leben anderer um. Die in die Schlacht müssen, sind weder Eure Kinder, noch haben sie Euch bei ihrer Aufzucht viel gekostet!«
Enrique IV. vermied ernsthafte Kämpfe, als er einen mehrjährigen »Kreuzzug« gegen das Emirat Granada unternahm. Setzte er auf einen hinhaltenden Abnutzungskrieg? Verriet er aus promaurischer Neigung die eigene Sache, wie ihm vorgeworfen wurde? Wozu überhaupt dieser Feldzug? Ein fragwürdiges Unternehmen auch darum, weil der König eine enorme Summe der ausdrücklich für diesen »Kreuzzug« gesammelten und vom Volk erpreßten Gelder seinem Günstling Don Beltrán de la Cueva schenkte.
Das wiederum weckte den Neid der anderen Günstlinge, die um ihren Besitz und Einfluß bangten, da Beltrán bereits Großmeister des Ritterordens von Santiago war. Den geschicktesten, einflußreichsten und unheilvollsten Günstling, Juan Pacheco, hatte noch Juan II. seinem Sohn Enrique als Erzieher bestimmt und zum Marqués von Villena ernannt. Der Erzieher wurde der Liebhaber Enriques und Mittelpunkt der lasterhaften Lebewelt am Hof. Ihm zur Seite standen sein Bruder Pedro Girón, Großmeister des Ritterordens von Calatrava, und ihr Onkel Carrillo, der

schon genannte Erzbischof von Toledo und Kanzler von Kastilien, ein eher rüder, gewalttätiger als priesterlicher Mann. Dieses machtlüsterne Dreigestirn intrigierte insgeheim und unternahm alles, den wachsenden Einfluß des stattlichen, ritterlichen, doch politisch recht naiven Beltrán de la Cueva zu brechen.
In diesen bürgerkriegsähnlichen Jahren stellte Enrique die elfjährige Isabel und Alfonso unter seine Aufsicht. Vermutlich wollte er verhüten, daß die Infanten in einen Komplott hineingezogen würden, wollte ihre Loyalität gesichert wissen. Ein anderer gewichtiger Grund hatte unmittelbar mit Don Beltrán und den intimen ehelichen Verhältnissen des Königs zu tun.
Enriques erste, kinderlos gebliebene Ehe war nach dreizehn Jahren geschieden worden; angeblich hatte »Behexung« den Beischlaf verhindert. Bald nannte das Volk den wohl Zeugungsunfähigen *El Impotente*, und in den Schenken landauf, landab erzählte man von seiner sexuellen Abnormität. Die zweite Gattin, die schöne, lebenslustige Schwester des Königs von Portugal, brachte portugiesische Sitten an den Hof. Ihre Kammerfrauen trugen die Brüste frei und hatten die Beine bemalt.
Im siebten Ehejahr gebar sie eine Tochter. Wer war der Vater? Jedermann wußte vom Liebhaber der Königin, kannte den Namen, Don Beltŕan. Offensichtlich duldete Enrique die Liebschaft, ja er zeichnete Don Beltrán mehrfach aus, ernannte ihn zum Grafen von Ledesma, später zum Herzog von Albuquerque.
Zunächst bestand Enrique auf seiner Vaterschaft, dem Beweis seiner Männlichkeit. Er berief Isabel zur Patin des Juana getauften Kindes, glaubte, dessen künftige Thronrechte am ehesten zu sichern, indem er seine Halbgeschwister am Hof überwachen konnte. Das Volk nannte das 1462 geborene Mädchen vom ersten Tag an *La Beltraneja*, die Tochter Beltráns. Die zeitgenössischen Chronisten bestätigen dies, aber deren Meinung könnte aus der Sicht der Katholischen Könige wegen der legitimen

Thronfolge Isabels gefärbt sein. Die zuverlässige Bestimmung des Vaters blieb ungeklärt, und möglicherweise waren Enrique und Beltŕan in dieser pikanten Frage selbst unsicher. Zu denken gibt, daß aus der Liebschaft der Königin weitere Kinder stammen, deren außerehelicher Vater nie in Frage stand.

Nach einem ersten, halb erzwungenen Treueid der kastilischen Granden kam es bald zum Widerruf. Die rebellierenden Adeligen und höheren Kleriker, die sich in Burgos versammelt hatten, forderten ultimativ vom König das Eingeständnis, daß die vorgebliche Prinzessin »nicht Euer Hoheit Tochter ist«. Demgegenüber verlangten sie die Anerkennung des Infanten Alfonso als wahren Thronerben. Es ist aufschlußreich, wie schnell Enrique das von seiner Gattin geborene Mädchen verleugnete und befahl, allein seinem inzwischen elfjährigen Halbbruder Alfonso den Treueid zu leisten. Nicht nur dies: Der König mußte sich von Don Beltrán de la Cueva trennen, mußte ihm die Würde des Großmeisters von Santiago entziehen und sie dem jungen Alfonso übertragen. Mit schonungsloser Härte prangert die *Representación* von Burgos die abscheulichen Laster und die widernatürliche Unzucht mit Männern und Knaben am Hof an.

In dieser Gesellschaft verbrachte die junge Isabel fünf Jahre. Für die Infantin gab es zwei Möglichkeiten: Entweder paßte sie sich dem Treiben an, oder sie überlebte seelisch und körperlich unbeschädigt, indem sie eine Gegenposition bezog und an dieser nicht ohne eine gehörige Portion Menschenklugheit festhielt.

Besonders zwei Eigenschaften, die der Königin Isabel zugeschrieben werden, scheinen sich in diesen Jahren gefestigt zu haben: ihre strenge moralische Grundhaltung und ihr ökonomischer, staatshaushälterischer Umgang mit Finanzen, der das korrumpierte Staatswesen in Ordnung brachte und ein zuvor in Kastilien und von anderen zeitgenössischen Fürsten in Europa kaum begriffenes volkswirtschaftliches Denken in Bewegung setzte.

Selbstbehauptung quer durch Intrigen

Die Geschichte, wie die Kinder von Arévalo am Hof in das Netz von Intrigen und Korruption eingesponnen wurden, ist noch nicht zu Ende. Der abrupte Wechsel muß die Psyche der Infanten schwer belastet haben. Nicht die Beltraneja, sondern der zehnjährige Alfonso war nun unverhofft und rechtskräftig in die Thronfolge gerückt. Man kann es dem in ärmlichen oder doch eingeschränkten Verhältnissen aufgewachsenen Jungen nicht verdenken, daß er der Verlockung erlag und mit ganzer, von jungenhaften Phantasien erfüllten Erwartung mitmachte. Doch wütend über die ungeheuerlichen, ihm zugefügten Schmähungen, über sein vorschnelles Nachgeben, widerrief König Enrique alles von ihm selbst in einer königlichen Cédula Verfügte. Er holte Don Beltrán wieder an seine Seite, erhob ihn zum Herzog von Albuquerque, schenkte ihm mit einem Federstrich kastilische Städte und weite andalusische Gebiete. Enrique IV. fühlte sich stark, er rüstete ein Heer gegen die Rebellen. Doch er hatte leichtfertig dem feinen Erzschurken Pacheco, dem Marqués von Villena, das Sorgerecht für Alfonso übertragen. Während Isabel am Hof geblieben war, befand sich der junge rechtmäßige Thronfolger bei den wieder zu Rebellen gewordenen Granden.

Enrique zog sich mit dem Hof in den Alcázar von Segovia zurück. Nirgendwo fühlte er sich sicherer und von den höfischen Annehmlichkeiten verwöhnter als hier, auf dem Felsgrat

hoch über den von den Flüßchen Eresma und Clamores durchschnittenen Schluchten.
Hier erreichte ihn die Nachricht vom Verrat der kastilischen Königsstädte Burgos, Toledo, Avila. In Andalusien paktierten Sevilla und Córdoba mit den Verschwörern, deren Hauptakteure Villena, Pedro Girón und der Erzbischof Carrillo noch gestern an seinem Tisch saßen. Er war ein leichtfertiger Zyniker, doch kein Mann, der harte Schläge ertrug. Es traf ihn furchtbar, als er von jenen grotesken Vorgängen bei Avila hörte, die ihn dem ordinären Spott preisgaben und von denen Berichte im Lauffeuer von Hof zu Hof, durch Kastilien, ganz Spanien, über die Grenzen eilten.
Vor den Mauern Avilas, auf der steinigen, baumlosen Hochebene, hatten die Verschwörer ein Spektakel veranstaltet, das jeder Wanderbühne, die von Ort zu Ort zog, Ehre gemacht hätte. Es war der 5. Juli 1465, ein heißer Tag. Nicht nur die Granden, die Bischöfe, deren Gefolge, Ritter, Bogenschützen, Pikenträger, waren versammelt, ganz Avila war auf den Beinen, Handwerker, Bauern, Ordensleute, ehrsame Bürger und der Pöbel; niemand arbeitete an diesem Tag. Sie drängten sich um eine Tribüne, auf der, weithin sichtbar, in einem Thronsessel eine lebensgroße ausgestopfte Puppe saß: das Abbild des gekrönten Enrique im rotgoldenen, edelsteinbesetzten Ornat, versehen mit den königlichen Insignien.
Mancher der Versammelten achtete mehr auf den Popanz als auf die von Erzbischof Carrillo zelebrierte Messe. Nach dem kirchlichen Akt begann das weltliche Schaustück. Ein Herold verlas die Schandtaten Enriques. Dann stiegen die Granden auf das Podium, einer nach dem anderen. Carrillo, als Kanzler von Kastilien, beraubte die Puppe der Krone; Villena entriß ihr das Zepter; die nächsten griffen unter Beschimpfung nach dem Schwert, dem Königsmantel, den restlichen Insignien, Kleidungsstücken. Den

zerfledderten, entblößten Königspopanz stießen sie vom Thron. Die Granden krönten den zwölfjährigen Alfonso, der sich von nun an Alfonso XII. nannte. Die Versammelten jubelten: Kastilien! Kastilien für den König Alfonso! Das Land hatte zwei Könige. Der Bürgerkrieg war unabwendbar.

Enrique, als ihm die Einzelheiten zugetragen wurden, stöhnte, klagte mit Hiob: »Nackend kam ich aus meiner Mutter Schoß, und nackend werde ich wieder dahinfahren.« Am liebsten hätte er sich verkrochen oder wäre nach Portugal geflohen. Doch die ihm treu Gebliebenen, Bischof Mendoza, Don Beltrán, der Marqués von Santillana, der Graf von Medinaceli und andere, drängten zum Feldzug.

Als Enrique mit einer inzwischen wieder beträchtlich gewachsenen Truppe am Zusammenfluß von Pisuerga und Duero lagerte, kam ihm der Zufall oder besser die Schamlosigkeit seines einstigen Freundes Pacheco, des Marqués von Villena, zu Hilfe. Gegen entsprechenden Lohn, so bot Villena an, würde er sich von den Rebellen abwenden und zum König zurückkehren, selbstverständlich mit dem Knaben Alfonso. Er würde dem königlichen Heer dreitausend Söldner zuführen und zum Sieg über die Rebellen beitragen. Als Gegengabe forderte Villena die Entlassung von Don Beltrán und Mendoza und verlangte die Vermählung seines Bruders Pedro Girón, des Ordensmeisters von Calatrava, mit der Infantin Isabel.

Enrique erklärte sich einverstanden, ohne auch nur eine Sekunde daran zu denken, was er seiner sechzehnjährigen Halbschwester zumutete. Isabel wurde mit dem fast dreißig Jahre älteren Mann verlobt, und Enrique sandte Boten nach Rom, um für den geistlichen Ordensmeister die Befreiung vom Zölibat einzuholen. Schon einige Male war die Infantin versprochen worden: als Sechsjährige Fernando von Aragón, dann Carlos von Viana, dem Erben von Navarra, als Dreizehnjährige Alfonso V. von

Portugal. Den ein Jahr jüngeren Fernando hatten politische Auseinandersetzungen in die Ferne gerückt (nicht ins Vergessen). Vom weitaus älteren schwindsüchtigen Carlos wurde sie durch dessen Tod befreit. Dem ebenso älteren, fettleibigen Alfonso hielt sie mutig die fehlende Zustimmung der kastilischen Cortes entgegen.

Nur Pedro Girón stammte nicht aus königlichem Haus, sondern hatte, wie Pacheco, jüdische Eltern. Girón galt als Wüstling, unübertroffen an moralischer Verkommenheit, was schwerer wog als die Herkunft. Gut genug kannte Isabel den falschen Ordensmeister, um angeekelt zu sein. Er hatte versucht, in Arévalo ihre Mutter zu verführen. Es heißt, Isabel habe Tag und Nacht um Befreiung gebetet, ihre resolute Freundin Beatriz de Bobadilla habe geschworen, den Freier mit dem Dolch zu töten. Aber dazu mußte es nicht kommen. Pedro Girón, der sich durch Enriques Schenkungen Vizekönig von Andalusien nannte, wollte eine andalusische Söldnertruppe vom Süden herauf dem König zuführen, gemäß Pachecos Abmachung. Er kam nur, auf dem Weg nach Ocaña, bis zum Marktflecken Villarubia. Dort erkrankte er an Diphtherie und starb nach drei Tagen.

Die Gegenspieler standen wieder am Anfang, und jede der beiden Parteien drängte zur Entscheidung. Im August 1467 hatten sich die Granden mit ihrem Königsknaben in Olmedo verschanzt. Man sagte damals: Wer Herr von Kastilien sein will, muß Olmedo und Arévalo fest in der Hand haben. Von Westen, von Cuéllar, rückte Enrique mit einer Alfonsos Truppe weit überlegenen Streitmacht heran. Am 19. August kam es auf der glutheißen Hochebene vor Olmedo zur Schlacht, bei der die feinen Granden und hohen Kleriker in vorderster Linie standen. Neben dem kräftigen Haudegen Carrillo, der statt Albe, Stola und Meßgewand über einem Kettenhemd einen purpurroten Mantel mit weißem Kreuz trug, kämpfte tapfer der junge

Alfonso. Seine Knabenphantasien waren blutiger Ernst geworden.

Die Schlacht verlief unentschieden, auch wenn König Enrique der Welt verkündete, er habe gesiegt und manche Historiker der Nachricht Glauben schenkten. Weder die eine noch die andere Partei hatte in der Sache auch nur den geringsten Gewinn erzielt. Allerdings verlor Enrique nur wenige Tage nach Olmedo seinen Lieblingssitz Segovia. Stadt und Alcázar öffneten Alfonso die Tore, nachdem die Königin mit der kleinen Beltraneja und ihrem Hofgefolge nach Madrid entflohen war. Nur Isabel hatte sich vom Hof getrennt, endgültig. Sie war zurückgeblieben, um den Einzug ihres Bruders zu erwarten. Die Geschwister ahnten nicht, daß dieses Wiedersehen bis zum Lebensende Alfonsos dauern sollte.

Beiden gönnte das Schicksal oder – weniger pathetisch – gönnten die politischen Umstände eine mehrmonatige Ruhepause. Sie zogen sich an den Ort zurück, von dem sie als Kinder ausgezogen waren, zu ihrer kranken Mutter in Arévalo. Dort feierten sie in der Novembermitte Alfonsos vierzehnten Geburtstag, feierten sie Weihnachten, Ostern, die Feste der Geburt und Auferstehung des Herrn, wie es christlicher Brauch war, aber weniger üppig als Enrique mit seiner Hofgesellschaft. Sie hatten Zeit, miteinander zu reden, ausgiebig, wie es junge Geschwister miteinander tun.

– Worauf hast du dich eingelassen, Bruder?!
– Ich bin gewählter König.
– Den kleinen König von Avila nennen dich die Leute.
– Bin ich darum weniger König als Enrique?
– Enrique ist rechtmäßig Nachfolger unseres Vaters Juan.
– Du warst zu lange in seiner Gesellschaft, Schwester. Hast du vergessen, wozu er dich zwingen wollte?

- Gott hat mich von Pedro Girón befreit.
- Und was ist mit der Beltraneja? Hast du vergessen, daß Enrique den Bastard meiner Thronfolge vorzog?
- Du mußt Geduld haben, Alfonso, Gott ist mit den Geduldigen. Denk nicht an die Beltraneja. Niemand wird dir den Thron rauben.
- Niemand, sagst du?

Am Ende wurde Alfonso, der König von Avila, doch des Thrones beraubt. In den letzten Junitagen 1468 wollten Alfonso und Isabel mit ihren Rittern südwärts über die Guadarramaberge nach Toledo reiten, um die abgefallene Stadt zurückzugewinnen. Toledo war immer Unruheherd. Genau ein Jahr zuvor hatte es blutige Straßenkämpfe zwischen getauften Juden, den Conversos, und den Altchristen gegeben. Ein typischer Anlaß: die Zollvergabe an einige meistbietende Juden, die daraufhin von den aufgebrachten Christen aus Toledo hinausgeprügelt wurden. Die Juden griffen zu den Waffen, wollten ihr Recht erkämpfen, obwohl ihre Sache von vornherein verloren war. Die an Zahl und Waffen stärkeren Christen gerieten in eine Art Blutrausch, zogen durch die Judenviertel, legten Feuer, plünderten, schändeten, töteten wahllos. Sie forderten von Alfonso die offizielle Billigung eines Pogroms. Gott bewahre mich vor diesem Unrecht, gab Alfonso zur Antwort. Niemals werde er mit solcher Zustimmung seine Herrschaft erkaufen.
Möglicherweise wurde dem König von Avila jetzt, durch den Abfall von Toledo, seine Judenfreundschaft zum Verhängnis. Im Dorf Cardeñosa, nahe Avila, bekam er heftige Magenkrämpfe, sein Körper verfärbte sich, reagierte auf keines der üblichen Mittel. Noch am selben Tag, dem 1. Juli 1468, starb der junge Alfonso, vergiftet – sagt man – durch eine am Vorabend gegessene Forelle, seine Lieblingsspeise.

Der so frühe Tod des Bruders rückte Isabel in den Mittelpunkt. Niemand, am allerwenigsten Isabel, hatte zuvor an eine solche veränderte Konstellation gedacht. In Avila, bei den Zisterzienserinnen im Kloster Santa Ana, suchte Isabel Ruhe. Sie trauerte, schloß sich ab, trug das einfache bodenlange Kleid aus weißer Wolle. Aber dann kamen sie doch, die Granden und hohen Kleriker, angeführt von Erzbischof Carrillo, ließen sich nicht mehr abweisen. Sie bedrängten die Siebzehnjährige. Sie allein sei die Erbin der kastilischen Krone. Das Königreich erwarte ihre Entscheidung. Sie müsse einwilligen, um als Nachfolgerin ihres Vaters Juan, ihres Bruders Alfonso zur Königin von Kastilien und León gekrönt zu werden.
Es war die erste weiterreichende politische Entscheidung, die von Isabel gefordert wurde. Sie war ganz auf sich gestellt, denn wen konnte sie fragen, nachdem von ihrer Familie nur noch die geistesgestörte Mutter und der Stiefbruder Enrique lebten und Alfonsos Berater, die um ihre Gunst buhlten, ihre Zustimmung zu diesem Angebot erwarteten. Möglich, daß sie dem Eifer der Granden und Prälaten mißtraute. Jedenfalls reagierte Isabel mit außergewöhnlicher Besonnenheit. Sie verweigerte die ihr angebotene Königskrone. Man möge, um des Friedens willen, Enriques rechtmäßiges Königtum anerkennen und ihr die ebenso legale Thronfolge zugestehen. Wenn Isabels Antwort raffiniert berechnet war, so setzte sie doch Legalität gegen Gewalt.
Der in der Stille des Sant-Ana-Klosters gereifte Entschluß stellte die Weichen für die gesamte staatspolitische Zukunft Spaniens. Schon die unmittelbaren Folgen lassen die überlegene Klugheit Isabels gegenüber den Machenschaften der Granden erkennen. König Enrique bot Verhandlungen an, sicherte allen Verschwörern Straffreiheit zu, sofern sie sein Königtum respektierten. Seine Zugeständnisse überstiegen jegliche Erwartung, gaben vor allem Isabel eine von nun an unwiderrufliche Autorität. Enrique

versprach, sich von seiner ehebrecherischen Gemahlin und deren Tochter, der Beltraneja, zu trennen und allein Isabel als wahre Thronerbin anzuerkennen. Innerhalb von vierzig Tagen sollten die Cortes einberufen werden, um Isabels Anspruch rechtsgültig zu machen. Die Einkünfte der Städte Avila, Huete, Medina del Campo, Molina, Olmedo, Escalona und Ubeda sollten der Thronfolgerin zufallen.
Zweieinhalb Monate nach Alfonsos Tod trafen sich die Parteien zur Versöhnung auf der von niedrigen Steineichen gesäumten Wiese bei den Toros de Guisando, den verwitterten keltiberischen Stieren, die einsam in der östlichen Sierra de Gredos die Zeiten überdauerten. Beide kamen mit großem Gefolge herauf, Isabel von Avila über Cebreros, Enrique vom südöstlichen Ocaña. Der Marqués von Villena, auch der bis zuletzt widerborstige Carrillo baten den König um Verzeihung. Der päpstliche Nuntius entband die Granden von ihrem der Beltraneja vor sechs Jahren geleisteten Treueid. Sie huldigten der von Enrique feierlich zur Thronerbin erhobenen Prinzessin Isabel, und sie gelobte – wie alle Anwesenden – Enriques Königsherrschaft anzuerkennen, solange er lebe.

Die unerlaubte Heirat

Natürlich war sie begehrenswert, die siebzehnjährige erklärte Erbin des zentralen, territorial größten der vier iberischen Königreiche, größer als die anderen zusammen. Aus den Nachbarländern meldeten sich die Freier, als Isabel in den Wintermonaten 1468/69 am Hof in Ocaña lebte: aus Portugal König Alfonso V., der seinen früheren Antrag erneuerte; aus Frankreich der Herzog von Berry, Bruder und Thronfolger Ludwigs XI.; aus Aragón der Thronfolger Fernando.

Jedes der benachbarten Königreiche suchte in der Vermählung mit der kastilischen Prinzessin politischen Gewinn. Portugal, mit England verbündet, erwartete eine verstärkte, gegen Frankreich gerichtete Allianz. Ebenso rechnete Aragón, zur Zeit wegen umstrittener Grenzprovinzen mit Frankreich im Krieg, mit einer kräftigen machtpolitischen Stärkung. Das eine wie das andere Bündnis wollte der französische König verhindern und sandte als Brautwerber für seinen Bruder den besonders redegewandten Kardinal von Albi nach Ocaña.

Den portugiesischen Alfonso hatte König Enrique gewiß nicht aus selbstlosen Gründen zur Wiederholung des Heiratsantrages ermuntert. Enrique, unter dem Einfluß seines nun wieder intimen Beraters Villena, schien alles darauf anzulegen, die Vereinbarungen von Toros de Guisando zu hintertreiben. Er zögerte die Bestätigung von Isabels Thronfolge durch die Cortes hinaus und dachte nicht mehr an die zugesicherte Scheidung von seiner des Ehebruchs beschuldigten Gattin. Außerdem wartete Isabel vergeblich auf die Einkünfte der ihr zugesprochenen Städte. Der innerkastilische Frieden war wiederhergestellt. Doch wahrscheinlich hoffte der wankelmütige Enrique, mit Isabels portugiesischer Heirat lasse sich die kastilische Thronfolge noch einmal zugunsten der Beltraneja regeln.

Es gab aber eine zusätzliche, bei den Stieren von Guisando beschworene Vereinbarung, deren volles Gewicht nun in die Waagschale fiel. Eine Vermählung Isabels durfte nicht gegen ihren Willen und ebensowenig ohne Einverständnis des Königs erfolgen.

Vom fettleibigen Portugiesen Alfonso, der wegen seiner expansiven Politik »Afrikaner« genannt wurde, wollte Isabel jetzt noch weniger wissen als vor vier Jahren. Zudem hatte der zwei Jahrzehnte ältere Alfonso einen Sohn und Thronerben aus erster Ehe. Isabel war schlauer geworden. Sie zögerte die Verhandlungen hinaus, nannte dann als Ehehindernis ihre Blutsverwandtschaft mit dem Portugiesen.

Nach Paris und Zaragoza hatte Isabel vorsichtshalber ihren Hofkaplan Alfonso de Coca gesandt. Was Coca nach langer Reise vom Herzog von Berry und von Fernando berichtete, ließ einer jungen Prinzessin, unabhängig von politischen Erwägungen, nur eine einzige Wahl. Der französische Herzog wurde als kurzsichtig, schwächlich und weibisch geschildert, als ein von Magersucht geplagter Kavalier. Von seiner Thronfolge sprach niemand mehr, seit die französische Königin den ersehnten gesunden Thronerben geboren hatte. Es ist verständlich, daß Isabels Sympathie nicht dem Franzosen, sondern dem jungen Fernando zufiel. Den dunkelhaarigen stattlichen Prinzen, den einzigen Erben der Krone von Aragón, nannte man klug, tapfer, in allen Sätteln sicher.

Im Hinblick auf die politische Zukunft Großspaniens war es eine ideale Koppelung. Doch keinen der Betreiber bewegte in diesen Wochen und Monaten eine derart zukunftweisende Idealvorstellung. Viel zu sehr stand das aktuelle politische Geschehen in Kastilien und Aragón im Vordergrund. So entsprang der Heiratsplan in den Köpfen der Beteiligten einer perfekten Mischung von Landes- und Eigeninteresse, wobei im Zweifelsfalle das Eigeninteresse überwog.

Begonnen hatte Fernandos Vater, König Juan II. von Aragón, als er zur Brautwerbung Don Pedro de la Caballería, einen seiner reichsten, gescheitesten getauften Juden, nach Ocaña sandte. Der über siebzigjährige Juan suchte nicht nur Beistand gegen Frankreich und die rebellierenden Katalanen, sondern erhoffte die Rückgewinnung einiger an Kastilien verlorener Ländereien. Sein Gesandter fand bei Isabels Ratgebern offene Ohren. Erzbischof Carrillo hatte seine Sympathie für Aragón nie verheimlicht. Und den Isabel ergebenen, politisch klugen Admiral von Kastilien, Don Fadrique Enríquez, lenkten familiäre Interessen. Er war Fernandos Großvater mütterlicherseits. Der ritterliche aragonesische Thronfolger entsprach ganz dem, was die junge Prinzessin erträumte. Schon darum und weil sie keinen anderen Freier duldete, aber ihr Alleinsein am Hof ein Ende haben mußte, wird Isabels Drängen auf eine baldige Heirat verständlich.

König Enrique, kein Freund Aragóns und darin unterstützt von Villena, der um seinen Besitzstand zitterte, bestand auf der Ehe mit dem König von Portugal. Isabel betrieb insgeheim die Vorbereitungen zur Heirat ihrer Wahl und erwirkte die Zustimmung vieler Granden und kastilischer Städte. Beide, Enrique wie Isabel, verletzten ihr Abkommen, jeder entnahm dem angebahnten Vertragsbruch des anderen das Recht zum eigenen Handeln.

Die Ereignisse im Sommer und Herbst 1469 gleichen eher einer der damals in den Straßenschenken beim Wein erzählten Räubergeschichten als der Wirklichkeit. Ein Aufstand zwang König Enrique, begleitet von Villena, dem neuernannten Ordensmeister von Santiago, zu einem Feldzug in die Estremadura. Isabel glaubte sich in Ocaña sicher, schien nicht daran zu denken, daß Spitzel und Agenten jeden ihrer Schritte beobachteten und königliche Eilkuriere ständig unterwegs waren. Sie spielte mit dem Feuer, das wußte sie. Als Enrique um Ocaña ein Truppenaufgebot sammeln ließ, wurde sie gewarnt und entfloh nach Madrigal, der ihrer Mutter testamentarisch zugesprochenen Stadt.

Inzwischen flogen geheime Botschaften von Isabel zu Fernando und umgekehrt. Das war nicht leicht, denn zwischen Ocaña oder Madrigal und Zaragoza lagen Gebiete von Enriques Parteigängern wie des Grafen von Medinaceli oder des Bischofs von Sigüenza aus dem einflußreichen Haus der Mendoza. Königliche Truppen kontrollierten die Verbindungswege nach Aragón.

Isabel setzte den Heiratsvertrag auf, den zwei ihrer Vertrauensleute, ihr Hofmeister Gutierre de Cárdenas und ihr Sekretär und Chronist Alonso de Palencia, auf Schleichwegen nach Aragón brachten. Im September unterschrieb Fernando in Cervera, nicht weit von Lérida, den Vertrag, die »Kapitulationen von Cervera«, ein Vorgang, dessen außerordentliche Bedeutung nicht hoch genug geschätzt werden kann. Fernando gelobte:

> er werde seinen Wohnsitz in Kastilien nehmen und das Land ohne Isabels Erlaubnis nicht verlassen;
> er werde ohne Isabels Einwilligung weder Kriege führen noch Bündnisse schließen, aber mit Isabel den heiligen Krieg gegen die Mauren fortsetzen;
> er werde kein Eigentum der Krone veräußern und gemeinsam mit Isabel nur Kastilier in hohe Staatsämter berufen, jedoch sie allein könne den Treueid kastilischer Städte entge-

gennehmen, Belehnungen und Titel gleichberechtigt vergeben;
er werde für den Unterhalt ihrer Mutter in Arévalo sorgen und König Enrique IV. mit Achtung und kindlichem Gehorsam begegnen;
ihre beiden gleichrangigen Unterschriften werden künftigen öffentlichen Erlassen Rechtskraft verleihen.

Übernahm Fernando nicht mit den *Capitulaciones* von vornherein die Rolle eines Prinzgemahls, auf Kastilien bezogen? Für Isabel ist es das erste Dokument ihres von Anfang an ausgeprägten Selbstbewußtseins und einer unglaublichen staatspolitischen Weitsicht, selbst bei Mitarbeit ihrer Berater. Denn diese hellsichtige, ihrer Wirkung sichere Weichenstellung der achtzehnjährigen Isabel wird bis zuletzt das Verhältnis der Katholischen Könige zueinander bestimmen. Nur sie, kein anderer, konnte diesem klugen Einfall nachgeben, auch von Fernando Achtung, ja »kindlichen« Gehorsam gegenüber ihrem königlichen Halbbruder zu fordern.
Der aber führte alles andere im Schilde als ein gütiges Nachgeben. Enrique war bekanntgeworden, was sich hinter seinem Rücken abspielte. Ihn hielt sein Feldzug, die Belagerung von Trujillo in der Estremadura. So befahl er die Gefangennahme der vertragsbrüchigen Prinzessin, ließ er gegen Madrigal eine Truppe marschieren. Doch Carrillo, der von Isabel eilig benachrichtigte Erzbischof von Toledo, war schneller. Seine dreihundert Berittenen, ergänzt von zweihundert Reitern Don Fadriques, schirmten Isabel ab und gaben ihr das Geleit auf dem Weg nach Valladolid. In der ihr verbundenen, ihre Sicherheit verbürgenden Stadt erwartete sie Fernando.
Auch nach Aragón hatte Isabel ihre Eilkuriere gejagt, noch einmal Cárdenas und Palencia, mit der Aufforderung, Fernando

möge ohne Zögern kommen, nur ihre vor Gott und den Menschen gültige Vermählung könne allen Widerständen zum Trotz ihre gemeinsame Zukunft sichern.

Fernando bedrängten Widerstände im eigenen Land, ausgelöst durch die aufsässigen Katalanen und die französische Besetzung der Grenzgebiete im Roussillon. Als Zeichen seiner Liebe schickte er Isabel eines der wertvollsten Stücke aus dem Kronschatz, eine kostbare, mit Perlen, Rubinen und Diamanten besetzte Halskette. (Welch eine beredte Ironie: Er mußte die Halskette mit geborgtem jüdischem Geld in der Pfandleihe in Valencia auslösen. Zwei Jahrzehnte später mußte die in Geldnot geratene Königin die Halskette wiederum in Valencia zum jüdischen Geldleiher tragen.)

Dann trieb ihn doch Isabels dringende Bitte zum raschen Handeln. Anfang Oktober 1469 machte sich Fernando auf den Weg nach Valladolid. Aragón hatte keine Reichtümer zu verschenken. Der greise, halberblindete Juan II. ernannte Fernando zum König von Sizilien, verlieh ihm den Titel, den eine Enkelin Friedrichs II., des deutschen Kaisers und Königs von Sizilien, durch ihre Heirat mit Peter III. nach Aragón gebracht hatte. Ein Paradox kam zum anderen. Der eben zum König von Sizilien Ernannte näherte sich in der lumpigen Kleidung eines Maultiertreibers auf Schleichwegen seiner künftigen Gattin, um den Häschern Enriques zu entgehen. Ihn begleiteten sechs seiner Getreuen, die als angebliche Kaufleute ihren Maultieren Handelsware aufgebürdet hatten, deren Knecht er spielte.

Am späten Abend des 7. Oktober stand die kleine Karawane vor dem schon geschlossenen Stadttor von Burgo de Osma, und beinahe hätte der Steinwurf des Wächters vom Torturm herab Fernandos Reise vorzeitig beendet. Aber sieben Tage später zog er, nun nicht mehr Maultiertreiber, in Valladolid ein. Vielleicht hatte den Siebzehnjährigen die abenteuerliche, oft genug bedroh-

te Reise, streckenweise am Duero entlang und auf Umwegen durch rauhes innerkastilisches Bergland, sogar erfreut. Zeitlebens reizten ihn Abenteuer, harte, gefährliche Herausforderungen, jetzt erst recht, um den Preis, seine Prinzessin zu gewinnen. Man muß nicht mit den kastilischen Hofchronisten von Isabels bezaubernder Schönheit, von ihrer *belleza* und *hermosura* schwärmen. Was an ihr faszinierte, kam eher aus der ungewöhnlichen Mischung von unverbildeter mädchenhafter Anmut und gewitzter Bestimmtheit. Diese schon ganz eigenmächtige junge Persönlichkeit mit den unbeirrbaren blaugrünen Augen mußte auf Fernando anziehend wirken, wie Isabel ihrerseits empfänglich war für die junge ungestüme Männlichkeit Fernandos.
Bei ihrem ersten Treffen im Hause des Juan de Viveros in Valladolid konnte es gar nichts anderes gegeben haben als die von beiden ersehnte Erfüllung, über Vernunft und Notwendigkeit hinaus.
Im selben Haus der befreundeten Viveros fand vier Tage nach Fernandos Ankunft, am 18. Oktober 1469, die festliche Hochzeit statt, die so folgenreiche Vermählung von Kastilien und Aragón. Ein letztes Hindernis, Fernandos Blutsverwandtschaft durch Vorfahren aus dem englischen Hause Lancaster (er war Isabels Vetter zweiten Grades), wurde durch päpstliche Dispens beseitigt. Das Paar ahnte nicht, daß ihrer Trauung eine gefälschte Dispens zugrunde lag. Doch alle Betreiber, voran Erzbischof Carrillo, Don Fadrique, der päpstliche Nuntius, suchten so schnell und so geheim wie möglich ihr Werk zu vollenden. Nur endete die Geheimhaltung, als in Valladolid alle Einwohner und Gäste eine volle Woche hindurch mit Tanz und Spiel die glücklich Vermählten feierten.

Königin ohne König

Dreimal schrieb sie an König Enrique, vor ihrer Hochzeit, drei Tage danach und noch einmal im Juni des nächsten Jahres. Isabel rechtfertigte ihre gegen Enriques Willen geschlossene Ehe, bat inständig um Verständnis. Glaubhaft, fast naiv beteuert sie ihren und Fernandos »kindlichen« Gehorsam, ohne den geringsten Abstrich von ihrer Entschiedenheit. Schon jetzt argumentiert sie, die Achtzehnjährige, erstaunlich sicher, unverstellt und mit spontaner Überzeugungskraft, wie sie es später so unverwechselbar verstand.

Enrique, ohnedies verärgert, weil er Trujillo vergeblich belagerte, fühlte sich brüskiert. Vielleicht war er Isabels kluger, versöhnlicher Beweisführung nicht gewachsen. Er schwieg, schrieb dann kurz, er müsse sich mit seinem Minister, der kein anderer war als Villena, beraten. Und wieder ließ er die von ihm abhängige Isabel im ungewissen, bis er im Oktober 1470 zur Vergeltung ansetzte.

Die Neuvermählten hatten sich nach Dueñas zurückgezogen, in das Kastell des befreundeten Grafen von Buendía. Dueñas lag nördlich von Valladolid, den Río Pisuerga dreißig Kilometer stromaufwärts, an einem Berghang und bot mehr Schutz als die offene Stadt. Isabel erwartete ihr erstes Kind, das im Oktober geboren wurde. Vermutlich verschwieg man ihr deshalb, was Enrique zur gleichen Zeit in Segovia vorbereitete.

Der König hatte erneut mit Frankreich verhandelt und dem von

Isabel abgewiesenen Herzog von Berry, inzwischen Herzog von Guyenne, die Hand der kleinen Juana, der Beltraneja, versprochen. In der Kathedrale von Segovia beschwor die Königin die Vaterschaft Enriques, und nun erhob König Enrique die Beltraneja wiederum zu seiner rechtmäßigen Thronfolgerin und erklärte alles in Toros de Guisando mit Isabel Vereinbarte für ungültig. Am 26. Oktober wurde im Hochtal bei Lozoya das Ehegelöbnis vollzogen. Der Herzog von Guyenne hatte einen Stellvertreter geschickt, und das kleine zarte achtjährige Mädchen wird kaum etwas von dem Geschehen verstanden haben. (Ihr Bräutigam, den sie nie gesehen hat, starb zwei Jahre später an einer Vergiftung. Gerüchte, wonach der Herzog von seinem Bruder Ludwig XI. bei einem Festessen vergiftet worden sei, blieben ungeklärt.)

Der kalt herabgesetzten Isabel wird im selben Monat Oktober die Geburt ihrer Tochter Isabel Ablenkung gegeben haben. Nach kastilischem Brauch, um einer Kindsunterschiebung vorzubeugen, mußte sie bei der Entbindung die Anwesenheit der höchsten Beamten ertragen. Doch niemand sollte ihr schmerzverzerrtes Gesicht sehen. Sie ließ es mit einem seidenen Tuch bedecken.

Die glücklich verlaufene Geburt konnte nur als gutes Zeichen gedeutet werden. Die Zeit arbeitete für Isabel. Die Ständeversammlung der Cortes hat ihr im Winter 1469 in Ocaña ausgesprochenes Votum für Isabel nie zurückgenommen. Bald erklärten sich die baskischen Provinzen Guipuzcoa und Biscaya für Isabel, bald folgten Städte wie Sepúlveda und Aranda de Duero und in Andalusien Sevilla, Jaén, Baeza. Granden wie der mächtige Herzog von Medina Sidonia boten ihre Dienste an. Zugegeben, das geschah nicht ohne Berechnung. Doch offensichtlich wechselte die Erwartung auf eine bessere Zukunft von der abgewirtschafteten, eher skandalösen Königsherrschaft Enriques zu diesem jungen Paar Isabel und Fernando, das selbst Hilfe brauchte und nichts anderes vorweisen konnte als den armseligen sizilischen Königstitel.

Isabel war von einfachem, gläubigem Gemüt, das ihrem moralischen Verhalten keine Hintertür offen ließ. Sie wird alles unternommen haben, um ihre nach kirchlichem Gesetz ungültige Ehe zu legalisieren. So begründet ihre rasche Vermählung auch war, nicht nur sie, die hohen Kleriker in ihrer Umgebung mußten ebenso darauf drängen. Aber erst ein neuer Papst, der im August 1471 gewählte fromme, asketische, als Ordensreformer bewährte und mit hohen Erwartungen bedachte Franziskaner Sixtus IV., ließ sich zur kirchenrechtlichen Segnung der Ehe bewegen.
Noch vor Jahresende sandte der neugewählte Papst mit der Dispens den aus altspanischem Geschlecht stammenden und bei Valencia geborenen Kardinal Rodrigo de Borja, dem die kastilisch-aragonischen Verhältnisse wohlbekannt waren. Der vierzigjährige Borja, italienisiert zu Borgia, hatte in der römischen Hierarchie einen hohen Rang; er wird später als Papst Alexander VI. und Vater von Cesare und Lucrezia Borgia einen noch höheren Rang in der römischen Skandalgeschichte einnehmen. Der wegen seiner Lasterhaftigkeit berüchtigte Rodrigo de Borja war zugleich ein scharfsinniger, redegewandter Diplomat, der in Kastilien unermüdlich und mit gebotenem Feingefühl zwischen den zerstrittenen Parteien zu vermitteln suchte. Die Schlichtung gelang nicht unmittelbar, doch konnte ein Bürgerkrieg verhindert werden.
Erstaunlich war, daß der päpstliche Legat den von Sixtus IV. verliehenen roten Kardinalshut nicht dem toledanischen Erzbischof Carrillo überreichte, sondern Pedro González de Mendoza, dem Bischof von Sigüenza. Der cholerische Carrillo reagierte

wütend, scheint aber von Borja, der ihn mehrmals besuchte, von der Notwendigkeit der Ehrung Mendozas überzeugt worden zu sein.

Der Bischof verdankte seine Wahl in das Kardinalskollegium der Empfehlung Fernandos und des Königs Juan von Aragón. Und der bisher als Parteigänger Enriques bekannte Bischof unterstützte alsbald Fernando und Isabel. Auch dessen Bruder, den Marqués von Santillana, Oberhaupt der einflußreichen Familie der Mendoza, sah man bald an der Seite des jungen Paares.

Natürlich blieb König Enrique nicht verborgen, wie ihm hinter seinem Rücken ein Grande nach dem anderen, eine Stadt nach der anderen entglitt. Aber auch für Isabel konnten ihre halb anerkannte, halb illegale Thronfolge und ihre Mittellosigkeit kein Dauerzustand sein. Solche Gründe verstärkten den Wunsch nach einer erneuten Begegnung der Halbgeschwister. Wahrscheinlich suchte auch der weiche, beeinflußbare Enrique nach einer familiären Lösung. Doch der Anstoß zu einem Versöhnungstreffen kam nicht von Enriques Beratern, schon gar nicht von Villena, sondern von Isabels Freundin Beatriz de Bobadilla und deren Ehemann Andrés de Cabrera.

Beatriz hatte Enriques Kämmerer, der als Kommandant des Alcázars in Segovia über den Großteil des königlichen Schatzes wachte, geheiratet. Der getaufte Jude Cabrera hielt sich von den Intrigen Pachecos, Marqués von Villena, fern. Persönliche Rivalität und Neid des ehrgeizigen Villena auf den königlichen Statthalter von Segovia verschärften die Spannungen. Villena trachtete nach Cabreras Stellung und nutzte die in Kastilien aufkeimende judenfeindliche Stimmung. Im Mai 1473, unter dem Deckmantel eines Aufstands von Altchristen gegen die Conversos, führte er im Schutz der Dunkelheit eine Söldnertruppe nach Segovia und ließ sie mit Feuer und Schwert unter den getauften Juden wüten. Villenas eigene jüdische Abstammung macht sein Vorge-

hen besonders ruchlos. Zum Glück konnte der im letzten Augenblick gewarnte Cabrera mit einer eilig aufgestellten Truppe das Blutbad beenden und Villenas Söldner vertreiben.
Die schreckliche Erfahrung bestärkte Cabrera, nochmals beeinflußt von Beatriz, Isabels Fürsprecher bei Enrique zu werden. Beiden gelang es, den König gegen Ende 1473 für eine Versöhnung mit Isabel zu interessieren. Im frostigen späten Dezember ritt Beatriz selbst nach Aranda de Duero, um Isabel zu benachrichtigen und sie nach Segovia zu bringen.
Enriques Chronist Castillo berichtet, wie sich die beiden Halbgeschwister nach fünf Jahren wiedersahen und »mit großer Zärtlichkeit« umarmten. Isabel ritt durch die Straßen Segovias auf ihrem weißen Pferd, dessen Zügel der zu Fuß gehende König hielt. Niemand, auch nicht Villena, der in der Estremadura war, störte das Einvernehmen. Kaum jemals sah der Alcázar von Segovia eine so vergnügte und hoffnungsvolle Gesellschaft. Sie feierten, musizierten, am Silvesterabend tanzte Isabel, und Enrique sang mit seiner dunklen, weichen Stimme zur Laute. So hatten sie mit ihrem musischen Vater gefeiert. Bald kam auch Fernando, der im nahegelegenen Kastell Turégano auf Isabels Zeichen wartete.
Doch am Dreikönigstag, bei einem Festessen, zu dem Cabrera geladen hatte, befielen Enrique heftige Schmerzen in der Seite, vermutlich ein Leberleiden. Die Ärzte verordneten Bettruhe. Der König verlangte nach seinem Berater Villena, der aus der Estremadura zurückgekehrt und Gast in Cuéllar bei Don Beltrán war. Nichts konnte den Marqués von Villena mehr kränken als die mögliche Versöhnung mit Isabel, nichts kam ihm gelegener als die plötzliche Erkrankung. Er redete dem leichtgläubigen König ein, man habe ihn vergiften wollen. Das war das Ende der wohltuenden Harmonie. Villena gewann den König für einen teuflischen Plan. Eine wiederum heimlich in die Stadt geschleu-

ste Schar Bewaffneter sollte nach bestimmter Order Cabrera und Beatriz ermorden, Isabel, Fernando, auch Erzbischof Carrillo gefangennehmen.
Vereitelt wurde der Plan, weil der eingeweihte Kardinal Mendoza dem König freimütig das Böse und Unheilstiftende seines Tuns vorhielt. Oder ahnte Enrique, wie absurd es war, Isabel zu beschuldigen, die doch nur im Einvernehmen mit ihm gewinnen konnte? Schon bald, wieder gesund, zog er sich nach Madrid zurück und ritt im Sommer mit Villena in die Estremadura.

»Im Jahre 1474 schickte der Herr Regen und große Fruchtbarkeit und Überfluß.« Dem Königreich Kastilien, so ergänzen wir die zeitgenössische Notiz, brachte das Jahr 1474 Heil und Unheil und der dreiundzwanzigjährigen Prinzessin aus dem Hause Trastámara die Entscheidung, die ihr ganzes Leben bestimmte.
Am 4. Oktober starb Isabels ärgster Widersacher Juan Pacheco, der Marqués von Villena und Großmeister des Santiagoordens, aufgerieben von Ehrgeiz und Rastlosigkeit. Er starb in Santa Cruz vor Trujillo, noch immer bemüht, die ihm vom König vermachte Stadt zu bezwingen.
Enrique erlitt ein ähnliches Schicksal wie sein Vater Juan nach dem Tod seines Günstlings Don Alvaro. Er verlor seinen Halt, politisch wie menschlich. Er umwarb noch Pachecos Sohn, den nicht minder ehrgeizigen jungen Diego Marqués von Villena, mit sentimentaler Zuneigung. Aber er kränkelte, war geplagt von Erbrechen, Durchfall, Nierenkoliken und Blutungen. Im Morgengrauen des 11. Dezember starb König Enrique IV., einundfünfzigjährig. Bis zuletzt hatten Kardinal Mendoza und andere Würdenträger den im Alcázar von Madrid Sterbenden angefleht, er möge die Thronfolge regeln, erklären, ob das Mädchen Juana, die Beltraneja, seine Tochter sei. Er verweigerte jede Antwort, schlug erbittert, als wollte er die lästigen Fragen wie

Fliegen vertreiben, mit den Armen um sich, bis er die Sprache verlor.
Noch am selben Tag brachte ein abgehetzter Kurier die Nachricht vom Tod des Königs über die winterlichen Guadarramaberge nach Segovia. Isabel legte Trauerkleidung an, das einfache lange Kleid aus weißer Wolle. Aber keiner stand ihr beratend zur Seite. Außer dem Hofmeister Gutierre de Cárdenas war niemand anwesend. Fernando war seinem Vater im Krieg gegen Frankreich zu Hilfe geeilt, er befand sich im Roussillon, einquartiert in Perpignan. Weder ihn noch die ihr verbundenen Granden und hohen Kleriker, die zur Anreise zwei, drei und mehr Tage benötigten, konnte sie fragen. Deren Mehrheit, auch die Mehrheit der Städte sah in ihr die Thronfolgerin. Sie konnte sich auf den Zuspruch der Cortes, der versammelten Stände, berufen. Nur stand dagegen das nicht zurückgenommene Wort des Königs zugunsten der Beltraneja.
Isabel entschloß sich zum raschen Handeln, um der Beltraneja oder deren Anhängern zuvorzukommen. Zu den wenigen Ratgebern in Segovia gehörten ihre Freundin Beatriz und Andrés de Cabrera, dessen Verläßlichkeit Isabel durch die Ernennung zum Marqués de Moya belohnen wird. Aus religiösem Antrieb wird sie, wenn das auch nicht direkt bezeugt ist, den Bischof von Segovia, Don Arias Dávila, und ihren Beichtvater, den Prior des Dominikanerkonvents Santa Cruz, Tomás de Torquemada, um Rat und Beistand gebeten haben. Drei Männer jüdischer Abstammung, Conversos, die Isabels Anspruch bestätigten, die ihr zuredeten: Du mußt die Thronfolge antreten; Du bist die Erbin der Krone von Kastilien; Du bist die wahre Erbin Alfons des Weisen und Fernandos des Heiligen, Du allein.
So kam Isabels folgenschwerste Entscheidung zustande, abgesehen von ihrer Heirat und dem von ihr diktierten Ehevertrag, der das begründet hat, was sie nun mit großer Kühnheit realisiert.

Am Morgen des 13. Dezember 1474 formierte sich im Hof des Alcázar der Krönungszug. Nach dem Requiem für Enrique hatte Isabel ihre Trauerkleidung abgelegt. Der Alcázar bewahrte den Kronschatz, so daß sie im festlichen Ornat würdig und königlich geschmückt auftrat. Sie ritt auf ihrem weißen Zelter, begleitet vom Hofgefolge und Klerikern in brokatenen buntbestickten Meßgewändern, die Gassen hinab zur Plaza. Ihr voran schritt Cárdenas mit dem hocherhobenen Gerichtsschwert Kastiliens, Zeichen der Königsgewalt über Leben und Tod.

Im klaren Winterlicht unter dem wolkenlosen, kalten Himmel Segovias fand auf der Plaza, nahe der Kathedrale, die Krönung statt. Bischof Arias Dávila salbte Isabel und setzte ihr die goldene Krone des heiligen Fernando auf. Der zum Marqués de Moya ernannte Cabrera übergab der Königin die Schlüssel von Burg und Stadt. Segovianer und Angereiste, einfache Leute, Geistliche, Adelige jubelten und wiederholten nach altem Brauch den Ruf des Herolds: Kastilien! Kastilien für die Königin Doña Isabel und den König Don Fernando!

Aber der hochgepriesene Fernando fehlte. Isabel ließ sich ohne König krönen. Zur Stunde war Fernando noch nicht einmal informiert. Die Nachricht von Enriques Tod und Isabels Krönung brachte Palencia, der Sekretär der Königin, nach Perpignan, eine zweite Nachricht folgte von Carrillo. Der toledanische Erzbischof gehörte zu den ersten, die Isabel huldigten. Ein anderer Grande kam von Cuéllar hergeritten und ehrte die Königin: Don Beltrán de la Cueva, der sich damit dem Thronanspruch seiner eigenen Tochter widersetzte.

Krieg mit Portugal und Frieden

Die Ehe, der Bund zwischen Kastilien und Aragón drohte zu zerbrechen. Fernando fühlte sich zutiefst gekränkt. Isabels eigenmächtige Krönung, für ihre und Fernandos Zukunft das einzig Richtige, doch ohne ihn vollzogen, ohne ihn auch nur zu fragen, vorher zu verständigen, verletzte sein männliches Ehrgefühl. In seinem Land, anders als in Kastilien, war die Thronfolge einer Frau von vornherein ausgeschlossen. Als Palencia, Isabels Sekretär und Chronist, ihm die Nachricht brachte, daß die Königin in Segovia das blanke Gerichtsschwert hatte vor sich hertragen lassen, rief er empört: »Hat man je vernommen, daß eine Frau dieses Vorrecht der Könige an sich gezogen hätte?«

Fernando hätte daran denken müssen, was er im Heiratsvertrag, den von Isabel diktierten *Capitulaciones*, unterschrieben und besiegelt hatte. Oder glaubte er, seine Zugeständnisse würden im Ehebett null und nichtig werden? Es wäre eine für ihn typische Annahme gewesen, er war kein Menschenkenner, im Gegensatz zu Isabel. Sie erkannte bald seine Schwächen und hat ihm verziehen, als sie von seinem unehelichen Sohn erfuhr und später seine Liebschaften, seine Bastardkinder hinnehmen mußte. Mitunter sorgte sie selbst für das Auskommen einer der Damen, überließ ihr ein Landgut, natürlich möglichst weit weg. Nur in der Frage der kastilischen Kronrechte bestand sie auf ihrer Priorität.

Auch jetzt, als der zurückgekommene Fernando wutentbrannt mit Scheidung drohte, als beide ein Schiedsgericht einberiefen, Kardinal Mendoza ihre Rechte, Erzbischof Carrillo Fernandos Rechte verteidigte, bleibt sie am Ende Gewinnerin.
Merkwürdig ist es, daß Fernando über das Ergebnis ein »großes Genügen« empfand, wo doch der erneut bestätigte Ehevertrag lediglich einige dekorative Zusätze erhielt. Fernando sollte gemeinsam herausgegebene Dokumente an erster Stelle unterzeichnen. Münzen sollten Isabels und Fernandos Bildnis tragen. Ihr Wappenschild sollte Kastiliens und Aragóns Wappen vereinen. Bei soviel Einmütigkeit hätte es eigentlich keiner offiziellen Regelung bedurft, sagte Isabel. Und sie ergänzt in der ihr eigenen Redeweise, der Fernando nicht gewachsen ist: »Mein Herr und Gemahl, es ist bestimmt, daß Ihr als mein Gatte auch König von Kastilien seid und daher in diesem Land Eurem Befehl gehorcht werde.«

Im Winter und im ersten Frühjahr ihrer Regentschaft hatten sie genug damit zu tun, die Staatsgeschäfte und Finanzen zu ordnen, fürs erste in den Griff zu bekommen. Sie regierten ein territorial riesiges Land von Asturien an der Nordküste bis zu den andalusischen Städten Sevilla und Cádiz, von der westlichen Estremadura bis Murcia an der Mittelmeerküste. Aber sie standen macht- und finanzpolitisch vor einem Scherbenhaufen. Ihre wirkliche Herrschaft reichte kaum über ihr engeres, innerkastilisches Besitztum hinaus und endete, wo die Herrschaftsgebiete der Granden und Kirchenfürsten begannen. Sie waren abhängig von der Gunst des mächtigen Hochadels und der Städte, abhängig von deren anteiligen Steuereinnahmen, um die leeren Kassen des königlichen Haushalts wenigstens halbwegs zu füllen. Wie kläglich die Verhältnisse waren, zeigte sich bei der ersten kriegerischen Auseinandersetzung, als die Könige gerade fünf-

hundert Mann aufbieten konnten, während allein der Erzbischof von Toledo zweitausend Mann ins Feld schickte.
Nichts kennzeichnet besser Isabels außerordentliche staatspolitische Begabung als ihr Herrschaftsbeginn. Auch jetzt ist sie, die Dreiundzwanzigjährige, die Handelnde, die energisch und sachverständig in die innenpolitische Problematik eingreift, von Anfang an ihre Aufgabe erkennt – ungewöhnlich für eine junge Frau ihrer Zeit.
Die Wahl der engeren Mitarbeiter, der »Minister«, entspricht ganz ihren Vorstellungen. Der Isabel nahestehende Gutierre de Cárdenas erhält das Amt des *Contador mayor,* des Obersten Rechnungsführers, zuständig für Einnahmen und Ausgaben. Kardinal Mendoza, der im einzigen überlieferten Streit der Könige Isabels Rechte wahrnahm, bleibt Kanzler. Graf von Haro bleibt Kronfeldherr. Don Alonso Enríquez, der Sohn von Fernandos Großvater Don Fadrique, bleibt Admiral. Die erklärten Widersacher, der junge Diego Marqués von Villena und der Herzog von Arévalo, verlieren ihre Hofämter, was jedoch ihrem Besitz nicht schadet, ein Ärgernis, weil Diego Herr von Madrid blieb und Arévalo im Zentrum Kastiliens lag.
Schritt für Schritt verwirklichte die Königin ihre staatlichen Ordnungsvorstellungen, während sich Fernandos Führungskraft in anderer Weise in den nächsten Monaten bewährte. So verschieden ihre Charaktere waren, sie ergänzten sich in erstaunlicher Weise. Ihr Wappenspruch *Tanto monta,* der beide Könige als »ebenso gewichtig«, als gleichrangig bezeichnet, war gut gewählt.
Ob bereits bei der Thronübernahme fertige Pläne, die zielstrebig ein großes einiges und von den Mauren befreites Spanien vorsahen, vorlagen, scheint angesichts der Verhältnisse kaum denkbar. Sie steckten noch in den Anfängen, als Portugal ihnen den Krieg erklärte.

Dem portugiesischen König Alfonso V. ließen seine zweimal abgewiesenen Heiratsanträge keine Ruhe. Isabels Weigerung wäre allein kein Grund zum Krieg gewesen, hätte nicht der junge Marqués von Villena den Portugiesen für seine Sache gewonnen. König Enrique hatte auf dem Sterbebett die Beltraneja der Obhut des jungen Villena anvertraut, der nun das dreizehnjährige Mädchen Alfonso zur Heirat anbot. Der König erklärte, er wolle seiner künftigen Gattin und wahren Erbin Kastiliens den Thron mit Waffengewalt zurückerobern.
Isabel wußte zu gut, daß ihr ärmliches, abgewirtschaftetes Land unter der Übermacht Portugals, reich geworden durch den afrikanischen Sklaven- und Goldhandel, jämmerlich zusammenbrechen würde. Dreimal sandte sie in ihrer Verzweiflung Unterhändler nach Portugal, vergeblich. Ende Mai 1475 fiel Alfonso V. mit einem 20000 Mann starken Heer in Kastilien ein und marschierte in Richtung Plasencia.
Ungehindert feierten der portugiesische König und Juana, für ihn die Tochter des Königs Enrique, für Isabel und deren Anhänger die Tochter Don Beltráns, in Plasencia ihr Ehegelöbnis. Ihre Ausrufung als alleinige Herrscher Kastiliens rechtfertigte sogar Alfonsos Einmarsch, jedenfalls nach seinem und seiner Freunde Verständnis. Niemand hielt sie auf, als sie landeinwärts zogen und in Arévalo weiterfeierten, unmittelbar vor den Augen Isabels und Fernandos.
Noch schwerer muß Isabel der Abfall ihres alten Freundes Carrillo getroffen haben. Der Erzbischof und Primas von Spanien konnte die Bevorzugung Mendozas, dessen Ernennung zum Kardinal, nie verschmerzen. Er fühlte sich für seine tatkräftige Hilfe und Treue schlecht belohnt. Sein Name fehlte schon bei der Vergabe der höchsten Staatsämter. Isabel hatte sich selbst auf den Weg nach Alcalá de Henares gemacht, um den in seiner Eitelkeit gekränkten Erzbischof in seiner Burg aufzusuchen. Noch vor

Alcalá hatte sie Carrillos zornerfüllte Abweisung zur Umkehr gezwungen.
Ein Handstreich des portugiesischen Königs, und die spanische, die europäische Geschichte hätte eine andere Entwicklung genommen. Oft sind es winzige Versäumnisse, scheinbar beiläufige Entscheidungen, die den Gang der Ereignisse bestimmen. Statt seine Überlegenheit durch einen Generalangriff unter Beweis zu stellen, zögerte Alfonso zu lange, zuerst wegen seiner Verlobung. Am Ende saßen seine Truppen in Toro zwischen Zamora und Tordesillas fest.
Alfonsos mangelnde Beweglichkeit rettete Isabel und Fernando. Sie gewannen Zeit, ritten beide, getrennt, kreuz und quer durch Kastilien, Tag und Nacht unterwegs, redeten in kleinen Dörfern, auf den Plätzen der Städte, warben Söldner an, flehten um Bündnistreue der Adeligen. Trotz erneuter Schwangerschaft nahm Isabel jede Strapaze auf sich. In Cebreros bekam sie durch Überanstrengung plötzlich Blutungen, die zu einer Fehlgeburt führten. Schon nach zwei Tagen ritt sie weiter nach Tordesillas, zu ihrem Hauptquartier. Niemand hielt für möglich, was ihnen in zwei Monaten gelang. Im Juli konnten sie in der Ebene vor Valladolid ein 40 000 Mann starkes Heer versammeln, davon ein Viertel Berittene.
Fernando zog mit dem Heereshaufen gegen Toro. Doch er merkte bald, daß die zusammengewürfelte, disziplinlose Truppe kämpferisch wenig taugte. Er forderte Alfonso zum Zweikampf heraus, erhielt sogar eine Zusage, die aber von Alfonso schlau verzögert wurde. Es kam nicht zum Kampf, denn mangelnde Truppenverpflegung und Geldnot zwangen Fernando zum Rückzug. Sein hungerndes Heer drängte ostwärts zurück, löste sich schnell auf in einzelne Horden, die plündernd, marodierend das Weite suchten.
Isabel und Fernando mußten von vorn beginnen. Wiederum

kam ihnen die merkwürdige Unbeweglichkeit des portugiesischen Königs zugute, verbunden mit ihrer eigenen Zähigkeit und Lernbereitschaft. Sie brauchten kein Massenheer, sondern eine straff geführte, disziplinierte, kämpferische Truppe, deren Nachschub gesichert war. Den Hauptanteil bei den Vorbereitungen trug Isabel. Sie beschwor die im August nach Medina del Campo einberufene Versammlung der Cortes, Geldmittel für den Krieg zu gewähren. Sie erreichte, daß Kardinal Mendoza und der höhere Klerus die Hälfte des spanischen Kirchenschatzes bereitstellten. Das allein erbrachte dreißig Millionen Maravedís, das Doppelte der Jahreseinnahmen der Krone bei Isabels Regierungsübernahme.
Nun hatte der Krieg zu enormen Preissteigerungen geführt, der Brotpreis war von zwei auf zehn Maravedís gestiegen. (Ein Handwerker verdiente in der Woche etwa 375 Maravedís.) Dennoch verpflichtete sich die Königin zur Tilgung der Kirchenschuld nach drei Jahren, und sie hielt ihr Versprechen. Mit dem Geld konnte eine Truppe von 15 000 Mann angeworben werden und gut gerüstet bis Dezember einsatzbereit sein.
Zum ersten Mal, anders als vor fünf Monaten, konnte sich Fernandos hervorragende strategische Begabung bewähren. Er umging mit seiner neuen Streitmacht Toro, wo der Hauptteil der Portugiesen lag, und eroberte Zamora, weiter westlich, die von Portugal her notwendige Basis für Alfonsos Nachschub. Isabel war mit einer berittenen Truppe in Tordesillas zurückgeblieben. Sie sorgte für den eigenen Nachschub, ritt nach Avila, Toledo, um Truppen anzuwerben, nach León, um einen verräterischen Statthalter abzusetzen, geriet in Bedrängnis, weil der Alcalde von Burgos unerwartet mit den Portugiesen paktierte. Sie selbst führte ihre Reitertruppe zu Entlastungsangriffen südlich des Río Duero, der Verbindung zwischen Toro und Zamora.
Im Februar kam Bewegung in die Hauptabteilungen. Der portu-

giesische Thronfolger brachte eine gewaltige Heeresgruppe von 20 000 Mann in das Duerotal bei Toro. Auch Fernando erhielt Verstärkung durch frische Truppen. Nur geriet er wiederum in Geldnot. Kardinal Mendoza überließ ihm sein kostbares ererbtes Tafelsilber, dessen Erlös wenigstens den nächsten Sold deckte. Soldaten und Truppenführer drängten zur Entscheidung. Alfonso, der die hochgelegene wehrhafte Stadt Zamora vergeblich belagerte, bot einen Waffenstillstand an, wurde jedoch von Fernando abgewiesen.

Als Alfonso mit seinen Truppen am letzten Februartag nach Toro zurückzog, befahl Fernando seiner gesamten Streitmacht die Verfolgung. In der Dueroniederung bei Toro stießen am 1. März 1476 die feindlichen Heeresgruppen aufeinander. Ein eisiger Nieselregen fiel an diesem grauen, kalten Wintertag, an dessen Abend das Portugiesenheer geschlagen war und der siegreiche Fernando seinem Anspruch als König von Kastilien Geltung verschafft hatte.

Am nächsten Morgen zog durch die naßkalten Gassen von Tordesillas eine Dankprozession zum Kloster San Pablo, angeführt von der barfuß gehenden Königin Isabel. Sie am ehesten wußte, daß erst der Sieg von Toro ihre und Fernandos Königsherrschaft gesichert hatte. Nachdem Don Beltrán, Herzog von Albuquerque, ebenso der Herzog von Arévalo schon im Kampf an Fernandos Seite standen, kehrten in den nächsten Monaten nahezu alle Abtrünnigen zurück, baten die Königin um Verzeihung, voran der Marqués von Villena und der störrische Erzbischof Carrillo.

Leidtragende waren die Dörfler und Landleute im westlichen Kastilien, denn die Horden der überlebenden Portugiesen zogen plündernd und brandschatzend heimwärts. Leidtragende war das Mädchen Juana, die Beltraneja, unschuldig schon als Kind als politisches Heiratsobjekt hin und her geschoben. Vom Ehegelöbnis mit dem älteren Alfonso V. wird sie befreit. Aber 1479 kam man auf die sonderbare Idee, die nun Siebzehnjährige mit Isabels und Fernandos einjährigem Söhnchen Juan durch Gelöbnis zu verbinden. Solcher Ehezwänge müde geworden, wählte die Beltraneja ein Leben als Nonne und trat in das Klarissinnenkloster von Coimbra ein.

Im selben Jahr 1479 beeideten Portugal und Kastilien endgültig ihren Friedensvertrag und garantierten wechselseitig ihre Unversehrtheit.

Souveränität der Krone

Der von Portugal angefachte »Erbfolgekrieg« zugunsten der Beltraneja konnte Isabels Thronrechte nicht erschüttern. Eher bewirkte der Krieg, obwohl aussichtslos begonnen und das kastilische Vermögen weit überfordernd, im Ergebnis das Gegenteil. Der Sieg von Toro festigte Isabels und Fernandos Königsherrschaft nicht nur nach außen, sondern brachte durch die Rückkehr der Widerständler innenpolitisch einen unverkennbaren Machtzuwachs.

Isabels Stärke erweist sich darin, wie sie in solchen und ähnlichen vorgegebenen oder veränderten Situationen genau richtig handelt, spontan und doch politisch weitsichtig, klug in ihrem Interesse und dem der kastilischen Krone.

Natürlich herrscht in den zentralen politischen Fragen Einmütigkeit zwischen den Königen. Aber Isabel ist die Energiequelle, die Antreibende und zugleich diejenige, deren Großmut oder Klugheit den ehelichen königlichen Zusammenhalt gewährleistet, während Fernando seine Tüchtigkeit als Heerführer erweist und als Ausführender gemeinsamer Entschlüsse, politisch den Blick auf das Machbare gerichtet, wo Isabel eher zum Wagnis drängt.

Nach der Herstellung des äußeren Friedens galt es, den inneren Frieden zu sichern. Unter den schwachen, weithin regierungsunfähigen Königen Juan II. und Enrique IV. war Kastilien nicht nur wirtschaftlich heruntergekommen, dem Eigennutz der jeweils besitzenden Landherren ausgeliefert, sondern auch im Bereich der Rechtspflege, der inneren Sicherheit. Zwar gab es die Dorfrichter, doch wo eine einheitliche, übergeordnete Rechtsprechung fehlte, herrschte die Macht des Stärkeren, zum Leidwesen der Schwachen, Armen und Rechtlosen. So kam es der Ordnungsvorstellung der Königin sehr gelegen, als in der Versammlung der Cortes 1476 in Madrigal von einigen Städten die Wiedereinsetzung der *Santa Hermandad*, der heiligen Bruderschaft, gewünscht wurde.

Die *Santa Hermandad* war eine ortsgebundene Polizeitruppe, finanziert von den Städten, wobei je hundert Familien einen Berittenen unterhalten mußten. Im Falle von Mord, Raub, Gewalttaten jeder Art konnten überführte Verbrecher sofort abgeurteilt werden. Die Strafen waren zeitgemäß hart, vom Abhakken einer Hand, eines Fußes, um Wiederholung des Verbrechens auszuschließen, bis zur Todesstrafe. Die drastischen Maßnahmen sollten vor allem das Räuberunwesen auf den Landstraßen abschrecken. Nicht vom Adel, doch von den armen, den schutzbedürftigen, rechtlosen Leuten und den Handeltreibenden wurde die Wiedereinsetzung der »heiligen Bruderschaft« begrüßt.

Wie die *Hermandad* noch im selben Jahr der Aufsicht eines der königlichen Räte unterstellt wird, so dienen nahezu alle Unternehmungen in den nächsten Jahren der Stärkung der zentralen Gewalt, der Souveränität der Krone. Diese Bemühungen wären allerdings undenkbar ohne Planung auf lange Sicht, ohne ein Vorgehen mit äußerster politischer Finesse. Wer von den weltlichen, den geistlichen Fürsten, welche Stadt, welche Institution wird schon auf hart erkämpfte, erpreßte, eingehandelte oder ererbte Rechte leichthin verzichten? Was unter den königlichen Vorgängern stets scheiterte, gelingt Isabel, denn *sie* tritt als Handelnde auf, wo es um die Rechte der Krone geht.

Isabel ritt von Tordesillas nach Segovia, um dort waffenlos gegen Aufständische ihre Kronrechte zu behaupten und ihre fünfjährige Tochter Isabel, die in der Obhut von Beatriz de Bobadilla heranwuchs, zu befreien. Nicht lange danach ritt sie von Valladolid nach Uclés, ein mühsamer Viertageritt über die Berge, über Ocaña und Tarancón, denn in Uclés versammelte sich das Kapitel des Santiagoordens zur Wahl des Großmeisters. Sie will die schon gesicherte Wahl von Gutierre de Cárdenas verhindern. Der treue Cárdenas, von ihr selbst gefördert, war ihr nicht unlieb. In Andalusien hatte er ein Jahr zuvor mit einer kleinen Reitertruppe den Herzog von Medina Sidonia geschlagen, als der auf die Seite von Villena geschwenkt war. Das war ein lustiger Feldzug, zunächst jedenfalls, wie Medina Sidonia mit 2000 Reitern und 2000 Mann zu Fuß von Sevilla auszog, voran die singenden Chorknaben der Kathedrale, Musikkapellen, die heiter aufspielten, wenn die Sänger müde wurden, fast eine fröhliche herzogliche Landpartie mit allen Annehmlichkeiten, mit bunten Zelten und silbernem Tafelgeschirr. Kurz vor Ostern lagerte der Herzog siegessicher mit seiner Truppe bei Llerena, um am nächsten Tag Cárdenas anzugreifen, doch der war schneller. Ehe der Morgen graute, griff Cárdenas mit 350 Berittenen die mehr als zehnmal stärkere Truppe an, trieb sie mit ihrem spärlich bekleideten Herzog in die Flucht und erbeutete alles zurückgelassene Gut. Ein Bravourstück, das keiner der Chronisten verschweigt.

In Uclés, dem Hauptsitz des Santiagoordens, erreicht die Königin die Vertagung der Wahl des Großmeisters, bis ein von ihr erbetenes päpstliches Breve eintrifft. Demnach steht allein dem König die volle Verfügungsgewalt über den Orden zu. Isabel ernennt trotzdem Cárdenas zum Großmeister, denn sie braucht ihn und erhält für die erwiesene Gunst jährlich drei Millionen Maravedís aus der Ordenskasse. Aber gesichert ist, daß nach

Cárdenas' Tod (1499) die Großmeisterwürde an Fernando fällt. In ähnlicher Weise übernimmt Fernando die Leitung der Ritterorden von Calatrava (1487) und von Alcántara (1494).
Die Ritterorden waren die an Besitz und Einkünften reichsten Institutionen des Landes, reicher als selbst die Krone. Durch die Bindung an die königliche Gewalt wurden die Orden dem Einfluß der Granden entzogen, ein großer Schritt weiter zur finanziellen Sicherung und politischen Souveränität der Krone.

Im Januar 1477 treffen sich Isabel und Fernando in Toledo. Gemeinsam legen sie den Grundstein zum Bau von Kloster und Kirche San Juan de los Reyes, wie es Isabel zum Dank für den Sieg von Toro gelobt hatte. Es war nur eine kurze gemeinsame Rast in der alten Königsstadt am Tajo. Schon bald wird Fernando nach Norden aufbrechen, um die Grenzen gegen Frankreich zu sichern, während Isabel mit ihrem Gefolge zum langen Ritt nach Estremadura und Andalusien rüstet.
Sie übernimmt wiederum den innenpolitischen Teil, ein nicht nur körperlich strapaziöses, sondern gefährliches Unternehmen. Die königlichen Räte warnen, besorgt um die persönliche Sicherheit der sechsundzwanzigjährigen Königin. In den Randprovinzen, im Westen an Portugal, im Süden an das maurische Granada grenzend, herrschten weithin eigenmächtig, der königlichen Gewalt entzogen, die besitzenden Adeligen oder die Oberen der größeren Städte. Aber gerade deren Beugung und die Durchsetzung der ungeteilten Rechtshoheit der Krone hatte sich Isabel zur Aufgabe gemacht.
Vor den Mauern der rebellischen Stadt Trujillo läßt der Alcalde ihr durch Boten sagen, sie möge nicht näherkommen, andernfalls könne ihr »etwas zustoßen«. Die Königin läßt ihre Begleittruppe in Stellung gehen und erbittet Waffenhilfe vom Großmeister des Calatravaordens, der mit 3000 Berittenen anrückt.

Daraufhin will der Alcalde die Stadt nur ihrem rechtmäßigen Besitzer übergeben, dem Marqués von Villena, dessen Vater Trujillo von König Enrique als Geschenk erhalten hatte. Die Königin läßt durch Eilkurier Villena herbeiholen, der den Stadtoberen über königliches Hoheitsrecht belehrt. Nun kapituliert der beschämte Alcalde und liefert Trujillo aus. Nach diesem schnell bekanntgewordenen Auftakt bereitet die Unterwerfung der weiter südlich gelegenen Stadt Cáceres, Zentrum eines anderen städtischen Widerstands, keine Schwierigkeiten.
Bemerkenswert ist, daß Isabel zeitraubende Geduld aufbringt, um den offenen Kampf zu vermeiden, und daß sie ebenso klug alte Stadtrechte, die *fueros*, respektiert, jedoch bei der Neubesetzung der höheren Beamtenstellen energisch eingreift.

Sevilla am linken Ufer des Guadalquivir ist eine schöne alte Stadt, überquellend vor Lebenslust, reichbestücktes Handelszentrum, nicht weniger Zentrum von Korruption und Wuchergeschäften, von kleinen und großen Schurkereien, Auseinandersetzungen verschiedener Volksgruppen, der Altchristen, Conversos, gläubigen Juden und Gitanos, den in Triana lebenden Zigeunern. Seit Fernando III., der Heilige, im Alcázar von Sevilla residierte, bewegt jeden kastilischen König der Gedanke an die Vollendung der Reconquista, der Rückeroberung des maurischen Emirats Granada.
Im heißen Juli betritt die Königin die Stadt am Guadalquivir. Der Herzog von Medina Sidonia, auf dessen prunkvoll ausgestatteter Barke sie das letzte Stück flußaufwärts fuhr, übergibt ihr die Schlüssel zum Alcázar. Wie jeder aus dem kargen Kastilien Angereiste bewundert sie die duftenden Gärten, Wasserspiele und Blumen in den Innenhöfen, die feingegliederte maurische Architektur des Alcázars. Sie scheint sich in Sevilla wohlzufühlen, denn sie bleibt annähernd zwei Jahre, allerdings ein notwen-

diger, arbeitsreicher Aufenthalt. Unterstützen wird sie Kardinal Mendoza, inzwischen Erzbischof von Sevilla, der jedoch verdienstvoller mit staatsmännischer Geschicklichkeit als Kanzler wirkt; man nennt ihn den dritten König Spaniens.

Als eigentliche Herren Andalusiens betrachten sich der Herzog von Medina Sidonia, der vorzugsweise in Sevilla lebt, und der junge Marqués von Cádiz, der in Jerez und Alcalá de Guadaira residiert, der als Schwager von Villena noch vor einem Jahr zu Isabels Gegnern zählte. Beide Herren führen wegen umstrittener Besitzansprüche ihren Privatkrieg, beschuldigen einander der Aggression, räuberischer Übergriffe ihrer Söldner. Eine schwierige Aufgabe, die mächtigen Granden in die Schranken zu weisen und der Krone dienstbar zu machen.

Der galante, etwas dickleibige Herzog von Medina Sidonia spielt den Gastgeber, vergißt jedoch nicht, Untaten des Marqués in schwärzesten Farben zu malen, dessen Verurteilung zu fordern. Die Königin mißtraut beiden, läßt sich nicht provozieren. Allein durch ihre Geduld fordert sie den Marqués heraus. Nach einigen Wochen, unerwartet an einem Abend, bittet Don Rodrigo Ponce de León, Marqués de Cádiz, die Königin um Audienz. Von seiner Festung Alcalá war er zum Alcázar kaum mehr als eine gute Stunde geritten, doch immerhin passierte er mit nur einem Begleiter feindliches Gebiet.

Isabel gefällt die Unerschrockenheit des ihr gleichaltrigen Mannes, und noch mehr, daß der Marqués zum Zeichen seiner Unschuld sich selbst und seine Festungen der Krone unterwerfen will. Die Realistin Isabel greift das Angebot sofort auf und sagt: »Liefert die Festungen Jerez und Alcalá aus, und ich werde zwischen Euch und dem Herzog von Medina Sidonia Schiedsrichter sein, wobei ich Eure Ehre zu schützen verspreche.« So gewinnt Isabel mit dem Marqués einen verläßlichen Freund, und der Herzog von Medina Sidonia fühlt sich ebenso zur Königs-

treue verpflichtet und übergibt der Königin seine sieben Festungen.
Im Herbst, nach Fernandos Ankunft in Sevilla, folgen die Könige einer Einladung Medina Sidonias und fahren auf dessen Prunkschiff den Guadalquivir hinab nach Sanlúcar, wo sie festlich empfangen werden. Damit aber Gleichheit gewahrt bleibt, reisen die Könige von Sanlúcar südwärts zum nicht weit entfernten Rota an der Bucht von Cádiz. Dort erwartet sie zu nicht minderen Festlichkeiten der Marqués von Cádiz.
Es gab wenige Vergnügungen dieser Art, denn im Alcázar von Sevilla konzentrierten sich die Staatsgeschäfte, die Staatsverwaltung. Ein so sympathischer Erlaß wie der zur Förderung der noch ganz jungen Buchdruckkunst kam in Sevilla zustande. Im Dezember 1477 gewährten die Könige dem aus Deutschland stammenden Buchdrucker Dierck Maertens für die Ausübung seiner »Kunst« Steuerfreiheit, und sie drohten jedem, der diese Freistellung mißachtet, mit schwersten Strafen.
Isabel vor allem war unentwegt bemüht, Macht und Einfluß der Granden zugunsten der Krone einzudämmen. Auch die Königlichen Räte waren inzwischen ausgewechselt worden, abgelöst der privilegierte Hochadel durch neuernannte bürgerliche oder kleinadelige Rechtsgelehrte und Theologen, die Letrados. Sie standen der Königin zur Seite, wenn sie jeden Freitag persönlich Gericht hielt. Das scheint Isabel als ihre zweite vordringliche Aufgabe begriffen zu haben: die Herstellung geordneter, gerechter Verhältnisse in dieser temperamentvollen, von höchst unterschiedlichen Interessen durchsetzten und zum Chaotischen neigenden Stadt.
Zur Klärung der Streitereien zwischen rechtgläubigen Christen, neubekehrten und altgläubigen Juden beauftragt die Königin den Bischof von Cádiz mit einer Untersuchung. Aber sie selbst will bei ihren öffentlichen Gerichtssitzungen in zivilen Rechtsfragen

entscheiden. Jedermann hat Zutritt, findet als Ankläger oder Verteidiger seiner Rechte Gehör. Es geht um kleine und große Übeltaten, Diebstahl, Betrügerei, unerlaubten Wucher, Erbschaftsstreit, Raub, Notzucht, Mord. Augenzeugen loben die gerechten Urteile der Königin. Später, nach Isabels Tod, bemerkt der Chronist Fernández de Oviedo, es sei schwieriger, »mit einem Hilfsschreiber zu verhandeln als damals mit der Königin und ihren Räten«.

Den Übeltätern drohten härteste Strafen, nicht anders als im Land durch die Heilige Hermandad. Schon jetzt, vor dem Beginn der kastilischen Inquisition, verließen manche Sevillaner, aufgeschreckt durch die Strenge der richtenden Königin, ihre Stadt. Isabel hatte nur eines im Sinn, in Sevilla zu demonstrieren, daß sie gewillt war, mit allen Mitteln Ordnung und Recht wiederherzustellen. Was immer das Kind und Mädchen Isabel an Unmoral, Unordnung, Willkür und Rechtlosigkeit erleben mußte, schlug um in eine Art Besessenheit von Moral- und Ordnungsvorstellungen.

Vielleicht machten die Lebensverhältnisse, unter denen zuerst die Armen und Schwachen litten, die drastischen Strafverfahren notwendig. Doch schließlich folgte die Königin einer von der Bürgerschaft und dem Bischof von Cádiz vorgetragenen Bitte und erließ für alle Vergehen, ausgenommen Ketzerei, eine allgemeine Amnestie. Die Richterin Isabel war lernwillig. Aber sie hatte Grund, in Sevilla glücklich zu sein. Am 30. Juni 1478 gebar sie im Alcázar ihr zweites Kind, ihren einzigen Sohn, den sie an seinem neunten Lebenstag in die große Kathedrale trug, wo er auf den Namen seiner beiden Großväter Juan getauft wurde.

Als sich kurze Zeit nach der feierlichen Taufe des Infanten ein heller Tag in Nacht verwandelte und die Sterne blinkten, trieben Furcht und Schrecken die Leute in die Kirchen. Eine totale Sonnenfinsternis, deren kausalen Ablauf die Gelehrten mühelos errechneten. Die Auskünfte der Astrologen schwankten zwischen vorbestimmtem Unheil und Glücksverheißung, und niemand ahnte, daß ein früher Tod das Leben des Infanten Juan beenden würde.

Der dreifache Triumph

Im Januar 1479 starb der greise König Juan von Aragón, der sich bis ins hohe Alter mit den aufsässigen Katalanen herumschlug und jenseits der Pyrenäen um die Grafschaften Roussillon und Cerdagne kämpfte. Fernando, der nach langem Ritt kaum vor Mitte oder Ende Februar in Aragón sein konnte, übernahm kein leichtes, kein an äußeren Gütern reiches Erbe. Aber die von ihm und Isabel so sehr ersehnte, nun realisierte Vereinigung ihrer Königreiche übertraf jeglichen Einwand. Welch ein Triumph, wenn sie nun ihre Titel aneinanderreihten:

> Don Fernando und Doña Isabel,
> durch Gottes Gnaden König und Königin
> von Kastilien, León, Aragón, Sizilien, Toledo,
> Valencia, Galicien, Sevilla, Córdoba, Korsika,
> Jaén, Algarve, Algeciras, Gibraltar und Mallorca,
> Graf und Gräfin von Barcelona,
> Herr und Herrin über die Biscaya,
> Herzog und Herzogin von Athen,
> Graf und Gräfin von Sardinien, von Roussillon
> und Cerdagne.

Ein weiterer Triumph, nicht geschenkt, sondern erworben durch politisches Geschick und unverdrossene Bemühungen, folgte mit Isabels zu Ende gehender Mission in Andalusien. Wie unter keinem ihrer Vorgänger gewann die Krone Ansehen und Souveränität. Der Bevölkerung kamen die rechtlichen Maßnahmen der Königin zugute. Wie nie zuvor genossen Handeltreibende, Handwerker, vor allem die kleinen Leute die verbürgte Sicherheit in den Städten, Ortschaften, auf den Landstraßen.

Der Preis war hoch. Die Sevillaner, doch nicht nur sie, stöhnten unter der wachsenden Steuerlast. Die Sicherheit für die einen empfanden andere erneut als ungerecht, schwächte zumindest ihr Vertrauen oder weckte Furcht vor polizeistaatlicher Gewalt. Besonders der rasche Zugriff der Hermandad räumte den Delinquenten keine Möglichkeit zur Verteidigung ein.

In Córdoba, der Stadt der großen Moschee und unauslöschlicher maurischer Lebenskultur, wiederholte die Königin ihre freitäglichen Gerichtssitzungen. Es wurde September, bis auch sie aufbrechen konnte. Sie ritt nach Alcántara nahe der portugiesischen Grenze, um dort die Infantin des Nachbarlandes, ihre Tante Beatrice, zu treffen und mit ihr den Friedensvertrag auszu handeln. Trotz seiner Niederlage bei Toro hatte Alfonso von Portugal keine Ruhe gegeben. Sein Versuch, den französischen König Ludwig XI. als Bündnispartner zu gewinnen, war gescheitert. So kam nun, eingefädelt von der gescheiten und resoluten Portugiesin, endlich der Friedensschluß zustande, die Respektierung der beiderseitigen territorialen Besitzungen und die endgültige Verwerfung aller Ansprüche der Beltraneja. Isabel konnte äußerst befriedigt ihren Weg nach Osten und flußaufwärts entlang dem Río Tajo nach Toledo nehmen.

Sie trieb nicht, wie üblich, ihr kleines Gefolge zu Eilritten an, befahl ein mäßiges Reittempo, zeitige Ruhe- und Nachtpausen. Sie war schwanger, und wahrscheinlich fürchtete sie die Wiederholung einer Fehlgeburt.

Aus dem heißen Süden kehrte sie zurück in ihr rauheres, von der

Natur nicht verwöhntes Kastilien. Es war ein kalter Samstagmorgen, als Isabel am 6. November 1479 in Toledo, hoch über dem Tajo im Palast des Grafen von Cifuentes, einem zarten Mädchen das Leben schenkte. Fernando war aus Aragón zurückgekommen, und sie nannten das Mädchen, noch einmal der beiden Großväter gedenkend, Juana. Schon früh zeigte sich die Infantin als eigenwillig, leicht reizbar, schwierig, ein problematisches Kind, das wahrscheinlich deswegen die besondere Zuneigung ihrer Eltern erfuhr.

Ein merkwürdiges Zusammentreffen. Die Infantin Juana, bestimmt zur glücklosen Erbin, die jedoch als Mutter zweier deutscher Kaiser die spanische Geschichte in die europäische überträgt. Sie wurde geboren, als auch die Geburtswehen der spanischen Nation sich dem Ende zuneigten, als Isabel und Fernando vor politischen Ergebnissen standen, an die bei der Regierungsübernahme vor fünf Jahren niemand zu denken gewagt hätte.

Nicht nur waren Kastilien und Aragón glücklich vereinigt. Gestützt auf ihre wiedergewonnene Souveränität begannen die Könige, Isabel vor allem, dem gesamten sozialen, wirtschaftlichen, rechtlichen Leben neue Strukturen zu geben. Sichtbar bekundeten diesen zukunftweisenden Neubeginn die nach Toledo berufenen Cortes, deren Hauptsitzungen im Frühjahr und Sommer 1480 stattfanden. An fast allen Sitzungen im Palast des Marqués von Villena nahm Isabel teil. Es war ihr Triumph, daß die Cortes, die Vertreter aller Stände und die Königlichen Räte, durch zahlreiche Gesetze und Erlasse ihren, der neunundzwanzigjährigen Königin, politischen Plänen, Anregungen und Weisungen Rechtsgültigkeit verliehen.

Im Rechtsbereich zeigten die Erlasse eine lernwillige Königin, sicherlich beeinflußt durch ihre eigenen richterlichen Erfahrungen. Mittellosen Angeklagten sollte ein von den örtlichen Behörden bezahlter Verteidiger zur Seite stehen. Bestechung der Richter fiel unter schwerste Strafe. Gefängnisse sollten regelmäßig überprüft werden. Zur Kontrolle dieser und ähnlicher Vorschriften sollten fähige Personen bestimmt werden, die jede Mißachtung dem Königlichen Rat zu melden hatten. Um eine einheitliche Rechtsprechung zu ermöglichen, beauftragte Isabel den hervorragenden Rechtsgelehrten Alfonso Díaz de Montalvo mit der Sichtung der vorhandenen, teils einander widersprechenden Gesetze und der Herausgabe einer verbindlichen Gesetzessammlung. Ein großes Werk, das nach fünf Jahren seinen ersten Abschluß fand, doch ständig überarbeitet, ergänzt wurde und noch heute dem spanischen Rechtswesen zugrundeliegt, die *Ordenanzas Reales.*

Eine Währungsreform drosselte die fortschreitende Geldentwertung, brachte wieder Stabilität. Mehr als hundert Feudalherren wurde das Recht eigener Geldherausgabe entzogen, während den wenigen königlichen Prägestätten das Alleinrecht der Münzprägung zufiel.

Im Bereich der Wirtschaft förderten die Könige besonders die *Mesta,* die Vereinigung der Schafzüchter. Eine allerdings umstrittene Maßnahme zu Lasten der einheimischen Tuchindustrie und deren Zentren Segovia, Avila, Toledo, zu Lasten auch der kastilischen Bauern. An die drei Millionen Merinoschafe zogen jährlich über die Weidepfade, die Cañadas, vom Hochland León nach Süden und wieder zurück und verwüsteten dabei nicht nur das bereits abgetretene Bauernland. Doch bildeten Schafzucht und Wollhandel, Wollexport den produktivsten, auch steuerlich ertragreichsten Wirtschaftszweig Kastiliens. Verständlich, daß die vom Großmeister des Santiagoordens, also von der Krone selbst beaufsichtigte *Mesta* vorrangig begünstigt wurde.

Das wichtigste Ergebnis der Cortes von Toledo lag in der sichtbaren, konkreten Bekundung der Macht. Nicht nur, weil nun auch die Städte durch königliche *Corregidores,* vom Kronrat eingesetzte Kontrollbeamte, überwacht werden konnten. Nicht nur, weil nun Zölle und Steuern, vorweg die zehnprozentige *Alcabala,* die Verkaufssteuer, der Willkür von Steuerpächtern entrissen und gesetzlich festgelegt wurden. Vor allem deswegen, weil nun auch Hidalgos und Granden viele ihrer Privilegien, einschließlich erheblicher Steuervorteile, verloren. Die Verordnungen reichten vom Verbot, im Wappen eine Krone zu zeigen, bis zum Kastellbau, es sei denn, der König hatte ihn genehmigt. Die Königin wagte es, gestützt auf die Cortes, vom Hochadel jenes Krongut zurückzufordern, das von den Königen Juan II. und Enrique IV. leichtsinnig verschenkt worden war. Isabels Beichtvater Hernando de Talavera soll die schwierige und undankbare Aufgabe der Schätzung übernommen haben. Als tatkräftiger Befürworter erwies sich der einflußreiche Kardinal Mendoza, dessen Familie, die hochadeligen Santillanas, am stärksten durch die geforderte Rückgabe einbüßte.

Kein Freund, kein Anhänger blieb verschont, wie es früher üblich war. Das aber brachte der Königin generelles Vertrauen. Sie erklärte den nach Toledo geladenen Granden die Notwendigkeit, den Staatsschatz wieder aufzufüllen, was offenbar respektiert wurde, auch wenn einzelne Granden nur zähneknirschend einen Teil ihrer Einkünfte hergaben. Don Fadrique Enríquez, der Admiral Kastiliens, verzichtete jährlich auf 240000 Maravedís; der Herzog von Alba auf 575000 Maravedís. Don Beltrán, der Herzog von Albuquerque, gab Besitzungen mit jährlichen Einnahmen in Höhe von eineinhalb Millionen Maravedís zurück. Insgesamt verfügte die Krone nun über zusätzliche dreißig Millionen Maravedís im Jahr. Eine stattliche Summe, wenn man vergleicht, daß ein vollbeschäftigter guter Handwerker mit einem Jahresverdienst von etwa 19000 bis 20000 Maravedís eine meist kinderreiche Familie unterhalten mußte.

Nehmen wir alle Maßnahmen der Könige zusammen, dazu die Beschlüsse der Cortes von Toledo, so kommt eine bisher undenkbare, jegliche Erwartung übertreffende Bilanz zustande. In diesem von den früheren Königen moralisch, politisch, sozial und wirtschaftlich ruinierten Land war ein Zustand erreicht, der den Bewohnern ein Leben in geordneten Verhältnissen sicherte, geschaffen zur Entfaltung von wirtschaftlicher Prosperität und Wohlstand. Das verdankte Kastilien seiner Königin Isabel.

Nichts wäre der Verwirklichung eines wahrhaft Goldenen Jahrhunderts im Weg gewesen, hätten nicht zwei Vorgänge die spanische Geschichte in eine andere Bahn gedrängt: die Inquisition und die Reconquista mit der Wiedereroberung Granadas. Beide Vorgänge sind, wie der grandiose Aufstieg Kastiliens, untrennbar mit dem Namen Isabel verbunden.

Inquisition zu wessen Ruhm?

Kein Kapitel im Leben Isabels ist so sehr umstritten wie das der Inquisition. Keines ist stärker belastet durch Emotionen, Gerüchte, Unkenntnis, Vorurteil, literarisch verbrämte Sensationslust, durch ideologische, gut oder schlecht gemeinte Verfälschung. Gewiß trägt neben Fernando die Hauptlast der Verantwortung Isabel, angetrieben von ihrer überlegenen politisch-religiösen Energie, doch auch durch den konkreten Anlaß, dem schließlich die offizielle Einführung der Inquisition folgte.
Aber die spanische Inquisition urteilte und verurteilte nicht als weltliches, sondern als »kirchliches Tribunal«, befürwortet und gebilligt durch den Papst in Rom. Gelegentliche Kompetenzstreitigkeiten konnten die damalige Verquickung staatlicher und kirchlicher Interessen nicht aufbrechen. Sie erhielt sichtbaren Ausdruck durch den völlig singulären Titel *Reyes Católicos*, den Papst Alexander VI. dem Königspaar Fernando und Isabel 1494 verlieh.
Andererseits darf ein zentraler Beweggrund für das Zustandekommen der spanischen Inquisition nicht außer acht gelassen werden, nicht um Verantwortlichkeit wegzuschieben, sondern um die sozialen und menschlichen Wirkkräfte aufzudecken. Henry Kamen schreibt in seiner Untersuchung der spanischen Inquisition, sie sei keine dem Volk »aufgezwungene despotische Einrichtung« gewesen, »sondern der logische Ausdruck der

damals in Spanien allgemein herrschenden sozialen Vorurteile«. Salvador de Madariaga spricht (in seiner Kolumbus-Biographie) von »erheblichem Widerstreben« des Königspaares bei der Einführung der Inquisition. Isabel und Fernando hätten »dem Druck der Massen nachgegeben«.

Den ersten konkreten Anstoß gab der Dominikanerprior Alonso de Hojeda in Sevilla, als sich Isabel in der zweiten Jahreshälfte 1477 dort aufhielt. Dem eifernden Dominikaner gelang es, auch durch Hinweis auf eine geheime Verschwörung, die Königin von der Notwendigkeit inquisitorischer Maßnahmen zu überzeugen. Sevilla war schon früher Brutstätte furchtbarer Auseinandersetzungen zwischen Christen und Juden gewesen. Grausamer als in Toledo, Segovia oder anderswo entluden sich Haß und Zorn, so bei dem berüchtigten Pogrom des Jahres 1391, dem in Sevilla mehr als viertausend Juden zum Opfer fielen. Jetzt, sechsundachtzig Jahre danach, richteten sich die Forderungen nach kirchlich-staatlichen Maßnahmen nicht generell gegen Juden, sondern gegen die zum Christentum Bekehrten, die Conversos.

Unzählige Juden waren konvertiert, um Nachstellungen zu entgehen, um berufliche, gesellschaftliche, politische Aufstiegsmöglichkeiten nicht zu gefährden. Nicht wenige, vor allem Juden aus dem Mittelstand, hatten den Weg einer Scheinbekehrung gewählt, ohne ihrem Glauben und den Bräuchen zu entsagen. Das blieb nicht verborgen, weckte Mißtrauen, Ärgernis, schürte den alten Haß. So kam es zur Forderung, die Ernsthaftigkeit der jeweiligen Konversion zu prüfen und alle der Scheintaufe Verdächtigten oder Denunzierten einem Gerichtsverfahren zu überantworten.

Ohne Zweifel entsprach die Inquisition nicht allein dem Wunsch nach Reinerhaltung des christlichen Glaubens. Wenn die spanische Inquisition als »Bewegung aus dem Volk« (Madariaga) zustandekam oder zumindest bei der überwiegenden Mehrheit der Bevölkerung Zustimmung fand, so darum, weil vorhandene soziale und antisemitische Konfliktstoffe den religiösen Ansatz verstärkten. Ob es allein der »Neid, der Haß gegen den erfolgreichen Nachbarn« war, wie Madariaga meint? Es war wohl eher eine irrationale Motivmischung, noch ergänzt durch eine willkommene Geldeinnahme. Die beschlagnahmten Güter der Verurteilten fielen der Krone zu und dienten unter anderem der Mitfinanzierung der Reconquista.

Nachforschungen ergaben, daß zu den Denunzierten oder Verurteilten überwiegend reiche Leute oder solche des gehobenen Mittelstandes gehörten, auch Handwerker wie Schneider und Schuster. Erfolgreich waren Juden, demnach auch Conversos, als Kaufleute, Steuerpächter, Geldverleiher, Ärzte. Erfolg, Reichtum, Aktivität in Finanzgeschäften lösten in den Jahren zunehmender Armut, steigender Steuern und ebenso steigender Lebenskosten rasch Vorurteile bis zum Haß und zu blindwütigen Feindseligkeiten aus. Das heißt aber: Jeder geringste Verdacht auf Scheinbekehrung und Beibehaltung irgendwelcher jüdischer Rituale fand einen Denunzianten, der den Verdächtigten dem Inquisitionstribunal auslieferte.

Wahrscheinlich erfuhr die Königin in Sevilla durch den Dominikanerprior und andere Zuträger von zahlreichen Scheinbekehrten, und sicherlich fanden die Beschuldigungen ihren Glauben. Denn schon 1478 bedrängten Isabel und Fernando den Papst mit der Bitte, ein von Inquisitoren geleitetes Tribunal einberufen zu dürfen. Papst Sixtus IV. erlaubte und besiegelte dies durch seine Bulle vom 1. November 1478.

Nun jedoch folgte ein merkwürdiges zweijähriges Hinauszögern, im Widerspruch zur ersten Forderung nach notwendigem schnellen Handeln, weil der Glaube bedroht sei. Bereute Isabel einen zu wenig bedachten Entschluß? Folgte sie Einwänden

ihrer Berater, des Kardinals Mendoza, Erzbischof von Sevilla, oder ihres Beichtvaters Hernando de Talavera, Gegnern des Inquisitionstribunals? Statt der Einsetzung eines Glaubens*gerichts* beauftragte Isabel Kardinal Mendoza mit der Herausgabe einer Glaubens*unterweisung*, eines Katechismus zur Belehrung der Neugetauften.
Die Vermutung, die beiden Könige wären Anhänger der in diesen Jahren und Jahrzehnten nicht nur in Spanien weitverbreiteten antisemitischen Strömung gewesen, erweist sich als völlig abwegig. Fernando selbst war mütterlicherseits, über die Enríquez, jüdischer Herkunft, desgleichen der nahezu gesamte aragonesische Hochadel im Land und am Königshof. Ein Converso, Pedro de la Caballería, hatte die Vermählung von Isabel und Fernando vermittelt. In Kastilien gehörten Conversos zu den Freunden und Ratgebern des Königspaars, so Isabels Beichtvater Hernando de Talavera, 1492 Erzbischof von Granada, so Andrés de Cabrera, verheiratet mit Isabels engster Freundin Beatriz, so drei königliche Sekretäre: Fernando Alvárez, Alfonso de Avila und Hernando del Pulgar, als Augenzeuge vielzitierter Chronist. Aus Converso-Familien stammten einflußreiche Bischöfe wie Alonso Carrillo von Toledo, Spaniens Primas, oder Arias Dávila von Segovia oder der Kardinal Juan de Torquemada, dessen Neffe Tomás erster Großinquisitor des Königreichs wurde.
Es müssen triftige Gründe gewesen sein, die nach zwei Jahren der spanischen Inquisition die Tore öffneten: vermehrte Beweise von Scheinbekehrungen; der zunehmende Druck der ärmeren Bevölkerung, der sich im Volkszorn gegen die reichen Pseudochristen entlud; dazu das Drängen fanatischer Mönche nach »Reinheit« des Glaubens und eine breit gefächerte, durch Streitschriften angefeuerte religiös-soziale Polemik.
In Medina del Campo ernannten Isabel und Fernando am 27. September 1480, den päpstlichen Auftrag erfüllend, die er-

sten Inquisitoren. Soviel ist gewiß: Die Könige und ihre Berater, auch der besonnene Kardinal Mendoza, glaubten zu diesem Zeitpunkt an eine innere und äußere Bedrohung der Christenheit. Sieben Wochen zuvor waren die Türken im süditalienischen Otranto eingedrungen und hatten die Hälfte der Einwohner, an die zwölftausend, niedergemetzelt. Die Nachricht von der mordgierigen islamischen Aggression, das Erschrecken der Christenvölker über die eigene Anfälligkeit muß geradezu zu inquisitorischen Maßnahmen, zur Prüfung des im eigenen Land bedrohten Glaubens angetrieben haben.

Die Inquisitoren, zwei Dominikanermönche mit ihren Beisitzern, begannen ihre Tätigkeit bereits im Oktober 1480 in Sevilla. Ausschließlich Conversos, neugetaufte Christen, die als Scheinbekehrte verdächtigt oder denunziert wurden, verfielen der Prüfung und dem Urteil des Tribunals. Nach der Ernennung der Inquisitoren durch die Könige handelte das mit allen rechtlichen Kompetenzen ausgestattete Tribunal unabhängig bis zur Verurteilung und Übergabe des Verurteilten an den »weltlichen« Strafvollzug.

Ein furchtbares Erschrecken über fanatisierte oder boshafte Denunzianten, über den unbarmherzigen Zugriff der Inquisition und das Bewußtsein des Ausgeliefertseins vom Tag der Einkerkerung an muß die sevillanischen Conversos ergriffen haben. Mehr als viertausend Familien aus Sevilla, Córdoba und Umgebung verließen fluchtartig ihre Wohnsitze. Andere reiche, prominente Sevillaner planten einen bewaffneten Aufstand, der verraten wurde. So kam es am 6. Februar 1481 in Sevilla zum ersten Autodafé der spanischen Inquisition. Dabei wurden sechs Verurteilte auf dem Scheiterhaufen verbrannt.

Die genannten Zahlen überliefert Hernando del Pulgar, der auch schreibt, der Rückgang der Steuereinnahmen durch die Flucht vieler reicher Familien in andere Länder sei der Königin weniger wichtig gewesen als »die Reinheit *(limpieza)* ihrer Länder«. Im Dienst an Gott und an ihr selbst, der Königin, müsse das Land von Ketzerei gereinigt werden.

Pulgars Zeugnis ist stichhaltig, weil er, obwohl selbst Converso, als Sekretär das Vertrauen der Königin genoß und deren Absichten kannte. Er lehnte Inquisition und Bestrafung erwiesener Ketzerei nicht ab, protestierte jedoch nachdrücklich gegen die Todesstrafe aus solchen Gründen.

Nur eine ehrenwerte Minderheit, freilich von der öffentlichen Meinung überdeckt, verabscheute die mit der Inquisition unweigerlich aufkommenden grausamen Methoden und den Tod auf dem Scheiterhaufen. Dazu gehörten Kardinal Mendoza und der fromme Hernando de Talavera. Der Widerstand, ebenso die Mißachtung der Inquisition verlangten selbstlosen Mut, denn als Gegner konnte man jederzeit dem Tribunal ausgeliefert werden.

Ohne das von Pulgar zitierte Limpieza-Prinzip wäre der spanischen Inquisition niemals eine so folgenschwere Bedeutung zugefallen. Seit dem 15. und gesteigert im 16. Jahrhundert beherrschte *Limpieza de sangre*, Reinheit des Blutes, die gesamte spanische Gesellschaft mit unglaublicher Schärfe. Städte, Behörden, Universitäten, Bruderschaften, Berufsgenossenschaften, Orden und Domkapitel erließen Statuten, die bei Ernennungen oder Aufnahme neuer Mitglieder den Nachweis der Blutreinheit zur Pflicht machten. Zu den Paradoxien jenes spanischen Jahrhunderts gehört wiederum, daß dennoch zahlreiche Judeoconversos in höchsten staatlichen und kirchlichen Ämtern, als unentbehrliche königliche Berater, Juristen, Gelehrte und Finanzgewaltige tätig waren.

Aber nur wenige bewiesen persönlichen Mut wie der große Rechtsgelehrte Alonso Díaz de Montalvo, der den Verfechtern der Limpieza die jüdische Herkunft der Mutter Jesu und der Apostel entgegenhielt. Die beiden Söhne des Herzogs von Infantado widersprachen unerschrocken als junge Erzdiakone der Limpieza-Klausel des Domkapitels von Toledo. Ignatius von Loyola, Gründer des Jesuitenordens, verweigerte jede Benachteiligung jüdischer Neugetaufter und verspottete den Reinheitskult als »spanische Laune«. Auch sein Nachfolger Diego Laínez, selbst Converso und der dritte Ordensgeneral, Francisco Borja, verteidigten die Aufnahme von Conversos in den Orden, mußten allerdings manche Schikane in Kauf nehmen. Ebensowenig ließ Teresa von Avila in ihren Konventen die Diskriminierung (oder Bevorzugung) aus Gründen der familiären Herkunft zu.

Der schärfste Antreiber und Vollender der *Limpieza de sangre* stammte selbst aus jüdischer Familie: Tomás de Torquemada, den Papst Sixtus IV. im Oktober 1483 auf Vorschlag der Könige zum ersten Großinquisitor ernannte. Der hochgewachsene, hagere, asketisch lebende Dominikanermönch nahm seine Berufung widerwillig an. Er war dreiundsechzig Jahre alt, zuvor Prior des Dominikanerklosters in Segovia und Beichtvater Isabels, vertraut mit deren innersten Wünschen.

Torquemada bestimmte, daß Kindern und Enkeln von Verurteilten der Zugang zu allen öffentlichen Ämtern und zahlreichen Berufen, vom Juristen bis zum Wiegemeister, vom Buchhalter und Steuerpächter bis zum Arzt, verwehrt blieb. Als er sein Kloster Santo Tomás in Avila gründete, sperrte er jeglichen Abkömmlingen von Juden die Aufnahme in die Ordensgemeinschaft. In den freundlichen Innenhöfen von Santo Tomás und vor dem weißmarmornen Grabmal des jungen Prinzen Juan erinnert nichts daran, daß das mit dem beschlagnahmten Geld der Ketzer erbaute Kloster einmal Sitz des Großinquisitors war.

Vor Torquemadas Ernennung, als bis zu acht Inquisitoren in Kastilien wirkten, hatte der Papst die Tribunale zur Milde aufgefordert und Übergriffe durch böswillige Denunzierung oder erpreßte Geständnisse scharf verurteilt. Doch erst Tomás de

Torquemada verkörpert wie kein anderer das Schreckensregiment der spanischen Inquisition.
Unter seiner Leitung wird die *Suprema y General Inquisición* zum selbständigen Machtapparat, zum Staat im Staate, zur einzigen Institution, die über beide Königreiche, Kastilien und Aragón, richterliche Gewalt und damit Macht ausübt. Es gab noch getrennte Staatsverwaltungen, in Kastilien wie Aragón eigene Cortes, Ständeparlamente, die beide ausdrücklich der Inquisition zustimmten.
Nach heutigem Rechtsempfinden hielt der Großinquisitor eine unvorstellbare, alle Rechtsvorbehalte sprengende Macht in Händen, und es fragt sich, ob die Katholischen Könige, selbst wenn sie gewollt hätten, das von ihnen in Bewegung gesetzte Räderwerk der Inquisition überhaupt noch anhalten oder lenken konnten.
Doch dem unverhüllten barbarischen Schematismus der Inquisition lag eine für uns heute kaum ganz durchschaubare Struktur zugrunde, wenn wir nach der tieferen Verantwortlichkeit fragen. So fällt in der Geschichtsschreibung die größere Last der Verantwortung mal den Katholischen Königen, mal der römischen Kirche zu oder dem Kollektiv, dem Druck der Massen auf Grund sozialer und rassistischer Vorurteile.
Sicherlich betrachteten und nutzten die Könige, vor allem Isabel, die Inquisition als »Werkzeug« ihrer Politik, ihres Verlangens nach politischer und religiöser Einheit und Reinheit. Jeder Staatsabsolutismus, jede Staatsdiktatur sieht im ideologischen Purismus seine Erfüllung, das erstrebenswerte »Paradies«, und drängt zur Aussperrung, Vertreibung, zur psychiatrischen Absonderung oder in furchtbarer Konsequenz zur Vernichtung der »Andersgläubigen«. Das ist heute, im aufgeklärten, fortschrittlichen zwanzigsten Jahrhundert nicht anders. Darum wäre nichts unangebrachter als ein Urteil aus vermeintlicher moralischer Über-

legenheit. Jedes Vorurteil verpaßt den Zugang zu einem bestimmten geschichtlichen Prozeß, der sich erst aus seiner eigenen zeitbedingten Lebenswirklichkeit erschließt.
Auf den ersten Blick brachte die Inquisition den Katholischen Königen finanziellen Nutzen. Von Anfang an fielen die beschlagnahmten Vermögenswerte aller Verurteilten der Krone zu. Mit dem Geld wurde der Feldzug gegen die Mauren mitfinanziert, der kurz nach der Einführung der Inquisition begann. Nach zeitgenössischer Schätzung erhielt die Krone für den gut zehnjährigen Krieg insgesamt zehn Millionen Golddukaten. Der vermutete, eher überhöhte Betrag wird relativiert, wenn wir den Jahresgewinn mit den urkundlich belegten Kostenrechnungen der Tribunale einzelner Städte vergleichen. Allein 1501 betrug die Summe der Gehälter des Tribunals einer einzigen Stadt, Córdobas, 4413 Golddukaten, ohne die beträchtlichen zusätzlichen Unkosten. Abgesehen von der obersten Behörde mit dem Großinquisitor verfügte die Inquisition, wie in Córdoba seit 1482, in vielen Städten über feste, regelmäßig tätige, kostenintensive Gerichtshöfe unter der Leitung örtlicher Inquisitoren.
Prüft man die detailgetreuen aufgeschlüsselten Einnahmen und Ausgaben der Tribunale, deren Urkunden in den Archiven von Madrid und Simancas vorliegen, so bemerkt man eine erstaunliche Tatsache: Schon in den ersten Jahren erweist sich die Inquisition keineswegs als gewinnbringendes Unternehmen.
Für den Staatshaushalt, langfristig für die gesamte spanische Volkswirtschaft fällt der unmittelbare finanzielle Verlust noch stärker ins Gewicht. Die Krone und ganz Spanien verloren in gut zehn oder zwölf Jahren ihre finanziell, wirtschaftlich, steuerlich potenteste Volksgruppe – durch Landflucht, Einkerkerung, Berufsverbote, schließlich der kollektiven Vertreibung der Juden. Diesen gewaltigen Verlust wird die außerordentlich kluge Staatshaushälterin Isabel bald bemerkt haben. Nahm sie das ideologi-

sche Reinheitsprinzip wichtiger, wie ihr Sekretär Pulgar überliefert? Oder war ihr die Inquisition entglitten? Oder beugte sie sich, aus welchen Gründen immer, der allgemeinen antijüdischen Stimmung? Soviel Ungeklärtes auch bleibt, die Last der Verantwortung für den offiziellen Beginn, für die erste und weitere Ernennung der Inquisitoren tragen die Könige, vor allem Isabel.

Wenn auch die inquisitorische Glaubensprüfung am Anfang den Judeoconversos galt, so erfaßte sie bald den gesamten Glaubensbereich, zumal im Hinblick auf ketzerische Bestrebungen oder vermutete Abweichungen von der orthodoxen Lehre. Jeder konnte in die Hände der Inquisition fallen, sofern er denunziert wurde. (Teresa von Avila geriet auf diese Weise in die gefährliche Befragung der Inquisitionsrichter.) Es herrschte ein Klima der Angst, und manche Denunzierung oder auch Selbstbezichtigung erfolgte aus purer Angst vor Bestrafung wegen Verschweigens.

Nie wieder gutzumachen ist der moralische Schaden, auch wenn die neuere Forschung manche übertriebene Vorstellung von grausamen Prozeßmethoden und Autodafés zurechtrückte. Schlimm war, daß der Denunzierte und Angeklagte von vornherein als Rechtloser nichts über seine angebliche Ketzerei erfuhr. Mancher Unschuldige geriet in die Fänge der Inquisition, mit seiner Familie dem Ruin preisgegeben. Bei der Inquisition wie bei der weltlichen Gerichtsbarkeit gab es Übergriffe, gab es die damals übliche Anwendung der Folter. Doch der kritische amerikanische Gelehrte Henry Charles Lea nannte schon die Vorstellung von der »Folterkammer der Inquisition als Schauplatz raffiniertester Grausamkeiten und größter Hartnäckigkeit im Erpressen von Geständnissen einen Trugschluß, der den Sensationsschriftstellern, welche die Leichtgläubigkeit der Menschen ausgenutzt haben, zu verdanken ist«.

Gegenüber den weltlichen Gerichten wurde die Folter seltener, begrenzter angewandt, durften auf der Folterbank erpreßte Geständnisse nicht allein zur Verurteilung führen. Lea und Henry Kamen weisen nach, daß die Verhältnisse in den Gefängnissen der Inquisition generell erträglicher waren als in den zeitgenössischen weltlichen Kerkern Europas. Für Verpflegung, Kleidung, Decken, manche Vergünstigungen auch mittelloser Arrestierter wurde gesorgt. Der Gelehrte und Dichter Luis de León konnte in vierjähriger Inquisitionshaft in Valladolid eines seiner Bücher schreiben.

Es gab Freisprüche (so bei der denunzierten und vorgeladenen Teresa von Avila) und »Versöhnungen« bußfertiger Ketzer. Es gab die damals üblichen Strafen vom Auspeitschen bis zur ein- oder mehrjährigen Galeerenstrafe, zur befristeten oder lebenslangen Kerkerhaft, diese nach Anweisung von 1488 nicht selten verwandelt in häuslichen oder klösterlichen Arrest.

Das berüchtigte, öffentlich und spektakulär gefeierte *Autodafé*, die Urteilsverkündung als »Akt des Glaubens«, fand seltener statt als man oft liest, schon wegen des kostspieligen Aufwandes. Ein wahres Volksfest, zu dessen Schauplatz die der Ketzerei Überführten aus ihren Gefängnissen in langen Prozessionen zogen. Sie hielten eine Kerze in den Händen, trugen den Sanbenito, den gelben Überwurf, bemalt mit diagonalen Kreuzen oder Flammen, auf dem Kopf die hohe spitze Büßerhaube, die Coroza. Bei den öffentlichen Autodafés wurden bis zu neunhundert Personen verurteilt, davon wenige zum Tod auf dem Scheiterhaufen.

Nach Berichten des Chronisten Pulgar fanden in Spanien bis 1490, im ersten, strengsten Jahrzehnt der Inquisition, 2000 Personen den Tod durch Verbrennen, 15 000 Versöhnte verfielen anderen Strafen. Berichte von einzelnen Städten nennen bis zum Jahre 1488 in Sevilla 700 Verbrennungen und 5000 weitere Be-

strafungen, zwischen 1485 und 1501 in Toledo 250 Verbrennungstode, dazu 500 »in Abwesenheit« zum Tode verurteilt, und weitere 5400 Bestrafungen. Das sind erschreckende, in die Regierungszeit Isabels fallende Zahlen, noch erschreckender im Blick auf die persönlichen Schicksale der als Ketzer Verurteilten.
Zahlreiche detaillierte Strafregister von Tribunalen in den wichtigsten Städten und für einen bestimmten Zeitraum lassen eine glaubhafte Schätzung der gesamten Opfer zu. Demnach kommen nicht nur spanische Historiker der Neuzeit zu einer realistischen Darstellung und Berichtigung leichtfertig verbreiteter generalisierter Schreckensbilder und Zahlenangaben. Nach Henry Kamens Feststellung ist »die Gesamtzahl der im 17. Jahrhundert allein in Deutschland hingerichteten angeblichen Hexen mit 100 000 ... vermutlich viermal so hoch wie die Gesamtzahl der von der spanischen Inquisition verbrannten Opfer«.
Historisches, auf die humangeschichtliche Entwicklung gerichtetes Verständnis verbietet das Anlegen heutiger Maßstäbe auf die Vergangenheit. Jedoch religiöser oder ideologischer Fanatismus trieb von jeher, nicht nur damals und nicht nur in Spanien, zu verheerenden Folgen. Allein aus dem Scheitern der spanischen Inquisition wäre eine Lehre zu ziehen. Sie ist gescheitert, weil der religiöse, moralische und wirtschaftliche Schaden sehr bald den erwarteten ideologischen und politischen Nutzen überstieg und als untilgbarer Makel blieb.

Rückeroberung – Reconquista

Schon im Ehevertrag, den Capitulaciones von Cervera, forderte die junge Isabel von Fernando die gemeinsame Fortsetzung des Heiligen Krieges gegen die Mauren. Unter den gegenwärtigen elenden Verhältnissen war das kaum mehr als eine Versicherung, die von jedem kastilischen Herrscher erwartet wurde, seit Fernando III., der Heilige, Córdoba (1236) und Sevilla (1248) erobert hatte. Selbst Isabels kriegsscheuer Vorgänger Enrique hatte sich zu einem Feldzug aufgerafft, der kläglich mißlang. Doch was half das Beteuern, wenn dem eigenen Land der politische, wirtschaftliche, finanzielle Verfall drohte, obwohl Isabels ökonomische Tüchtigkeit und politische Energie eine leichte Besserung der Verhältnisse bewirkte.
Die nach politischer und religiöser Einheit verlangende Isabel muß die letzte Bastion der fremdgläubigen Mauren, das Emirat Granada, als Ärgernis, als Stachel im Fleisch empfunden haben. Doch wie schwach war Kastilien noch 1478, als die Könige, unfähig zu Sanktionen, dulden mußten, wie der tributpflichtige Emir Abū-l-Hassan selbstherrlich den fälligen Tribut verweigerte.

Nahezu siebenhundertsiebzig Jahre waren seit der Invasion des Berberführers Tarik und der raschen Ausbreitung der moslemischen Herrschaft vergangen. In einem sagenumwobenen Blitzfeldzug hatten die Eindringlinge ihre Macht über die iberische

Halbinsel ausgedehnt, bis auf kleine unzugängliche Gebiete im hohen Norden. Dort, im asturischen Bergland, sammelten sich Widerständler, und mit ihrem ersten Sieg im Jahre 722 bei Covadonga begann die Rückeroberung, die Reconquista.

In den Jahrhunderten danach gab es lange Zeiten friedlichen Zusammenlebens. Die nomadischen Eroberer, Berber und Araber, wurden seßhaft, heirateten die Töchter der Besiegten. Sie hatten großen Anteil an der Kultivierung des Bodens, an der Entfaltung von Wissenschaften und Künsten und an der Kultivierung von Sitte und humaner Lebensart. Dazwischen gab es barbarische Herrscher und Bruderkriege maurischer Fürsten. Solche Zeiten nutzten die von Norden nach Süden drängenden christlichen Reconquistadoren. Schon Mitte des 13. Jahrhunderts herrschten die christlichen Könige wieder über Valencia, Murcia, das südwestliche Andalusien bis hinunter zur Küste.

Einzig das maurische Emirat Granada, ungefähr so groß wie die Schweiz, bewahrte seine politische Eigenständigkeit gegen Zahlung eines Tributs. Das Fürstentum war reich, gemessen am kargen Binnenland Kastilien, reich an Bodenschätzen und fruchtbarem, bewässertem Land, reich durch produktive Gewerbe wie Textilherstellung und Metallverarbeitung, reich durch lebhafte Handelshäfen wie Málaga und Almería. Doch zur Zeit des alternden Emirs Abū-l-Hassan litten ungefähr drei Millionen Einwohner unter überhöhten Steuern. Eine Folge politischer, ökonomischer und sozialer Rückständigkeit, die die wachsenden Rivalitäten innerhalb der Nasriden-Dynastie noch verschärfte.

Der alte Emir, ein Christenhasser, liebte die Tochter eines christlichen Stadtkommandanten, die als Kind gefangengenommen und am Hof moslemisch erzogen worden war. Wegen ihrer Schönheit nannte man sie Zoraya, Stern des Morgens. Die verstoßene Lieblingsfrau Aisha rächte sich mit Intrigen und unternahm alles, um ihren Sohn Boabdil an die Macht zu bringen. Gegen den weichen, unentschlossenen Boabdil mit dem Beinamen El Chico, der Kleine, aber auch gegen den Emir konspirierte dessen Bruder El Zagal, der Tapfere, der seinerseits die Herrschaft beanspruchte.

Der Zeitpunkt für ein militärisches Eingreifen Kastiliens wäre schon zur Zeit der Tributverweigerung günstig gewesen. Doch die Schlußphase der Reconquista begann mit einem lokalen Krieg im Herbst 1481. Isabel und Fernando waren seit dem Frühjahr durch Aragón gezogen, hatten an Cortes-Versammlungen teilgenommen und in Zaragoza, Barcelona, Valencia und anderswo das Band zwischen Aragón und Kastilien fester geknüpft. Im Dezember ritten sie zurück nach Kastilien, doch an Ausruhen war nicht zu denken. In Medina del Campo, der Residenz für einige Wochen, vielleicht Monate, mußten dringende innenpolitische Fragen und solche, die mit der eben begonnenen Inquisition zusammenhingen, geklärt werden.

Der zu jeder Überraschung fähige Marqués von Cádiz hatte im Oktober die maurische Festung Villaluenga überfallen und verwüstet. Er berief sich auf Grenzverletzungen der Mauren. Nach zwei Monaten schlug der Emir zurück. Er nutzte die winterlichen Regengüsse zu einem Überraschungsangriff auf das christliche Zahara, dessen Einwohner er hinschlachten oder in die Sklaverei verschleppen ließ. Daraufhin überfiel der Marqués mit seinen Truppen Ende Februar 1482 das Städtchen Alhama und schonte die maurischen Einwohner ebensowenig.

Eilkuriere trugen die Nachricht von den wechselseitigen Aggressionen nach Medina del Campo. Ob den Königen die Ausweitung des lokalen Konflikts zu diesem Zeitpunkt willkommen war, mag fraglich sein. Jedenfalls waren sie nicht vorbereitet. Zudem lag Isabels alter bärbeißiger Freund Carrillo in Alcalá de Henares im Sterben, und nach dessen Tod mußte Mendoza als erzbischöflicher Nachfolger und Spaniens Primas in Toledo ein-

geführt werden. Doch die Könige reagierten sofort, erließen Befehle zur Verstärkung der andalusischen Grenzburgen, entsandten die Großmeister der Ritterorden mit deren Truppen und reichlichem Proviant nach Süden. Sie forderten die andalusischen Granden auf, den Marqués, den zu tollkühn vorgepreschten Rodrigo Ponce de León, zu entlasten.
Im eroberten Alhama, mitten im Emirat und ohne Nachschub, saß der Marqués in der Falle, umschlossen von annähernd fünfzigtausend Kriegern unter dem persönlichen Befehl des alten Abū-l-Hassan. Trotz verzweifelter Abwehr wäre der Marqués ohne Waffenhilfe verloren gewesen. Derjenige, der mit seinen Truppen Rettung brachte, war sein früherer Todfeind, der Herzog von Medina Sidonia. Alhama blieb in der Hand der Eroberer, und der Emir zog entmutigt ab, nicht nach Granada, sondern zum entgegengesetzt liegenden Málaga. Als Verlierer und sicherlich auf Betreiben der Aisha hatte man Abū-l-Hassan abgesetzt und Boabdil zum Herrscher ernannt.
Jetzt nutzten die Könige die unwiederholbare Gunst der Stunde. Isabel machte sich selbst auf den Weg nach Süden und folgte in beschwerlichen Tagesritten dem vorangeeilten Fernando. Im Mai erreichte sie in hochschwangerem Zustand Córdoba. Im Kriegsrat überwand sie jeden Widerspruch und bestand darauf, Alhama um jeden Preis zu halten.
Ende Juni gebar sie in Córdoba nach einer schwierigen und qualvollen Entbindung ein Mädchen, das den Namen María erhielt und von allen Kindern Isabels trotz der widrigen Umstände ein unkompliziertes und am wenigsten getrübtes Leben führen sollte.
Die Könige scheinen ihre persönlichen wie ihre militärischen Kräfte überschätzt zu haben. Nichts wollte gelingen, verheerende Mißerfolge kennzeichnen die ersten Jahre. Zwar hielt Alhama im Bergland südwestlich von Granada den maurischen Angrif-

fen stand, und ein maurischer Poet beklagte den Verlust der schönen Bäderstadt, *llora el rey Moro,* es weinte der Maurenkönig:

Ay de mi Alhama!
Ach, wehe mir Alhama!

Doch Fernandos Versuch, zum Flankenschutz die näherliegende Stadt Loja zu erobern, brach unter furchtbaren Verlusten zusammen. Andalusien verlor seine tapfersten Hidalgos, als die Christen 1483 im Tal der Axarquia nördlich von Málaga noch schlimmer von Abū-l-Hassans Kriegern geschlagen wurden.
Der Sieg des alten Emirs veranlaßte die energische Aisha, ihren milden Sohn anzutreiben, und Boabdil rückte im April 1484 gegen die christliche Stadt Lucena vor. Im dichten Nebel, durch Verwechslung der feindlichen Feldzeichen, geriet die maurische Reiterei in ein verwirrendes Schlachtgetümmel, und der eingeschüchterte Boabdil ließ sich gefangennehmen.
Es war eher ein Glücksfall für die Christen, der durch Aishas Lösegeldangebot und diplomatische Gewitztheit ergänzt wurde, daß Fernando einen ersten Gewinn erzielte. Gut kalkuliert ließ er gegen Zahlung eines hohen Lösegeldes Boabdil frei, forderte die Auslieferung gefangener Christen, vor allem aber die vertragliche Verpflichtung Boabdils, als Vasall Kastiliens in Granada zu residieren. Boabdil drang bei Nacht in Granada ein, nahm Quartier im Palast der Aisha, denn die Alhambra war wieder im Besitz von Abū-l-Hassan. Zwischen den Anhängern beider Herrscher entbrannten Straßenkämpfe, bis man einer Teilung zustimmte, wonach dem alten Emir Granada und Boabdil Almería zufiel.
Das Zerwürfnis der Nasriden schwächte die maurischen Abwehrkräfte. Doch dies allein hätte dem Königspaar nicht geholfen. Erst eine bessere strategische Planung und Arbeitsteilung leiteten die entscheidende Wende ein.

Eine breit angelegte Werbekampagne zog Söldner aus allen christlichen Ländern bis zum fernen Irland oder Polen nach Kastilien. Während Fernando die Kampftruppen führte, übernahm Isabel die Formierung der Angeworbenen zu einer regulären Truppe. Sie ließ eine bis zu sechstausend Mann starke Pioniereinheit ausbilden, ebenso eine für die damalige Zeit an Schlagkraft unvergleichliche Artillerie, deren Kanonen und Waffenmeister aus Italien und Deutschland kamen. Sie organisierte den gesamten Nachschub, sorgte für die Beschaffung von Kriegsmaterial, Proviant und abertausenden Säcken Weizen und Hafer. Mitunter sollen Kolonnen von annähernd sechzigtausend Maultieren die Lasten durch das andalusische Bergland zu den Truppen getragen haben.

Mit Recht wurde gesagt, die Armee der Reconquista sei von Isabel geschaffen worden, von der noch jungen Königin, der bereits der politische und wirtschaftliche Wiederaufstieg des heruntergekommenen Königreichs zu verdanken war.

Sicherlich war Isabel von der Vorstellung der siegreich vollendeten Reconquista besessen, mehr als Fernando. Der wollte nach dem Tode Ludwigs XI. die von Frankreich besetzten Provinzen Cerdagne und Roussillon zurückerobern, deswegen den Feldzug gegen Granada um ein Jahr unterbrechen. Während Fernando schon in Zaragoza die Cortes zu seinem Krieg zu überreden versuchte, erfolglos, verweigerte ihm Isabel jede Truppenhilfe und führte in Andalusien allein das Kommando. Zuversicht ging von ihr aus, wo immer sie auf ihrem weißen Roß, mit Lederhaube und Brustpanzer unter dem weiten Umhang bei ihren Truppen erschien. Aber dann zeigte sich Fernando bereit, »guten Rat anzuhören, besonders von der Königin, denn er kannte ihre große Klugheit«, wie der Chronist Pulgar einmal bemerkte. Der König kehrte aus Aragón zurück nach Córdoba.

Der Feldherr Fernando eroberte mit seinen Truppen Ronda,

Loja, Málaga, Baza, die Hauptstationen auf dem Weg nach Granada. Aber im tieferen Sinne war es ihr, der kastilischen Isabel, Heiliger Krieg, für den sie alles, was sie besaß, hergab, für den sie ihren Kronschatz verpfändete, Erbstücke aus Gold und Silber, ihren gesamten Schmuck, sogar die diamantenbesetzte Krone Kastiliens, die sie immer im Lederbehälter mit sich führte, und ihr kostbares Halsband, Fernandos Hochzeitsgeschenk.
Der Krieg verschlang Unsummen, nachdem auch noch die Flotte zur Blockade der maurischen Häfen und für den eigenen Nachschub eingesetzt wurde. Mit Hilfe des Kardinals Mendoza belieh Isabel Kirchenbesitz, bat sie den Papst um Unterstützung ihres »Kreuzzugs«. Die Königin demütigte sich, indem sie Darlehen erbettelte, bei jüdischen Geldgebern und wo immer sie offene Ohren fand. Kastilien war arm, und die Erträge aus der Inquisition verringerten sich von Jahr zu Jahr. Aber mit ihrem eigenen Geld ließ Isabel Wundärzte, Sanitätspersonal anwerben, ließ sie sechs große Zelte mit Feldbetten, Arzneien, Verbandsstoffen, chirurgischen Geräten ausstatten, finanzierte sie das erste Feldlazarett der Geschichte.
Bei der mehrmonatigen Belagerung von Málaga im Sommer 1487 nahm Isabels Feldlazarett bis zu eintausendzweihundert Verwundete auf. Eine von den Kriegern (und Chronisten) bewunderte, doch notwendige Einrichtung, denn verbissener als je zuvor widerstanden die Mauren allen Angriffen der Belagerer. Hetzparolen, Rückzugsparolen kursierten bei den christlichen Truppen. Zwanzigtausend Ritter, fünfzigtausend Krieger zu Fuß lagerten auf den Höhen vor Málaga, ein gewaltig angewachsenes Heer, dessen sinkende Kampfmoral jedoch erst durch Isabels Erscheinen wieder Auftrieb gewann. Sie war immer präsent, saß mehr im Sattel als in ihrer einstweiligen Residenz Córdoba.
Nach der Eroberung von Ronda im Bergland hatte sie den befreiten christlichen Gefangenen eigenhändig die Eisenketten

abgenommen. Noch im Tode wollte sie dieser Befreiungstat nahe sein, denn sie ließ die Ketten nach Toledo bringen und an der Außenwand ihrer und Fernandos vorgesehenen Grabkirche San Juan de los Reyes aufhängen (wo sie noch heute zu sehen sind). Noch im selben Jahr 1485 war Isabel selbst in Toledo, war bald weitergeritten nach Alcalá de Henares, wo sie in der Dezembermitte ihr fünftes und letztes Kind, die Infantin Catalina, zur Welt brachte.
Fast verwunderlich, beiläufig nehmen sich die Geburtsanzeigen im Leben der Königin aus. Sie hat nie vor oder nach einer Entbindung eine längere »private« Zeitspanne beansprucht. Wahrscheinlich blieben die Kinder in den ersten Jahren bei ihren Ammen. Doch Isabel und Fernando reisten viel, notgedrungen, und wechselten ihre Residenzen, nicht selten begleitet von den Infantinnen und dem Infanten Juan, auch nach Córdoba. Die älteste Infantin, die magere, blaßgesichtige siebzehnjährige Isabel, ebenso die Freundin Beatriz, nun Marquesa von Moya, der Kardinal Mendoza und Hernando de Talavera begleiteten die Königin, als sie im Juni 1487 vor Málaga ihren Truppen Mut zusprach.
Im heißen August kapitulierte Málaga. Die Verluste auf beiden Seiten waren sehr groß. Zur Abschreckung und weil die Mauren erste Friedensangebote mit der Drohung, sie würden alle gefangenen Christen hängen, brüskiert hatten, übergab Fernando die überlebenden Mauren den inländischen und afrikanischen Sklavenmärkten. Ein noch härteres Exempel, die Hinrichtung der Einwohner, hatten die Befehlshaber gefordert. Die Sklavennahme, oft genug auch von den Mauren geübt, war ein nicht ungewöhnlicher Zugriff des Siegers. Allerdings soll die Königin um Milde gebeten und einem Teil der Gefangenen den Freikauf ermöglicht haben.
War es nur Berechnung oder rührte sich das christliche Gewis-

sen, wenn Fernando ganz anders nach der Kapitulation von Baza verfuhr? Baza, geschützt zwischen den östlichen Bergen des Emirats, widersetzte sich als letzte und am härtesten umkämpfte Bastion vor Granada. Zeitweise blockierten die Mauren die Nachschubwege. Dann machte der früh hereinbrechende Winter mit Regengüssen, Stürmen und Schneefällen die Bergwege unpassierbar. In einem halben Jahr stiegen die Verluste der Belagerer, vermehrt durch Hunger und Seuchen, auf schätzungsweise zwanzigtausend, ein Fünftel der riesigen Armee. So nahe vor dem Ziel, im November 1489, drohte die Stimmung im Heer Fernandos in pure Verzweiflung abzusinken.

Um den schon erwogenen Rückzug zu verhindern, erschien Isabel persönlich im Lager. Die erschöpften, mutlosen Krieger mußten es wie ein Wunder empfunden haben, als der maurische Befehlshaber einige Tage nach Isabels Ankunft die Kapitulation von Baza anbot.

Mit Zustimmung El Zagals, des Tapferen, zu dessen Herrschaftsbereich Baza gehörte, wurde die Übergabe im Dezember vollzogen. Die noch mehr als die Belagerer geschwächten, ausgehungerten Einwohner erfuhren eine freundliche Behandlung. Sie konnten in Baza bleiben, der kastilischen Krone untertan, oder mit ihrem beweglichen Eigentum nach Granada ziehen. Das großmütige Verfahren gab wahrscheinlich den Ausschlag für El Zagals anschließende kampflose Übergabe seiner Städte Almería und Guadix. Er selbst erhielt freien Rückzug in die Alpujarras, später nach Marokko (wo ihm der Sultan die Augen ausbrennen ließ und er als Bettler endete).

Schon vier Jahre zuvor war Abū-l-Hassan, hochbetagt und zuletzt erblindet, gestorben (oder von seinem Bruder El Zagal vergiftet worden, niemand wußte das genau). Nun residierte Boabdil El Chico, der Kleine, in der Alhambra. Aisha war am Ziel ihrer Wünsche. Doch der sanfte Boabdil, obwohl er den Duft seiner geliebten Gärten genießen und vor den Wasserspielen meditieren konnte, wird seines Lebens kaum noch froh geworden sein. Er hatte, wortbrüchig gegenüber König Fernando, vor Loja wieder gegen die Christen gekämpft, war verwundet in Gefangenschaft geraten und noch einmal freigelassen worden. Man sah in ihm den Verräter oder Schwächling, beides in den Augen der Moslems gleich verächtlich. Und er selbst sah, wie sich nach dem Verlust von Baza, Almería, Guadix die Schlinge um Granada und ihn, den letzten Nasriden, legte.

Annus mirabilis – 1492

Mißtrauten sie nach so vielen Kämpfen, Niederlagen, Siegen, nach so vielen Verwirrspielen von Unglück und Glück ihrer eigenen Stärke? Oder waren ihre Kräfte, ihr Kampfgeist, ihre Energien nach neun schweren Jahren der Reconquista aufgebraucht, so daß sie den letzten Sieg, der so nahe lag, fast mit den Händen greifbar, weit über ein Jahr hinauszögerten? Aber Isabel und Fernando wußten, daß Granada und die auf dem Hügel in der Sonne rot leuchtende Alhambra vor den Bergen der Sierra Nevada, die sie täglich vor Augen hatten, einem Generalangriff kaum noch standhalten konnten. Vielleicht wollten sie jedes Blutvergießen vermeiden und warteten darauf, daß ihnen Granada wie eine reife Frucht in den Schoß fiel.
Die Leidtragenden waren die Landleute in der fruchtbaren Vega vor Granada. Rund fünfzigtausend Krieger, dazu unzählige Pferde und Maultiere verlangten nach Furage. Plünderungen und Verwüstungen im Feindesgebiet gehörten zu den ungeschriebenen Vorrechten der Truppe. Gefechte, allenfalls Scharmützel mit maurischen Spähtrupps, gab es nur wenige. Zum ersten Mal durfte der dreizehnjährige Infant Juan, geschützt im toledanischen Kettenpanzer, König Fernando auf einem Erkundungsritt begleiten.
Die Königin nutzte die verhältnismäßig ruhige Zeitspanne, um sich vernachlässigten Staatsgeschäften und persönlichen Angele-

genheiten zu widmen. Ihre größte Sorge galt der Verheiratung ihrer Kinder, die es leichter haben sollten als sie und Fernando. Aber Isabel wußte zu gut, daß ihre Kinder politisches Kapital waren, gerade jetzt, wo Kastilien-Aragón unter den Königreichen Europas wie nie zuvor an Macht und Ansehen gewann. Ehen schufen Allianzen. Schon 1489 hatte König Heinrich VII. von England für seinen Thronfolger Prinz Arthur um die jüngste Infantin, die vierjährige Catalina, geworben. Verhandlungen mit dem Habsburger Maximilian, dem künftigen deutschen Kaiser, versprachen eine Doppelverbindung des Infanten Juan und seiner ein Jahr jüngeren Schwester Juana mit der habsburgischen Margarete und deren Bruder Philipp dem Schönen.

Der ältesten Infantin, der zwanzigjährigen schmächtigen, doch hübschen Isabel, konnte die Königin in diesem friedlicheren Jahr 1490 einen Ehemann zuführen, Portugals Thronfolger Alonso – und damit den alten Streit beider Länder vollends ausgleichen. Aber nur acht Monate nach der Eheschließung in Lissabon starb Alonso durch einen Sturz vom Pferd, und die junge Witwe kehrte zurück nach Spanien. Die Trauernde fand ihre Eltern und Geschwister im Lager vor Granada.

In der fruchtbaren Ebene des Río Genil, westlich in Sichtweite Granadas, hatte Fernando im Frühjahr 1491 das riesige Zeltlager seiner Truppen errichten lassen. Unter den Edelleuten beider Seiten herrschte eher eine Turnier- als eine Kriegsstimmung. Mitunter forderte man einander zum ritterlichen Zweikampf heraus. Ein hünenhafter Maure übersprang mit seinem Pferd den Lagerwall und warf seine Lanze vor das prunkvolle Seidenzelt der Königin. Ein christlicher Hidalgo drang mit einigen Gefährten in Granada ein, heftete mit seinem Dolch an das Hauptportal der Moschee ein Pergament mit dem Ave Maria. Als der Maure Yarfe anderntags vor den Augen der Christen vorüberritt und das große, an den Schwanz seines Rappen gebundene Pergament

durch den Staub schleifte, kam es zum Zweikampf, bei dem der in seiner Ehre gekränkte Hidalgo den Mauren besiegte.
Aufregung gab es, als im Nachbarzelt der Königin eine schwelende Kerze einen Brand entfachte und das Feuer, vom warmen Sommerwind getrieben, rasend schnell von Zelt zu Zelt sprang. Isabels kostbare königliche Robe verbrannte, so daß die Gattin des Truppenführers Gonzalo de Córdoba, des Gran Capitán, mit Kleidern aushalf. Aber offenbar nahm niemand im Lager der Christen das Feuer als böses Omen. Sogleich ging man daran, eine neue größere und prächtigere Lagerstadt aufzubauen, Häuser und Paläste aus festem Stein.
Nach kaum drei Monaten stand die in Kreuzform von zwei breiten Achsenstraßen durchschnittene Stadt in der Vega vor Granada. Die Ritter und das Fußvolk wollten der Stadt den Namen der Königin geben. Doch Isabel beharrte auf dem Namen *Santa Fé*, Heiliger Glaube, ein Name, der ihrer Überzeugung und Zuversicht entsprach.
Die so sichtbar gewordene Entschlossenheit der Belagerer trug dazu bei, daß die Widerstandskraft der Mauren nun rasch erlahmte. Sie sahen vom Alhambraberg aus den Feuerschein, ihre Späher berichteten jede Phase des Wiederaufbaus. Unzählige Flüchtlinge, die mit ihrer Habe in Granada Zuflucht gesucht hatten, kamen zu den rund zweihunderttausend Einwohnern hinzu, vermehrten Tag für Tag den Hunger, denn die Vorräte waren längst aufgebraucht, und der Blockadering der Reconquistadoren ließ sich nicht mehr durchbrechen.
Die geheim geführten Verhandlungen zur Übergabe zogen sich hin, weil Boabdil das Mißtrauen seiner eigenen Leute durch einen besonders günstigen Vertrag zu überwinden hoffte. In den langen, meist nächtlichen Verhandlungen in einem Dorf vor Granada trotzten Boabdils Unterhändler Isabel und Fernando erstaunlich großmütige Bedingungen ab. Den schließlich Ende

November 1491 mit den Namen der Katholischen Könige beglaubigten Friedensvertrag konnte Boabdil getrost unterzeichnen.

Das Emirat sollte der kastilischen Krone untertan sein, Festungswerke und Geschütze ausliefern. Doch zugesichert wurden die freie Ausübung der Religion und der Besitz der Moscheen. Die eigene Rechtsprechung, eigene Sitten, Gewohnheiten, die Landessprache sollten unangetastet bleiben. Die maurischen Einwohner durften wie bisher in Granada wohnen und ihren Geschäften nachgehen, oder sie konnten auswandern, bei kostenfreier Schiffspassage nach Nordafrika. Boabdil selbst erwartete nach freiem Abzug mit seinen Getreuen ein Lehen in den Alpujarras, dem aus mehreren Dörfern bestehenden Bergland südlich von Granada und der Sierra Nevada.

Fanfarenstöße und Glockenklänge leiteten das neue Jahr ein. Bisweilen führten die Truppen der Reconquista Glocken mit ins Feld, zum Schrecken der Mauren, denen die christlichen Glokken mit dem weithin dröhnenden erzenen Klöppelanschlag ein Greuel waren. Glocken waren zur tönenden Parole auf dem Weg der Reconquista zum Sieg geworden. Nicht anders war es am Morgen des 2. Januar 1492, einem wolkenlosen, kalten Wintermorgen, als die Katholischen Könige mit ihrem Gefolge von Santa Fé aufbrachen, durch die Ebene des Río Genil ritten, um im Dorf Armilla, kurz vor Granada, den letzten Akt der Übernahme zu vollziehen.

Nie wieder hat der Río Genil eine prächtigere Kavalkade gesehen. Fernando im königlichen Purpur auf seinem mit einer weit herabfallenden Brokatdecke geschmückten Streitroß. Isabel im weiten, gold- und silberbestickten Umhang auf ihrem weißen Araberpferd. Im engeren Gefolge der junge Infant Juan, die königlichen Töchter Isabel und Juana, der Kardinal-Erzbischof Mendoza, die Großmeister der Ritterorden, der Marqués von

Cádiz und der Herzog von Medina Sidonia, die sich in diesem zehnjährigen Feldzug der Reconquista zuerst bewährt hatten. Ihnen folgten die Granden, Ritter, die geistlichen Würdenträger, begleitet von Fahnen und Standarten, voran die Königsfahnen von Kastilien und Aragón, das hochragende goldene Kreuz der Reconquista.

Es fällt nicht schwer, der kastilischen Isabel innerste Bewegung an diesem von der Wintersonne erhellten Morgen zu erraten. Sie war vierzig Jahre alt und stand auf der Höhe ihres persönlichen und politischen Lebens. Ihr vertrauter Sekretär Hernando del Pulgar schildert sie als Frau »von mittlerer Statur, angenehmem Äußeren und wohlproportioniertem Wuchs, weiß und blond anzusehen, die Augen von einer Farbe zwischen grün und blau; sie blickte anmutig und offen aus einem Gesicht von ebenmäßigen Zügen, schön und heiter zugleich; im Gehaben und in den Bewegungen war sie maßvoll«.

Auch wenn Fernando die Truppen führte, die Siege erkämpfte, es war ihr Heiliger Krieg, ihr aufgetragen als einziger Erbin der kastilischen Könige, die allein die Reconquista von Norden nach Süden vorangetrieben hatten.

»Auf das Drängen der Königin hin wurde der Krieg gegen die Mauren begonnen«, schrieb Pulgar, »und so lange fortgesetzt, bis das ganze Land von Granada erobert war. Wir können vor Gott bezeugen, daß einige große Herren und Befehlshaber, die wir genau kennen, schon müde wurden und die Hoffnung auf eine vollständige Eroberung aufgaben. Dank der großen Beharrlichkeit dieser Königin, dank der Mühe und Sorgfalt, die sie stets auf die Bereitstellung aller für die Kriegführung notwendigen Dinge verwandte, und dank des Nachdrucks, den sie diesem Unternehmen gab, wurde die Eroberung zu Ende geführt.«

Von der Alhambra herab, von der entgegengesetzten Seite, kam ein Reiterzug, der sich dem Ort der Schlüsselübergabe näherte, ein halbes Hundert maurischer Edelleute, an deren Spitze der unglückliche Boabdil ritt. Keinen der maurischen Adeligen, am allerwenigsten Boabdil, wird die erwartete Begegnung mit den Katholischen Königen nicht zuinnerst bewegt haben. Was sie aufgaben, endgültig preisgaben, war nach fast acht Jahrhunderten längst nicht mehr Besatzungsland, sondern Heimat. Ihre Vorstellungen haben das Land, das Zusammenleben der Menschen, die Wissenschaften und Künste geprägt.

»Dies alles, seht es Euch an, wollt Ihr preisgeben«, soll Aisha ihrem Sohn Boabdil beim letzten Blick aus einem Fenster der Alhambra gesagt haben. »Und bedenkt auch, daß alle Eure Vorfahren als Könige von Granada gestorben sind.« Es ist nicht auszuschließen, daß Boabdil El Chico die kampflose Übergabe wählte, weil er die Zerstörung der Alhambra, die vollendet bezeugte Schönheit maurischer Lebens- und Kunstgesinnung, verhindern wollte. Vielleicht nahm er deswegen die Demütigung vor den Augen der Seinen und der fremden Fürsten auf sich.

Demütigend war der Akt der Übergabe, wie Boabdil vom Pferd stieg, die Hand des Christenkönigs küssen wollte und Fernando ihm das barsch verwehrte. Der Emir erwischte mit seinem Mund den Ärmel des königlichen Gewandes. Ein Augenzeuge, Gonzalo Fernández de Oviedo, der Hofmeister des Infanten Juan, schildert die Szene mit einfachen Worten. Boabdil küßte einige große Schlüssel, die er in der Hand hielt, und sagte: »Herr, das sind die Schlüssel zu Eurer Alhambra und zu Eurer Stadt. Geht hin, Herr, und nehmt sie in Besitz.« König Fernando reichte die Schlüssel Isabel, und sie übergab die Schlüssel dem Grafen Tendilla, dem neuernannten Statthalter Granadas.

Boabdil ritt mit seinen Getreuen südwärts, in das zur Küste abfallende Bergland der Alpujarras. Von der ersten Paßhöhe aus schauten sie zurück, um noch einmal ihre schöne Stadt und die in der Wintersonne rötlich schimmernden Mauern und Türme der Alhambra zu sehen. Nach der Überlieferung überwältigte der Abschiedsschmerz den letzten Nasridenkönig bis zu Tränen, so daß seine Mutter Aisha ihm vorhielt: »Weine nicht wie ein Weib, da du nicht kämpfen mochtest wie ein Mann.« Der Ort des legendären Rückblicks heißt heute *Puerto del Suspiro del Moro,* Paß des Seufzers des Mauren.

Vier Tage nach der Übergabe zogen die Katholischen Könige in Granada ein. Eine Vorausabteilung, angeführt von Isabels Vertrautem Gutierre de Cárdenas, ihrem Beichtvater Hernando de Talavera und dem Grafen Tendilla, hatte für einen würdigen Empfang gesorgt. Vom höchsten Turm der Alhambra wehten die Fahnen der Sieger. Die Hauptmoschee war zur christlichen Kirche geweiht worden. Durch geschmückte Straßen ritten die Majestäten, umjubelt von Abertausenden ihrer christlichen Gefolgsleute.

Die maurischen Einwohner werden sich schweigsamer verhalten haben, als aus ihrer Moschee das christliche Tedeum schallte, als in diesem nun christlichen Gotteshaus die anwesenden Bischöfe Hernando de Talavera zum Erzbischof von Granada weihten. Es blieb nicht bei diesem ersten Vertragsbruch gegenüber der maurischen Bevölkerung. Doch zunächst bemühte sich wenigstens Erzbischof Talavera, den Mauren die zugesicherte Religionsfreiheit und die Moscheen zu erhalten. Erst nach einigen Jahren nahmen Zwangsbekehrungen zu, bis schließlich den Mauren, nach mehreren Aufständen, 1502 nur noch die Wahl zwischen Vertreibung oder Konversion blieb.

Vielleicht hing die Schonfrist mit der vordringlicheren Entscheidung zur Vertreibung der Juden zusammen. In Granada, am letzten Märztag 1492, erließen Isabel und Fernando jenes Edikt, das alle Juden zwang, innerhalb von vier Monaten die Taufe anzunehmen oder auszuwandern. Die Auswanderer konnten

weder ihren Besitz mitnehmen noch Gold oder Silber ausführen. Vielen wird es ergangen sein, wie der zeitgenössische Chronist Andrés Bernáldez schrieb: »Sie liefen umher und suchten nach Käufern, ohne einen zu finden; manche bekamen als Preis für ein Haus nur einen Esel, für ihren Weinberg ein wenig Tuch oder Leinen, da sie Gold oder Silber nicht fortschaffen durften.«
Die Gesamtzahl der Ausgewanderten kann nur geschätzt werden. Vermutlich wählten rund zweihunderttausend spanische Juden das Exil und fanden, meist auf abenteuerlichen, gefährlichen Wegen, in Portugal, Südfrankreich, Italien, Nordafrika oder der Türkei ihre neue Heimat. Später nannte man sie die Sephardim. Rund fünfzigtausend ließen sich taufen und blieben neben den schon früher konvertierten Juden im Land. Da die Auswanderer vorwiegend zum tüchtigen Mittelstand und zur oberen Bildungsschicht gehörten, darunter Kaufleute, Gelehrte, Künstler, kam es zu einem beträchtlichen Schaden der gesamten spanischen Sozietät.
Ohne Zweifel war die Königin der Gewissensfrage nach individuellem Unrecht oder nach der Schädigung des kulturellen und wirtschaftlichen Gemeinwesens nicht ausgesetzt. In ihrer zeitgebundenen, religiös verpflichteten Vorstellungswelt hatte die Reinheit des Glaubens, wie es ihr Sekretär Pulgar überliefert hat, die volle Priorität. Nach ihrem Verständnis handelte sie konsequent.
In den Triumph von Granada mischte sich die Genugtuung, für die politische Einheit des Königreichs und für den *einen* Glauben das Richtige getan zu haben. Aber es blieb kaum Zeit, den Triumph in den Wandelhallen der Alhambra und in den Gärten des Generalife auszukosten. Mit der Eingliederung Granadas in das Königreich wuchsen die Verwaltungsaufgaben, Fragen des Staatshaushalts, der Wirtschaft, der Rechtsprechung, jene Aufgaben des »inneren« Bereichs, denen sich Isabel vorzugsweise widmete. Und schon im späten Frühjahr, nachdem die weltliche

und kirchliche Verwaltung Granadas geregelt war, zogen die Katholischen Könige nach Córdoba, dann über Toledo nach Zaragoza und Barcelona, denn auch Aragón verlangte nach ihrer Gegenwart.
Ein Schatten fiel auf die Siegesstimmung dieses Jahres, als im August zwei verdienstvolle, der Königin verbundene andalusische Granden starben: noch nicht fünfzigjährig der tollkühne Marqués von Cádiz und wenige Tage nach ihm sein langjähriger Widersacher, zuletzt jedoch Kampfgefährte, der Herzog von Medina Sidonia.
Am Anfang desselben Monats August begann der nochmals fristverlängerte Auszug der Juden. Es ist geradezu ein Zeichen der Ironie, daß gleichzeitig, am 3. August 1492, der genuesische Seefahrer und Kartograph Cristóbal Colón mit drei Karavellen den andalusischen Hafen Palos verließ, um im Namen der Katholischen Majestäten den Seeweg nach Indien zu entdecken –, denn auch er, Kolumbus, war spanisch-jüdischer Herkunft, wie Salvador de Madariaga überzeugend darlegt, Nachfahre früher ausgewanderter Sephardim (was erklärt, daß der in Genua geborene Colón zweisprachig aufwuchs, Kastilisch sprach, und sich stets zurückhaltend über seine familiäre Herkunft äußerte). Und derselbe hohe königliche Beamte Juan de Coloma unterzeichnete nicht nur das Edikt zur Ausweisung der Juden, sondern auch den Vertrag mit Colón. Auch dieser Coloma stammte mütterlicherseits aus einer Converso-Familie.
Dieses Jahr, das der kastilischen Isabel die Erfüllung brachte, wurde wie kein anderes zum *annus mirabilis*, zum erstaunlichsten und folgenschwersten Jahr in der spanischen Geschichte. Was dies bedeutet, notiert Kolumbus noch auf See in einem an die Katholischen Könige gerichteten Brief: »Im gegenwärtigen Jahr 1492, nachdem Eure Hoheiten dem Kriege gegen die Mauren, die noch in Europa herrschten, in der gewaltigen Stadt

Granada ein Ende bereitet hatten, also in jener Stadt, wo ich am Zweiten des Monats Januar desselben Jahres mit eigenen Augen sah, wie dank der Waffenerfolge die königlichen Standarten Eurer Hoheiten auf den Türmen der Alhambra, welche die Festung der vorgenannten Stadt ist, hochgezogen wurden und wie der maurische König seinen Palast verließ, um die Hände Eurer Hoheiten und des Fürsten, meines Herrn, zu küssen ... in jenem gleichen Monat also erwogen Eure Hoheiten, in Ihrer Eigenschaft als katholische Christen, als Freunde und Verbreiter des heiligen christlichen Glaubens und als Feinde der Sekte Mohameds und jedes anderen Götzendienstes und Sektiererwesens, ernstlich den Gedanken, mich, Cristóbal Colón, nach den Gegenden Indiens zu entsenden, um jene Fürsten, Völker und Orte aufzusuchen und die Möglichkeiten zu erwägen, wie man sie zu unserem heiligen Glauben bekehren könnte.«

Ein Mann namens Cristóbal Colón

Es liest sich fast als Schutzbeteuerung des Seefahrers Kolumbus, des Colón, jedem Zweifel an seiner Rechtgläubigkeit zuvorkommend, wie er nach seiner Ausfahrt im Brief an die Majestäten wiederholt den Kampf gegen Götzendienst und Sektiererwesen und die Verbreitung des heiligen Glaubens hervorhebt. Und niemandem konnte sein missionarischer Glaubenseifer mehr imponieren als der Königin Isabel. Das wußte Cristóbal Colón. Nachdem er über fünf Jahre dem Hof gefolgt war, hatte der lästige Bittsteller genau herausgefunden, womit er die Gunst der Königin am ehesten gewinnen konnte. Nun aber, im August 1492 mit den Karavellen »Santa Maria«, den kleineren »La Pinta« und »La Niña« unter den Brüdern Pinzón als Kapitänen auf dem Weg nach Indien, hatte Colón erreicht, was er wollte.
Sie waren beide einundvierzig, die Königin und der zum Admiral ernannte Colón. Natürlich handelten die Majestäten Isabel und Fernando gemeinsam. Doch wo Fernando eher mißtrauisch zögert, vertraut Isabel dem Phantasten und dem Mann dunkler Herkunft, scheint sie instinktiv dessen außergewöhnliche Begabung, ja dessen unumstößliche Genialität wahrzunehmen. Vielleicht erkennt sie die ihr ähnlichen Charakterzüge, das Gleichgestimmte in der Hartnäckigkeit, Zielstrebigkeit, der intuitiven Besessenheit, mit der Cristóbal Colón das scheinbar Unmögliche wagt.

»Wie ich schon sagte, halfen mir bei der Ausführung meines indischen Unternehmens weder Verstand noch Mathematik oder die Wetterkarte; es ging ganz einfach das in herrliche Erfüllung, was schon Jesaja weissagte.« Ein Satz wie dieser, in einem Brief 1502 an die Majestäten gerichtet, war Isabel aus der Seele gesprochen.

Als Cristóbal Colón im Hafen von Palos sein Admiralsschiff »Santa Maria« übernahm (dessen getreue Nachbildung liegt heute im Hafen von Barcelona), schloß sich der erste Kreis zur Realisierung seiner weltgeschichtlichen Entdeckungsfahrt. Denn hier hatte er 1484 zum ersten Mal kastilischen Boden betreten. Er kam mit seinem fünfjährigen Sohn Diego aus Portugal. Nie geklärte Gründe hatten ihn zu heimlicher Flucht gezwungen. Auch nach Portugal hatten ihn nicht gerade ehrenhafte Umstände verschlagen. Der gebürtige Genuese war einer der Korsaren, deren Kaperschiff 1476 vor der portugiesischen Küste strandete. Als Schiffbrüchiger rettete sich der verwundete Fünfundzwanzigjährige an Land. Er blieb dort, heiratete eine adelige Portugiesin, beschäftigte sich unentwegt mit Kosmographie, Kartographie und Seefahrt, las Erdbeschreibungen, Geschichtsbücher, philosophische Werke und kommentierte das Gelesene durch seine Randnotizen. Er war ein lernbegieriger Autodidakt, der aus der Erkenntnis, daß die Erde rund und kugelförmig sei, praktischen Nutzen ziehen wollte.

Der portugiesisch Cristovâo Colombo genannte hatte sozusagen seine Lehrzeit beendet, als er Portugal in verdächtiger Hast verließ, um bei seinem zwischen Huelva und Palos ansässigen Schwager Zuflucht zu suchen. Er reiste ohne seine Frau; vielleicht war sie krank, denn sie starb 1485.

Unterdessen fand er mit seinem Söhnchen einen ersten Unterschlupf im Franziskanerkonvent La Rábida bei Palos. Die gastfreundliche Aufnahme durch den Prior Juan Pérez erwies sich als

Glücksfall, der den geheimsten Wünschen Colóns alle Türen öffnete. Palos war Sammelort entdeckungsfreudiger, seekundiger Männer. Den Zugang zur Wissenschaft vermittelten die reiche Bibliothek des Klosters und der kosmographisch, astronomisch gelehrte Mönch Antonio de Marchena. Was nun folgte, von La Rábida ausgehend, getrieben von Empfehlung zu Empfehlung, glich einer von magischen Kräften gelenkten Kettenreaktion.

Juan Pérez, ehemals Beichtvater Isabels, empfahl Colón hohen Herren am Hof und den beiden nachbarlichen Herzögen von Medina Sidonia und Medinaceli. Don Luis de la Cerda, Herzog von Medinaceli, bot dem mittellosen Colón Wohnung in seiner Residenz in Puerto de Santa María an. Zumindest die Redekunst und Vorstellungsgabe seines Gastes überzeugten den Herzog. Denn mit dessen gewichtigeren Empfehlungsschreiben erschien Colón im Frühjahr 1486 in Córdoba am Hof. Die Majestäten hielten sich noch in Madrid und Toledo auf, trafen erst Ende April in Córdoba ein. Inzwischen konnte der Bittsteller dank seiner Überzeugungsgabe Alonso de Quintanilla, den Schatzmeister der Könige, und durch ihn Kardinal Mendoza als Fürsprecher gewinnen.

Colón hatte nichts anderes im Kopf als seine Idee, auf dem Seeweg nach Westen Indien zu entdecken – ein Unternehmen wie der Flug zum Mond. Um ausgerüstete Schiffe für sein Abenteuer zu bekommen, warf er zwei Köder aus, die Erfolg versprachen: die Glaubensverbreitung im neuentdeckten Land und die Erwartung unermeßlicher Gold- und Silberfunde. Letzteres mußte dem kastilischen Schatzmeister, mußte auch den Majestäten gefallen. Der Krieg gegen die Mauren verschlang die letzten Maravedís, jede Geldquelle war ein Geschenk des Himmels.

Aber die Majestäten zögerten, als der hochgewachsene Fremde,

der im Mönchsgewand daherkommende Seefahrer, im Alcázar von Córdoba vor ihnen stand und sein kühnes, vielversprechendes Projekt entwickelte. Zu phantastisch war der Plan für eine schnelle Entscheidung. Aufgrund erstaunlicher Empfehlungen hatten sie den Mann trotz rätselhafter Vergangenheit empfangen. Doch als Zumutung, als Ungeheuerlichkeit empfanden sie Colóns persönliche Forderungen: Er verlangte den vererblichen Titel eines Admirals der Weltmeere (ein Titel, der ausschließlich Mitgliedern der königlichen Familie gebührte). Er forderte das Amt des Vizekönigs und Generalgouverneurs aller von ihm entdeckten Inseln und Länder. Er forderte zusätzlich den zehnten Teil von sämtlichen Einnahmen, die aus seinen Entdeckungen nach Spanien flössen.
Wahrscheinlich wäre der anmaßende Fremde, der noch nicht einmal zum untersten kastilischen Adel gehörte, vergeblich nach Córdoba gekommen, hätte er nicht das Interesse der Königin geweckt. Isabel übertrug die Prüfung von Colóns Entdeckungsplan einer Kommission unter dem Vorsitz von Hernando de Talavera. Und sie gewährte Colón bis zur Entscheidung eine kleine Rente.
Dann aber begann jene quälende fünfjährige Wartezeit. Mitunter packte Colón die Ungeduld, zog er dem Hof hinterher, bat zu den unpassendsten Gelegenheiten um Audienz, erschien ungerufen in Salamanca, wieder in Córdoba, in Sevilla, Murcia, sogar im Kriegslager vor Baza und schließlich in Santa Fé. Andere Sorgen als das ungewisse abenteuerliche Vorhaben plagten die Könige. Der Krieg gegen die Mauren drängte zum Ende. Außerdem hatte Isabels Vertrauensmann Talavera die Pläne des Seefahrers »eitel, unausführbar und auf schwachen Gründen fußend« genannt. Möglicherweise dachte der fromme Talavera an Colóns freie Liebschaft mit der aus Córdoba stammenden Beatriz Enríquez, die 1488 außerehelich den Sohn Fernando gebar.

Nicht ums geringste rückte Colón von seinen Forderungen ab. Doch zuletzt, Ende 1490 oder Anfang 1491, trieb ihn die Aussichtslosigkeit seiner Pläne zurück nach La Rábida, wo sein ehelicher Sohn Diego unterrichtet wurde und wo er Freunde hatte.

Wahrscheinlich rührte den Prior Juan Pérez die Verzweiflung des wegen seiner Überstiegenheit am Hof schon verspotteten Mannes. Der Franziskaner unternahm alles, um das Selbstvertrauen des empfindsamen Colón zurückzuholen. Er vermittelte die Bekanntschaft mit dem ozeanerfahrenen Schiffskapitän Martin Alonso Pinzón und dessen Brüder und Steuerleuten aus Palos. Vor allem aber schrieb Fray Juan Pérez der Königin Isabel jenen sicherlich mit neuen Argumenten auftrumpfenden Brief, der für Colón die dramatische Wende bedeutete.

Nach einiger Zeit kam aus Santa Fé eine Anweisung der Königin, man möge in ihrem Auftrag Cristóbal Colón zwanzigtausend Maravedís aushändigen, »damit er sich ehrsam kleide und ein Reittier kaufe, um vor den Majestäten zu erscheinen«.

Was hat Isabel veranlaßt, entgegen der ablehnenden Haltung der Kommission, Colón und dessen »Hirngespinsten« eine letzte Chance zu bieten? Zumindest erleichterten und wünschten die positive Entscheidung, abgesehen von Mendoza und dem kastilischen Schatzmeister Quintanilla, vier äußerst gewichtige Persönlichkeiten: der Dominikaner Diego de Deza, seit 1486 Erzieher des Infanten Juan, der später die Nachfolge des Großinquisitors Torquemada antreten wird; Cabrera, der Herzog von Moya; die aragonesischen Schatz- und Pfründenmeister Luis de Santángel und Gabriel Sánchez, die beide die Erstfinanzierung von Colóns Expedition übernahmen.

Noch war es nicht soweit. Als Colón schließlich im April 1492 in der Alhambra vor den Majestäten stand, vielleicht in der den Königen angemessenen Sala de los Embajadores, schien er die ihm angebotene letzte Chance endgültig aufs Spiel zu setzen. Die Finanzierung war gesichert. So können es nur Colóns arrogante persönliche Ansprüche gewesen sein, die ihm nach erregter Debatte eine Absage einbrachten. Er verließ Granada, ritt schon auf seinem Maultier auf der Straße nach Córdoba, als ihn bei der Brücke über das Flüßchen Pinos Boten der Königin einholten und zur Rückkehr nach Granada nötigten.

Die Vermutung, Königin Isabel habe den mißtrauischen, zudem mit anderen, mit aragonesischen Plänen beschäftigten Fernando überredet, liegt nahe. Und sicherlich ahnte die mit gesundem Menschenverstand begabte Isabel nicht nur die ihr gleichgestimmte Denkart des Mannes, sondern den ökonomischen Vorteil, den die zu entdeckenden Inseln und Länder bringen könnten. Jedenfalls wurde der Vertrag mit dem zurückgeholten Cristóbal Colón am 17. April abgeschlossen. Jede seiner Forderungen bestätigte der unterschreibende hohe Beamte Juan de Coloma mit der Notiz: Also gefällt es Ihren Majestäten!

Bedenkt man, daß außer Coloma diejenigen, die Colóns Expedition stützten oder erst ermöglichten, die Geldgeber Santángel und Sánchez, dazu Diego de Deza und Cabrera, getaufte Juden waren oder aus Converso Familien stammten, so ergibt sich eine sehr merkwürdige Konstellation. Zwei Wochen vor dem Vertragsabschluß mit Colón war die Vertreibung der Juden durch Dekret besiegelt worden, und die den jüdischen Auswanderern gewährte Frist endete am 2. August 1492, einen Tag vor der Ausfahrt des Admirals und künftigen Vizekönigs und Generalgouverneurs Colón mit seinen drei Karavellen nach Westindien.

Vom Himmel herabgestiegen

Am siebzigsten Tag nach der Ausfahrt, unterbrochen durch das Anlaufen der Kanarischen Inseln zur Ausbesserung der Schiffe und Proviantaufnahme, sichtete ein Matrose der Karavelle »Pinta« Land. Cristóbal Colón glaubte, die Westindischen Inseln erreicht zu haben; sein Irrtum machte die Einheimischen der neuentdeckten Welt zu Indios und Indianern. Der von den Einwohnern Guanahaní genannten ersten Insel, die Colón mit seinen Begleitern am Morgen des 12. Oktober 1492 betrat, gab er den Namen San Salvador.
Hier wie auch auf den anderen Inseln und auf dem Festland nahmen die unbekleideten Einheimischen waffenlos und friedfertig die Entdecker auf, boten Essen und Trinken an und brachten reichlich Geschenke. Die hellhäutigen fremden Männer in glänzenden Rüstungen, die auf großen Schiffen mit feuerspeienden Rohren zu ihnen kamen, hielten sie für Götter, vom Himmel herabgestiegen. Sie waren »vom Glauben durchdrungen, daß alle Macht und alles Gute vom Himmel kommen«, notierte Colón. So verlief die Besitzergreifung im Namen des Königs und der Königin ohne Schwierigkeiten.

Isabel war ihrem Gemahl Fernando nach Aragón gefolgt und blieb mit ihm bis ins späte Frühjahr 1493 in Zaragoza und Barcelona. Es ist kein Geheimnis, daß sich Isabel nur widerstrebend separaten aragonesischen Verpflichtungen zuwandte. Auch scheint sie Aragóns, das heißt Fernandos außenpolitische Interessen, die sich auf das von den Staufern ererbte Königreich Sizilien und auf die Verteidigung Neapels gegen französische Ansprüche bezogen, eher als lästig empfunden zu haben. Aber sie erkannte sehr wohl, wieviel sie der Hilfe Fernandos in kastilischen Angelegenheiten verdankte, und nun, nach der Besiegung der Mauren, stand sie ohne Zaudern an Fernandos Seite.

Isabel unterstützte Fernando beim Zustandekommen des im Januar 1493 in Barcelona abgeschlossenen Vertrags mit Frankreich. Es war ihrem Verhandlungsgeschick zu verdanken, daß Aragón die lange umstrittenen Grafschaften Roussillon und Cerdagne zurückerhielt. Denn Anfang Dezember, bei einer der freitäglichen öffentlichen Gerichtssitzungen in Barcelona, hatte ein Attentäter den König angefallen, mit dem Schwert an Schulter und Hals schwer verletzt, eine »vier Finger tiefe Wunde« geschlagen. Erst am Jahresanfang war Fernando der tödlichen Bedrohung entronnen, genas er allmählich.

»Ich weiß nicht, wie wir Gott für seine unendliche Güte danken sollen«, schrieb die Königin an Talavera, den Erzbischof von Granada, »haben doch andere, mit höchsten Tugenden Begabte es vergebens versucht, wie sollte da ich Unwürdige es können.« Eine Bemerkung, die offensichtlich eine tiefere, demütige Schicht in der sonst so selbstbewußten Autokratin Isabel aufreißt.

Zwei Jahre danach wird sie, wenn auch schweren Herzens, ihren tüchtigsten Feldherrn, den Gran Capitán Gonzalo de Córdoba, mit dreitausend ihrer besten Krieger Fernando überlassen, damit Süditalien und Neapel von der französischen Okkupation befreit werde. Doch im selben Frühjahr 1495, als Kardinal Mendoza sechsundsechzigjährig in seinem Palast in Guadalajara starb, lehnte Isabel eine andere Forderung des Königs ab. Fernando beanspruchte die Nachfolge Mendozas als Erzbischof von Tole-

do und Primas der spanischen Kirche für einen seiner Bastardsöhne, den vierundzwanzigjährigen Alonso, der seit seinem sechsten Lebensjahr Erzbischof von Zaragoza war.
Niemals hätte Isabel unter kastilischer Verantwortung einer so leichtfertigen Wahl in ein sakrales Amt zugestimmt. Sie bestand auf der Berufung ihres Kandidaten Francisco Jiménez de Cisneros, der seit 1492 ihr Beichtvater war. Man kennt die Geschichte, wie der bescheidene Franziskanermönch das an ihn, den »auserwählten Erzbischof von Toledo« gerichtete päpstliche Breve ratlos in Händen hielt. »Majestät, hier liegt ein Irrtum vor. Dieser Brief ist nicht an mich gerichtet.« Er verweigert die Amtsübernahme, muß sich dem Gehorsamszwang beugen, schafft jedoch in Toledo jeglichen Prunk ab und lebt wie bisher asketisch, bis der Papst ihm energisch befahl, er habe sich ranggemäß zu kleiden und einer würdigen Repräsentation zu befleißigen. Von Anfang an gehörte Cisneros zu den wenigen nicht korrumpierbaren Würdenträgern seiner Zeit.
In seinem Glaubenseifer griff Cisneros auch zu drastischen Mitteln, um gemeinsam mit Erzbischof Talavera die in Granada gebliebenen Mauren zur Konversion zu treiben. Ein den Kapitulationsvertrag mißachtendes Vorgehen, das bei den Mudéjaren eine Rebellion auslöste und schließlich 1502 zur Vertreibung der nicht Taufwilligen führte. Große und bessere Verdienste erwarb sich Cisneros, der Isabels wichtigster Berater in religiösen Fragen wurde, als Reformer der spanischen Kirche und Förderer der theologischen Studien.
Derjenige, der den Franziskanermönch zum Erzbischof berief, war Papst Alexander VI. Wenigstens seinem Geburtsland leistete der berüchtigte Rodrigo de Borja einige gute Dienste, als klug vermittelnder Kardinallegat in den schwierigen ersten Ehejahren Isabels und Fernandos, seit 1492 als Papst, der dem Königspaar den Titel *Reyes Católicos* verlieh.

Nach der Entdeckung Westindiens drohte ein Konflikt mit Portugal wegen der Herrschaftsansprüche über diese und künftige Entdeckungen. In drei Bullen bestätigte der Papst die territoriale Inbesitznahme, teilte er selbstherrlich die Neue Welt, indem er eine Demarkationslinie von Pol zu Pol zog, etwa hundert Meilen westlich der Azoren, wobei der westliche Teil Spanien, der östliche Portugal zufallen sollte. Im Juni 1494 unterzeichneten beide Länder in Tordesillas die päpstliche Erdteilung. Nur verschob man die Grenzlinie nach Westen, so daß das heutige Brasilien portugiesisch wurde. Zur gleichen Zeit befand sich Colón, unbewußt der Veranlasser dieser anmaßenden Erdteilung, auf seiner zweiten Entdeckungsfahrt. Mit siebzehn Schiffen war er über zweidreiviertel Jahre bis Juni 1496 unterwegs.

Keine seiner vier Reisen über den Ozean brachte Cristóbal Colón so außerordentliche Ehrungen wie die erste. Der Sohn eines Wollwebers und Sephardim aus Genua genoß seinen Ruhm, als er nach sieben Monaten und elf Tagen zurückkehrte. In seinen im Februar/März 1493 an die Könige in Barcelona, an die Geldgeber Luis de Santángel und Gabriel Sánchez vorausgesandten Briefen prahlt er mit bereitliegenden »Unmengen Goldes« und der »Bekehrung so vieler Völker« zum wahren Glauben. Darum »muß die ganze Christenheit frohlocken und mit großen Feierlichkeiten und Andachten dafür Dank sagen«. In einem Triumphzug reiste er über Sevilla und Córdoba, über Murcia, Valencia nach Norden und traf Mitte April in Barcelona ein.

Unter einem vor der Kathedrale aufgespannten Thronhimmel empfingen die Majestäten ihren Admiral und Vizekönig der Neuen Welt. Die Königin selbst wies ihm einen Ehrenplatz zu. Colón erzählte und zeigte seine mitgebrachten Schätze: lebendige bunte Papageien, ausgestopfte Vögel und exotische Pflanzen,

Hausgeräte und Schmuck der Indios aus purem Gold, dazu Goldkörner und Goldklumpen, am meisten bestaunt sechs leibhaftige Indios, die halbnackt, lediglich mit einem Schurz bedeckt und bunten Federn im blauschwarzen Haar, den gaffenden Versammelten zur Schau gestellt wurden.

In den Tagen, Wochen, Monaten bis zur zweiten Fahrt Ende September 1493 erlebte Colón den Höhepunkt seines Lebens, seines Ruhms. Sogar der Kardinalerzbischof Mendoza, den man den »dritten König« Spaniens nannte, lud »als erster unter den Granden« Colón zu Tisch, ließ ihn ehrenvoll an seiner Seite sitzen und ihm die Speisen vorkosten, wie es nur höchstgeborenen Gästen zustand. Aber diese und die nächsten gehäuften Ehrungen blieben unwiederholbar. Nach der zweiten und dritten Entdeckungsfahrt löste ein allmählich sichtbar werdendes Versagen Colóns Mißtrauen aus, das zu seinem jähen Absturz führte.

Bereits im November 1500 wurde Colón von seiner dritten Entdeckungsfahrt in Ketten zurückgebracht. Was war geschehen?

In Cristóbal Colón und Jiménez de Cisneros begegneten Isabel die stärksten, einflußreichsten Persönlichkeiten ihres Lebens. Doch während der eine, Cisneros, noch im widerstrebend befolgten Aufstieg zu höchsten Ämtern persönliche Lauterkeit bewahrte, ließ sich Colón von der ihm zugefallenen Macht korrumpieren. Man muß es so einfach sagen, um Colóns tragische Verstrickung auch nur annähernd zu begreifen. Er war groß in der Kühnheit seines Traums, seiner waghalsigen Entdekkungsfahrt über den Ozean, und er wurde klein, jämmerlich schwach, als er sein Ziel erreicht hatte.

Es begann schon nach der ersten Fahrt, als er dem Matrosen der »Pinta«, der zuerst Land gesehen hatte, die versprochene königliche Prämie nicht gönnte und sie selbst beanspruchte, sich schamlos die erste Sicht selbst zuschrieb. Schon hier zeigt sich, was später, in der Fülle der Macht, erschreckende Züge annimmt und Colón menschlich wie politisch zum Verhängnis wird: Wahrheitsuntreue, wo der eigene Vorteil winkt, und Sucht nach Prestige und Gold.

Colóns Schicksal gewinnt für die Lebensgeschichte Isabels eine so einzigartige Bedeutung, weil beider Lebensjahre parallel verliefen, weil die Königin Colóns Pläne wie kaum ein anderer erkannte, guthieß, förderte und sie ihn in schwierigen Situationen zu halten versuchte, bis mit ihrem Tod im November 1504 auch Colóns Stern verlosch. Vor allem jedoch spiegeln sich in Colóns Lebens- und Denkart bestimmte Charakterzüge Isabels, in der Gleichgestimmtheit des Anfangs, der intuitiven Begabung, dem auf das scheinbar Unmögliche zielenden Wagnis, später in der Erkenntnis des Unvereinbaren bis zur krassen Gegensätzlichkeit.

War das noch der zu kühnen und idealen Zielen drängende Colón, der unersättlich nach Gold und persönlicher Bereicherung gierte, der die Indios erbarmungslos ausbeutete und sie mit Bluthunden jagte? Er führte in der Neuen Welt die Sklaverei ein, die Verschleppung zahlreicher Indios und deren Verkauf auf den Sklavenmärkten. Das geschah gegen den Willen der Katholischen Könige, die in Sevilla eingetroffene, im Auftrag ihres Admirals und Vizekönigs verkaufte Sklaven wieder freikaufen ließen. Colón malt die Verdienstmöglichkeiten aus, schrieb 1498 von möglichen viertausend Sklaven, die, billig veranschlagt, an die zwanzig Millionen Maravedís einbringen könnten. Die Könige befahlen Colón vor seiner letzten Abfahrt ausdrücklich: »Ihr dürft keine Sklaven mitbringen.«

Dieser Verzicht entsprach insbesondere dem Willen Isabels, obwohl sie als Staatshaushälterin bis zu ihrem Lebensende um ihren schmalen Etat besorgt war. Sie bestand darauf, den Einwohnern der Indischen Länder »die volle Freiheit der Bewegung« zu erhalten, die Indios nicht zu Sklaven zu machen. »Ich befehle vielmehr, daß sie gut und gerecht zu behandeln sind. Sollte ihnen aber Unrecht geschehen sein, so ist dem abzuhelfen.« Der Königin muß ein solches Verhalten wichtig gewesen sein, denn sie forderte es in ihrem kurz vor ihrem Tode verfaßten Testament.

Als Colón als Administrator völlig versagte und seine Unfähigkeit durch eine von Tag zu Tag unerträglichere Schreckensherrschaft zu überdecken versuchte, sandten die Katholischen Könige einen Gouverneur ihres Vertrauens, der Colón ablösen sollte. Der mit königlichen Vollmachten ausgestattete Gouverneur Francisco de Bobadilla ließ den widerständigen Colón in Fesseln legen und nach Spanien zurückbringen.

In Granada stand der weißhaarige neunundvierzigjährige Colón vor Isabel und Fernando, rechtfertigte sich, sprach von seiner Treue, und sein Auftritt, seine Redegewandtheit rührten die Könige, so daß er sich noch einmal ihrer Gunst erfreute. Nach einiger Zeit erlaubten sie Colón eine weitere, die letzte Entdekkungsreise. Vor Jamaica erlitt er Schiffbruch, den er in einem bewegenden Schreiben an die Könige schilderte, und kehrte im November 1504 zurück, krank und in seiner Vitalität gebrochen. Im selben Monat starb die Königin, und Colón schrieb vergeblich Brief um Brief, um von König Fernando die ihm zugestandenen Rechte und Titel ungeteilt zu erhalten. Der vertröstete, kranke Colón siechte in Sevilla, Segovia, zuletzt in Valladolid dahin, von der Gicht ans Bett gefesselt. In Valladolid starb er, zwei Jahre nach Isabel, seiner Gönnerin, verbittert und von allen Freunden verlassen.

Der Tod des Infanten

Das letzte Lebensjahrzehnt der Königin verlief weniger spektakulär, gemessen an den großen, weltbewegenden Ereignissen, denen sie ihre ganze politisch-religiöse Energie gewidmet hatte: Inquisition, Reconquista und die Entdeckung der Neuen Welt. Isabel war zweiundvierzig, als Colón aus Westindien zurückkehrte und sein Erfolg ihre und Fernandos Entscheidung bestätigte. Genaugenommen war sie es, *Yo la Reina,* die mit unverbrauchter Zähigkeit und intuitiver Kraft alles kleinliche Mißtrauen, Zaudern, auch manche Niederlage überwand. In ihrer unbedingten Zielstrebigkeit beschämte sie mitunter ihre Räte, die sich dem Berechenbaren verpflichtet fühlten, oder übertraf sie Fernandos eher listiges Taktieren.
Ihre intuitive Begabung, ihr Mut zum Wagnis störten in keiner Weise eine andere Eigenschaft: ihre planende Vernunft, mit der sie die Staatsfinanzen und die zerrüttete Wirtschaft Kastiliens in Ordnung brachte. Ihre Erfahrungen als Mädchen am Hof ihres Stiefbruders Enrique saßen tief, begleiteten sie lebenslang. Das sehr wache Mädchen Isabel hatte täglich vor Augen, wie Korruption und eine weithin planlose, verschwenderische Privatwirtschaft Kastilien in den Ruin trieben. Solche Erfahrungen machten die Königin zur resoluten Staatshaushälterin, die im königlichen Etat wie in der ökonomischen Politik des Landes ihre Maßstäbe setzte.

Nun also, in den Friedensjahren nach Granada, als Colóns Entdeckung die ersten Früchte einbrachte, konnte sie ihre schon begonnene ökonomische Aktivität fortsetzen. Die innerkastilische Politik war ihre höchsteigene Domäne, zumal sich Fernando in diesen Jahren mehr für Aragóns außenpolitische Interessen in Süditalien engagiert zeigte. Natürlich hatte die Königin, wirtschaftspolitisch eher eine Autodidaktin, ihre Berater. Doch auch ihren Vorgängern dienten Berater, deren Kompetenzen freilich in Zustimmung zu den bestehenden Verhältnissen zerrannen.
Von ihren Vorgängern rückte Isabel nicht nur durch sparsame und berechenbare Haushaltsführung ab. Manche ihrer Verordnungen muten geradezu modern an. Die 1497 eingeführte Währungsreform brachte dem Königreich eine einheitliche Währung und damit verläßliche Finanzverhältnisse, zusätzlich gestärkt durch das Ausfuhrverbot von Gold- und Silbermünzen. Die Königin unterstützte durch die Gewährung von Sonderrechten die Märkte für den binnenländischen Wollumschlag, vor allem Medina del Campo im Zentrum Kastiliens. Staatliche Subventionen kamen dem Bau von Schiffen mit mehr als 600 Tonnen zugute. Außerdem wurde verordnet, daß der Transport kastilischer und aragonesischer Erzeugnisse über See ausschließlich heimischen Schiffen zu überlassen sei. Solche und ähnliche Maßnahmen, dazu die wiederhergestellte innere Sicherheit ließen die kastilische Wirtschaft gesunden und gaben dem Handel Auftrieb.

In einem zweiten, intimeren Bereich bewährte sich in diesen Friedensjahren Isabels planende Vernunft, in der Heiratspolitik. Die Herstellung von Allianzen durch sehr früh geschlossene Ehekontrakte zwischen den Dynastien war nicht ungewöhnlich. Die schon vor dem Ende des Feldzugs gegen die Mauren angebahnten Verhandlungen zeigen deutlich, daß es dem Königspaar nicht nur um beste standesgemäße Ehepartner ihrer Kinder ging. Indem Isabel und Fernando ihre Töchter und ihren Sohn den Königshäusern von Portugal, England und Burgund-Habsburg zuführen, schließen sie einen wohlbedachten Allianzring um Frankreich, den Erbfeind Aragóns.

Jedes ihrer fünf Kinder brachte Isabel an einem anderen Ort zur Welt: die älteste Tochter Isabel 1470 in Dueñas, den Infanten Juan 1478 in Sevilla, das Sorgenkind Juana im Folgejahr in Toledo, María 1482 in Córdoba und Catalina 1485 in Alcalá de Henares. Keines der Kinder wuchs wie ihre Mutter in der Geborgenheit der kastilischen Familiensitze heran, in Arévalo oder Medina del Campo. Heimat im engeren Sinne gab es nicht. Die frühgeborenen Kinder werden mit den kastilischen Residenzen, zu denen Isabel stets zurückkehrte, noch vertraut gewesen sein. Doch auch sie begleiteten die Königin bei den häufigen, zwangsläufig ausgedehnten Ortswechseln, vor allem während des zehnjährigen Feldzugs gegen die Mauren. In wechselnden Alcázars zwischen Segovia und Córdoba, in den Feldlagern vor Baza und Granada sammelten die Kinder ihre ersten Eindrücke von der Welt der Großen.

Wie und was lernen Kinder, die in solchen Ausnahmesituationen heranwachsen? Der Latein- und Griechischlehrer, der den Infanten Juan mit zehn adeligen Gefährten unterrichtete, klagte brieflich, seinem Schüler fehle die Lust zum Lernen. Doch die vielbeschäftigte Königin verlor die Erziehung ihrer Kinder nie aus den Augen und vertraute ihren Sohn und die Töchter nur den besten Lehrern an.

Zu den Erziehern des Infanten gehörte der hochgeachtete Dominikanertheologe Diego de Deza, später Erzbischof von Sevilla und Nachfolger Torquemadas als Großinquisitor. Berühmt war die gelehrte Beatriz de Galindo, *la Latina* genannt, die noch im Feldlager von Santa Fé mit der Königin lateinische Übungstexte las und danach die Infantinnen unterrichtete. Aus Italien ließ Isabel prominente Humanisten kommen, darunter Lucio Marineo Sículo und nach ihm 1487 Petrus Martyr Anglerius, der als erster (in einem Brief vom 20. Oktober 1494) den von Cristóbal Colón entdeckten Ländern den Namen *Neue Welt* gab. Dieser spanisch Pedro Mártir genannte Gelehrte war nicht nur Erzieher des Infanten und später wiederholt Begleiter der unglücklichen Juana, sondern ein überaus eifriger Briefeschreiber, vielzitierter Augenzeuge der Ereignisse am Hof.

Oft ließen die Staatsgeschäfte die mütterliche Zuwendung Isabels zu ihren Kindern nicht zu. Wahrscheinlich deswegen ihr Ehrgeiz, die Kinder in den Händen ausgewählter Erzieher zu wissen. Erst recht sorgte sie für die Ausbildung in den Künsten, denn unvergeßlich war die Erinnerung an ihr musisches Elternhaus und ihren künstlerisch begabten Vater. Nicht nur Bildung und Sprachen sollten den Töchtern den Weg zu den Höfen in Lissabon, Gent oder London ebnen, sie sollten in der Musik, im instrumentalen Musizieren Freude und Trost finden.

Die begabteste, intelligenteste der Töchter war Juana. Doch zugleich war sie am meisten gefährdet, schon als Kind. Ihre wache, sensibilisierte Auffassungsgabe erleichterte das Lernen. Ihre Sprachenbegabung und ihr musikalisches Talent machten sie zu einem Paradekind, das die Eltern gern vorzeigten. Der Weltfahrer Hieronymus Münzer aus Nürnberg bewunderte die Fünfzehnjährige. Aber sie zeigte sich scheu, introvertiert, wehrte sich instinktiv gegen jedes Zurschaustellen durch heftige Ausbrüche, oder sie lief einfach davon, verkroch sich.

Ihre Geschwister scheinen sie eher gemieden zu haben, und sie selbst suchte kaum Kontakt, vielleicht zu dem ein Jahr älteren Bruder Juan. Die Infantin María, die einmal die Krone Portugals tragen wird, und die ganz junge Catalina, die als Katharina von Aragón ihrem versprochenen Prinzen Arthur und nach dessen frühem Tod Englands berüchtigtem Heinrich VIII. angetraut wird, standen dem gesunden, vernünftigen Realismus ihrer Mutter näher. Und die ältere hübsche, doch bläßliche und wohl lungenkranke Schwester Isabel, die als erste das Elternhaus verlassen hatte und als einundzwanzigjährige Witwe aus Portugal zurückgekehrt war, verkümmerte in Grübeleien.

Juana scheint in ihrem ganzen Leben nur zwei Menschen geliebt zu haben, ihren Vater Fernando (was ihr schlecht vergolten wurde) und in fast zehn schrecklichen, liebestoll bis zum Wahn getriebenen Ehejahren den habsburgischen Philipp den Schönen.

Keine der Mutter zugeneigte Gemütsregung Juanas ist bezeugt, während Isabel ihrem Sorgenkind mehrmals opferwillig beisteht und so jedenfalls eine innigere Zuwendung erkennen läßt. Ohne Zweifel galt die größere Sorge der Königin dem Thronerben, den sie zärtlich »mein Engel« nannte. Auch er wuchs nicht unproblematisch heran, was nach außen immer etwas überdeckt wurde. Seine schwache Gesundheit machte den schönen schmalgesichtigen Juan mit den großen Augen und vollem dunkelblondem Haar zum ängstlich gehüteten Kind, das Diätnahrung erhielt »wie ein Kranker«, schreibt sein Erzieher Pedro Mártir. So wird Isabel besondere Genugtuung empfunden haben, als ihre und Fernandos zuerst der neunjährigen Juana geltenden Heiratsverhandlungen schließlich auch den Sohn einbezogen und eine Doppelverbindung mit dem Erben und der Tochter des zukünftigen Kaisers Maximilian I. und der Maria von Burgund zustande kam.

Welch ein unermeßlicher Triumph der Katholischen Könige! Welch ein Triumph Isabels! Denn es war ihr Werk zuerst, das Werk derjenigen, die als vaterloses, ärmliches, unbeholfenes Landmädchen an den korrupten Hof in Madrid geholt wurde, das Werk derjenigen, die siebzehnjährig ihrem Prinzen Fernando die Kapitulationen diktierte, die ihrem Anspruch als *Yo la Reina* jederzeit Geltung verschaffte. Man kann nicht sagen, daß ihr die Gewinnung und Ausübung von Macht nicht gefallen hätte, aber sie brachte Ordnung in das Chaos.

Nach der Herstellung geordneter Verhältnisse und dem Sieg über Granada wird die Doppelehe Juans und Juanas mit dem Geschwisterpaar Philipp und Margarete von Österreich die politischen wie die mütterlichen Wünsche Isabels gekrönt haben. Nur ungern nahm sie die Verzögerung hin, um den Vertragsabschluß mit Frankreich zur Rückgabe der Grafschaften Roussillon und Cerdagne nicht zu gefährden. Doch nach der Rückgabe gingen die Heiratsverhandlungen zügig voran. Nach der Unterzeichnung der Eheverträge wurden die Paare durch die übliche Ferntrauung verbunden, Juan und Margarete im November 1495 im flandrischen Mecheln, Philipp der Schöne und Juana Anfang 1496 in Valladolid.

Man glaubt, die Handschrift der Staatshaushälterin Isabel zu erkennen, wenn man liest, daß Juana wie Margarete keine Mitgift in ihre Ehe einzubringen brauchten. Die Königin selbst überwachte im Frühjahr und Sommer 1496 die Ausrüstung und Zusammenstellung der Armada, die ihre Juana nach Flandern bringen und auf dem Rückweg Margarete zur Brautfahrt nach Spanien dienen sollte. Es war alles klug berechnet.

Andererseits: Der Hochzeitszug der Karavellen und zweier großer Genueser Handelsschiffe sollte die neugewonnene Macht Spaniens demonstrieren, Frankreich zur Mahnung, England und Burgund-Österreich zur Festigung der Allianz.

Der allgegenwärtige Berichter Pedro Mártir meldet hundertzehn, ein anderer hundertdreißig Schiffe, die vor Laredo an der asturischen Küste am 20. August 1496 zur Fahrt durch die Biskaya nach Norden bereitlagen. Zwanzig- bis fünfundzwanzigtausend Menschen, davon gut die Hälfte Kriegsvolk, stiegen an Bord der Schiffe. Die im Archiv von Simancas aufbewahrten Listen verzeichnen die mitgenommenen Proviantmengen: 85 000 Pfund geräuchertes Fleisch, 150 000 Heringe, 1000 Stück Geflügel, dazu 400 Fässer besten Weins und vieles mehr. So rüsteten Isabel und Fernando ihrer Tochter eine gigantische, eine monströse Brautfahrt, wären nicht auch deren rührende menschliche Seiten überliefert.

Der Oberbefehlshaber dieses Unternehmens, Fernandos Vetter Don Fadrique Enríquez, in Erbfolge der Admiral Kastiliens, trug Verantwortung für eine kostbare Fracht. Die Braut begleiteten nicht wenige Angehörige des höchsten kastilischen und aragonesischen Adels, zahlreiche hochrangige kirchliche und weltliche Persönlichkeiten, jeweils mit standesgemäßem Gefolge. Juanas Hofdamen, alle Vertrauensleute ihrer Hofhaltung, hatte die Königin selbst ausgewählt. Wie bei keinem ihrer Kinder zeigte sich Isabel besorgt. Als ungünstiges Wetter das Segelsetzen verzögerte, blieb sie zwei Nächte bei ihrer sechzehneinhalbjährigen Tochter an Bord. Offensichtlich empfand Isabel einfach die Notwendigkeit, ihrem Kind Mut und Trost zuzusprechen.

Wenige Tage nach dem Auslaufen der Armada peitschten jäh aufkommende Herbststürme durch die Biskaya. Isabel wartete auf die erste Nachricht. Ihre Unruhe steigerte eine andere, aus Arévalo kommende Nachricht. Ihre Mutter, die anmutige, empfindsame Portugiesin, die in geistiger Umnachtung dahindämmerte, war gestorben. Erinnerungen an die Mutter, an die Kindheit auf dem Hügel von Arévalo mischten sich in ihr Denken an ihr eigenes Kind.

Als der Sturm die Hochzeitsflotte an die englische Küste trieb, kenterte bei einem Zusammenstoß eine Karavelle; eines der beiden größten Schiffe lief vor Zeeland auf Grund, wobei mit der Ladung ein Teil von Juanas Aussteuer verlorenging. Doch den Verlust wog die glückliche Nachricht von der Landung im

Hafen von Arnemuiden auf. Zwei Monate nach der Ausfahrt, am 20. Oktober, fand in Lier nahe Antwerpen die feierliche Hochzeit in Anwesenheit von Braut und Bräutigam statt.
Aber erst im nächsten Frühjahr, als die Armada, wiederum nach sturmdurchtobter Überfahrt, mit der zweiten fürstlichen Braut zurückgekehrt war, als in der Kathedrale von Burgos Juan und Margarete die Ringe tauschten, genoß Isabel die ganze Fülle des Glücks. Was Isabel bei ihrer eigenen Hochzeit gefehlt hatte, gewährte sie ihrer Schwiegertochter überreich. Für die ebenfalls Siebzehnjährige ist ihr kein Geschenk zu teuer, nicht das mit Diamanten und Rubinen besetzte Halsband und das goldene Pfeilarmband aus dem Schatz Aragóns, nicht die kostbarsten Preziosen und hundertfünfzig haselnußgroße Perlen, zu schweigen von flandrischen Tapisserien, Damasttüchern, von Tafelgeschirr, Pokalen, Truhen und königlichen Gewändern.
Wie der Adel in Burgos an Festgelagen und ritterlichen Turnieren teilnahm, so vergnügte sich das Volk bei Spielen und gespendetem Wein. Die Hochzeit des Thronerben wurde zum glanzvollsten Fest in den Jahren der Katholischen Könige. Das kam nicht von ungefähr. Die junge blondhaarige Kaisertochter zeichnete sich nicht nur durch ihre Herkunft aus, durch Schönheit, Bildung, Gescheitheit. Sie entzückte jeden, der ihr begegnete, durch ihre ungezwungene Heiterkeit. Eine bessere Gattin hätte Isabels einziger Sohn, *mi ángel,* niemals finden können. Und Juan und Margarete entbrannten in Leidenschaft zueinander.
Das Glück duldet keine Dauer – keine sechs Monate.
Im Spätsommer war Isabel zum westlichen Grenzort Valencia de Alcántara gereist, um dort die zweite große Hochzeit dieses Jahres zu feiern, die Vermählung ihrer gleichnamigen, verwitweten Tochter mit König Manuel dem Glücklichen von Portugal. Erste Anzeichen von Erschöpfung zwangen die unermüdliche Sechsundvierzigjährige aufs Krankenlager, Rückenschmerzen,

geschwollene Beine. Sie lag kaum, als ein Bote aus Salamanca die Hiobsbotschaft, die unheilvollste Nachricht, die sie je erhalten hatte, brachte. Ihren »Engel« Juan, den Thronerben, zu hochzeitlichen Nachfeiern während des Septembermarkts in Salamanca, hatte eine unerklärliche fiebrige Krankheit überfallen. Wenigstens Fernando ritt sofort nach Norden, durch die wilde Estremadura, über Plasencia nach Salamanca. Doch im Bischofspalast trat er an das Lager des sterbenden Sohnes, dessen Leben am 4. Oktober 1497 neunzehnjährig endete.
Ob den gesundheitlich zarten, anfälligen Infanten die unaufhörlichen Feiern überfordert hatten? Ob Juans empfindliche Konstitution seiner übermäßigen Leidenschaft im ehelichen Beisammensein nicht gewachsen war, wie der für intime Nachrichten stets zuständige Pedro Mártir vermutete? Niemand fand eine befriedigende Erklärung.
Juan hatte gewünscht, im Kloster Santo Tomás in Avila, seinem liebsten Aufenthaltsort, bestattet zu werden. Sein Wunsch wurde erfüllt, und die Einwohner Avilas ehrten den Infanten durch eine vierzigtägige Arbeitsruhe. Der Thronerbe Juan wurde nicht nur von allen geliebt, auch von den Juden, deren Fürsprecher er war, sondern auf ihn war die ganze politische Hoffnung der vereinigten Königreiche Kastilien und Aragón gerichtet gewesen.
Das Jahrhundert ging nicht ohne weitere Einschnitte zu Ende: Die Hoffnung auf die Geburt eines Enkels, der die kastilisch-aragonesische Krone erben sollte, währte nur kurze Zeit. Drei Monate nach Juans Bestattung gebar dessen junge Witwe Margarete ein totes Kind. Im Herbst desselben Jahres 1498 starb Isabels älteste Tochter, die Königin von Portugal, bei der Geburt ihres Sohnes Miguel. Noch in Windeln wurde dem Infanten die Erbnachfolge als König von Portugal und Spanien aufgebürdet. Die Cortes in Toledo und Zaragoza schworen ihm den Eid.

Doch nach zweiundzwanzig Monaten starb das hilflose Kind. Durch diesen dreifachen Tod kam Isabels Tochter Juana, die eben im flandrischen Gent ihrem Sohn Carlos das Leben geschenkt hatte, in den Besitz der spanischen Thronfolgerechte.

Zweites Buch

Juana die Wahnsinnige

Perdidamente enamorada
Hoffnungslos der Liebe verfallen
(Pedro Mártir über Juana)

Europas schönste Prinzessin

Abgesehen von wenigen Briefen aus den Mädchenjahren und zwei kurzen Verfügungen nach Philipps Tod sind keine Selbstzeugnisse der Thronerbin Juana erhalten. Das verwundert, weil sonst zu ihrer Zeit alles mögliche archivarisch aufbewahrt wurde. Was Juana je geäußert hat, nahezu alles, was über sie berichtet wurde, stammt von Anhängern ihrer Widersacher, genauer, aus dem Umfeld derjenigen, die darauf bedacht waren, die Regierungsunfähigkeit der legitimen Nachfolgerin der Königin Isabel darzulegen. Oder es stammt von Chronisten, die dem bisweilen rätselhaften Verhalten Juanas hilflos gegenüberstanden, selbst der vielberufene Augenzeuge Pedro Mártir.

Sogar die Aussagen über das Äußere Juanas sind widersprüchlich und setzen sich bis in unsere Zeit fort. Die einen sehen, im Gegensatz zu ihren Schwestern, »keine körperlichen Vorzüge« (William Th. Walsh); die anderen nennen sie »die Schönheit ihrer Familie« (Garrett Mattingly) und »schönste Prinzessin Europas« (Helmut Domke).

Gewiß war sie keine alltägliche, sondern eine sehr eigenwillige Schönheit, zartgesichtig unter dem glatt zurückgekämmten rötlichblonden Haar, mit hochgewölbter Stirn und feingeschwungenen Augenbrauen, mit länglicher, etwas stumpf auslaufender Nase und vollem Mund. So begegnete die noch nicht Siebzehnjährige dem ein Jahr älteren Philipp von Burgund. (Altersbildnisse, ausgenommen Juanas Grabplastik in der Capilla Real in Granada, gibt es nicht.) Für ihre Schönheit, ihre Anziehungskraft spricht, daß der durch wechselnde Amouren verwöhnte Philipp sie bei der ersten Begegnung reizvoll und begehrenswert fand.

Bei Juana war der Begegnung eine große Enttäuschung vorausgegangen. Sie hatte den Schock von der sturmgeschüttelten Seefahrt noch nicht überwunden, war frierend, schwer erkältet Mitte September 1496 in Arnemuiden an Land gegangen, als sie vergeblich nach ihrem Anverlobten Ausschau hielt. Er leide seelische Schmerzen wegen des langen Getrenntseins, hatte Philipp nach der Ferntrauung seiner *coniunx carissima* geschrieben (schreiben lassen; im Latein wie in der Bildung blieb er Juana weit unterlegen). Doch kein Bräutigam nahm sie in Empfang, nicht aus Taktlosigkeit, wie mancher Spanier vermutete. Weil der Landweg durch Frankreich gesperrt war, meldete der Kurier die Braut erst gleichzeitig mit ihrer Ankunft. So mußte Philipp, der seinen Vater zu Staatsgeschäften in Tirol begleitete, eiligst herbeigeholt werden.

Das biedere Nethe-Städtchen Lier mit verwinkelten Gassen, einem lebhaften Beginenhof und dem alten Palast der Herzöge von Brabant bereitete sich auf eine Sternstunde seiner Geschichte vor. Am 18. Oktober, zwei Tage vor der Hochzeit, traf Philipp nach tagelangen scharfen Ritten quer durch Deutschland in Lier ein.

Es ist überliefert, daß Juana und Philipp schon bei der formellen Begrüßung in einen Erregungszustand gerieten, der keinen Aufschub ihrer Vereinigung duldete. Nur mühsam überstanden sie das Zeremoniell im Beisein hoher spanischer und burgundisch-habsburgischer Würdenträger. Im hemmungslosen Rausch sprengten sie die gebotene Etikette, nötigten sie einen anwesenden Priester zum schnellen Vollzug der kirchlichen

Trauung und fanden noch am selben Abend zueinander. In ihrer, in den nächsten Tagen unverminderten Leidenschaft nahmen sie nur verschleiert wahr, wie der Bischof von Cambrai in der Kollegienkirche ihrer Ehe den offiziellen Segen gab, wie ihre Hochzeit in Lier mit verschwenderischen flämischen Tafelfreuden und Lustbarkeiten gefeiert wurde.

Ohne Zweifel waren am Anfang beide, Philipp und Juana, einander verfallen. Nun verkörperte Philipp *el Hermoso,* der Schöne, den umschwärmten jungmännlichen Idealtypus seiner Zeit, trotz verrenkter Kniescheibe und schlechter Zähne (was sein Chronist Lorenzo de Padilla ausdrücklich vermerkt). Er war gutgewachsen, sportlich geübt, vital, unternehmungsfreudig, trug langes goldblondes, eitel gepflegtes Haar. Als einziger Sohn des Habsburgers Maximilian I. und der Maria von Burgund war er heißbegehrter Erbe von Königsländern und Fürstentümern, von Österreich über Deutschland bis zum reichen Burgund mit Flandern und Brabant. Doch ernsthafte politische Fragen interessierten ihn weniger als seine Liebschaften, als Turniere, Jagd- und Tanzvergnügen. Er war ein Playboy, durchaus freundlich, gutmütig, aber etwas dumm, leichtfertig im Denken wie im Umgang mit Menschen.

Was die Infantin Juana am Hof in Gent oder Brüssel erwartete, scheint ihr niemand konkret gesagt zu haben, oder sie wollte es nicht wahrhaben. Sie sah in Philipp ihren Apoll. Als ihr die Augen aufgingen, war es zu spät, war sie gefangen im Netz auswegloser sexueller Hörigkeit, *perdidamente enamorada,* hoffnungslos der Liebe verfallen, wie es Pedro Mártir sagt, lebenslang, über Philipps Tod hinaus.

Was hat man alles fabuliert, das Rätsel, das Juana aufgab, noch rätselhafter gemacht. Im Grunde ist die Lösung einfach, solange wir den Spuren der Ereignisse folgen und versuchen, soweit als möglich, deren Einwirkung auf die landfremde und sich selbst

entfremdende spanische Infantin zu erkunden. Juanas Elend, ihre Tragik, beginnt am flämischen Hof, als sie erkennt oder ahnt, mit jedem Tag mehr, wohin sie geraten ist, wie sie ausgesetzt ist und ihr doch keine andere Wahl bleibt. Ihre, ihrer Umgebung und erst recht Philipps überlegene verfeinerte, zum Grüblerischen neigende Intelligenz verschlimmert ihre Situation.
Wie kein anderer trägt die junge Juana die unüberbrückbare Gegensätzlichkeit zwischen spanischer und flämischer Lebensart, zwischen dem kastilischen Hof und dem Hof in Gent und Brüssel aus (ein Gegensatz, der noch später unter Juanas Enkel Philipp II. die Auseinandersetzungen zwischen Spanien und den Niederlanden verschärft).
Alle Arroganz lag einstweilen bei den Niederländern, deren – wie auch Philipps – Neigung Frankreich galt, nicht Kastilien-Aragón. In ihrer von Wohlstand, Vitalität, unmäßiger Trink- und Eßlust und moralischer Freizügigkeit geprägten Lebensweise kamen ihnen die Spanier wie armselige, zurückgebliebene Kreaturen vor. Das Überwintern der Armada war nicht vorgesehen. Soldaten von mindestens hundertzehn Schiffen, Schiffsmannschaften, an die zwanzigtausend, viel zu viele Gefolgsleute mußten versorgt werden, oder sie requirierten nach Landknechtsart. Nicht auf See, sondern im eisigen Landwinter durch Seuchen und Hunger soll mehr als die Hälfte der Spanier umgekommen sein.
Am flämischen Hof bekamen Juanas Hofdamen, ihre gesamte spanische Begleitung und sie selbst zu spüren, wie unwillkommen sie waren. Sticheleien und Demütigungen überschritten bald das dem spanischen Stolz zumutbare Maß. Die im Ehevertrag festgesetzte Geldzuwendung für Juanas Hofhaltung blieb über mehrere Monate aus. Am reichen flämischen Hof geriet die Erzherzogin von Burgund in ärgste Geldnot, unfähig, den Unterhalt ihres Personals aufzubringen. Ein kastilischer Emissär muß-

te kommen, die vertragliche Zahlung einfordern. Und schließlich floß das Geld in die Taschen flämischer Höflinge, denn im stillen hatte man Juanas Dienerschaft großenteils ausgewechselt, und einer der wenigen geduldeten Spanier, der Schatzmeister Martín de Moxica, vertrat längst als gefügiger Handlanger flämische Interessen. Auch später, als Isabel ihrer wiederum hilfsbedürftigen Tochter eine größere Geldsumme schickt, wandert das Geld in die von Philipps Beamten verwaltete Hofkasse.

Von den Geldsorgen und von Juanas zunehmender Isolierung in Flandern berichtet Tomás de Matienzo den Katholischen Königen. Isabel hatte ihn, den Subprior von Santa Cruz in Segovia, im Sommer 1498 nach Brüssel gesandt, weil sie Gerüchte über eine Ehekrise beunruhigten und Juana selbst eigensinnig schwieg. Matienzo brauchte mehrere Monate, um Juanas Mißtrauen zu überwinden. Er berichtete von seelischen Schwankungen der Hochschwangeren, die im November ihr erstes Kind, die Tochter Eleonore, zur Welt brachte. Seinen aufschlußreichsten Brief schrieb Matienzo Mitte Januar des nächsten Jahres. Er hatte Juana grob herausgefordert, ihr wegen des langen Schweigens vorgeworfen, sie wäre *sin ninguna piedad,* ohne geringste Liebe für ihre Eltern, hörte aber jetzt von ihr Einzelheiten ihrer Lebensumstände am Hof. Was Matienzo schon früher *turbación,* Gemütsverwirrung, genannt hatte, beschrieb er konkreter und die Verhältnisse genau treffend, indem er bemerkte, Juana wäre peinlich »gedemütigt und eingeschüchtert, so daß sie den Kopf nicht mehr aufrecht zu tragen vermag«.

Für Juanas auch von anderen Augenzeugen festgestellte Gemütsverwirrung gab es Gründe, die Matienzo nicht direkt nannte. Verglichen mit dem luxuriösen, verschwenderischen Hofleben in Flandern, war die Infantin bescheiden, karg, nahezu asketisch aufgewachsen. Die Verhältnisse am kastilischen Hof, zumal unter Isabels sparsamer Haushaltsführung, erlaubten keinen Luxus. Die Königin hatte sorgsam darauf geachtet, daß ihre eigenen religiös gefestigten Vorstellungen von Sitte und Moral der Erziehung ihrer Kinder zugrunde lagen. Nun kam die empfindsame sechzehnjährige Juana, wohl befähigt zur Ironie, doch am allerwenigsten zum Realismus und Pragmatismus ihrer Mutter und ihrer jüngeren Schwestern, an den flämischen Hof. Sie fühlte sich sogleich unwiderruflich einer Lebewelt ausgesetzt, in der alles von ihr Gelernte, Mitgebrachte, alles für sie Selbstverständliche als untauglich und hinterwäldlerisch angesehen wurde.

Wie sollte die junge Frau angesichts dieser Widersprüchlichkeit nicht zutiefst verwirrt sein? Die Konfrontation mit einem Hofleben, das vorzugsweise und in aller Offenheit der Befriedigung von Genußsucht und frivolem Vergnügen diente, mußte auf die zu solcher Erfahrung unvorbereitete spanische Infantin wie ein Schock gewirkt haben.

Es traf Juana noch schlimmer. Der Mann, dem sie ehelich verbunden war und mit ungehemmter Leidenschaft gehörte, lebte selbst leichtfertig und in zügelloser Begierde von einem Tag zum andern. Er dachte nicht daran, von seinen Mätressen abzulassen. Seine noch nicht einmal verschwiegene sexuelle Freizügigkeit beschämte sie mehr als die Geldsorgen, derentwegen sie mehrmals Philipp um Hilfe bat, ohne daß der in dieser Hinsicht uninteressierte, außerdem willensschwache Mann etwas ändern konnte. Die zweifach erlittene Demütigung verletzte den Stolz der jungen Spanierin derart, daß die Wunde niemals heilte und oft genug erneut aufgerissen wurde.

Von den Anfängen her erschließt sich ihr Leben. Wer die furchtbare Widersprüchlichkeit, der die junge kastilische Juana in der flämischen Gesellschaft ausgesetzt war, nicht erkennt, wird ihr künftiges Verhalten auch nicht annähernd begreifen können.

Auch mit ihrer oft mißverständlich gedeuteten übersteigerten

Eifersucht reagierte sie nicht unbegründet. Ihre Eifersucht von vornherein als Zeichen »krankhaften Seelenlebens« (Ludwig Pfandl) zu werten und das Verhalten der »verständigen und gesunden Mutter« Isabel bei Fernandos Amouren gegen Juana auszuspielen, das hieße doch, die sexuelle Freizügigkeit des eben angetrauten Gatten als Normalverhalten oder nach Art sogenannter Kavaliersdelikte zu ertragen. Nicht Juanas Aufbegehren, sondern die Duldung der Promiskuität hätte ihrem ganzen Wesen, allem, was ihr durch Erziehung und innerste Überzeugung heilig war, widersprochen.

Trotz ihrer verständlichen *turbación* wäre es falsch, in Juana eine abseits lebende, völlig freudlose Puritanerin zu vermuten. Sie nahm an höfischen Festen und Empfängen teil, möglicherweise gelegentlich, um in Philipps Nähe zu sein und sich gegenüber den Damen seiner Umgebung zu behaupten. Als Hochschwangere feierte sie in Gent mit der Hofgesellschaft das Sankt-Matthias-Fest des Jahres 1500 und verspürte während des Hofballs ein plötzliches Unwohlsein. Sie flüchtete in die nächstgelegene Toilette, und dort gebar sie am 24. Februar gegen Mitternacht ihren Sohn Carlos, den späteren Kaiser Karl V.

Die Geburt des Erbprinzen war ein Ereignis, das in Flandern mit allem Pomp, mit Feuerwerken und ausgelassenen Festlichkeiten bejubelt wurde. Im Glücksgefühl der ersten Tage hoffte Juana, die Geburt werde Philipps eheliche Bindung festigen. Nur am fernen kastilischen Hof nahm man die Geburt mit gemischten Gefühlen auf. Die Spanier mißtrauten dem Franzosenfreund Philipp, und zuviel Ungutes über ihn war nach Spanien berichtet worden. Als aber Juana und ihr erstgeborener Sohn Carlos im Juli desselben Jahres, nach dem Tod des kleinen Infanten Miguel, in die unmittelbare spanische Thronfolge rückten, war ihre Reise nach Spanien unerläßlich, um in Kastilien und Aragón den Treueid der Cortes entgegenzunehmen.

Reise nach Spanien

Isabel drängte das junge Paar in Brüssel zum Aufbruch, besorgt um die Nachfolge auf dem kastilisch-aragonesischen Thron. In Spanien, so hoffte die durch jahrelange Überforderung geschwächte, kränkelnde Königin, würden Philipp und Juana mit den landeseigenen Interessen und ihren künftigen Regierungsaufgaben vertraut werden. Aber der verwöhnte Philipp zeigte wenig Lust, das Hofleben in Flandern mit den nach seinem Geschmack primitiven spanischen Verhältnissen zu tauschen. Der spanische Gesandte Fuensalida berichtete den Katholischen Majestäten entrüstet, Philipp und Juana würden »lieber zur Hölle fahren als nach Spanien«, vergißt jedoch, etwas genauer Juanas Meinung wiederzugeben. Sie war nicht glücklich am flandrischen Hof, fühlte sich isoliert, niedergedrückt, fremd in der leichtlebigen Hofgesellschaft. So besteht kein Zweifel an ihrer Aufrichtigkeit, wenn sie ihren Eltern schreibt, sie »brenne darauf, nach Spanien zu gehen«, und sie zögere nicht, die Lästerer, die anderes verbreiten, »streng zu bestrafen«. Eine Verzögerung brachte allerdings Juanas erneute, dritte Schwangerschaft und die Geburt der Tochter Isabel am 27. Juli 1501 in Brüssel. Die Königin hatte einen Vertrauensmann gesandt, Juan de Fonseca, den Bischof von Córdoba, der Juana unterstützen, aber auch zuverlässig aus Brüssel berichten sollte. Ähnlich wie Matienzo zweieinhalb Jahre zuvor bemerkte Fonseca die schwierige

Situation Juanas, ihre zu Depressionen neigende Empfindsamkeit, Gereiztheit, durchaus verständlich in ihrer Lage, und verstärkt in den letzten Wochen ihrer Schwangerschaft. Weitaus besser, taktvoller als der cholerische Matienzo gelang Fonseca die Verständigung mit Juana, so daß er nicht nur Aushorcher, sondern wirklich ihr Helfer wurde.

Wenn nach der Geburt der kleinen Isabel bald Vorbereitungen zur Abreise nach Spanien begannen, so war Fonseca nicht unbeteiligt, und Juana wird seinem Drängen zugestimmt haben, weil sie seiner Begleitung sicher war. Philipp hatte die Landreise durch Frankreich und eine Begegnung mit dem französischen König geplant. Das aber war für die spanische Königstochter angesichts der noch nicht ganz überwundenen Spannungen zwischen Spanien und Frankreich eine Herausforderung, zu deren Bestehen ein vertrauter, zudem allseits geachteter spanischer Begleiter helfen konnte.

Im Oktober brachen Philipp und Juana auf, begleitet von mehr als zweihundert Gefolgsleuten. Alles, was der persönlichen Annehmlichkeit dienen konnte, wurde auf Gepäckwagen mitgeführt, nicht nur Kleidung und Proviant, sondern Betten, Mobiliar, Tafelgeschirr, Küchenutensilien, Wandteppiche. Die schwerfällige Reisekolonne kam täglich allenfalls zwanzig Kilometer voran und erreichte über Cambrai, St. Quentin, Senlis, St. Denis und Paris Anfang Dezember Blois, wo der französische Hof residierte.

Im Festsaal des Schlosses von Blois empfing Ludwig XII. seine Gäste mit allem höfischen Glanz, und nichts unterblieb, das hochfürstliche Paar in den Dezembertagen auf französische Art zu verwöhnen. Es schmeichelte Philipps Eitelkeit, als Ludwig ihm beim Empfang zurief: *Voilà un beau prince,* und ihn umarmte und küßte. Philipp fühlte sich wohl am französischen Hof. Anders als den spanischen Begleitern machte es ihm nichts aus, als flandrischer Lehensträger dem König von Frankreich zu huldigen, als *pair de France* seinen Sitz im französischen Parlament einzunehmen. Wichtiger war ihm, mit dem vierzigjährigen König Ludwig zur Hirschjagd durch die Wälder zu streifen, Vergnügen zu finden im Ballspiel und abends beim Tanz oder am Würfel- und Kartentisch.

Ganz anders verhielt sich Juana, was die spanischen Begleiter und Chronisten natürlich mit stolzer Genugtuung überlieferten. Juana ließ keinen Augenblick außer acht, was sie als Tochter der Katholischen Majestäten und Thronfolgerin Spaniens schuldig war. Wo Philipp der Schöne dem französischen Charme erlag, hielt Juana sich abseits oder kühl distanziert, nicht aus Ängstlichkeit oder Verwirrtheit, sondern im klaren Bewußtsein ihrer spanischen Würde. Sie vermied geschickt jede unterwürfige Geste, zeigte sich couragiert und voller Ironie, erst recht, wenn man sie zu überlisten versuchte.

Das führte mitunter zu bissigen Szenen, so beim Kirchgang, wobei üblicherweise eine Untergebene für die französische Königin Geld in die Opferschale legte. Als eine Hofdame das Opfergeld Juana überlassen wollte, lehnte sie schroff ab, um nicht als Untergebene der Königin Anne zu gelten, und opferte im eigenen Namen. Am Ende der Messe brüskierte die Königin die Spanierin, indem sie ihr den Vortritt des Gastes verwehrte und selbst schnell mit ihren dreißig Hofdamen die Kirche verließ, in der Hoffnung, Juana würde sich dem Gefolge der Untergebenen anschließen. Juana schloß sich nicht an, zögerte und ließ die Königin draußen in der Dezemberkälte warten, ehe sie selbst mit ihren Hofdamen hinausging. Am selben Abend erschien Juana zum Festmahl in spanischer Hoftracht.

Nur widerwillig wird sie geduldet haben, daß ihr und Philipps Söhnchen Carlos, wie schon früher vereinbart, dem französischen Königstöchterchen Claude anverlobt wurde. Ein Ehegelöbnis, das allerdings noch im Kindesalter wieder gelöst wurde. Juana sehnte den Tag des Aufbruchs herbei, während Philipp die spanische Reise eher als Pflichtübung auf sich nahm, vielleicht ergänzt von der Erwartung irgendeines Abenteuers.

Es war keine bequeme Reise, wie das verwöhnte flämische Hofgefolge gleich nach dem Grenzübergang bei Fuenterrabía Ende Januar 1502 zu spüren bekam. Die schweren Gepäckwagen taugten nicht für die Bergpfade in den westlichen Pyrenäen. Nach der Umladung trugen Maultiere das gesamte Gepäck über die Berge und über die rauhe Nordmeseta nach Toledo. Die Reisegesellschaft passierte Burgos, Tordesillas, Medina del Campo, Segovia, Madrid, blieb dort während der Karwoche und nahm die strengen religiösen Bräuche und die Umzüge der Geißler ziemlich befremdet wahr.

In Toledo erwarteten die Katholischen Könige in den ersten Maitagen ihren Schwiegersohn und ihre Tochter. Doch in Olías, kurz vor Toledo, erkrankte Philipp an den Masern, und König Fernando kam eilig herbeigeritten, das lang erwartete Paar zu begrüßen, eine unwiederholbare Geste, wie sich bald zeigen wird. Aber noch war alles im beiderseitigen Verständnis. Philipps Franzosenfreundschaft schien vergessen zu sein. Nach seiner Gesundung wurden er und Juana in Toledo mit gebührender zeremoniöser Festlichkeit empfangen. Erzbischof Cisneros führte das hohe Paar in die Kathedrale zur Segensandacht, vor der offiziellen Begrüßung durch die Katholischen Majestäten.

Die sprachgewandte Juana übersetzte ins Französische, Spanische, Niederländische, vermittelte zwischen ihren Eltern und Philipp. Sie wollte den geliebten Mann ihrer Familie nahebringen, wollte Philipp für ihr Spanien gewinnen, spürte aber mit der ihr eigenen Empfindsamkeit, wie schwierig der Brückenschlag zwischen den so sehr verschiedenen Lebenswelten war. Der weniger feinfühlige Philipp der Schöne verhehlte nicht seine

Vorliebe für französische Lebensart und Eleganz. Er zeigte es prahlerisch in seiner und seiner Gefolgsleute Kleidung. Er selbst und Juana erschienen in samtenen und seidenen, goldbestickten Prachtgewändern, während einer seiner Kammerherren süffisant bemerkte, von den aus »ärmlichen Wollstoffen« hergestellten Gewändern der Katholischen Majestäten wolle er lieber schweigen.

Am 22. Mai fand in der Kathedrale jener erste Staatsakt statt, bei dem die kastilischen Cortes Juana und Philipp als Thronfolger anerkannten. Wahrscheinlich sann Philipp schon bald darauf, seine »Pflichtübung« in Spanien rasch zu beenden. Er vergnügte sich zwar in den Wäldern und Gärten von Aranjuez, ritt zur Jagd aus, spielte Pelota, doch der plötzliche Tod seines väterlichen Freundes und Ratgebers, des Erzbischofs von Besançon, schreckte ihn auf. Die flämischen Gefolgsleute litten unter der Glut des spanischen Sommers, unter den fremden Eßgewohnheiten, einige erkrankten, einige starben. Die Gereiztheit der Flamen nahm zu, führte zu Streitigkeiten mit den spanischen Bediensteten.

Erst im Oktober, von Philipp voll Ungeduld erwartet, konnten er und Juana nach Zaragoza reisen, um dort im zweiten notwendigen Staatsakt den Treueid der aragonesischen Cortes entgegenzunehmen. Die Aragonesen machten Vorbehalte geltend, erkannten Philipp nur auf die Dauer seiner Ehe mit Juana als Mitregenten an, bestanden auf der Thronfolge eines Sohnes von Fernando, falls er nach Isabels Tod nochmals heiraten sollte. Mehr als diese Einschränkung verärgerte Philipp die baldige Abreise Isabels nach Madrid und des, wegen ernsthafter Erkrankung der Königin, ihr nachfolgenden Fernando. Denn ausgerechnet er, Philipp, sollte den Vorsitz der Cortes in Zaragoza übernehmen, dazu beitragen, Mittel für einen Krieg gegen Frankreich zu bewilligen.

Jetzt hielt ihn nichts mehr in Spanien. Er drängte auf seine

Abreise, holte sich jedoch die verschärfte Mißbilligung der Königin Isabel, die auf Juanas erneute Schwangerschaft verwies. Es kam zu peinlichen familiären Auseinandersetzungen. Juana weinte, jammerte, ohne den Entschluß ihres Mannes ändern zu können. Mitte Dezember verließ Philipp Spanien unter dem Vorwand, seine Anwesenheit in Flandern sei dringend erforderlich. Eine glatte Lüge; er blieb einige Monate in Frankreich, reiste nach Savoyen, in die Schweiz, nach Tirol, und brauchte nahezu ein Jahr zur Rückkehr nach Brüssel. Aus spanischer Sicht war unverzeihlich, daß Philipp Anfang April 1503 in Lyon seinen Freundschaftspakt mit Ludwig XII. erneuerte und gegen die Interessen Spaniens verstieß, eine Kränkung, die der Aragonese Fernando niemals vergessen wird.

Jede Nuance ist wichtig, um das Folgende, auf Juana bezogen, dem Verständnis näherzurücken. Um die gleiche Zeit, als Philipp sich am französischen Hof vergnügte, am 10. März, gebar Juana in Alcalá de Henares ihr viertes Kind, das nach Juanas Vater Fernando genannt wurde. (Wie der drei Jahre ältere Bruder Carlos in Flandern aufwuchs, so wird Fernando in Spanien bleiben, wird er später als Ferdinand I. Nachfolger seines Bruders auf dem Kaiserthron.) Die dreiundzwanzigjährige Juana hatte eine leichte Entbindung, jedoch vor und noch stärker nach der Geburt erlitt sie gesundheitliche, vor allem psychische Schwankungen. Sie litt unter Schlafstörungen, aß wenig, magerte ab, zeigte sich deprimiert und gereizt.

Offensichtlich wurde sie nun, als die Anspannung durch die Geburt nachließ, von der nervlichen Belastung überwältigt. Seit sie nach Spanien zurückgekehrt war, hatte die Belastung durch ihre mühevollen, doch glücklosen Vermittlungsversuche stark zugenommen, vor allem weil derjenige, dem ihre Vermittlung galt, sie verlassen hatte. Sie überschüttete den fernen Philipp und ihre Eltern mit Vorwürfen, will abreisen, zu ihrem Mann gelangen, was ihr verwehrt blieb. Es wäre falsch, ihr Verhalten ausschließlich auf »sexuelle Monomanie« zurückzuführen. Schließlich zerschlug sich Juanas existentiell notwendiger Wunsch, den geliebten Mann an ihr Spanien zu binden, und führte sie in eine psychische Krise.

Der sonst eher robusten Königin setzten die ständigen Reibereien mit der Tochter zu. Ihr ohnedies geschwächter Gesundheitszustand verschlechterte sich, sie fieberte, litt unter unerträglichen Seitenschmerzen. Im Hochsommer ließ sie sich nach Segovia bringen, suchte Erholung in frischer Bergluft. Juana wies sie das Castillo de la Mota bei Medina del Campo zu und bat den Bischof von Córdoba, den vertrauten Fonseca, ihr beizustehen.

Juana scheint sich in La Mota zunächst etwas beruhigt zu haben. Vielleicht tröstete sie das Versprechen, im nächsten Frühjahr, wenn ein Waffenstillstand den wieder entbrannten Krieg mit Frankreich beendet hätte, nach Flandern reisen zu dürfen. Außerdem – das wußte sie – hielt sich Philipp noch im Herbst bei seinem Vater Maximilian in Innsbruck auf.

Als jedoch der im November nach Brüssel zurückgekehrte Philipp gleich an Juana schrieb und sie drängte, bald zu ihm zu kommen, rüstete sie sofort zur Abreise. Der Gedanke der Rückkehr zu ihrem Mann schlug alle Einwände in den Wind. Sie ignorierte ihre labile Gesundheit, die sturmgepeitschte See, den Krieg mit Frankreich. Die in Segovia sogleich verständigte Königin Isabel sandte Eilkuriere, mahnte ihre Tochter zur Vernunft, forderte Don Fonseca auf, Juanas Abreise um jeden Preis zu verhindern. Es heißt, im Hof des Kastells La Mota wäre es im Dezember zwischen dem Bischof und der schon reisefertigen Juana zum Streit gekommen, bis Fonseca das äußere Tor und Fallgatter schließen und die Zugbrücke hochziehen ließ.

Wiederum fühlte sich Juana betrogen, reagierte aber jetzt, indem sie spontan in wilde Raserei fiel »gleich einer punischen Löwin«, wie Pedro Mártir überlieferte. Sie schimpfte, drohte mit Strafen, befahl laut schreiend die Öffnung des Außentors, wollte nicht von der Stelle weichen, bis man sie hinausließe. Sie klammerte sich an das Fallgatter, blieb dort die ganze kalte Dezembernacht hindurch, bis man sie am Morgen erschöpft und frierend in die Wachstube holte.

Juana mußte wohl mehrere Tage draußen geblieben sein und sich geweigert haben, in ihre Wohngemächer zurückzugehen. Denn die eiligst aus dem neunzig Kilometer entfernten Segovia herbeigerufene Königin, die trotz ihrer Erkrankung den beschwerlichen Weg auf sich nahm, schrieb ihrem Gesandten Fuensalida in Brüssel, *sie* habe Juana »hineingebracht«: *Yo la metí.*

Im nächsten Frühjahr, im März 1504, fuhr Juana vom asturischen Hafen Laredo aus – wie vor acht Jahren zu ihrer Hochzeit – über See nach Flandern und sollte ihre Mutter Isabel niemals wiedersehen.

Der Tod der Königin

Die Königin war bei Juana bis zu deren Aufbruch von La Mota geblieben. Sie selbst hatte die Reise vorbereitet, die Karavellen zur Überfahrt rüsten lassen, mußte jedoch wegen ihrer geschwächten Gesundheit auf die Begleitung der Tochter über die rauhen kantabrischen Berge zum Hafen an der asturischen Küste verzichten. Zu ihrer und Juanas Freude war Fernando kurz vor Weihnachten gekommen, und nun – während Juanas Schiff nach Flandern segelte – konnte das Königspaar in Olmedo, nicht weit von La Mota, bei den Dominikanern von Santa María de la Mejorada die Karwoche und Ostern verbringen.

Im Frühsommer verschlechterte sich Isabels Zustand, und Fernando fuhr mit ihr zurück nach Medina del Campo, wo sie im Palacio Real Wohnung nahmen, nicht im Kastell La Mota auf dem Hügel, den unberechenbaren Mesetastürmen ausgesetzt. Fernando, den es sonst schnell hinaustrieb, zu Außendiensten oder zu seinen Mätressen, wich nicht mehr von Isabels Seite. Auch die Marquesa de Moya, die Jugendfreundin Beatriz de Bobadilla, blieb in Medina bei Isabel und manche Erinnerung an die Mädchenzeit wird wachgeworden sein.

Um die dreiundfünfzigjährige Königin stand es nicht gut. Die ruhelose Strapazierung ihrer körperlichen Kräfte seit der Regierungsübernahme rächte sich. Ihre gesundheitlichen Reserven waren aufgebraucht. Was sie früher nie gekannt hatte oder vital mißachten konnte, erfuhr sie am eigenen Leib: Die Anfälligkeit der menschlichen Natur. Sie litt unter Atembeschwerden, Wassersucht ließ ihre Beine, ihren Leib unförmig anschwellen, Fieberanfälle zwangen sie zur Bettruhe. Im Sommer dieses Jahres 1504 ahnte sie, daß ihr Lebensschiff einer Grenze zusteuerte, von der es kein Zurück gab. Isabel tat das ihr, ihrer Lage, ihrem Charakter, auch ihrer Gläubigkeit einzig Angemessene: Sie duldet keine Betrübnis, weder bei sich selbst noch in ihrer Umgebung. Keinen Augenblick läßt sie sich gehen, sondern erfüllt, soweit möglich, ihr tägliches Pensum an Regierungspflichten, empfängt Kuriere und sendet sie aus, diktiert bis in die Nächte hinein Briefe und Verfügungen.

Mit Freude schreibt sie an Gonzalo Férnandez de Córdoba, ihren Gran Capitán, den sie Fernando als Heerführer zum Kampf gegen die Franzosen in Italien überlassen hatte. Dem Gran Capitán verdankt sie die gute Nachricht dieses Jahres, den Sieg über die Franzosen bei Garellano und Gaeta, wonach Ludwig XII. sich endlich bereitfand, die aragonesischen Erbrechte über das Königreich Neapel anzuerkennen.

Aufmunternde Briefe sendet Isabel ihren jüngeren Töchtern María, der Königin von Portugal, und Catalina, der jungen Witwe des englischen Prinzen Arthur. Marías Leben an der Seite des Königs Manuel verläuft ruhig, fast ereignislos, während die neunzehnjährige Catalina, die englische Katharina, am Hof in London die Launen der Tudors ertragen muß. (Später wird sie ihr zweiter Ehegatte Heinrich VIII. verstoßen.) Isabel schenkt den beiden letztgeborenen Töchtern ihre ganze Zuneigung, nachdem ihr der Tod die nach ihr genannte erstgeborene Tochter und den geliebten Infanten Juan entrissen hat.

Bei den vor und nach Juana geborenen Kindern hält sich die Waage von Tod und Leben im Gleichgewicht. Aber nichts konnte den Verlust des Thronfolgers mildern. Der allzufrühe

Tod des neunzehnjährigen Infanten hat eine nie heilende Wunde hinterlassen. Auf ihrem Krankenlager im Palacio Real in Medina del Campo verfügte die Königin die Errichtung eines Alabastergrabmals für Juan in Santo Tomás in Avila. Erneut wurde ihr bewußt, wie unersetzlich ihr »Engel« Juan war. Der Gedanke an die Thronfolge brachte der Königin mehr Kümmernis als das eigene Siechtum. Ihre und Fernandos Hoffnung, Juanas Ehegatte Philipp werde sich den spanischen Interessen zuwenden, war bitter enttäuscht worden. Doch schwerer wog das distanzierte Verhältnis von Mutter und Tochter, nochmals getrübt, weil Isabel die Unbeherrschtheit, das krankhaft übertriebene Verhalten Juanas als zutiefst unbegreiflich und der spanischen Thronfolgerin unwürdig empfand.

Aus Brüssel kamen ungute Nachrichten. Fuensalida schrieb von einem der hemmungslosen Auftritte der zurückgekehrten Juana. Sie hätte beim so lange ersehnten ersten Wiedersehen ihren Ehegatten mit einer Mätresse überrascht. Kurze Zeit später hätte Juana die blonde junge Frau mit einem Briefchen gesehen, eine Liebesbotschaft Philipps vermutet und die Herausgabe verlangt, vergeblich. Als die Mätresse das Papier zerriß und die Fetzen verschluckte, hätte Juana wutentbrannt eine Schere geholt und der Rivalin die Haare abgeschnitten, angeblich bis auf die Kopfhaut, *a raíz del cuero.*

Aber das war nicht alles. Der nun seinerseits empörte Philipp soll Juana geschlagen haben, worauf sie sich einige Tage als krank zurückzog. Philipp forderte Juana sodann auf, sich von ihren maurischen Sklavinnen zu trennen, weil es hieß, sie würden ihre Herrin zu magischen Praktiken verleiten, zum Gebrauch von Liebestränken und Reizessenzen. Nach Juanas Weigerung, von ihren letzten spanischen Bediensteten zu lassen, wurden sie mit Gewalt entfernt, und wieder kam es zu schrecklichen Wutausbrüchen, bis Philipp die aufgebrachte Juana in ihrem Zimmer

einsperren ließ und die Eingesperrte das Essen verweigerte und zornig gegen den Holzboden schlug und laut schrie.
Solche und ähnliche Hiobsbotschaften drangen an Isabels Krankenlager, auch mündlich, denn im Juli kam aus Brüssel Martín de Moxica, der in Philipps Auftrag täglich alles Juana Belastende notiert hatte. Nur wußte die bestürzte Königin nicht, wieviel der Hofklatsch zuungunsten der in Flandern unbeliebten Juana hinzuerfunden hatte, denn Fuensalida berichtete aus zweiter Hand. Martín de Moxica aber, der Juana schon in ihren ersten Tagen in Brüssel als Schatzmeister dreist betrogen hatte, trieb ein gewissenloses Spiel, um durch Juanas angebliche Unzurechnungsfähigkeit sich selbst zu entlasten.
Alles derart zum Nachweis von Juanas Gestörtheit so rasch gesammelte und kolportierte Material, das auch der Sensationsgier Nahrung gab und bis in unsere Tage ihr Bild verzerrt, läßt sich auf zwei der Wahrheit näherkommende Befunde zurückführen. Unbestritten verhielt sich Philipp gegenüber Juana (auch politisch gegenüber Spanien) leichtfertig und verantwortungslos. Was Philipp im freizügigen Umgang mit Mätressen seiner jungen Frau zumutete, überstieg selbst die am flandrischen Hof üblichen Verhältnisse, mußte zur Eifersucht geradezu reizen. Andererseits trug man der in Medina auf den Tod kranken Königin zu, was ihr selbst an ihrer Tochter mißfiel und was ihre Sorge heraufbeschwor: Juanas seelische Labilität und Unbeherrschtheit, sichtbar geworden in ihrer rasenden Eifersucht.
Um einer Gefährdung der Thronfolge vorzubeugen, entschloß sich die Königin in ihrem Testament zu einer klugen Regelung: Falls Juana die Regierung nicht übernehmen wollte oder könnte, *»no quiera o no pueda entender en la gobernación«*, sollte Fernando die Regentschaft in Kastilien zufallen, stellvertretend bis zur Volljährigkeit von Juanas Sohn Carlos. Dies bestimmte die Königin vorsorglich, denn ihre Ratschläge und politischen Weisungen

galten zuerst der Thronfolgerin Juana, nicht Fernando, dem Prinzgemahl in Kastilien.

Isabels Testament, das sie am 12. Oktober 1504, sechs Wochen vor ihrem Tod, unterzeichnete – *Yo la Reina* –, dokumentiert noch einmal ihre menschliche Größe und ihren politischen Weitblick: Sie bittet um die Überführung ihres Leichnams nach Granada, um Beisetzung am Ort ihres und Fernandos größten Triumphes, der Vollendung der Reconquista und der Besiegelung der territorialen Einheit Spaniens. Aber sie untersagt jeden Aufwand und die Errichtung eines Grabmonuments; das Geld hierfür möge den Armen zugute kommen.

Mit der ihr eigenen haushälterischen Sorgfalt verteilt Isabel ihren persönlichen Besitz, verfügt sie die Bezahlung ihrer Schulden, angemessene Zuteilungen an Hospitäler und Bedürftige und für den Freikauf christlicher Gefangener. Jeder ihr Nahestehende erhält einen Anteil. Ihren Schmuck vermacht sie Fernando als Unterpfand ihrer Liebe zu ihm und im Gedenken daran, daß sie ihn »im Jenseits erwarte«. Mit weiser Voraussicht bedenkt Isabel das für die politische Zukunft Spaniens Notwendige. Sie ermahnt ihre Thronfolgerin, »keinerlei Personen, die nicht im Lande geboren und hier seßhaft sind«, in hohe Staatsämter zu berufen, oder sie fordert, niemals die Rechte der Cortes zu mißachten und über deren Köpfe hinweg Gesetze zu erlassen.

Ein Nachtrag zum Testament, ein Kodizill, drei Tage vor ihrem Tod diktiert, zeigt, was Isabel noch zuletzt bewegt hat. Die um den Ausgleich der Staatsfinanzen immerzu bemühte Königin gesteht ihre Unsicherheit bei der Erhebung der zehnprozentigen Verkaufssteuer, der *Alcabala,* ein. Sie wünscht von den Cortes eine Überprüfung. Ein weiterer Zusatz gilt den Bewohnern der Neuen Welt, der *Islas y tierras firmes del mar océano,* auch *Las Indias* genannt. Die Königin bittet und befiehlt nachdrücklich, nichts zu bewilligen oder zu veranlassen, was die Indianer schä-

digen könnte, sie vielmehr menschlich zu behandeln, bereits verursachten Schaden gutzumachen.
Bemerkenswert ist der Zeitpunkt, zu dem Isabel den Zusatz verfaßte. Cristóbal Colón war am 7. November nach zweieinhalb Jahren von seiner vierten und letzten Entdeckungsfahrt zurückgekehrt und lag gichtkrank in seinem Quartier in Sevilla. Mit der Nachricht von Colóns Rückkehr wird die Meldung, daß man Indianer erneut versklavt oder ausgeplündert habe, an Isabels Sterbelager gelangt sein, und ihre letzte Willensäußerung entsprach ihrem lebenslang erprobten Gerechtigkeitssinn.
So aber schrieb Pedro Mártir an Erzbischof Talavera in Granada, als Isabel von Kastilien, bis zuletzt wach und tätig, fast gelassen den Tod erwartend, am 26. November 1504 um die Mittagsstunde starb: »Niemals noch las ich von einer Frau, die von Gott und Natur geschaffen war wie sie. Jeder kennt ihren Mut, ihre Tatkraft, ihre Stärke und den Eifer, mit dem sie Böses rodete, um Gutes an dessen Stelle zu pflanzen.«

Über Juanas Kopf hinweg

Noch einmal wurde Königin Isabel, nach ihrem Wunsch in eine rauhe Franziskanerkutte gehüllt, durch ihr Land getragen, durch vertraute Orte wie Arévalo, Avila, Toros de Guisando, wo sie siebzehnjährig als Thronerbin anerkannt worden war, über die von frühwinterlichen Schneestürmen heimgesuchte kastilische Sierra hinunter nach Toledo und weiter nach Süden.

Vor dem Aufbruch der kleinen Wagenkolonne hatte Fernando in Medina vor dem Palacio Real die abwesende Juana zur Königin ausrufen lassen und selbst jedem Anspruch auf die kastilische Krone abgeschworen. Im Blick auf die aufgebahrte Königin respektierte der Aragonese Fernando die legale Thronfolge. In kluger Voraussicht hatte ihm Isabel auf ihrem Sterbelager die eidliche Zusicherung abgefordert, daß er Juanas Kronrechte niemals antasten und nur nach deren Willen oder aus erwiesener Notwendigkeit stellvertretend die Regentschaft übernehmen werde. Der folgsame Fernando handelte äußerst schlau, indem er den Kastiliern seine Redlichkeit vor Augen hielt, um damit einen weit größeren Vorteil zu erzielen.

Kaum hatten die Fuhrleute ihre tote Königin durch die weite Mancha und nach Überwindung der frostkalten Sierra Morena durch Andalusien gefahren und das ferne Granada erreicht, als Fernando den ersten Trumpf zu seinen Gunsten ausspielte. Er berief nach Toro die kastilischen Cortes ein und ließ den versammelten Ständevertretern Isabels Testament und Martín de Moxicas bisher geheimgehaltenen Aufzeichnungen über Juanas angebliche Regierungsunfähigkeit vorlesen. Unter solchen Voraussetzungen wurde ihm von den Cortes die Regentschaft übertragen.

Unredlich wäre ein zu mildes Wort für das, was nun folgte und nahezu zwei Jahre das politische Leben im Königreich überschattete. Eher war es ein Musterstück abgefeimter Schurkerei, ausgetragen auf dem Rücken Juanas. Der neben Isabel politisch wie menschlich unterlegene, in Staatsfragen von der Königin abhängige Fernando genoß die Vorzüge seiner ungeteilten Macht. Er nutzte jedes Mittel, seine Herrschaft auch über Kastilien zu festigen, die Erbin Juana und deren landfremden Ehemann für immer auszuschließen. Philipp jedoch entdeckte seine Sympathie für das kastilisch-aragonesische Königreich. Er unternahm alles, nicht nur Fernando, sondern die eigene Ehegattin beiseite zu drängen, um vom Prinzgemahl zum allein regierenden Machthaber aufzusteigen. Fernando wie Philipp erklärten Juana wechselseitig für regierungsunfähig, um bei anderer Gelegenheit ebenso hartnäckig deren ungetrübte Handlungsfähigkeit zu verteidigen, wie es gerade paßte.

Juanas ganzes Unglück war ihre abgöttische Liebe zu Philipp, obwohl sie genau wußte, daß er sie zur Befriedigung seiner politischen Habgier benutzte. Diese Erkenntnis traf sie in ihrem Stolz als junge Frau und als spanische Thronfolgerin. Auf der anderen Seite liebte sie ihren Vater Fernando und vertraute ihm, obwohl sie auch dessen falsches Spiel erkennen mußte. Sie war nicht wahnsinnig, wie ihr unterstellt und eilfertig nachgeredet wurde, aber die übersensible fünfundzwanzigjährige Juana geriet in das Räderwerk unlösbarer Konflikte. Sie wird wundgerieben, reagiert extrem hysterisch wie bei ihrer Einsperrung im Kastell La Mota und in Brüssel.

Der venezianische Gesandte Vincenzo Quirini berichtete 1505 aus Brüssel, er habe bei der jungen Königin »seine Reverenz gemacht«. Sie wäre eine intelligente Frau, verstünde leicht und redete in bester Form, bewahrte jene Würde, die einer Königin geziemte. Zudem wäre sie sehr schön und anmutig, spräche aber nur mit wenigen Personen. Oft schlösse sie sich in ihrem Zimmer ein und verzehrte sich vor Eifersucht. Ihren Mann quälte sie mit ihren Eifersüchteleien, und sie ertrüge nicht die Gesellschaft von Frauen. Das aus der persönlichen Begegnung gewonnene Bild charakterisiert Juana unvoreingenommen. Nur versäumte Quirini in männlichem Selbstverständnis, den Grund zur Eifersucht und zur Abneigung gegenüber Frauen zu erwähnen. Diese Zumutungen und das beginnende politische Intrigenspiel machen Juanas Reaktionen verständlich.

Fernando, im Vollgefühl seiner von den Cortes legitimierten Regentschaft, ließ die Entscheidung von Toro sogleich nach Brüssel übermitteln. Philipp der Schöne reagierte wütend; er forderte seinen Schwiegervater auf, die Regentschaft niederzulegen, Kastilien zu verlassen. Den Cortes warf Philipp vor, unrechte Entschlüsse gefaßt zu haben. Künftige Entscheidungen seien erst nach der Königin Juana und seiner Rückkehr zu treffen. Zugleich sandte Philipp Agenten nach Kastilien, die mit Hilfe von Bestechungsgeldern und Versprechungen die kastilischen Granden für ihn und Juana gewinnen sollten.

Offensichtlich fühlte sich Fernando seiner Regentschaft nicht ganz sicher, denn er sandte einen seiner Sekretäre, Lope de Conchillos, und den Juana vertrauten Bischof Juan de Fonseca nach Brüssel. Ihnen gelang es, die gutgläubige Juana zu bewegen, in einem Schreiben ihren Vater als Regenten anzuerkennen, ja ihm zusätzliche Vollmachten anzubieten, falls dies nötig sei. Nur fiel Juanas Brief durch Verrat des Überbringers in Philipps Hände, und der ließ Conchillos einkerkern und foltern, bis dem

geständigen spanischen Agenten die Haare ausfielen und er noch tagelang wie irrsinnig herumlief.
Wahrscheinlich hatte man Juana verschwiegen, daß Fernandos Regentschaft mit der Erklärung ihrer Unzurechnungsfähigkeit erkauft worden war, und nun hielt Philipp ihr die Tragweite ihrer Ermächtigung vor. Darauf verweisen zwei sich ergänzende Handlungen Juanas. Am 3. Mai 1505 schrieb sie dem niederländischen Gesandten in Spanien, de Veyre, sie müsse für sich selbst eintreten, weil man sie in Kastilien aufgrund böswilliger Gerüchte für wahnsinnig halte. Es stimme, daß sie schon einmal in Leidenschaft außer sich gerate (*»usé de pasión«*), doch sie fühle sich wohl, und sollte es jemals anders sein, würde sie ihrem Ehemann die nötigen Vollmachten erteilen. Dies möge de Veyre in ihrem Namen ihrem Vater, dem König, und allen wichtigen Personen sagen.
Urheber dieses Briefes ist Philipp, der damit für das Bekanntwerden von Juanas ungetrübter geistiger Verfassung sorgt und sein Vorrecht als Prinzgemahl betont. Doch warum sollte Juana den Brief, soweit er ihre Ehre wiederherstellt, nicht gebilligt haben, nachdem sie ihn mehrmals verbessert neu schreiben ließ und stolz unterzeichnete *Yo la Reina,* wie ihre Mutter, doch in zarterer Handschrift?
Nicht weniger wichtig ist die von Juana während einer Abwesenheit Philipps verfügte Entlassung ihres Schatzmeisters Martín de Moxica. Wenn sie nun dem Betrüger und Spitzel den Laufpaß gibt, so doch nur, weil ihr jetzt erst das Ausmaß seiner Falschheit bewußt wurde. Hatten doch seine Aufzeichnungen die Cortes in Toro zur Entscheidung gezwungen. Allerdings machte Philipp die Entlassung seines Helfers rückgängig. Zur Strafe entzog er Juana fast alle ihre spanischen Bediensteten und versuchte, Juana außerhalb von Brüssel zu isolieren, was sie mit einem couragierten Zornausbruch zu vereiteln wußte.

Juanas Gereiztheit (es heißt, mit einem Schürhaken habe sie ihre Abholung verhindert) rührte auch von ihrer erneuten Schwangerschaft her. Für die junge Mutter verliefen die Wochen vor und nach der Geburt ihres fünften Kindes qualvoll, doch das Mädchen María, das am 15. September 1505 in Brüssel zur Welt kommt, wird einmal Königin von Böhmen und Ungarn werden und später als Statthalterin in den Niederlanden energisch regieren.

Durch ein Rundschreiben ließ Philipp die kastilischen Adeligen und Stadtoberen wissen, nach der Gesundung der Königin würden sie und er aufbrechen, um in Kastilien die Rechte der Krone wahrzunehmen. Noch einmal hob er hervor, aus Machtgier habe Fernando die Gerüchte von Juanas Geisteskrankheit verbreiten lassen und auf unrechte Weise die Regentschaft erlangt. Bei vielen kastilischen Granden fand Philipp offene Ohren, denn die Thronfolgerin Juana stand ihnen näher als der Aragonese Fernando. Zudem hatte das Bekanntwerden merkwürdiger Heiratspläne nur wenige Monate nach Isabels Tod Fernando geschadet.

Zuerst hieß es, der zweiundfünfzigjährige Fernando werde die Beltraneja ehelichen, jene in Portugal lebende unglückliche Frau, deren Legalität als kastilische Thronfolgerin ungeklärt blieb, weil die Vaterschaft König Enriques angezweifelt wurde. Aber diese gegenüber Isabel, der einstigen Rivalin der Beltraneja, ziemlich taktlose Heirat kam nicht zustande. Wieweit Fernando aus reiner Machtgier zu gehen imstande war, zeigte die schließlich geglückte Vermählung mit der dreiundzwanzigjährigen Germaine de Foix. Sie war nicht nur häßlich und körperlich mißgestaltet, sondern die Nichte König Ludwigs XII., des Erzfeindes von Aragón. Die im Oktober in Blois vollzogene stellvertretende Trauung bedingte denn auch einen Vertragsabschluß, wonach sich Fernando zur Zahlung von einer Million Golddukaten an

Frankreich verpflichtete. Sollte ihm Germaine einen Sohn gebären, würde er Aragón und das umstrittene Königreich Neapel erben, andernfalls fiele Neapel zur Hälfte an Frankreich.

Ein leiblicher Erbe würde Juana zumindest Aragón entziehen. Außerdem gelang es Fernando, seinem Schwiegersohn die Franzosenfreundschaft streitig zu machen. Philipp hatte mit seinem Vater Maximilian und König Ludwig vereinbart, um jeden Preis Fernando die Herrschaft über Kastilien zu verwehren. Der französische König hätte mit Heeresmacht in Aragón und Neapel einfallen und als Gegengabe Mailand erhalten sollen. Dieser von Juanas Prinzgemahl über deren Kopf hinweg ausgehandelte verwegene Plan scheiterte nun durch Fernandos überraschende Allianz mit Ludwig.

Doch der sonst so diplomatisch gewitzte Fernando hatte nicht bedacht, wie sehr sein Paktieren mit Frankreich die kastilischen und aragonesischen Granden kränkte und deren Sympathie für Juana stärkte. Schon bald mußte Fernando klein beigeben und im November in Salamanca einem Vertrag zustimmen, der die Königsherrschaft Juanas und Philipps festschrieb und ihm die Regentschaft sicherte, aber seine Position in Erwartung des nach Spanien kommenden Königspaars schwächte.

Seine Hochzeit mit Germaine de Foix feierte der etwas behäbig und kahlköpfig gewordene Fernando im März nächsten Jahres in Dueñas, im selben Ort, in dem er die ersten glücklichen Ehewochen mit Isabel verlebt hatte. Fragen nach menschlicher Schicklichkeit berührten ihn so wenig wie seinen Gegenspieler Philipp. Fernandos und Philipps Verhalten in den Jahren nach Isabels Tod war nichts anderes als ein skrupelloses Intrigenspiel. Keiner gönnte dem anderen die Herrschaft über Kastilien, und jeder suchte gegen Juana oder mit deren Hilfe Macht zu gewinnen. Dabei galt ihr allein die Zuneigung der Kastilier, und ihretwegen drängte die Mehrheit der Castellanos in Philipps Lager.

Ein Zwischenspiel von anekdotischem Reiz erklärt, warum Juana und Philipp, die sich Anfang Januar 1506 mit großem Gefolge und zweitausend Soldaten im Hafen von Vlissingen einschifften, über dreieinhalb Monate unterwegs waren.
Sie hatten schon die Bretagne umrundet, als nach einem Tag Windstille ein jäh aufbrausender Orkan ihre vierzig Schiffe zerstreute und nach Norden trieb. Ein waghalsiger Matrose, der dreimal in die See sprang, um Taue herabgestürzter Masten zu kappen, rettete das Admiralsschiff vor dem Kentern. Der jammernde Philipp ließ sich in einen Ledersack einnähen, den man zum schwimmfähigen Ballon aufblies und mit der Aufschrift EL REY DON PHELIPE versah. Juana blieb völlig ruhig und unerschrocken. Sie legte ein Prachtgewand an, steckte eine große Summe Bargeld ein, damit man sie, falls sie über Bord gespült würde, als Königin erkenne. Sie soll auch gesagt haben, noch nie sei ein König ertrunken. Ihre Kaltblütigkeit, zur Ironie neigend, entzündete sich geradezu am Verhalten ihrer Begleiter, die kopflos nach Rettung verlangten oder Gelübde stammelten.
Aber nicht die See, sondern England nahm die Gestrandeten auf, und König Heinrich VII. ließ sie nach Winchester und Schloß Windsor holen. Während der gut zwei Monate am englischen Hof war Philipp wieder in seinem Element, er nahm an der Hirschjagd und Falkenbeize teil und genoß die höfischen Vergnügungen. Naiv wie er war, merkte er nicht, wie berechnet König Heinrich seinen Wünschen zuvorkam, bis er einen Handelsvertrag zuungunsten der Niederlande unterzeichnete, bis er – aus Leichtsinn wortbrüchig – den Grafen von Suffolk, den englischen Kronprätendenten, dem die Niederlande Asyl gewährt hatten, auslieferte.
Nur Juana hielt sich merkwürdig zurück, nahm auch nicht an den hohen Ehrungen teil, als Philipp den Hosenbandorden empfing und er dem Prinzen von Wales das Goldene Vlies

verlieh. Verfiel sie ihrem Hang zu »Düsternis und Einsamkeit«, wie der schreibflinke Pedro Mártir bemerkte? Blieb sie als nicht hoffähig ausgesperrt? Ungedeckte Vermutungen, denn kaum zwei Jahre später wird der Gastgeber Heinrich VII. um ihre Hand anhalten. Es gab Gründe genug, Juanas eigensinnige Zurückhaltung herauszufordern. Als ärgerlich mußte sie empfinden, daß sie kaum vertraulich mit ihrer Schwester Catalina sprechen konnte, der am Hof kläglich behandelten jungen Witwe des Prinzen Arthur. Sie mußte auch von Philipps und König Heinrichs Beistandspakt erfahren haben, der sich gegen ihren Vater richtete und die ausgemachte friedliche Regelung untergrub. Juana mißfiel Philipps Vergnügungssucht, die ihn wieder in die Betten anderer Frauen brachte, mißfiel der ganze unfreiwillige, von Philipp so gern hinausgezögerte Aufenthalt. Sie reiste vorzeitig zur Küste, nach Exeter.

Aber dann, Mitte April und nur wenige Tage vor der Ausfahrt der Schiffe, kam es doch wieder zur Vereinigung des Ehepaars, empfing Juana von Philipp ihr letztes Kind, dem Juana sehr bewußt den Namen ihrer Schwester Catalina geben wird.

In Spanien nahm das Männerspiel seinen Fortgang. Fernando erwartete das Königspaar in Laredo. Aber deren Flotte schwenkte nicht in die Biscaya ein, sondern steuerte La Coruña an der galicischen Küste an, landete dort nach stürmischer Überfahrt am 26. April. Während des gut einmonatigen Aufenthalts in La Coruña verweigerte Juana offizielle Amtshandlungen ohne vorherige Aussprache mit ihrem Vater. Dazu veranlaßte sie nicht krankhafte Teilnahmslosigkeit, wie manche Biographen unterstellen, sondern viel eher blanke Vernunft, die Erinnerung an die ihr von Philipp und Fernando abverlangten gegensätzlichen Schriftstücke.

Fernandos nach Galicien gesandte Unterhändler, auch Erzbischof Cisneros, wies Philipp hochmütig ab mit der Bemerkung, er gedächte allein zu regieren, also auch ohne Juana. Fernando ließ verbreiten, Philipp hielte Juana gefangen, behandelte sie schlecht. Jedoch sie allein wäre gesetzlich Königin, deren Stellvertretung er wahrnähme. Aber das half ihm nicht. Seine Vermählung mit Germaine de Foix hatte seine in Kastilien ohnedies nicht ausgeprägte Popularität nochmals vermindert. Im Juni, als Philipp mit seiner durch zahlreiche kastilische Aufgebote verstärkten Truppe über Santiago südwärts zog, konnte ihm Fernando nur eine kleine Schar von Gefolgsleuten entgegenführen. Schließlich kam es doch zur waffenlosen Begegnung Fernandos und Philipps. Am 20. Juni trafen sie sich in der Hochebene unweit von Puebla de Sanabria im Grenzgebiet von Galicien und León. Voll Mißtrauen hatte Philipp seine Truppe im Gelände Stellung nehmen lassen, ehe er seinen mit wenigen Begleitern heranreitenden Schwiegervater empfing. Aber der weit ältere Fernando umarmte jovial seinen Schwiegersohn und überspielte bei der Begrüßung der abtrünnigen Granden deren Verlegenheit durch freundliche oder sarkastische Bemerkungen. »Dick geworden seid ihr, Graf«, redete er einen früheren Gefolgsmann an, denn er trug unter dem Rock einen Harnisch, und Fernando war nur im schlichten schwarzen Mantel gekommen.

Am Ende, nach mehrtägigem Hin und Her, verzichtete Fernando auf Kastilien, sollte jedoch Großmeister der drei reichen Ritterorden bleiben und die Hälfte aller Einkünfte aus Übersee, aus *Las Indias,* erhalten. In einem ergänzenden, aus gutem Grund geheimen Abkommen verpflichtete sich jeder der beiden, Juana um jeden Preis die Regierung zu verwehren. Merkwürdig ist nur, daß Fernando am selben Tag und Ort, am 27. Juni in Villafáfila, eidlich bekennt, er sei zu diesem Abkommen gewaltsam erpreßt worden. Nicht er, sondern sein Schwiegersohn wolle Juana ihrer Rechte als kastilische Erbin und Königin berauben.

Während sich Fernando ziemlich still und unbeachtet nach Aragón zurückzog, strebte das infame Spiel um Juana einem Höhepunkt zu. Philipp plante, nun auch von den nach Valladolid einberufenen Cortes seine Alleinherrschaft bestätigen und legalisieren zu lassen. Juana, die in Puebla de Sanabria unter Bewachung stand, scheint erst später genauer von den sie betreffenden Abmachungen erfahren zu haben, wahrscheinlich auf dem Weg kurz vor Valladolid, in der Burg von Mucientes. Sie reagierte in einer Weise, die vermuten läßt, daß Philipp ihre Energie und Geistesgegenwart unterschätzt hatte.

Schon vor der Versammlung der Cortes wollte Philipp die in Mucientes anwesenden Granden für eine Zwangsisolierung Juanas gewinnen. Von ihm unerwartet meldeten einige Granden ihren Widerstand, solange sie nicht den angeblichen krankhaften Gemütszustand der Königin überprüfen könnten. Als Don Fadrique Enríquez de Cabrera, der Admiral Kastiliens, über mehrere Stunden mit Juana sprechen konnte, bezeugte er anschließend ihren klaren Verstand, ihre klugen Fragen und Antworten.

Nicht anders erging es am 12. Juli 1506 den Cortes in Valladolid. Philipps und seiner Vertrauten eingefädeltes Planspiel und sein vehement vorgebrachter Antrag auf Alleinherrschaft, weil die Thronfolgerin regierungsunfähig sei, nützten nichts. In der Ständeversammlung kam es zu turbulenten Szenen. Aber die Cortes erlebten eine ihrer Würde bewußte, regierungstüchtige und wohlbedacht redende Thronfolgerin, der sie als Königin von Kastilien den Treueid schwuren.

Hinweggemäht wie eine Frühlingsblume

Zu den Merkwürdigkeiten der Geschichtsschreibung gehört, daß Chronisten und Historiker sehr schnell das Verhalten Juanas ganz ins Persönliche abdrängten, als Zeichen krankhafter Handlungsunfähigkeit und innerer Gestörtheit, ohne nach anderen Gründen zu fragen. Zeitgenössische Berichte stammen meist von Gefolgsleuten Philipps oder Fernandos oder von Schreibern, die einseitig Gehörtes weitergaben. Was jedoch über das Verhalten der aus Flandern zurückgekehrten Juana berichtet wird, zeigt eine erstaunliche politische Logik, die das Gerede von der *Loca*, der Wahnsinnigen, eher als zweckdienliche Irreführung entlarvt.

Spätestens in La Coruña merkt sie, wohin es Philipp drängt, wie er sie als Hindernis aus dem Weg räumen will, wie er hemmungslos nach eigener Macht strebt und nicht den Interessen Kastiliens dient. Juana reagiert nun doch als die Tochter Isabels und Erbin Kastiliens. Wenn sie nicht handeln will ohne ihren Vater Fernando, so hatte das auch politische Gründe. Nach dem dubiosen Vertrag von Villafáfila und dem stillschweigenden Rückzug Fernandos nimmt ihre Unruhe zu. Obwohl sie kaum alles Ausgehandelte wissen konnte, scheint sie geahnt zu haben, daß der Vertrag ihr und Kastilien Schaden zufügen wird. Heftige Auseinandersetzungen entzweien die Eheleute. In Mucientes beschwört Juana Don Fadrique, ihr zu sagen, wo sich Fernando

zur Zeit aufhält. Sie schickt ihrem Vater einen Brief, der jedoch von Philipp entdeckt wird.
Die Versammlung der Cortes in Valladolid hatte sie als Königin voll anerkannt, das Schlimmste verhindert. Es war jedoch nur ein halber Sieg. Der Prinzgemahl, der ja ebenso bestätigte Mitkönig, traf Anordnungen nach eigenem Gutdünken. Die sensible Juana besaß nicht die resolute Kraft ihrer Mutter Isabel, die den Rechten Fernandos in kastilischen Angelegenheiten von vornherein eine Grenze gesetzt hatte. So kam es unmittelbar nach der Entscheidung der Cortes zu einer von Philipp wohlvorbereiteten Aktion, die Kastilien schädigte und den Keim für zukünftige Aufstände legte.
Philipp schien Juanas Erbe als eine Art Beute zu betrachten, die er Stück für Stück seinen flämischen Günstlingen zuteilte. In Mißachtung von Isabels testamentarischem Gebot rückten landfremde Adelige in die höchsten Staatsämter, während bisherige kastilische Amtsträger weichen mußten. Großzügig schenkte Philipp der Schöne Städte wie Plasencia, Zamora, Cartagena, Málaga, Jaén und andere samt deren Einnahmen niederländischen Freunden. Als einer der Günstlinge Segovia erhalten sollte, gab es Ärger, denn Isabel hatte Segovia mit seinem Alcázar Beatriz und Andrés Cabrera, dem Marqués de Moya, zugesprochen und im Testament ihren Nachfolgern auferlegt, die verdienten Privilegien der de Moya unangetastet zu lassen.
An einem der heißen ersten Augusttage brach Philipp auf, um den Widerstand des Marqués in Segovia zu brechen. Es muß eine endlose Kolonne gewesen sein, die von Valladolid über den Duero nach Süden zog. Neben der Truppe und ihren Versorgungswagen wurde Philipp von einem großen Gefolge begleitet. Er und seine flämischen Höflinge und Vertrauten reisten anspruchsvoll, wollten unterwegs auf keine der gewohnten Annehmlichkeiten verzichten. Auch Königin Juana befand sich

unter den Mitreitenden, und sie sorgte wohl am zweiten Abend im Anblick des kleinen Ortes Cogeces und seiner Burg für einige Aufregung. Sie weigerte sich, in Cogeces einzuziehen und verbrachte die Nacht außerhalb der Ortschaft. Pedro Mártir, auch hier Augenzeuge, sieht das absonderliche Verhalten in Juanas Vermutung begründet, Philipp würde sie gewaltsam in der Burg von Cogeces gefangensetzen. Vom Plan ihrer Zwangsisolierung war schon in Mucientes geredet worden, und wahrscheinlich hat man sie vor ähnlichen Absichten Philipps gewarnt.

Es wäre auch denkbar, daß Juana von weiterreichenden eigenmächtigen Plänen Philipps gehört hatte oder daß sie den Verstoß gegen Isabels Testament nicht mittragen wollte. Jedenfalls wurde am nächsten Tag bekannt, die Marquesa und der Marqués de Moya hätten friedlich nachgegeben und der Feldzug gegen Segovia sei unnötig. Nun verweigerte sich Juana nicht mehr, wollte jedoch nicht nach Valladolid zurückkehren, sondern weiterziehen nach Burgos, möglicherweise, weil die alte Königsstadt der Herrscherfamilie eng verbunden und Sitz des Konnetabels, des obersten Feldherrn von Kastilien, war.

Am 7. September zog das Königspaar mit dem Hofgefolge in Burgos ein. Philipp und Juana nahmen Quartier im Stadtpalast des Konnetabels, der nach dem steinernen Franziskanergürtel über dem Portal *Casa del Cordón* genannt wurde. Im selben Palast hatten neuneinhalb Jahre zuvor die Katholischen Könige Cristóbal Colón nach seiner zweiten Entdeckungsfahrt empfangen und Colóns außerordentliche Privilegien bestätigt. Es war alles ganz anders gekommen. Unbeantwortet blieb der letzte Bittbrief, den Colón, krank und gedemütigt, dem jungen Königspaar nach dessen Ankunft in La Coruña schrieb. Ob Juana überhaupt wahrnahm, daß der Schützling ihrer Mutter, der Entdecker der Neuen Welt, am 20. Mai 1506 in Valladolid starb? In diesem Jahr hatte sie andere Sorgen.

Von den ersten Tagen in Burgos wissen wir wenig. Doch es zeigte sich bald, wie vernünftig und wohlbedacht Juana gefordert hatte, hierher zu kommen. Die Burgalesen feierten die Ankunft des Königspaares. Aber Philipps selbstherrliche Maßnahmen, seine Versuche, Juana zu verdrängen, hatten Adelige und den hohen Klerus mißtrauisch gemacht. Während sich Juana in Burgos sicher fühlte, bekam ihr achtundzwanzigjähriger Ehemann Ablehnung zu spüren.
Philipp scheint mit seinen Freunden in den Tag hinein gelebt zu haben, wie er es gewohnt war. Übertriebene Sorge um seine politische Zukunft hätte auch schwerlich zu seinem Naturell gepaßt. Aber dann, am zehnten Tag des Aufenthalts in Burgos, veränderte sich alles. Es begann eigentlich harmlos, mit einem Unwohlsein, dem Philipp keine große Beachtung schenkte.
Am 16. September, einem Mittwoch, war Philipp zur Jagd ausgeritten, hatte anschließend bis zur Überhitzung Pelota gespielt und im kühlen Schatten einen Krug Wasser geleert. Am nächsten Tag fühlte er sich nicht wohl, ritt dennoch zur Jagd aus. Auch ein leichtes Fieber und Appetitlosigkeit nahm er nicht ernst. Als ihn am Samstag ein Schüttelfrost befiel, ließ er seine beiden Ärzte rufen. Sein Zustand verschlechterte sich rasch. Er litt unter Seitenschmerzen, spuckte Blut, konnte nur noch mühsam sprechen und schlucken. Das Fieber sank nicht, und auf den Rücken gesetzte Schröpfköpfe brachten nur kurze Linderung. Der Körper war mit rotschwarzen Pusteln übersät. Durchfall quälte ihn und jähes Frösteln, bis er in einen Dämmerzustand fiel, aus dem er nur noch selten erwachte.
Die ratlosen Ärzte ließen aus Simancas den Hofarzt de la Parra holen, einen seinerzeit berühmten gelehrten Mediziner, der dem König keine Hilfe bringen konnte, dem wir aber die genannten Krankheitssymptome verdanken. Mit de la Parra kam der von ihm im Kastell Simancas betreute Infant Fernando. Der dreijähri-

ge Fernando, der in Kastilien aufwuchs, kannte den Vater noch weniger als seine Geschwister, der drei Jahre ältere Thronerbe Carlos, die Infantinnen Eleonore, Isabel und María. Die Kinder lebten im flandrischen Mecheln, in guter Obhut der jungen Margarete von Österreich, der Schwester Philipps und Witwe von Juanas Bruder Juan, doch vierundzwanzigjährig schon zum zweiten Male verwitwet.
Das Sterben im jungen Alter war nichts Ungewöhnliches. Wie oft schon hätte man in diesen Jahren sagen können, was Pedro Mártir zum Tode Philipps am frühen Nachmittag des 25. September 1506 mit den Worten umschrieb: »*Uti flos vernus evanuit*«, hinweggemäht wie eine Frühlingsblume.
Das poetische Bild sollte das Unfaßbare fassen. Denn wie bei keinem anderen jung Verstorbenen gab der Tod Philipps des Schönen Rätsel auf. Seinen Zeitgenossen galt der Achtundzwanzigjährige als Inbegriff junger männlicher Stärke, Schönheit und unversiegbarer Lebenslust. Vermutungen kamen auf, der so unerwartet aus dem Leben gerissene König sei vergiftet worden. Noch nach einem Jahr konnte man in einem deutschsprachigen Flugblatt lesen:

Als landes fürsten und doctor,
Sagen uns gantz furwor,
Das es was ein vergifft feber,
Das do entspringt von der leber,
Daran er etlich tage lag ...

Der burgundische Philipp, dem Spanien, spanische Lebensart zuwider waren, konnte im Erbland Juanas – obwohl dort zwei Jahre Mitkönig – keine Freunde gewinnen. Aber wer hätte ihn vergiften sollen? Sein Gegenspieler Fernando war Anfang September von Barcelona aus über das Mittelmeer nach Neapel gefahren.

Isabel von Kastilien

Fernando II. von Aragon

Einzug der katholischen Könige in Granada 1492

Teresa von Avila
Isabel von Kastilien
Grabmal des Prinzen Juan

Juana die Wahnsinnige
Philipp der Schöne
Die Kinder Juanas
von links: Fernando, Carlos, Eleonore, Isabel, Maria, Catalina

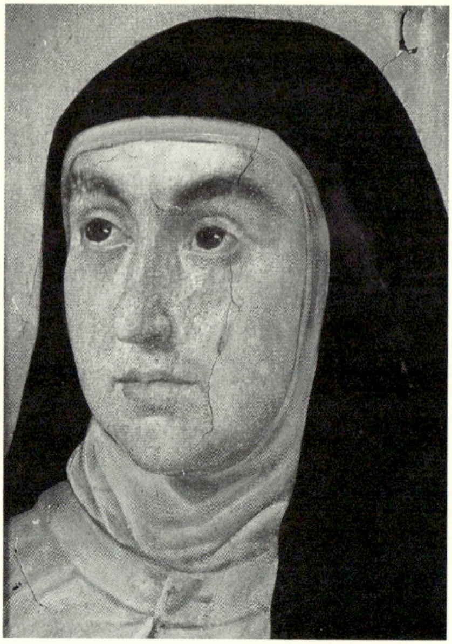

Carlos (Karl V.), ältester Sohn Juanas
Teresa von Avila
Tordesillas oberhalb des Río Duero

Teresa kleidet die ersten Karmeliter von Pastrana ein
Im Beisein von Fürst und Fürstin Eboli

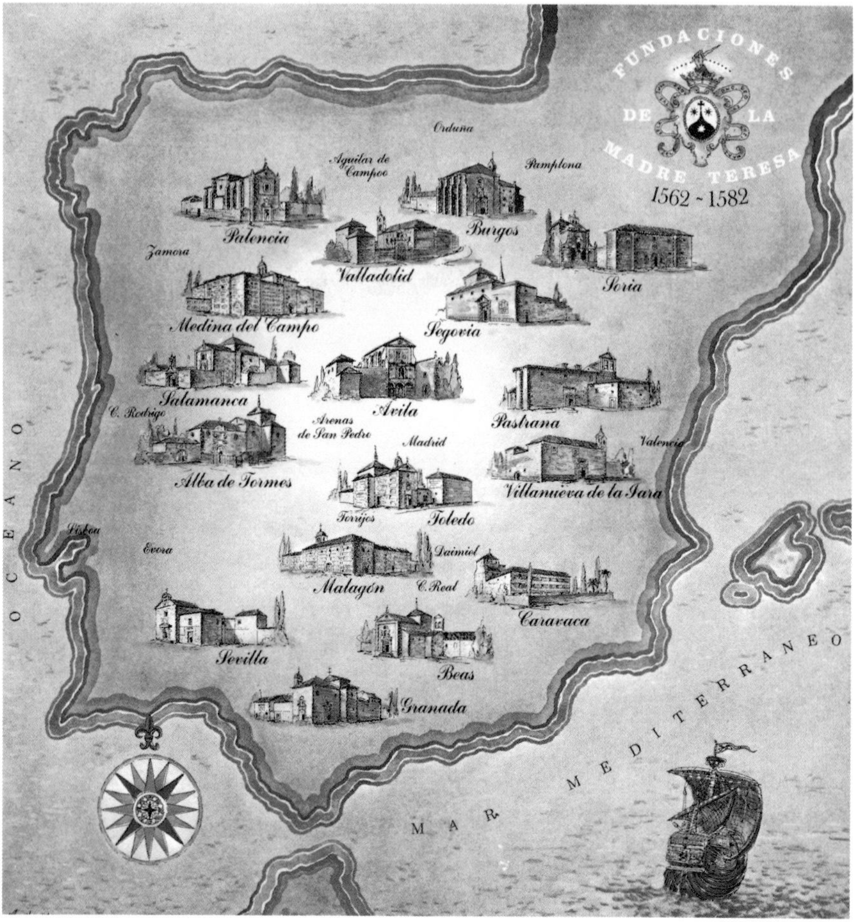

Klostergründungen der Mutter Teresa

a) für Schwestern (Descalzas Carmelitas)

24. 8. 1562 Avila, San José
15. 8. 1567 Medina del Campo
11. 4. 1568 Malagón
15. 8. 1568 Valladolid
15. 5. 1569 Toledo
9. 7. 1569 Pastrana
1. 11. 1570 Salamanca
25. 1. 1571 Alba de Tormes
19. 3. 1574 Segovia
24. 2. 1575 Beas
29. 5. 1575 Sevilla
1. 1. 1576 Caravaca (i. A. Teresas)
21. 2. 1580 Villanueva de la Jara
29. 12. 1580 Palencia
3. 6. 1581 Soria
26. 1. 1582 Granada (i. A. Teresas)
19. 4. 1582 Burgos

b) für Patres (Descalzos Carmelitos)

28. 11. 1569 Duruelo
13. 7. 1569 Pastrana

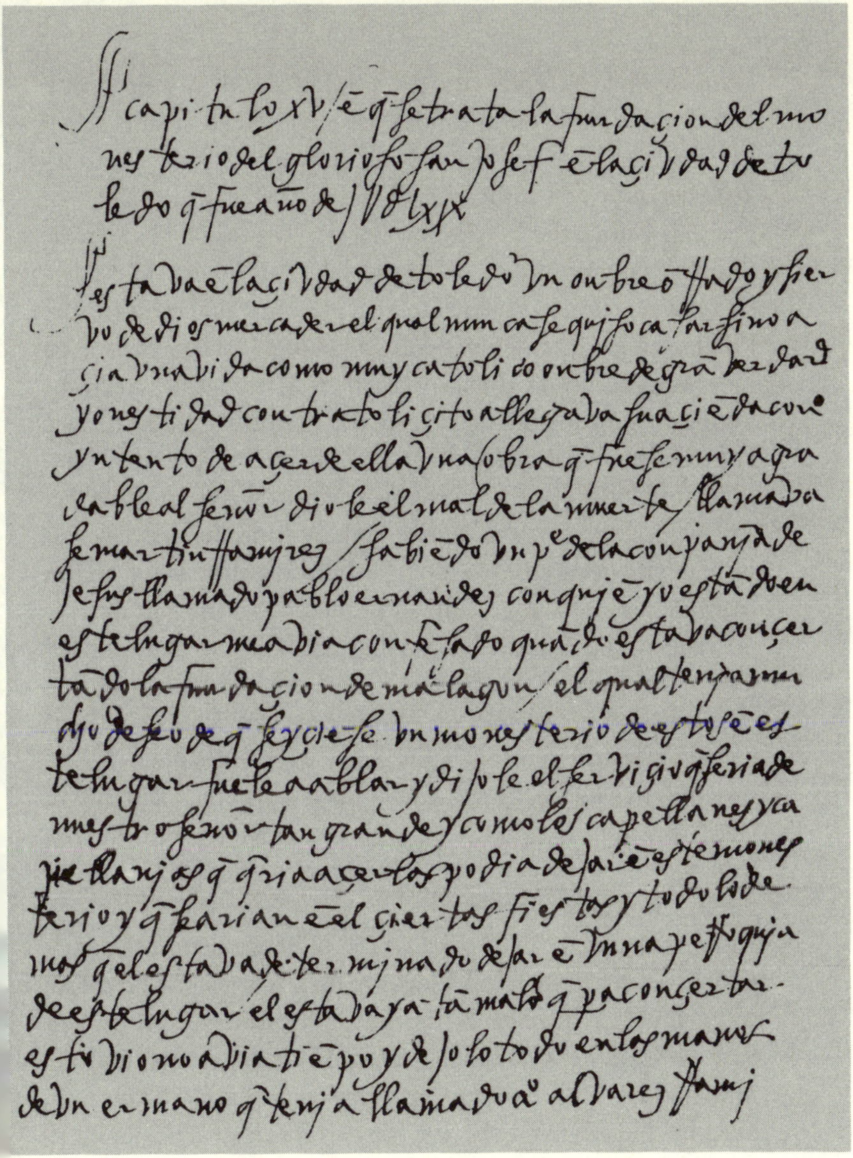

Handschrift der Mutter Teresa von Avila
Anfang des Kapitels 15 aus Las Fundaciones

Hätte er Philipps Tod erwartet, wäre er kaum so weit gereist. Der Doktor de la Parra sandte Fernando einen ausführlichen Bericht über den Krankheitsverlauf, dessen glaubhafte Genauigkeit eher auf einen natürlichen Tod Philipps schließen läßt.
Juana als Giftmischerin zu verdächtigen, wäre unsinnig und würde ihrer Natur gründlich widersprechen. Aus Eifersucht duldete sie zeitweilig keine Frauen in ihrer Umgebung und schickte ihre Hofdamen bis auf eine alte Bedienstete weg. Doch niemals hätte sie etwas gegen den einzigen geliebten Mann getan. Auch ihr Verhalten in den Krankheitstagen, das zwei Augenzeugen, de la Parra und ein niederländischer Gefolgsmann Philipps, unabhängig voneinander überliefern, verbietet einen derartigen Verdacht.
Wir wissen nicht, was die junge Frau im Innersten bewegte, als sie während der sechs Tage dem Verfall ihres über alles geliebten Mannes zusehen mußte. Übereinstimmend vermerken die Augenzeugen ihre Selbstbeherrschung und Gelassenheit, ähnlich ihrer überlegenen Ruhe bei der stürmischen Überfahrt auf See.
Am Krankenbett vergißt sie die vergangenen Auseinandersetzungen. Sie lebt nur noch für ihren sterbenskranken Mann, spricht ihm Mut zu, kostet jeden ihm verabreichten Bissen vor, wacht bei ihm Tag und Nacht, bis die Ärzte sie zum kurzen Schlaf zwingen, denn wiederum erwartet sie ein Kind, ist sie im fünften Monat schwanger.
Als der Kampf zu Ende war, als die Höflinge den Toten nach französischem Brauch, bekleidet mit dem königlichen Prachtgewand und der juwelengeschmückten Samtmütze, im großen Saal der Casa del Cordón auf einen Thronsitz setzten und die Mönche das Miserere sangen, waren auch Juanas Kräfte verbraucht. Sie zog sich zurück, verharrte schwarz gekleidet in ihrem Zimmer und wollte in den nächsten Tagen und Wochen nichts von Regierungsgeschäften und von niemandem etwas wissen.

Die Pest im Rücken

Wie keine andere Zeit im Leben Juanas gerieten die Monate nach dem Tode Philipps ins Zwielicht. Aus bloßer Vermutung, aus Vorurteil oder Gerücht wurde eine nützliche Zwecklüge, die aus dem Tun oder Nichttun der Königin ein Zeichen des Wahnsinns machte. Alles, was die Regierungsunfähigkeit Juanas bestätigte, kam den Niederländern zur nachträglichen Rechtfertigung von Philipps Verhalten gelegen, aber ebenso den Anhängern Fernandos, der sich noch in Italien aufhielt. Hinzu kam, was an Einzelheiten bekannt wurde, eine makaber aufgeladene Geschichte, die sich nahezu von selbst erzählte oder weitererzählte, bis heute: Die ihrem Kummer verfallene junge Frau will sich nicht trennen von Philipp, dessen Sarg sie bei jeder Gelegenheit öffnen läßt. Sie liebkost den toten Geliebten, mit dem sie schließlich in gespenstischen Nachtfahrten »quer durch Spanien« irrt.
Die vielfach ausgemalte Schauergeschichte stützt sich auf den Bericht eines anonymen flämischen Höflings, der kein Augenzeuge war, sondern Gehörtes niederschrieb, und dies nach seiner Rückkehr nach Flandern. So entstand ein reichlich trüber Bericht, denn mehr als verärgert hatten Philipps Gefolgsleute Spanien verlassen. Zunächst bewegte die trauernde Juana anderes als die Sorge um die fremdländischen Höflinge, die sich auf ihre Weise schadlos hielten. Sie plünderten schamlos die ihnen vertrauten Zimmer des Königs, nahmen Philipps Garderobe, wert-

volle Tapisserien, das königliche Tafelsilber und anderes Diebesgut mit auf ihre Schiffe.
Ohne Zweifel verweigerte die Königin in den ersten Wochen jede Regierungshandlung, lebte sie allein mit ihrem Schmerz, sich selbst wie das politisch Notwendige vernachlässigend. Was menschlich verständlich war, führte schnell zu chaotischen Umtrieben. Die Granden nutzten die Lockerung der Staatszügel zur Verfolgung eigener Interessen. (So belagerte der Marqués de Moya seine ihm von Philipp weggenommene Stadt Segovia.) Die von Philipp in höchste Staatsämter berufenen flämischen Adeligen suchten ihre Macht zu halten, doch ihr Versuch, den dreijährigen Infanten Fernando zu entführen, mißlang. Ihnen gegenüber standen die Anhänger König Fernandos, die in Erzbischof Cisneros ihren energischen Wortführer fanden, und Cisneros mahnte Fernando dringend zur Rückkehr nach Spanien.
Es stimmt, daß Juana kraftlos und sich verweigernd das Staatsschiff treiben ließ, daß sie Cisneros, der von ihr Vollmachten und Unterschriften verlangte, scharfzüngig abwies und ihn, den sie nie mochte, nicht mehr sehen wollte. Doch bleibt ebenso nachweislich, daß die Königin nach einigen Wochen, bereits im November, ihr Verhalten begründete und in einer Weise zu handeln begann, die das Gerede von ihrer generellen Handlungsunfähigkeit als unzutreffend entlarvt.
Juana hatte schon Cisneros freimütig erklärt, es sei besser, keine als eine schlechte Ernennung vorzunehmen, was ihr der hochangesehene Erzbischof kaum verzeihen konnte. Jedoch ihrer Situation angemessen und vernünftig war Juanas strikte Berufung auf König Fernando, wie schon vor zwei Jahren nach ihrer Ankunft in La Coruña. Sie wolle keine Entscheidung treffen, keine weiterreichenden Gesetze erlassen ohne ihren Vater. Er soll bei seiner Rückkehr das Königreich entsprechend dem testamentarisch verbürgten Willen der Königin Isabel vorfinden.

Als ob Juana von ihrer Mutter gelernt habe, forderte sie nun Rechenschaft über die Finanzwirtschaft in den Ländern Westindiens und über deren Verwaltung. Sie machte die von Philipp seinen Landsleuten verschwenderisch gewährten Schenkungen und Verleihungen rückgängig. Die zum höheren Staatsdienst berufenen Günstlinge des Königs entließ sie. Juana erfüllte damit das von Philipp mißachtete testamentarische Gebot der Königin Isabel, niemals fremdländische Edelleute in der Staatsleitung zu dulden. Entsprach dies nicht, im Gegensatz zu Philipps eher leichtfertigen ersten Maßnahmen, einer bewußt gehandhabten Sorgfaltspflicht zugunsten Kastiliens?

Soweit handelte Juana, bis sie am Abend des 20. Dezembers mit der in einem zweifachen Sarg aus Holz und Blei ruhenden Leiche Philipps aufbrach. Es war keine Willkür und keine Wahnsinnstat. Philipp hatte in seinem Testament gewünscht, in Granada beigesetzt zu werden, sollte er in Spanien sterben. Der übereilte, jahreszeitlich ungünstige Aufbruch stand im Zusammenhang mit der Pest, die in diesen Tagen in Burgos erste Opfer forderte. Gewiß hatte die hochschwangere Juana ihre physische Kraft überschätzt, auch wenn sie in der Sänfte getragen wurde oder im Reisewagen mitfuhr. Doch die Furcht, ihr Kind in der pestverseuchten Umgebung zur Welt bringen zu müssen, beschleunigte ihre Entscheidung.

In der Kartause von Miraflores auf einem bewaldeten Hügel vor Burgos, wo schon Isabels königliche Eltern und ihr Bruder Alfonso ruhten, hatte man Philipp vorläufig beigesetzt. Jetzt aber verweigerten die Mönche die Herausgabe des Verstorbenen, ließen den Sarg erst holen, als die Anwesenden befürchteten, die erregte Juana könne eine Fehlgeburt erleiden.

Bei der Öffnung des Sarges hielt sich Juana wahrscheinlich abseits. Der anwesende Pedro Mártir berichtet lediglich von einigen Bischöfen, von den Gesandten des Papstes, Kaiser Maxi-

milians und König Fernandos, die den Verstorbenen identifizierten. Der Augenzeuge bemerkt, Gesicht und Körper des Toten seien nach fast drei Monaten arg entstellt gewesen. Die Chirurgen hatten aus dem Leichnam Gehirn und Eingeweide entfernt, dann den Leib mangels Balsam mit Gewürzen gefüllt und wieder zugenäht. Das Herz war, in eine goldene Kapsel gebettet, nach Flandern geschickt worden. Aus allen Körperteilen war die Flüssigkeit herausgepreßt worden, und doch zeigte der mit gelöschtem Kalk bestreute Leichnam die Spuren der Verwesung.
Die Sargöffnung bei der Überführung eines Toten entsprach der Vorschrift, um Verwechslungen auszuschließen, und ist auch anderswo bezeugt. Gerüchte gingen um, Philipps Anhänger wollten die Leiche austauschen und den königlichen Toten nach Flandern schaffen. Ein solcher Verdacht hatte bereits zu einer ersten Sargöffnung am Allerheiligentag, dem 1. November, geführt. Juana ließ den Sarg in der Krypta von Miraflores aufbrechen. Pedro Mártir, gewiß kein Freund der Königin, schreibt, sie habe den Toten regungslos betrachtet, habe ihn an den Füßen berührt und den Sarg wieder schließen lassen.
Alles über den Bericht des Augenzeugen Hinausgehende, vor allem die später entstandene Schilderung, wonach Juana den Toten mit Küssen bedeckt habe und von ihm nur gewaltsam getrennt werden konnte, gehört der Legende an. Zur Legende gehören mit großer Wahrscheinlichkeit angebliche spätere Sargöffnungen, von denen keine zuverlässig bezeugt ist, so gespenstisch auch der Leichenzug gewesen sein mag, dem sich in der Dezembernacht in Burgos zahlreiche Adelige anschlossen, und der dem Lauf des Río Arlanzón folgend nach Süden zog.
Erzählerische Phantasie malte das Unternehmen in düsteren Farben. Ein makabres Schaustück war der nächtliche Zug mit dem Geleit betender, fackeltragender Mönche. Wegen der Pest kampierte man außerhalb der Dörfer.

Der feuchte Winternebel erschwerte das Vorankommen, doch schon am dritten Tag, einem Mittwoch, erreichte der Zug Torquemada am Zufluß des Río Pisuerga. Hier aber, sechzig Kilometer von Burgos entfernt, endet bereits Juanas eigenes Unternehmen. Sicherlich wurde ihr angesichts ihrer körperlichen und seelischen Verfassung das Unmögliche ihres winterlichen Leichentransportes nach Granada bewußt.
Juanas Aufenthalt in Torquemada zog sich über vier Monate hin, über den Winter bis ins späte Frühjahr, nicht nur wegen ihrer Erschöpfung, sondern weil sie hier am 14. Februar 1507 ihr sechstes Kind zur Welt bringt, die Infantin Catalina, das einzige Kind, das bis ins Mädchenalter bei der Mutter bleibt und achtzehnjährig dem König von Portugal vermählt wird. Nun teilte Juana ihre täglichen Verrichtungen zwischen dem Kult um den Toten, dessen Sarg vor dem Altar der Dorfkirche stand, und der Sorge um die neugeborene Infantin Catalina. Eine ruhige Zeit war es nicht, denn alsbald rückten aus Burgos Staatsdiener, Kontrahenten, weltliche und geistliche Würdenträger heran, erschien der zum Staatshüter gewordene Cisneros mit einer waffenklirrenden Truppe, die das friedliche Landstädtchen umstellte und die Königin schützen sollte. Doch als die Pest näherrückte und in Torquemada einige Dienstleute befiel, drängten Juanas Ratgeber zum Ortswechsel.
In der Aprilmitte zog der ganze Troß, wiederum am Abend, zum sechs Kilometer südöstlich gelegenen Dorf Hornillos. Man mußte Notunterkünfte und Zelte errichten. Die Königin nahm Quartier in einem Bauernhaus, in dem sie flämische Musikanten und Sänger, die einzigen von ihr geduldeten Niederländer, durch Musik und Gesang erfreuten. Ein Brand im Dachstuhl der Kirche verängstigte die Dorfbewohner, aber bald danach wurden sie von der ihnen unheimlichen Gesellschaft erlöst. Im Juli erreichte Juana die Nachricht von der Rückkehr ihres Vaters.

Auf König Fernando hatte Juana ihre ganze Hoffnung gesetzt. Wie niemanden sonst, Philipp ausgenommen, liebte sie ihren Vater. Die ihm innig zugeneigte, ihm vertrauende Tochter erwartete auch, daß Fernando helfen werde, das Königreich in Ordnung bringe, wie es dem Willen der Königin Isabel entsprach. Ob Juana die Folgen ihrer Erwartung bedacht hat? War es möglich, Fernando als Mitkönig oder als Regent mit allen Vollmachten einzusetzen? Zeitlich begrenzt oder für immer? Wollte sie, die Königin, auf ihre Kronrechte verzichten? Doch das auf die Zukunft der Krone gerichtete Denken hatte der schlaue Fernando längst auf seine Weise bedacht.

Fernando hatte seine Heimkehr verzögert, weil er nur durch Geduld gewinnen konnte. Als Retter wollte er, den man so kläglich hatte gehen lassen, in Kastilien empfangen werden. Wo nötig, halfen Versprechungen oder Geldgeschenke nach, den hohen Adel günstig zu stimmen. Dem mächtigen Staatshüter Cisneros brachte Fernando aus Rom den Kardinalshut mit.

Von solchem raffinierten Vorgehen wußte Juana nichts, als sie aus Hornillos ihrem Vater entgegeneilte. Nach vielleicht zwei Reisenächten, erträglicher als die heißen hochsommerlichen Tage, erreichte sie das weiter südöstlich gelegene Dorf Tórtoles, wo sie Ende Juli 1507 ihren Vater traf. Juana lief zu ihm, der noch staubbedeckt vom Pferd stieg, warf sich in üblicher Ehrfurchtsgeste nieder, dem Vater die Hand zu küssen. Fernando wehrte ab, sagte: *Tu regni Domina, licet filia.* – Du (bist) Herrscherin des Königreichs, wenn auch Tochter. Nun kniete er, der Fünfundfünfzigjährige, vor Juana, umarmte, küßte sie und brach in Tränen aus, wie es mehrere der Umstehenden unabhängig voneinander bezeugten.

Eine volle Woche blieben sie in Tórtoles, die kastilischen Regierungsgeschäfte zu besprechen, und am Ende triumphierte der Fuchs Fernando wie nie zuvor. Juana überließ ihm die uneingeschränkte Regierungsgewalt. Sie ahnte nicht, daß sie sich damit selbst die Fesseln anlegte, von denen sie nie mehr befreit würde. Erst später, 1520, als Juana einmal frei und unzensiert reden konnte, sagte sie, seit fünfzehn Jahren werde sie betrogen, schlecht behandelt und als Gefangene gehalten. Damit erinnert sie genau an den Sommer 1505, den Anfang ihrer Entmachtung, zunächst von Philipp und Fernando zum je eigenen Nutzen betrieben, zur Vollendung gebracht durch denjenigen, dem sie vorbehaltlos vertraute.

Einzug in Tordesillas

Juana überließ ihrem Vater das Staatsregiment und sich selbst mit ihrem Troß, ohne zu ahnen, daß seine und ihre Pläne nicht übereinstimmten. Wollte sie nicht in Granada den toten Philipp beisetzen? Aber Fernando leitete sie nach Norden, wo sie sich im Kloster Santa María del Campo einquartierten und dort gemeinsam Philipps erstes Jahresgedächtnis mit einem Requiem feierten. Noch herrschte zwischen Vater und Tochter ungetrübte Harmonie. Fernando wird es nicht schwergefallen sein, die erschöpfte Juana zu längerer Rast, zum Kräftesammeln vor der Weiterfahrt zu überreden.

Erst im Herbst, als Fernando seine Tochter weiter nach Norden ziehen ließ, in Richtung Burgos, kam in ihr ein erster Verdacht auf. Auf keinen Fall wollte sie zurückkehren an den Sterbeort Philipps. Sie merkt Fernandos Täuschung, denn sie verweigert den Aufbruch und bleibt im Dorf Arcos, zehn Kilometer vor Burgos.

In Arcos richtet sich Juana mit ihrem Gefolge ein, während Fernando einstweilen Burgos als Residenz wählt. Er muß die in den letzten Monaten vernachlässigten Staatsangelegenheiten ordnen, aber auch selbst Boden gewinnen, seine Macht festigen. Längst begann ein merkwürdiges Spiel, das nichts anderes als die endgültige Abschiebung Juanas zum Ziel hatte. Ein brutales Spiel, wie selbst die Berichte und Briefe von Fernandos Günstlin-

gen erkennen lassen. Unwissend ist die Königin umgeben von bedingungslosen Anhängern Fernandos wie dem Bischof von Málaga, ihrem Beichtvater, oder der Juana von Aragón, einer der unehelichen Töchter Fernandos.
Im November kommt Fernando mit seiner zweiten Frau Germaine de Foix zu Besuch nach Arcos. Die Chronisten schildern die Begegnung der Königinnen von Kastilien und Aragón als freundlich und harmonisch. Falls dies zutraf, wird Juana ein Höchstmaß an Selbstbeherrschung aufgebracht haben. Glaubhafter spricht sie selbst dreizehn Jahre nach der Zusammenkunft von »dieser Frau, die den Platz meiner Mutter, der Königin Isabel, einnahm«, als der Mitursache ihres Unglücks. In Arcos nimmt Juanas Unruhe zu, formiert sich ihr Widerstand, obwohl sie noch nicht weiß, was ihr Vater plant.
Vielleicht machte sie Fernandos auffälliges Drängen, das Heiratsangebot des englischen Königs Heinrich VII. anzunehmen, mißtrauisch. Sie konnte nicht wissen, daß ihr Vater bereits von Italien aus erste Schritte eingeleitet hatte, um sie auf diesem vergleichsweise milden Weg aus Kastilien fortzubringen. Die Heirat würde Juana an England binden und ihm und seinem von Germaine erhofften Sohn die aragonesische, am Ende auch die kastilische Krone sichern. Aber Juana wehrte entrüstet ab, schon bei Fernandos erstem Vorstoß in Santa María del Campo und erneut im Frühjahr 1508 in Arcos: *No tan aína.* – Nicht so bald, und nicht, solange ihr Gemahl nicht begraben sei.
Warum kam die beabsichtigte Fahrt nach Granada in Arcos zum Stillstand? Manches deutet auf einen unfreiwilligen Aufenthalt, verschärft, nachdem Juana die von ihrem Vater erwünschte englische Heirat ausschlug. Von nun an schloß sich um die inzwischen neunundzwanzigjährige Königin der Ring. Rund um Arcos postierte Fernando seine italienische Truppe, die jeden An- oder Abreisenden kontrollierte.

Fernandos Regentschaft, seine politische Macht war keineswegs so gesichert, wie er es gewünscht hatte. Seine Unternehmungen und sein Umgang mit der Königin hatten die Castellanos argwöhnisch gemacht. Kastilische Granden verhandelten bereits mit Abgesandten des Kaisers Maximilian, um Juanas Kronrechte zu schützen und ihren neunjährigen Sohn Carlos, den einzigen legitimen Thronerben, nach Kastilien kommen zu lassen. In Andalusien kam es zu offener Rebellion, die Fernando im Sommer und Herbst mit einem Truppenaufgebot abwehren mußte, ein Grund mehr, Juana abgeschirmt und beaufsichtigt zu wissen.

Im Herbst erreicht Fernando ein Schreiben des Bischofs von Málaga, der offensichtlich – wie Moxica in Flandern – mit der Beobachtung oder Bespitzelung der Königin beauftragt war. Der Bischof sammelt in seinem Bericht erschreckende Einzelheiten über Juanas Verhalten und ihre Gemütsverfassung. Er schreibt, sie sei in ihren Handlungen und Äußerungen ruhig, doch sie wasche und pflege sich nicht, trage ein unsauberes Hemd und vernachlässige ihre Kleidung. Sie schlafe und esse auf dem Fußboden, und sie dehne das Frühstück unstatthaft lange aus, so daß sie die Messe versäume, tagelang. Sie müsse sehr oft Wasser lassen, »wie bei niemandem sonst bemerkt«. Man dürfe »ihr die Sorge für ihre Person nicht allein überlassen«.

Zunächst gibt zu denken, daß der Schreiber dieses vielzitierten Berichts nahezu jede seiner Mitteilungen einleitet mit »Man behauptet . . .«, »Man hat mir gesagt . . .« oder »Ich glaube . . .«. Er ist einerseits als Anhänger Fernandos auf ein bestimmtes Erscheinungsbild Juanas, das ihre Regierungsunfähigkeit bestätigt, fixiert, aber er scheut sich, die etwas unsichere Herkunft seiner Behauptungen zu verheimlichen.

Einige Wochen nach der Absendung des Schreibens befiel Juana eine schwere, fiebrige, doch nicht diagnostizierte Krankheit.

Wahrscheinlich zog sie sich durch das Schlafen auf dem kalten Boden eine Nieren- oder Blasenerkrankung zu, worauf das dem Briefschreiber so rätselhafte häufige Wasserlassen deutet.

Einzelne der genannten Verhaltensweisen kommen der Wahrheit nahe, sind auch zu anderen Zeiten bezeugt. Wie ihre Mutter in den Mädchenjahren, zeigte sich Juana um herausgeputzte Kleidung kaum besorgt, erst recht nicht mehr seit Philipps Tod. Ihre schon in Flandern von spanischen Gesandten gerügte, später noch zunehmende Vernachlässigung religiöser Pflichten schob mancher Interpret ihrer angeblichen Geistesverwirrtheit zu. Angemessener wäre eine andere Deutung, nach der die von ihrer Mutter religiös äußerst streng erzogene Juana am leichtlebigen flandrischen Hof in eine Konfliktsituation geriet, aus der sie nie mehr freikam. Außerdem mußte sich ihre wache, sensible Intelligenz an mancher religiösen Heuchelei, manchem fehlgeleiteten Handeln der Inquisition reiben. Solche Gründe führten eher zu ihrem lässigen bis ablehnenden Umgang mit religiösen Übun gen.

Glaubhaft wäre, daß sie sich gehen ließ, das heißt, gegen das von Öffentlichkeit und Zeremoniell von ihr Erwartete verstieß, ähnlich dem von ihr ebenso genutzten Sichverweigern durch den Hungerstreik. Es sind Trotzreaktionen, letzte verfügbare Mittel angesichts ihrer erkannten Ohnmacht, wie schon einmal in Brüssel und später noch radikaler eingesetzt.

Im Herbst 1508 begreift sie ihre Ausweglosigkeit, die Arglist derjenigen, in deren Gewalt sie sich selbst gegeben hat. Sie kann weder fliehen noch handeln, wie sie will. Ihr Vater nimmt ihr den fünfjährigen Infanten Fernando, den sie nach Hornillos hat kommen lassen, um ihn mit der in Torquemada geborenen Catalina in ihrer Nähe zu haben. Die Wegnahme unter dem Vorwand, dem Jungen müsse eine gute Erziehung zuteil werden, empfindet sie als Repressalie, die ihr endgültig die Augen öffnet.

Aus Andalusien kommt Fernando mit dem unabänderlichen Entschluß zurück, Juana an einem befestigten, bewachten, der Außenwelt versperrten Ort zu internieren, wenn nötig gewaltsam. Er muß schnell handeln, ehe die Gegner seiner Regentschaft seinen Plan durchkreuzen. Seine Anhänger stimmen dem Vorhaben guten Gewissens zu. War Juana nicht ein bedauernswertes Geschöpf, unfähig zur Selbstbewahrung ihrer körperlichen und seelischen Gesundheit, darum der Aufsicht bedürftig? Der vom Bischof von Málaga mitgeteilte Befund überdeckte das unterschwellige machtpolitische Spiel, das mit der völligen Enteignung, der Mattsetzung, der Vernichtung der Königin seinem Ende zugeführt wurde.
Fernando bestimmte die Königsburg von Tordesillas südwestlich von Valladolid zum Internierungsort. Das leicht zu überwachende, gegen unerwünschte Besucher abzuschirmende Kastell hoch über dem Duero entsprach genau Fernandos Vorstellung. Er redete Juana gut zu, um ihre Einwilligung zu erlangen. Sie scheint geahnt zu haben, daß Fernando ihr mit dem ihr zugewiesenen Domizil keinen Liebesdienst erwies, sie verweigert die Zustimmung. Pedro Mártir spricht von Fernandos Drohungen, was nur zeigt, mit welcher Entschlossenheit über die Königin verfügt wurde.
Nicht freiwillig, nicht *sua sponte*, wie Michael de Ferdinandy meinte, folgte Juana, als sie in der Nacht des 14. Februar 1509 aus dem Schlaf geholt und zum Aufbruch genötigt wurde. Fernando spricht später selbst von den Schwierigkeiten, die ihm Juana vor dem Aufbruch bereitet habe. Wie man einen mächtigen, tiefverwurzelten Baum aus der Erde reißt, so habe man Juana aus Arcos wegholen müssen, schreibt Pedro Mártir, der Bewunderer der Königin Isabel, ihr und Fernando mehr zugeneigt als der unglücklichen Juana. Etwas Aufschub gab es, bis die kleine Catalina reisefertig war, und unterwegs erreichte Juana vor Valla-

dolid einen Zwischenaufenthalt. Mindestens eine Woche brauchte der Geleitzug, um die hundertfünfzig Kilometer über die februarkalte Meseta und durch die Flußniederung des Pisuerga nach Tordesillas zu bewältigen.

Im Kastell mit dem freien Ausblick über den Duero nach Süden, im Rücken die Ortschaft Tordesillas, residierten schon früher gelegentlich die Könige von Kastilien. Hier schlossen Kastilien und Portugal 1494 den von Papst Alexander VI. vorgeschlagenen Vertrag zur »Weltteilung« der beiden Erobererländer. War es eine freundliche oder eine düstere festungsartige Königsburg, die Juana aufnahm? Nur noch ein Turm, *Torre de Doña Juana* genannt, erinnert an das Ende des 18. Jahrhunderts wegen Baufälligkeit abgerissene Kastell. Oberhalb der Terrassen, wo heute Kinder spielen und die Alten an Sonnentagen sitzen, erstreckte sich das Kastell und grenzte östlich an das Kloster der Santa Clara. Die erhaltenen Klostertrakte mit der Capilla Mayor, die Philipps Sarg bis zur Überführung nach Granada aufnahm, vermitteln eine Vorstellung von den Baulichkeiten zur Zeit der Königin.

Was auch Juana bewegt haben mag, als sie die ihr bestimmten Gemächer betrat, sie ahnte nicht, daß sie eingeschlossen war in ihrer Zwingburg, ihrem Gefängnis, das sie über sechsundvierzig furchtbare lange Jahre nicht mehr verlassen konnte.

Fernandos zweifelhafte Politik

Nicht selten sind es schlichte ortsunkundige Behauptungen, die zu falschen Schlußfolgerungen führen. Wenn Ludwig Pfandl schreibt, die Königin habe »von ihren Gemächern aus jederzeit den Anblick des Sarges« gehabt, so war ihr Biograph vermutlich nie am Ort. Zwischen Juanas Domizil in der Königsburg und der Capilla Mayor des Klosters Santa Clara lagen Gebäude, Mauern, Höfe. Zu einem übertriebenen Totenkult fehlte jegliche Voraussetzung, auch deswegen, weil der Sarg der Obhut der Klarissinnen übergeben war. Wäre es nach ihrem Willen gegangen, hätte Juana niemals Frauen, auch Nonnen, als Hüterinnen des toten Philipp geduldet.

In Tordesillas war Juana einem unerbittlichen Reglement unterworfen. Nur zum Besuch der Gottesdienste konnte sie ihren engeren Wohnbereich verlassen. Ihr oberster Aufseher Luis Ferrer rühmte sich geradezu in seinem späteren Rechenschaftsbericht der strengen Abriegelung und Zucht innerhalb der Burgmauern. Juana kannte den Aragonesen Ferrer, der seit zwei Jahren als Fernandos Spitzel ihrem kleinen Gefolge angehörte. Nun erwies sich Ferrer sieben Jahre lang als Kerkermeister, der härteste Maßnahmen nicht scheute.

Er habe auf Weisung König Fernandos gehandelt, schrieb Ferrer 1516, der König habe befohlen, Juana zu zwingen. Damit sie am Leben bleibe, sei der König genötigt gewesen, *mandar dar cuerda*,

»zu befehlen, den Strick zu geben«. Das heißt nichts anderes, als daß die unglückliche Königin geschlagen, körperlich gezüchtigt wurde, um ihren Widerstand gegen ihre Einsperrung, gegen die ihr Königtum mißachtenden, ihren Stolz verletzenden Zwangsmaßnahmen zu brechen. Sie verweigerte das Essen, verweigerte das Wechseln ihrer Kleider, das Schlafen im Bett oder nach erzwungener Bettruhe das Aufstehen. Sie ließ sich nicht baden, ihren Körper nicht pflegen. War das ein Absinken »immer tiefer in die Verblödung« (Ludwig Pfandl) oder nicht vielmehr die ihr einzig gebliebene Möglichkeit, sich durch passiven Widerstand zu wehren?

Nach acht Monaten besuchte Fernando seine Tochter, um sie zu überreden, wegen des kommenden Winters von ihren Gemächern mit Blick zur südlichen Terrasse und hinunter zum Duero ins Innere der Burg zu wechseln. Die Preisgabe der Außengemächer hätte Juana der letzten Verbindung zur Außenwelt beraubt, und dies, nicht die winterliche Vorsorge, war beabsichtigt. Sie wehrte sich erbost, zuerst durch Worte, dann durch Verharren in ihrer Kammer, bis man sie gewaltsam forttrug und ihr die neuen Gemächer aufzwang.

Zu seinem zweiten Besuch erschien Fernando im November 1510 mit kastilischen Granden und fremdländischen Gesandten. Es war eine infame Bloßstellung der eigenen Tochter, denn Fernando betrat mit den hohen Herren unangemeldet Juanas Wohnraum, und er wußte, in welchem Zustand sie sich befand: ungepflegt, nachlässig gekleidet, vom Hungerstreik geschwächt und jämmerlich anzusehen. Nach den peinlichen ersten Minuten befahl sie hastig, ihr die königlichen Gewänder, ihren Schmuck zu bringen. Sie ahnte, daß ihr ein böser Streich gespielt wurde, reagierte empört, verstrickte sich nur noch mehr durch ihren Zornausbruch, ihr Wüten gegen den heimtückisch inszenierten Besuch. Die Granden sahen ein armes, heruntergekom-

menes, dazu noch unbeherrschtes Wesen, das sich schlecht mit königlicher Repräsentation vertrug.
Fernando hatte erreicht, was er wollte, den hohen Adeligen und Gesandten Juanas Hilfsbedürftigkeit, ihre Unfähigkeit, die Krone Kastiliens zu tragen, vorzuführen. Nicht wenige Castellanos mißtrauten dem Aragonesen, der ihre Königin einsperren ließ und selbstherrlich zur königlichen Macht griff. Wenigstens die einflußreichsten Adeligen sollten ihm Verständnis entgegenbringen und seine Regentschaft, entsprechend dem Testament der Königin Isabel, billigen. Er brauchte diese minimale Zustimmung, denn er verstieß gegen eine andere testamentarische Forderung Isabels und gegen bestehendes Recht, weil er seinen Entschluß ohne Bestätigung der Cortes verwirklicht hatte. Wahrscheinlich befürchtete Fernando, die Abgeordneten könnten durch neutrale Prüfung der angeblichen Regierungsunfähigkeit der Königin seinen Maßnahmen widersprechen. Warum sonst lehnte er auch nachträglich die Einberufung der Cortes ab?
Mit Recht nannte der niederländische Historiker Johan Brouwer die durch die Übertölpelung Juanas eingeleitete Regierungsübernahme einen »Staatsstreich«. Fernando herrschte ohne die von den Cortes verliehene Rechtskraft, ein Diktator in seinen letzten Lebensjahren.
Als Herr über Kastilien und Aragón konnte er mit vollem spanischem Gewicht seinen außenpolitischen Ambitionen nachgehen, zum Schaden Spaniens, denn innenpolitisch setzte er aufs Spiel, was Isabel und er mit ihr durch kluge Politik erreicht hatten. Fernandos Unternehmungen in Nordafrika entsprachen noch einem gewissen Sicherheitsbedürfnis, der Verhütung einer erneuten Invasion der Berber. Doch übrig blieben von den durch mühsam erpreßte Steuergelder finanzierten Kriegszügen nur ein paar unzusammenhängende marokkanische Küstenstreifen. Erfolgreicher, doch nahezu ausschließlich eigenen machtpolitischen

und dynastischen Interessen dienend, verliefen Fernandos kriegerische und vertragspolitische Unternehmungen in Italien.
Isabel hatte Fernando ihren tüchtigsten Feldherrn, Gonzalo Fernández de Córdoba, zum Kriegszug in Süditalien überlassen. Doch der kastilischen Königin, außenpolitisch eher zurückhaltend, wäre der italienische Daueraufenthalt ihres Gran Capitán so wenig recht gewesen wie Fernandos abenteuerliche aragonesische Außenpolitik. In seiner nun auf italienischem Boden ausgetragenen, doch gegen Aragóns Erzfeind Frankreich gerichteten Politik verhielt sich Fernando ganz als der von Machiavelli gelobte *Principe*, skrupellos machtorientiert.
Er trat der Liga von Cambrai bei, der gegen Venedig gerichteten Dreierkoalition von Papst Julius II., Kaiser Maximilian und König Ludwig XII. Die Bündnispartner garantierten ihm Anerkennung seiner kastilischen Regentschaft über Juanas Tod hinaus, und er gewann einige apulische Hafenstädte, die seine Position in Süditalien stärkten. Zwei Jahre danach, 1511, als ihm die Koalition nichts mehr nützte, wechselte Fernando bedenkenlos ins Gegenlager, der nun gegen Frankreich gerichteten Heiligen Liga im Bündnis mit dem Papst und Venedig und dem Fernando familiär verbundenen englischen König. Durch das Waffenbündnis und die Schwächung Frankreichs entging er seiner vertraglichen Zusicherung von Blois, wonach er die Hälfte des Königreichs Neapel Frankreich überlassen müßte, falls seiner Ehe mit Germaine de Foix ein Erbe versagt blieb. Germaine gebar wohl – nicht lange nach Juanas Einschließung in Tordesillas – einen Sohn, aber er lebte kaum eine Stunde. Der sechzigjährige Fernando unternahm alles, um zu einem leiblichen Erben zu kommen. Auf Dauer verlief sein außenpolitisches Finassieren glücklos. König Ludwigs Nachfolger auf dem französischen Thron, Franz I., fiel in Italien ein und bedrohte Neapel. Vor allem sollte ein Erbe der eigenen Dynastie das aragonesisch-kastilische Kö-

nigreich sichern, das heißt, den legitimen Thronerben, Juanas Sohn Carlos, beiseite drängen. Germaine braute ihm allerlei Liebestränke, einmal ein Aphrodisiakum aus den Hoden eines Bullen. Aber die scharfen, angeblich potenzsteigernden Mittel halfen nicht. Im Gegenteil, sie führten zu Fieberanfällen und Erbrechen, so daß man schon von Vergiftung munkelte.

Ende Januar 1516 starb König Fernando, dreiundsechzigjährig, in den letzten Monaten verbittert, mürrisch und ruhelos. In Kastilien war er seit Isabels Tod unbeliebt, was sicherlich mit der Behandlung seiner Tochter und kastilischen Königin zu tun hatte. In seinem Testament wird Juana noch nicht einmal erwähnt. Er wollte ihren zwölfjährigen Sohn Fernando, weil er in Kastilien aufwuchs, zum Königserben benennen, wurde aber von seinen Räten belehrt, daß diese Nachfolge illegal sei. König Fernando bestimmte den energischen Kardinalerzbischof Cisneros zum Verwalter der Staatsgeschäfte, bis der Thronfolger Carlos sein Erbe antreten konnte.

Der greise, asketische Cisneros war persönlich lauter, unbestechlich, gerecht, ein regierungstüchtiger Mann, doch unerbittlich in seinen Vorstellungen. Sein Verhalten gegenüber Juana war vorauszusehen. Er kannte Juana schon als Mädchen und hatte keinen Grund zur Annahme, daß sie ausweglos dem Wahnsinn verfallen sei. Doch ihre Charaktere waren unvereinbare Gegensätze. Wie Juana das rigorose, unbeugsame Handeln des Kardinals und Großinquisitors seit 1507 mißfiel, so glaubte er, ihrem unausgeglichenen, unbeherrschten, rätselhaften Wesen die aktive Königswürde versagen zu müssen. Auch Cisneros öffnete der allein rechtmäßigen Königin von Kastilien und Aragón nicht die Tore von Tordesillas.

Ein Aufstand der Garnison und der Bürger von Tordesillas brachte wenigstens örtlich die Empörung der Castellanos über die widerrechtliche Einschließung der Königin zum Ausdruck.

Der Befreiungsversuch mit Waffengewalt mißlang, was nur zeigt, daß eine ziemlich starke Truppe der königlichen Leibgarde zur Bewachung abgestellt war. Immerhin nahmen die Aufrührer den verantwortlichen Zuchtmeister Luis Ferrer gefangen, und Cisneros sah sich genötigt, eine Prüfung von Ferrers Behandlungsmethoden einzuleiten.

Der mit der Untersuchung beauftragte Bischof von Mallorca muß schreckliche Erkenntnisse über die demütigende Behandlung der Königin gewonnen haben. Cisneros befahl, die schlimmsten Aufseher durch die Straßen von Tordesillas zu peitschen. In seiner Rechtfertigung versteckte sich Fernandos Kreatur Ferrer hinter dem Rücken des verstorbenen »weisen Königs«, ein Befehlsausführer, der sein sadistisches Handeln mit der Pseudounschuld bürokratischer Korrektheit verteidigte. Cisneros entließ Ferrer aus seinen Diensten und sorgte für mildere Bewacher, aber er gewährte der Königin kein freieres und halbwegs glückliches Leben.

Seid ihr wirklich meine Kinder?

Der achtzigjährige Jiménez de Cisneros, der große, in vieler Hinsicht verdienstvolle Staatsverwalter und Kardinal, war nicht unschuldig an der weiteren politischen Entwicklung, die Juanas Schicksal besiegelte. Er handelte in gutem Glauben. Doch sein Glauben blieb im starren Dogmatismus gefangen. Cisneros hätte die Macht gehabt, den aus zweifelhaften Gründen über Juana verhängten Spuk zu beenden. Er hätte seine politische Energie in den Dienst der unerfahrenen, ja auch labilen Königin stellen können. Die Zustimmung der Bevölkerung, der Cortes und nicht weniger Granden wäre ihm sicher gewesen. Anders, möglicherweise glücklicher wären die Geschicke Spaniens verlaufen. Auf Fernandos Tod reagierten die Verantwortlichen in Brüssel, indem sie sofort den sechzehnjährigen Carlos zum König von Kastilien ausriefen. *Vive Doña Jeanne et Don Charles, par la grâce de Dieu rois catholiques.* Man sprach französisch am burgundischen Hof und beherrschte die Etikette. Die eingesperrte Königin Juana wurde zwar an erster Stelle genannt, aber dreist nahm man Carlos' Ernennung zum König vorweg. Die kastilischen Räte protestierten: allein Doña Juana sei Königin; ihr Sohn, der Herzog von Burgund, sei Kronprinz und bedürfe auch in stellvertretender Eigenschaft als Regent der Zustimmung der Cortes. Dem mächtigen Cisneros gelang es, in einer turbulenten Sitzung der Cortes in Madrid die Procuradores auf Carlos einzuschwören. Gegen Einwände des Herzogs von Alba, des Konnetabels, des Admirals von Kastilien und anderer Granden wurde Cisneros zum Wegbereiter des Königs Carlos und späteren Kaisers Karl V. Der greise Kardinal ahnte nicht die Folgen für Kastilien. Er ahnte nicht, daß er selbst keinen Dank ernten würde.

Als Carlos mit seinem flämischen Gefolge im September 1517 an der asturischen Küste nahe Villaviciosa landete, führte er das Entlassungsdekret für Cisneros mit sich. Der altersschwache, kränkelnde Verweser des Königreichs ließ sich in geheizter Sänfte durch das rauhe Bergland dem Ankömmling entgegentragen. Cisneros blieben wenigstens seine beschämende Entlassung und die Verteilung seiner hohen Ämter auf flämische Günstlinge verborgen. Er starb am 8. November 1517, auf dem Weg nach Tordesillas, wo sich Carlos bereits aufhielt.

Der seit einem Jahr mündige, doch körperlich wie geistig etwas zurückgebliebene Carlos war abhängig von seinen Ratgebern, an der Spitze, fast an Vaterstelle, sein Großkämmerer Wilhelm von Croy, Seigneur de Chièvres, ein diplomatisch gewitzter Mann Mitte Fünfzig. Neben ihm der geistliche Lehrer, der strenggläubige, gütige Adrian von Utrecht, Dekan in Loewen, und der Kanzler Jean de Sauvage.

Schon in Brüssel hatte die Verteilung von Ämtern und Pfründen in Carlos' Erblanden begonnen. Chièvres und Sauvage ließen sich den Verkauf spanischer Staatsämter an flämische Interessenten meistbietend bezahlen. Cisneros wehrte sich noch erbittert gegen den unverfrorenen Groß- und Kleinhandel mit der noch nicht einmal legalisierten spanischen Erbschaft. Aber er selbst hatte den Boden bereitet, am Ende ein Geprellter, dessen Begegnung mit Carlos aus gutem Grund von Chièvres hintertrieben wurde. Nach Cisneros' Tod setzte das ein, was Isabels Vermächtnis widersprach, was Juana nach ihrer Rückkehr verwehrt hatte: die hemmungslose Überfremdung.

Niederländer übernahmen die Ämter der Staatsräte, der kastilischen Staatsminister, bis auf zwei unbedeutende Posten. Sauvage rückte in das Amt des Großkanzlers. Chièvres, in nächster Zeit einflußreichster Politiker im Land, begnügte sich mit dem »Finanzministerium«, dem Amt des Contador Mayor. Seinem sechzehnjährigen flämischen Neffen verschaffte er den Erzbischofstuhl von Toledo, das höchste Kirchenamt Spaniens. Adrian von Utrecht erhielt das Bistum Tortosa, wurde im Folgejahr Kardinal, Vorstufen zu seiner späteren Papstwürde als Hadrian VI. Mit der Vergabe weltlicher wie kirchlicher Ämter, ebenso mit deren Übernahme verbunden war eine Bereicherung, deren Geldwerte je nach Amtshöhe ins Unermeßliche stiegen. Skrupellos bereicherten sich die fremden Herren an einem Land, dessen Armut und hinterwäldlerische Lebensverhältnisse, gemessen am reichen flämischen Lebensstandard, sie hochmütig verspotteten.

Als jemand Juana die Landung ihres Sohnes meldete und ihn leichtfertig König nannte, soll sie geantwortet haben: *Yo sola soy Reina, que mi hijo Carlos no es más que príncipe.* – Ich allein bin Königin, mein Sohn Carlos ist Kronprinz, nicht mehr. – Das entsprach ihrer und der Castellanos Stimmung. Aber dann begegnete Carlos seiner Mutter, kam es Anfang November 1517 zum ersten Wiedersehen nach zwölf Jahren, über das Laurent Vital aus Carlos' Gefolge genau berichtet. Chièvres, der Königin aus ihrer Brüsseler Zeit bekannt, hatte im Vorfeld sehr höflich Juanas gesittete, kluge Kinder Carlos und die mitgekommene Eleonore gelobt.

Linkisch, mit drei abgestuften tiefen Verbeugungen näherte sich der schmächtige Siebzehnjährige – etwas hinter ihm die Schwester – der Königin in ihrem Wohnraum. Carlos sprach französisch, höfisch zeremoniell: »Madame, Ihre gehorsamen Kinder freuen sich aufrichtig, Sie dank Gott bei guter Gesundheit anzutreffen und bitten, Ihnen ihre untertänigste Ergebenheit bezeigen zu dürfen.« Juana reagierte spontan, griff nach den Händen der Geschwister, umarmte sie, sagte: »Seid ihr wirklich meine Kinder? So groß geworden in so kurzer Zeit! Gott sei gedankt dafür, und beglückwünscht seid ihr beide! Wieviel Mühe und Anstrengung wird es euch gekostet haben, von so weit hierher zu kommen. Ihr werdet erschöpft sein. Es ist schon spät, geht jetzt, ruht euch bis morgen gehörig aus.« Wie immer man die Empfangsworte deuten mag, auf eine Geistesgestörtheit lassen sie nicht schließen.

Chièvres nutzte die Gunst der Stunde. Er blieb noch, um Juana von ihren Kindern zu berichten und das Gespräch auf das Thema zu lenken, dessentwillen Carlos nach Tordesillas gekommen war. Keine Einzelheit, doch das Ergebnis ist überliefert, Juanas Einwilligung, ihrem Sohn die Regentschaft zu überlassen. Dem widersprach nicht, daß man Juana den Tod König Fernandos verschwiegen hatte und sie davon erst 1520 erfuhr. Auch zu Lebzeiten Fernandos war sie allein rechtmäßige Königin, und dem großjährigen Carlos gehörte als kastilischem Thronfolger die Priorität vor Fernando. Aber äußerst raffiniert muß Chièvres argumentiert haben, um Fernando zu übergehen oder auszuschließen.

Laurent Vitals Bericht läßt erkennen, wie geschickt Chièvres die Weichen stellte und wie der einwöchige Aufenthalt weniger der Pietät als der endgültigen Machtübernahme und Einberufung der Cortes diente. Die Gäste lebten angenehm in der Königsburg. So düster und schaurig, wie mancher Autor behauptet, kann das Kastell mit dem Blick über den Duero nach Süden weder außen noch innen gewesen sein. Der Kammerherr Vital, an die reichen flämischen Verhältnisse gewöhnt, lobt geradezu die luxuriös mit rotem Seidensamt und Goldbrokat und prächtigen Tapisserien ausgestatteten Gemächer.

Nur die Königin lebte dürftig, und keiner der hohen Besucher dachte an Besserung der Verhältnisse. Allerdings planten die Geschwister, ihre nachgeborene kastilische Schwester einem standesgemäßen Leben zuzuführen. Im nächsten Frühjahr – Carlos residierte bereits in Valladolid – gelang die Entführung der gerade elfjährigen Catalina. Deren Schlafkammer lag hinter Juanas Schlafraum, nur durch diesen erreichbar. Man mußte einen Wächter bestechen und vom rückwärtigen Korridor her eine Wand durchbrechen. Der Infantin scheint die abenteuerliche Entführung gefallen zu haben. Für sie war alles neu, märchenhaft, die fürstliche Einkleidung, das glanzvolle, verschwenderische Leben, die jeden Wunsch erfüllende Bedienung.
Die verzweifelte Juana sah sich des letzten ihr verbliebenen Kindes beraubt. Den vor fünfzehn Jahren in Alcalá de Henares geborenen Fernando hatte ihr Vater ihr genommen, um ihn kastilischen Erziehern in Obhut zu geben. Ihre anderen Kinder mußte sie in Flandern zurücklassen, die erstgeborene Eleonore, Carlos, die nun sechzehnjährige Isabel, bereits dem König von Dänemark vermählt, und die nun zwölfjährige María.
Nach einigen Tagen hatten die der Königin einzig verfügbaren Mittel, Klagen, Weinen, Verweigerung von Essen und Trinken, Erfolg. Freiwillig, heißt es, sei ihre Tochter zurückgekehrt. Carlos gab sich unschuldig, schob die Entführung flämischen Adeligen zu, er selbst, schrieb er der Königin, habe für Catalinas Rückkehr nach Tordesillas gesorgt, was eine reine Lüge war.
Offensichtlich suchte Carlos die Königin zu beruhigen, um ja nicht die von ihrer Zustimmung abhängige Regentschaft aufs Spiel zu setzen. In Kastilien verlief nicht alles nach seinem und Chièvres' Wunsch. Einen Monat zuvor, im Februar 1518, hatten ihm die Cortes in Valladolid Widerstand geleistet, als er, unvernünftig genug, den Versammelten seinen Kanzler Sauvage als Präsidenten vorsetzte. Das und überhaupt die selbstherrliche

Ämtervergabe an Ausländer empfanden die Procuradores als ehrverletzend. Die Abgeordneten rebellierten, forderten von Carlos den Eid auf die kastilischen Gesetze und Privilegien. Er mußte schwören, das Testament der Königin Isabel zu achten und keine fremdländischen Amtsträger zu ernennen. Ihm wurde die bedingungslose Anerkennung der Rechtshoheit der Königin Juana abverlangt; demnach würde seine stellvertretende Regentschaft enden, sobald die Königin sich besser fühle und zu regieren wünsche.

Noch widerständiger verhielten sich die Cortes in Zaragoza und Barcelona im Sommer 1518. Aragonesen und Katalanen reagierten verbittert auf die Überfremdung in den höchsten Staatsämtern, auf die Bereicherung von Carlos' Günstlingen. Sie befürchteten, der landesfremde Carlos diene nicht spanischen Interessen, sondern nutze allein das politisch gewichtige Königreich und spanisches Gold zur Verwirklichung eigener Pläne. Wie es Carlos fertigbrachte, allen Vorbehalten zum Trotz anerkannt zu werden und auch noch Geld, enorme Subsidien, herauszupressen, war ein diplomatisches Meisterstück seiner Räte.

Über neun Monate zögerten die Aragonesen ihre Bestätigung hinaus. Mißtrauisch geworden, wollten sie sich zunächst über das Befinden der Königin Gewißheit verschaffen und sandten den Erzbischof von Zaragoza, Juanas Halbbruder Alonso, nach Tordesillas. Aber der von Carlos eingesetzte Verwalter der Königsburg, der Marqués de Denia, verweigerte dem Erzbischof, dem in Aragón die Regentschaft anvertraut war, den Zutritt.

Der Marqués de Denia handelte auf strikte Anweisung von Carlos. Von nun an sollte kein Besucher mehr die Regierungsunfähigkeit der Königin bezweifeln. Der Plan von Carlos und von seinen niederländischen Räten, konsequenter verwirklicht als Philipps und Fernandos Bestrebungen, die Königin zu isolieren, stieß Juana endgültig ins Abseits.

Nur eine wirklich handlungsunfähige, unheilbar dem Wahnsinn verfallene Königin konnte dem Erben die Königsmacht dauerhaft sichern. Jede vernünftige, bedachte, kluge Äußerung Juanas gegenüber Besuchern hätte den Plan ins Wanken gebracht, wie schon Philipps Versuch gescheitert war, weil Granden und Cortes eine wache, redegewandte Königin erlebten. Und waren nicht Carlos und Chièvres einer durchaus umsichtigen, realistisch denkenden Königin begegnet?
Keineswegs war die achtunddreißigjährige Juana beim Dienstantritt des neuen Schloßherrn Denia, im März 1518, im klinischen Sinn geisteskrank. Zu eindeutig berichten selbst Carlos' Gefolgsleute vom vernünftigen Denken oder Handeln der Königin, sofern sie unzensiert zu Wort kommt oder frei handeln kann. Aber die nun schon neun Jahre währende Einkerkerung war nicht folgenlos geblieben. Juanas psychische Labilität war für das von Denia realisierte teuflische Unternehmen die beste Voraussetzung. Man mußte nur verschärfend nachhelfen, und das besorgte der Kerkermeister Denia erbarmungsloser und abgefeimter als sein Vorgänger Ferrer.
Die ersten Maßnahmen betreffen die totale Abriegelung nach außen. Die Burgwache wird auf mehr als dreihundert Waffenträger verstärkt. Wie kein Fremder von außen Zugang findet, so bleibt der Königin jeder Ausgang verwehrt, sogar der Weg hinüber zum Kloster Santa Clara. Oft genug bittet, befiehlt sie, hinausgehen zu dürfen, kleidet sich an, wartet stundenlang vergebens. Carlos selbst verbietet ausdrücklich jedes Hinausgehen. Vergeblich fordert Juana den Besuch einiger Granden, weil sie über ihr Eingesperrtsein Klage führen und über die Vorgänge im Königreich informiert sein will. Mehrmals verweist Denia auf König Fernando, den längst gestorbenen, der ihr Wohlergehen im Sinn habe, darum alle äußeren Angelegenheiten von ihr fernhalte.

Denia lügt, spricht heute anders als morgen, verdreht die schlichten Tatsachen, treibt Juana in Unsicherheit und Selbstzweifel, ein Meister psychologischer Destruktion. Er versteht es, stets neue Kränkungen und Quälereien zu erfinden. Einige ihrer Sachen, die man ihr wegnimmt, weil Catalina diese benötige, entdeckt sie ein paar Tage später an Denias Frau und Tochter. Bei einer zehntägigen Erkrankung wird ihr ärztliche Hilfe versagt, weil sie angeblich simuliere. Ein andermal wird ihr trotz heftiger Schmerzen ein Zahnarzt verweigert. Kein Schatzmeister erscheint, als die Königin nach ihm verlangt, weil sie Geld für ihre Bedienung brauche, und Denia gibt ihr ein paar lächerliche Münzen. Solche und ähnliche Schikanen würden auch weniger empfindsame Naturen reizen, in Zorn bringen, bis schließlich die erkannte Ohnmacht zur Resignation führt.
Für Juanas Wutausbrüche wie für ihre Flucht in Apathie ließen sich genug Beispiele finden, die den Befund eines schleichenden Wahnsinns, der erwünschten Regierungsunfähigkeit erhärteten. Jedoch Denia verrät sich selbst, indem er auch schreibt, die Königin spreche »vernünftige Worte«, sie »kämpfe weiter«, es sei »gefährlich, jemanden zu ihr zu lassen«. Seinem Auftraggeber Carlos schwört er, nichts werde geschehen, »was nicht in Eurem Interesse liegt und Euch zum Vorteil dient«.
Die Vorgänge in Tordesillas blieben phantastische Erfindung, verfügten wir nicht über Denias eigenes Zeugnis und hätte nicht der deutsche Historiker Gustav A. Bergenroth in der zweiten Hälfte des neunzehnten Jahrhunderts den geheimen Briefwechsel mit Carlos zugänglich gemacht. Der in englischem Dienst forschende Gelehrte entdeckte die teils chiffrierte Korrespondenz in der Burg Simancas, dem Sitz des spanischen Generalarchivs in der Hochebene südlich von Valladolid.
Bergenroth kam zu der Meinung, die Königin sei nicht wahnsinnig gewesen, vielmehr sei sie in die Fänge der Inquisition geraten,

als Häretikerin habe man sie der Welt entzogen. Auch wenn der beflissene Denia gern Beispiele von Juanas freizügigem oder nachlässigem religiösen Verhalten zitiert, so reicht dies nicht zur ernsthaften Begründung häretischer Umtriebe. Bergenroths Schlußfolgerung blieb unbewiesen. Aber seine Entdeckung setzte dem Geheimnis um die lebenslange Einsperrung der Königin Juana ein wenigstens partiell aufklärendes Beweisstück entgegen.

Der Herbst der Comuneros

Carlos' Position in Spanien war noch ungefestigt, als am 12. Januar 1519 Kaiser Maximilian I. starb. Zwar hatten ihm auch die Cortes in Zaragoza und Barcelona den Treueid geschworen, jedoch dem Mitkönig Carlos oder richtiger dem Regenten in Stellvertretung der Königin. Wie in Kastilien beeidete er, die landeseigenen Interessen zu achten, um alsbald in unglaublicher Arroganz wortbrüchig zu werden. Mißtrauen schlug ihm entgegen.

Schon im Vorjahr hatte er Zusagen ignoriert und nach dem Tod von Sauvage einen ausländischen Gefolgsmann zum Kanzler ernannt, den Piemontesen Mercurino Gattinara. Seinen beliebten, drei Jahre jüngeren Bruder Fernando hatte er nach Flandern geschickt, möglichen Erbstreitigkeiten vorbeugend, doch zum Ärger der Einheimischen. Carlos verhielt sich wie jemand, der wenig von Spanien und den Spaniern wußte, und das wenige war noch falsch. So schätzte ihn ein zeitgenössischer Briefschreiber ein.

Der Tod des Kaisers brachte neue Aufregung, denn der noch nicht ganz neunzehnjährige Enkel Carlos beanspruchte sofort die Nachfolge. Er mußte sich gegenüber den königlichen Mitbewerbern Heinrich VIII. von England und Franz I. von Frankreich behaupten, und das kostete Geld, allein eine halbe Million Goldgulden als Schenkung, als Bestechungsgelder für die wahlberechtigten Kurfürsten und deren Räte. Anleihen bei verschiedenen Bankhäusern, bei den Fuggern vor allem, erbrachten den Hauptanteil der nötigen Gelder. Darüber vergißt man leicht, daß viele nicht zurückzahlbare spanische Steuergelder und eine erste Schiffsladung mexikanischen Goldes Carlos den Weg zur Kaiserwürde ebneten. Ende Juni 1519 wählten die Kurfürsten den Sohn des habsburgisch-burgundischen Philipp und der kastilischen Juana zum Kaiser.

Die Spanier fühlten sich jetzt erst recht zutiefst in ihrer Ehre verletzt, als Mittel zum Zweck mißbraucht. Das Verhalten von Carlos und von seinen landfremden Räten ließ keine andere Deutung zu. Aber er brauchte das Erbkönigtum seiner Mutter. Ohne das Königreich Kastilien-Aragón wäre sein Kaisertum lediglich ein Rumpf. Er brauchte spanisches Geld: für seine Reise und die Krönungsfeiern in Aachen, für seinen Unterhalt und für seinen verwöhnten Hof und für weitere Gratifikationen. Erst nach fast einem Jahr konnte er abreisen, weil es unendlich mühsam war, die ihm entgegenschlagende Unzufriedenheit zu beschwichtigen und auch noch von den jeweiligen Cortes unentbehrliche Hilfsgelder bewilligt zu bekommen.

Carlos hetzte mit seinem Hof von Barcelona nach Burgos und Valladolid. Dort geriet er in den ersten bewaffneten Aufstand, dem er mit Hilfe seiner ausländischen Söldner entfliehen konnte. Er verbrachte mit Chièvres und seinem Gefolge eine Nacht wohlbeschützt in Tordesillas, ritt dann weiter, im regnerischen März, über die leonesisch-galicischen Berge nach Santiago de Compostela, denn nach dort hatte er die kastilischen Cortes einberufen.

In diesen Tagen verlangten nicht wenige Castellanos nach ihrer Königin Juana, nach deren Regierungsübernahme; sie forderten die Überprüfung der Verhältnisse in Tordesillas. Ein Grund mehr für Denia, der Königin den Tod des Kaisers Maximilian zu verschweigen. Es hätte sie beunruhigt, daß der Prinz (immer nannte sie Carlos *príncipe*) von sich aus die Kaiserkrone gefordert hatte. Juana durfte die Pläne von Carlos und seiner Kamarilla nicht stören. Maximilian selbst, so schwor Denia, habe auf die Kaiserwürde verzichtet und Carlos vorgeschlagen. Das Votum – so wird der Lügner Denia kalkuliert haben – müsse der Königin die ungeteilte Anerkennung ihres Sohnes leicht machen, denn sie respektierte Maximilian, ihren Schwiegervater, unter dessen Obhut ihre Kinder in Flandern heranwuchsen.

Carlos und Chièvres hatten bei den Cortes in Santiago und fortgesetzt in La Coruña einen schweren Stand. Zwölf von fünfzehn Städten lehnten die erneute Forderung nach Geldern ab. Die Sitzungen drohten in Tumulten zu enden. Im Hafen von La Coruña lag für alle Fälle Carlos' niederländische Flotte zum Auslaufen bereit. Mit Wahltricks und Bestechungen erreichte Chièvres endlich mit einer einzigen Stimme Mehrheit die Bewilligung der Subsidien, nochmals erhöhter, den Castellanos, auch Adel und Klerus abgepreßter Steuern. Noch einmal schwor Carlos, die kastilischen Gesetze zu achten, keine Ausländer in hohe Staatsämter zu berufen, alle Forderungen der Cortes zu erfüllen.

Erleichtert konnte Carlos am 20. Mai 1520 mit seiner Flotte nach Norden segeln. Zurück blieb bei den Spaniern ein Gefühl von Bitterkeit und verletztem Stolz. Als bekannt wurde, daß Carlos, wiederum eidbrüchig und die kastilischen Rechte mißachtend, an seiner Stelle den Flamen Adrian von Utrecht zum Regenten bestimmt hatte, schlug die Empörung um in offene Rebellion.

Schon im Juni, wenige Wochen nach Carlos' Abreise, verbündeten sich die Städte Toledo und Segovia, gefolgt von Avila, Zamora, Guadalajara, Alcalá, Madrid, Toro. Sie gründeten die *Santa Junta de las Comunidades*, die kaum anderes verwirklichen woll-

te als das von Königin Isabel testamentarisch Verfügte: Ablösung der flämischen Staatsleitung durch kastilische Amtsträger; Achtung der kastilischen Rechte; Widerruf der Zusagen von La Coruña; Zahlungsverweigerung für fremdländische Interessen; Zurücknahme der überhöhten Steuern. Unter der Fahne der Junta sammelten sich erste Truppen, deren Oberkommando Juan de Padilla aus Toledo anvertraut wurde.
In Medina del Campo verwehrten die Einheimischen den Carlos-Truppen die dortigen Waffen- und Munitionslager. Dabei löste ein Feuer eine furchtbare Explosion aus. Nahezu die gesamte Stadt mit reichgefüllten Lagerhäusern brannte nieder. Nur wenige Bewohner kamen mit dem Leben davon. Der Brand von Medina wurde zum Signal. Bald erhoben sich andere Städte wie Valencia, Murcia, im Südwesten Badajoz und Cáceres, in Andalusien Sevilla und Jaén.
Es war ein Aufstand der Städte, eine von manchen Adeligen, Geistlichen, Bischöfen mitgetragene Volkserhebung, nach José Antonio Maravall »eine erste moderne Revolution«, gegen Herrscherwillkür gerichtet, doch nicht gegen das Königtum. Von vornherein bekannten sich die Comuneros zu Juana als rechtmäßiger Königin, in deren Befreiung und Anerkennung sie ein Ziel ihres Aufstandes sahen.
Carlos' Statthalter Adrian war schneller. Er sandte den Vorsitzenden des Rates von Kastilien, Antonio de Rojas, Erzbischof von Granada, mit einer Delegation nach Tordesillas. Mit einem Mal war die Eingesperrte nicht mehr wahnsinnig, sondern sollte als Königin ein Edikt gegen die *Santa Junta* unterschreiben. Rojas mußte, um den Aufstand zu erklären, Juana sagen, daß ihr Vater, König Fernando, und Kaiser Maximilian nicht mehr lebten und Carlos auf dem Weg zur Krönung wäre. Einen Augenblick schwieg Juana benommen, sagte dann mit unerwarteter Genauigkeit: »Seit fünfzehn Jahren belügt man mich und behandelt

mich schlecht. Der Marqués hier ist der größte Lügner.« Sie wies auf den anwesenden Denia, der nicht leugnete, aber stammelte, er hätte der Königin Leid ersparen wollen.
Juana schien geahnt zu haben, was auf dem Spiel stand. Zu plötzlich erwiesen ihr die königlichen Räte die bisher verweigerte Ehre. Sie müßte die Angelegenheit bedenken, sagte die Königin, und schickte die Räte zurück nach Valladolid; sie sollten noch einmal kommen. Das war umsichtig und klug, der Tochter Isabels würdig, denn am vierten Tag nach der Audienz ritten die Comuneros in Tordesillas ein, und von ihnen hörte Juana ein anderes Lied.
Am vorletzten Augusttag 1520 knieten die Anführer der Comuneros, darunter die Adeligen Juan de Padilla aus Toledo, Juan Bravo aus Segovia, Pedro Maldonado aus Salamanca, vor der Königin. »Wir, die rechtmäßigen Vertreter der Städte, sind gekommen, Euch zu dienen und Euch zu verteidigen.« Juana erkannte in Padilla den Sohn eines hochverdienten Generals, der das Vertrauen ihrer Mutter genoß. Er vor allem erklärte die politischen und sozialen Vorgänge im Land. Mit Gewißheit berichtete Padilla die Ereignisse in Kastilien zuverlässiger und vollständiger als vor ihm Rojas. Juana reagierte anders als gegenüber den königlichen Räten, souverän, doch von vornherein vertrauend. »Bleibt hier in meinem Dienst, setzt mich über alles in Kenntnis und bestraft die Übeltäter.«
Tordesillas wurde anstelle von Avila Sitz der Comuneros. Der Schloßherr Denia verlor seinen Posten, sein Vermögen, wurde mit seinen Frauen aus Tordesillas vertrieben. Adrian von Utrecht, wie die Räte aus Valladolid geflohen, schrieb verzweifelte Briefe an Carlos. Ein Befreiungsrausch hatte die kastilischen Städte, den kleineren Adel, zahllose Geistliche erfaßt. Städte und Gemeinschaften sandten Abgeordnete, der Königin zu huldigen. Sie ernannte Padilla zum *Capitán general del Reino.* Eine erste

landesweite Festigung der geänderten Herrschaftsverhältnisse zeigte sich, als die Königin zum 24. September die Cortes nach Tordesillas einberief.
Es war ihre große Stunde, die einzige Zeit in ihrem Leben, in der ihr die Würde der Königin voll zuteil wurde. Die Einundvierzigjährige hielt in der Cortesversammlung eine bewundernswerte Rede, deren menschliche Nobilität und politische Besonnenheit jedermann überzeugte. Nicht umsonst verbreiteten Carlos' Anhänger, die Rede, deren Veröffentlichung weiteres Aufsehen machte, sei gefälscht, unterschoben, wogegen drei Notare ihre echte Mitschrift beglaubigten.
Nur Juana selbst konnte mit solchem Freimut sagen, was sie bewegte. Sie beklagte nicht ihr eigenes Schicksal, aber ist betrübt, weil das Volk, das sie liebt, soviel Leiden und Böses erdulden muß. »Man hat mich eingesperrt, belogen und in Verwirrnis gebracht.« Darum habe sie nicht helfen können. Nun freue sie sich über das Unternehmen der Comunidades, das Schlimme aus Gewissenspflicht zu bessern. Das begonnene Werk werde sie nach Kräften unterstützen. »Wenn ich noch nicht ganz, wie ich möchte, handeln kann, so deswegen, weil mein Herz erst Ruhe finden muß und weil ich den Tod des Königs, meines Herrn, noch nicht überwunden habe.« Sie verfügt jedoch, daß künftig vier von der Junta gewählte Delegierte alles Notwendige mit ihr besprechen mögen.
Keineswegs »rührte sich Juana nicht vom Fleck«, wie Ludwig Pfandl behauptete, sperrte sie sich in »völliger Apathie« in den Wochen bis in den Oktober hinein. An der weiteren Entwicklung traf sie keine Schuld.
Carlos reagierte aus der Ferne äußerst geschickt, indem er zwei ehrenhafte Granden zu Mitregenten Adrians von Utrecht ernannte: Don Iñigo de Velasco, den Konnetabel, und Don Fadrique Enríquez, den Admiral Kastiliens, den Vetter König Fernan-

dos. Die ohnedies gegenüber den Comuneros zurückhaltenden Granden, die das Ende der bestehenden Feudalstruktur, die Aufhebung ihrer Privilegien befürchteten, zog Carlos durch Zugeständnisse auf seine Seite.

Am 23. Oktober 1520 wurde der zwanzigjährige Carlos im Münster von Aachen gekrönt, in der Nachfolge Karls des Großen von nun an Karl V. Zur gleichen Zeit gab es bei den Comuneros erste auseinanderdrängende Tendenzen, Versuche zur Radikalisierung oder solche persönlicher Geltungssucht. Dem tüchtigen Padilla entzog man das Milizkommando zugunsten des einflußreichen, doch unfähigen Pedro Girón. Die Comuneros waren keine »Rotte von Aufrührern«, wie es eine einseitig orientierte Überlieferung behauptete, sie entstanden aus notwendiger Selbsthilfe, getragen vom Volk, von den Städten, von den legalen Cortes. Ihre tödliche Schwäche lag im Fehlen einer starken, politisch weitsichtigen Autorität.

Die Richtungskämpfe, auch manche Überheblichkeit der Anführer konnten Juana nicht verborgen geblieben sein. Die in jahrelanger Einsperrung mißtrauisch gewordene Königin zögerte, die ihr von den Comuneros vorgelegten Schriftstücke bedenkenlos zu unterschreiben. Man behandelte sie ungeschickt, forderte, drohte mit Zwangsmaßnahmen, meinte, sie sei krank oder »von bösen Geistern geplagt«, quälte sie eher durch aufgezwungene Ärzte und Exorzisten, was nur dazu führte, daß sie sich wieder zurückzog, müde, ruhebedürftig.

Im Oktober schrieb Adrian nach Deutschland, die Königin habe drei Tage lang kein Essen angerührt und wolle nicht schlafen. Dieses Verweigern kannte man aus früheren Zeiten. Doch woher hatte Adrian sein Wissen? Wie viele Gerüchte gingen damals von Mund zu Mund.

Die Freiheit Juanas als Königin währte kaum mehr als zwei Monate und fiel zusammen mit dem Höhepunkt der von soviel gutem Willen getragenen Sammelbewegung der Comuneros, die schließlich, durch Uneinigkeit geschwächt, dem Übergewicht der eigentlichen Machthaber erlagen.

In den ersten Dezembertagen eroberten die kaiserlichen Truppen Tordesillas. Ein furchtbares Chaos herrschte, als die Kämpfenden aus der brennenden Stadt zum Kastell vordrangen, als noch nicht gefallene oder geflohene Comuneros Juana mit ihrer Tochter Catalina zum Aufbruch drängten und sie die Vergeblichkeit der Flucht einsehen mußte. Ein Augenzeuge berichtet jedoch, Juana habe die siegreichen Kommandanten freundlich und ohne irgendeine Bedrücktheit empfangen. Nur kam mit den Truppen auch der Marqués de Denia, kam mit ihm das Ende ihrer Freiheit. Für die Comuneros begann mit dem Verlust von Tordesillas der unaufhaltbare Untergang, auch wenn sie noch einige Gebiete beherrschten und erst im April des nächsten Jahres in der Schlacht von Villalar zwischen Tordesillas und Toro endgültig besiegt wurden.

Lange Zeit des Schweigens

Keine Zeit im Leben Juanas ist zuverlässiger bezeugt als der Herbst 1520 mit der Versammlung der Cortes in Tordesillas. Was Augenzeugen aus beiden Lagern berichten und Rodríguez Villa und Prudencio de Sandoval überliefern, vermittelt ein unverzerrtes, einander ergänzendes Bild der Königin. Ihr Verhalten, ihre Aussagen sind glaubhaft, weil sie in dieser Zeit frei und öffentlich reden konnte und das von ihr Berichtete keiner Zensur unterlag, ob sie vor den königlichen Räten oder den gegnerischen Comuneros und den Cortes sprach. Sie kann sogar ihren bisherigen (und künftigen) Kerkermeister Denia der Lüge und schlechter Behandlung bezichtigen, in Anwesenheit des Beschuldigten.

Zu den Merkwürdigkeiten dieser Wochen gehört auch, daß die hohen Räte wie die Comuneros Juana Verstand und königliche Amtsgewalt zuerkannten, solange ihre Autorität den einen oder den anderen Nutzen brachte, und daß man krankhafte Apathie zu erkennen glaubte, als Erwartungen unerfüllt blieben. Aber machte nicht viel eher besonnene Vernunft das Verweigern oder Hinauszögern bestimmter Unterschriften der Königin zur Pflicht, vor allem im Blick auf die wirre, unberechenbare Entwicklung der Comuneros?

Man müßte diesen ganzen, vielfach durch einseitige oder fehlgedeutete Überlieferung, durch Unkenntnis oder Vorurteil verknoteten Komplex entflechten und von vorn beginnen. Nicht

schlüssig ist die Behauptung des Biographen Pfandl, wir wüßten »heute ... genau«, daß Juana dem »Irresein verfallen« war. Näher kommt der Wahrheit Pedro Mártir, der nicht zu den Freunden Juanas zählte, doch aus nächster Nähe bemerkte: »Nemini datur intelligere«, niemandem ist die Einsicht gewährt.
Unbestritten war das Mädchen Juana, war die junge und die reife Frau hellhöriger, sensibler, leidensfähiger, verletzbarer als andere. Nichts scheute sie mehr als äußeren oder inneren Zwang, aber sie wurde gezwungen, in lebenslanger, nur kurze Zeit unterbrochener Einsperrung und schon als Kind von der überstrengen Mutter (zu Juanas »Seelenheil«, wie Denia wußte und dem Kaiser schrieb, um seine weit schlimmeren Zwangsmaßnahmen zu rechtfertigen). Juana reagierte unausgeglichen, durch wilde Ausbrüche, durch passiven Widerstand, eher hilflos. Sie war geplagt von bösen Träumen und Ängsten, die gegen Ende ihres Lebens zunahmen.
Aber genügen solche Hinweise, um sie schon in den Ehejahren mit Philipp dem Schönen, dann während der Regentschaft Fernandos und der Königs- und Kaiserzeit ihres Sohnes Carlos als regierungsunfähige Wahnsinnige abzusondern? Fest steht, daß jeder der drei Männer nach Alleinherrschaft drängte und Gemütsschwankungen der legitimen Königin nutzte, um sie aus dem Weg zu räumen. Das gelang nicht lückenlos. Die wenigen freien Auftritte oder unzensierten Äußerungen zeigen Juana bei klarem Verstand. Die Vermutung, sie habe bei solchen Gelegenheiten, etwa der zitierten Cortes-Rede, zufällig einen lichten Augenblick gehabt, bleibt unbefriedigend. Oder soll man glauben, daß sie ihren Geisteszustand je nach Wunsch zu bestimmten Zeiten hätte ändern können?
In den ersten Wochen der erneuten Isolation, bis ins Jahr 1521 hinein, besuchten wiederholt kastilische Granden die Königin und fanden sie in guter, redegewandter Verfassung. Don Fadri-

que Enríquez, nun einer der kaiserlichen Statthalter, besaß wenigstens soviel Anstand, den Kaiser durch Eilkurier auf die brutalen, der Gerechtigkeit widersprechenden Machenschaften des Marqués de Denia aufmerksam zu machen. Er wußte zu gut, was der Königin unter der Oberaufsicht des autoritär bevollmächtigten Marqués drohte. Juanas kaiserlicher Sohn ging auf die von Adrian von Utrecht unterstützten Bitten nicht ein. Offensichtlich wollte der junge Karl V. jeder noch denkbaren Störung seines König- und Kaisertums vorbeugen und die strengste Isolierung der Königin gesichert wissen.

So begann die hoffnungslose zweite Leidenszeit, aus der sie erst nach fünfunddreißig Jahren der Tod erlöste, eine lange Zeit des Schweigens. Nur spärliche, teils geheime an den Kaiser gerichtete Nachrichten drangen nach außen.

Im August 1521 gelang es der Infantin Catalina, trotz Denias Überwachung aus Tordesillas einige Briefchen hinauszusenden. Catalina lebte im Kastell unter besseren Verhältnissen als die Mutter, doch ebenso von der Außenwelt abgesondert und streng bewacht. Sie flehte ihren großen kaiserlichen Bruder an, das Los der Mutter erträglicher zu machen. Der Marqués schikaniere die Königin, behindere selbst den Priester, wenn er zu ihr wolle. Man sperre die Königin in eine dunkle, nur von Kerzen beleuchtete Kammer, verbiete ihr das Hinausgehen auf den Gang mit dem Blick hinunter zum Fluß, weil die Marquesa und ihre Töchter ungestört den schönen Ausblick genießen wollen. Solche Hilferufe blieben unerhört. Doch nach vier Jahren ließ Karl V. seine nun achtzehnjährige Schwester holen, um sie dem König von Portugal zu vermählen.

Don Fadrique Enríquez, der noch einmal die Königin sprechen konnte, schrieb, sie habe über Denias schlechte Behandlung geklagt; schlimmer als der Abschied von ihrer Tochter sei es für sie, die Befehlsstimme des Marqués hören zu müssen.

Im selben Jahr 1525 wurde der Sarg mit den Gebeinen Philipps des Schönen aus dem Kloster der Santa Clara geholt und nach Granada gebracht. Das entsprach der Bitte des burgundischen Philipp, keine zwei Jahre mit Juana spanischer König, in der Capilla Real in Granada neben den Katholischen Königen und in Erwartung seiner Ehegattin Juana beigesetzt zu werden. Die Grabmäler aus weißem Marmor, die königlichen Ehepaare nebeneinander liegend, die Gesichter leicht abgewandt, waren bereits vollendet: Isabel mit friedlich gekreuzten Händen, Fernando mit dem auf der Leibmitte liegenden Schwert; hingegen Philipp fast spielerisch sein Schwert nach oben, zur rechten Schulter richtend, und die zartgesichtige Juana mit einem Zepter, dem Zeichen der Königsherrschaft.

Karl V., der die Überführung Philipps nach Granada befahl, hatte das Grabmal seiner Eltern 1519 durch den Bildhauer Bartolomé Ordóñez entwerfen und in gut einem Jahr schaffen lassen. Merkwürdig, daß Carlos seiner Mutter, der er die Herrschaft verwehrte, das Königszepter in die marmornen Hände legen ließ.

Juana scheint nicht bemerkt zu haben, wie der Sarg abgeholt wurde und der Wagen mit den Gebeinen ihres Mannes Tordesillas über die holprige Straße nach Süden verließ. Der Weg hinüber zum Kloster war ihr schon lange versperrt. Um diese Zeit schrieb Denia, er sei gezwungen, die Königin mit Gewalt in ihr Zimmer zurückzubringen, wenn sie auf dem Gang schrie. Mitunter soll sie durch das Fenster den Leuten auf der Terrasse zugerufen haben: »Tötet sie! Tötet sie!« Stundenlang saß sie auf dem Boden, verweigerte, wie schon früher, Essen, Schlafen oder Körperpflege, den Wechsel verschmutzter, verschlissener Kleider. Dann wieder schrie sie laut oder warf Schüsseln und Teller nach dem Bedienungspersonal. Zeiten völliger Apathie wechselten mit solchen hysterischer Wutanfällen.

Diese und ähnliche, über drei Jahrzehnte immer spärlicher werdenden Hinweise stammen allein aus der Feder Denias, dem alles daran lag, Juanas krankhaften Zustand zu beglaubigen. Aber aufschlußreich ist Denias Mitteilung, er habe der Königin Schreibpapier und Tinte wegnehmen müssen. Demnach fürchtete er, irgendwelche Berichte von ihrer Hand könnten heimlich nach außen gelangen.

Nur ganz selten und kurz besuchte der Kaiser seine Mutter in Tordesillas. Von einem dieser Besuche heißt es, Karl V. sei in Geldnot gewesen und habe Juanas kostbare Schmucksachen entwendet, worauf sie in Zorn geriet: »Ist es nicht genug, daß ich Euch mein Königreich gab? Müßt Ihr auch noch mein Haus plündern?«

Bis zuletzt gab es Zeiten, in denen die auf königlichem und kaiserlichem Befehl der Welt Entrückte bei klarem Verstand handeln oder sprechen konnte. Obwohl man keinen genauen Zeitpunkt des Übergangs nennen kann, scheint Juana jetzt unwiderruflich hinüberzugleiten in den Wahnsinn. Es ist fast wie das Eintauchen in eine andere, geschützte und dem realen Peiniger entzogene Welt.

Gekreuzigter Jesus, hilf mir!

Sie mochte keine Frauen, keine *mugeres*, wie sie sagte, besonders keine jungen. In ihrer Ehe hatten die *mugeres* ihr den einzigen geliebten Mann weggenommen. In den letzten Jahren quälten und verspotteten die Dienerinnen, die Dueñas, sie, die Greisin mit den ungepflegten grauen, schütteren Haaren und den schmerzenden, geschwollenen Beinen. Zwei Dueñas wachten Tag und Nacht vor ihrer Kammer. Solange Juana gehen konnte und die Wächterinnen, der Marqués und die Marquesa es erlaubten, ging sie hinaus auf den Gang, um durch das vergitterte Fenster auf den Duero und über das nach Süden gedehnte Hochland zu blicken.
Juana nahm wahr, wie die Bäume am Flußufer im Herbst ihre Blätter abwarfen und wie sie im Frühjahr grün wurden. Sie sah die sommerliche Hitze über der Ebene flimmern und spürte, wie im Winter die Eiseskälte an den Mauern des Kastells hochkroch. Aber niemand sagte ihr, was in der Welt passierte. Sie wußte nichts von Karls Feldzügen gegen den König von Frankreich, nichts von der Eroberung Mexikos und Perus und der Plünderung Roms, nichts von den Reichstagen zu Worms und Augsburg und Regensburg. Sie ahnte nicht, wie die Reformatoren Luther und Calvin an den Grundfesten der römischen Kirche rüttelten. Karls Statthalter Adrian wurde Papst Hadrian VI. und starb nach kurzem Pontifikat. Der adelige baskische Offizier

Ignatius von Loyola wurde zum Diener Gottes und gründete den Jesuitenorden, und in Avila suchte die unbekannte Karmelitin Teresa de Ahumada ihre Bestimmung.
Juanas letzte noch lebende Schwester Catalina starb, von Heinrich VIII. verstoßen, in England. Von ihren eigenen Töchtern starb Isabel, Königin von Dänemark. Catalina war vermählt mit dem König von Portugal und Eleonore in zweiter Ehe mit Franz I. von Frankreich. María, Witwe des Königs von Böhmen und Ungarn, regierte seit 1530 als Statthalterin der Niederlande. Die Kinder der in Tordesillas vereinsamt ihrem Tode näherrückenden über siebzigjährigen Königin bestimmten das Leben an den Königshöfen Europas. Fernando war zum römisch-deutschen König gewählt worden, und Karl V. hatte seinen in Valladolid geborenen Sohn Philipp bereits zum Regenten in Kastilien ernannt.
Im Frühjahr 1552 sandte Philipp den Jesuitenpater Francisco Borja nach Tordesillas. Dem streng religiös erzogenen Prinzen und kastilischen Thronanwärter war es peinlich, daß seine Großmutter, die greise Königin, ihre religiösen Pflichten vernachlässigte, »ohne Messe, ohne die heiligen Sakramente, ohne Heiligenbilder« lebte. Philipp hätte keinen besseren Glaubensboten finden können. Der zweiundvierzigjährige Padre stammte aus einer berüchtigten Familie, Urenkel des skandalösen Borja-Papstes Alexander VI., Großneffe des Cesare und der Lucrezia Borgia. Doch war er der Königin in Tordesillas nicht unbekannt. Als Sohn einer außerehelichen Tochter des Königs Fernando hatte der Knabe Francisco der Infantin Catalina zwei Jahre als Page gedient. Vor seinem Eintritt in den Orden gehörte er als Herzog von Gandía zu den einflußreichsten Granden Aragóns.
Juana scheint die Wiederbegegnung mit Francisco de Borja, dem später heiliggesprochenen dritten General des Jesuitenordens, sehr wohlgetan zu haben. Sie ließ den Padre wiederholt nach

Tordesillas rufen und vertraute ihm ihre innersten Gedanken an, deren Überlieferung seinen ausführlichen und glaubhaften Berichten an den Prinzen zu verdanken ist.
Juanas erste Gespräche mit dem Padre verliefen freundlich, doch in religiöser Hinsicht erfolglos. Obwohl sie nach ihrer Generalbeichte die Absolution erhielt, fiel sie bald wieder in ihre religiöse Gleichgültigkeit. So bat Philipp im Frühjahr 1554, ehe er Spanien verließ, um in England Maria Tudor zu heiraten, noch einmal um Padre Franciscos Besuch in Tordesillas.
Nach der Unterweisung des Padre sagte Juana, ihre Frauen würden sie an der Erfüllung ihrer Pflichten hindern. Die Dueñas würden ihr das Meßbuch aus der Hand reißen, ihre Heiligenbilder bespucken und das Weihwasser verschmutzen. Als Francisco Borja dies bezweifelte, versicherte Juana: »Nur sie konnten es sein, denn sie sagen selbst, sie seien die Seelen von Verstorbenen.« Sie kämen auch ungebeten in ihr Zimmer, würden sie verspotten und peinigen, als wären sie Hexen (*como si fuesen brujas*). Man möge die Dueñas fortschicken, dann könnte sie wieder beichten und die Kommunion empfangen.
Juana wurde von ihren Dienerinnen befreit, und wirklich zeigte sie sich befriedigt und nahm an der Meßfeier teil, als Francisco Borja Anfang Mai 1554 nochmals zu ihr kam, um ihren neuen Beichtvater Luís de la Cruz anzukündigen.
Anders berichtet es der neue Beichtvater, den Juana sogleich mit Vorwürfen gegen die fortgeschickten Dueñas überschüttete und verlangte, man müsse die »Scheusale« noch zusätzlich streng bestrafen. Der arme Padre Luís erschrak über die seltsamen und wirren Äußerungen und hielt einen geistlichen Beistand für unangebracht. Aber er schrieb nach seinem Besuch im Mai auch, die Königin habe ihm eine merkwürdige lange Geschichte von einer bösartigen Katze erzählt. Das Ungeheuer habe die kleine Prinzessin von Navarra und die Königin Isabel aufgefressen,

König Fernando gebissen und viel Ähnliches verbrochen. Ihre Dueñas hätten die abscheuliche Bestie gebracht. Sie warte jetzt ganz nahe bei ihrer Schlafkammer, um ihr, der Königin, Böses anzutun, wie sie es von ihren Frauen gewohnt sei.
Obwohl Francisco Borja noch im Frühjahr schrieb, die Königin höre ihm aufmerksam zu und spreche verständig, schließt sich nun die Beweislücke endgültig. Juanas Abneigung gegen Frauen schlägt um in Wahnvorstellungen, in puren Wahnsinn. Die Dueñas werden zu Hexen, sie bedrohen Juana durch die mörderische Katze oder ersinnen andere Quälereien.
War es nicht so, daß die Frauen, Philipps Geliebte, erst recht die Marquesa, deren Töchter und die ihr zugeteilten *mugeres*, sie immer verspottet, gepeinigt hatten? Noch zuletzt gab es für ihre Vermutung, die *mugeres* wollten sie quälen, einen konkreten Anlaß. Die Fünfundsiebzigjährige war bettlägerig, auf Hilfe angewiesen. Ihre geschwollenen, teils gelähmten Beine schmerzten unerträglich. Bei einem der verordneten Heilbäder gossen die Frauen zu heißes Wasser in den Badezuber, so daß die Badende aufschrie und sich Gesäß und Rücken verbrühte. Es bildeten sich Brandblasen, die bald eiterten. Eine Infektion breitete sich über den ganzen Körper aus. Die liegende, von Schmerzen und vom Fieber geschüttelte Greisin wehrte sich gegen Reinigungen und Aderlässe. Aber eine große, schon schwarz gefärbte Wunde am linken Gesäß mußte mit glühendem Eisen ausgebrannt werden.
Anfang April 1555, als der fortschreitende Wundbrand jede Hoffnung zunichte machte, holte man nochmals den Padre Francisco Borja. Die Königin sträubte sich gegen den geistlichen Zuspruch, bis der ihr vertraute Padre sie beruhigen und auf den Empfang der Sterbesakramente vorbereiten konnte. Doch nun befielen ihn Zweifel an ihrer Zurechnungsfähigkeit, und er wollte nicht ohne den Rat eines gelehrten Ordensbruders aus Salamanca handeln. Der eiligst herbeigerufene Domingo de Soto traf am

Morgen des 11. April ein und sprach lange mit der Königin. Sie sei bei klarem Verstand, erklärte Padre Domingo, doch könne man ihr nur die Letzte Ölung, nicht aber die heilige Eucharistie spenden. Vermutlich machte das dauernde Erbrechen der Todkranken den Empfang der Hostie unmöglich.

Francisco Borja blieb am Abend und während der ganzen Nacht an der Seite der Sterbenden, betete und sprach mit ihr das Glaubensbekenntnis. Wahrscheinlich vermittelte die Gegenwart des Jesuiten der gequälten Frau etwas, das sie seit ihrer Kindheit nie mehr gefühlt hatte: Geborgenheit. Im Bericht des Augenzeugen heißt es, ihre *manía*, ihr Wahnsinn, habe sich beruhigt, sie habe ihre Fehler und die »Irrwege ihres Geistes« beklagt. Bei vollem Bewußtsein starb Juana am frühen Morgen, dem Karfreitag 1555. Sie hat sich noch einmal aufgerichtet, gestützt von Francisco Borja, und versucht, ihre Arme zu erheben, während sie sagte: *Jesucristo crucificado, ayúdame:* Gekreuzigter Jesu, hilf mir!

Der Tod der Königin erleichterte ihrem Sohn Carlos, dem König und Kaiser – mit fünfundfünfzig Jahren ein müder, gebrechlicher Greis –, die Abdankung und Übergabe der Königsherrschaft an Philipp II., den Enkel Juanas und Philipps des Schönen. Erst Juanas Tod schuf staatsrechtlich klare Verhältnisse, denn bis zuletzt war sie legitime Königin von Kastilien und Aragón, auch wenn ihr Königtum zur Fiktion geworden war. Während Juanas zweiter Sohn Fernando zum römisch-deutschen Kaiser gewählt wurde, zog sich Karl V. in die Einsamkeit von Yuste in der fernen Estremadura zurück, wo er nach drei Jahren seiner Mutter in den Tod folgte. Nirgendwo ist vermerkt, daß ihn im Kloster der Hieronymiten von Yuste eine Ahnung von Schuld am Schicksal seiner Mutter bewegte.

Drittes Buch

Teresa von Avila

Sólo Dios basta
Allein Gott genügt

Encarnación – Menschwerdung

Nach ihrem Tod am Karfreitagmorgen 1555 war die Königin Juana in der Capilla Mayor des Klosters der Santa Clara aufgebahrt worden. Francisco Borja wird die Tumbagebete gesprochen haben. *Libera me, Domine, de morte aeterna, in die illa tremenda.* Rette mich, Herr, vor dem ewigen Tod... Wenigstens er, der vierundvierzigjährige Padre der Gesellschaft Jesu, erwies der Königin die letzte Ehre. Ihr Sohn Karl empfing in Brüssel, ihr Enkel Philipp nach seiner Hochzeit in London die Todesnachricht, für beide kaum mehr als Befreiung von einer Last. Nur beiläufig vermerkten die Chronisten den Tod der Königin, deren Gebeine bis 1574 in Tordesillas blieben, ehe sie zum Escorial, dann endlich nach Granada überführt und an der Seite Philipps des Schönen beigesetzt wurden.

Der Padre brauchte Juanas Leichnam nicht, wie sechzehn Jahre zuvor die verstorbene Isabel von Portugal, die Gemahlin Karls V., nach Granada zu begleiten. Ob er jetzt in Tordesillas daran dachte, wie er, der Freund des Kaiserpaars, bei der Sargöffnung das entstellte Gesicht der einst schönen Doña Isabel sah und daraufhin seinen Lebensplan änderte? Skeptiker mögen seine Entscheidung belächeln. Tatsache ist, daß Francisco de Borja, Herzog von Gandía, den eine glänzende Zukunft erwartete, nach dem Tod seiner Frau und der Versorgung seiner acht Kinder um Aufnahme in den Orden der Jesuiten bat.

Wenn meine Berechnung stimmt, brauchte Padre Francisco Ende April oder Anfang Mai 1555 für den Ritt von Tordesillas über die Hochebene nach Avila zwei, allenfalls drei Tage. Er kannte die ummauerte, von achtundachtzig Türmen bewachte Stadt am Fuß der Sierra. Im Vorjahr war er zum Provinzial der spanischen Ordensprovinz ernannt worden. Das im selben Jahr in Avila gegründete Jesuitenkollegium San Gil erforderte seine Aufmerksamkeit, seine wiederholte Visitation.

Francisco Borja ahnte nicht, daß sein Ritt nach Avila zum Brükkenschlag zwischen einer Toten und einer Lebenden werden würde. Seine Berichte an Philipp II. lassen erkennen, wie sehr ihn das Schicksal, das Sterben der Königin Juana bewegt hat. Die Ereignisse in Tordesillas waren ihm noch ganz nahe, als er in Avila eintraf und ziemlich bald von seinem jungen Ordensbruder Cetina gebeten wurde, er möchte sich einer unbekannten, doch begnadeten Karmelitin annehmen.

Nach spanischer Sitte trug die Karmelitin den Familiennamen ihrer Mutter und nannte sich Doña Teresa de Ahumada. Sie war vierzig Jahre alt, eine reife Frau, und war vor nahezu zwei Jahrzehnten in das Karmelitinnenkloster *de la Encarnación* in Avila eingetreten.

Vermittelt durch einen frommen entfernten Verwandten, Francisco de Salcedo, und ihren Beichtvater Gaspar Daza, hatte sie die Verbindung zu den »in geistlichen Angelegenheiten sehr erfahrenen« Jesuiten gesucht. In ihrer ein Jahrzehnt später geschriebenen *Vida*, ihrer Lebensgeschichte, ist Teresa keine Wiederholung zu schade, um die Begegnung mit den *benditos hombres*, den gesegneten Männern der Compañía de Jesús und deren Bedeutung für ihr neues Leben hervorzuheben.

Es ist fraglich, ob der Padre Francisco Borja mit vorbehaltloser Freude das Kloster Encarnación aufsuchte. Der Klostername, der sich auf die Menschwerdung des Gottessohnes bezog,

war für spanische Karmeliterkonvente nicht ungewöhnlich. Aber in diesem, 1515, im Geburtsjahr Teresas de Ahumada, gegründeten Kloster war ein ständiges Kommen und Gehen.
Das Kloster im Tal vor der nördlichen Stadtmauer war als Beatinnenhaus der milderen Regel verpflichtet. Die große Zahl von hundertachtzig Nonnen in Teresas ersten Klosterjahren spricht für die Beliebtheit des Klosters als frommer Zufluchtsort. Nicht wenige Töchter kastilischer Adelsfamilien baten mehr aus familiären oder Versorgungsgründen als aus religiöser Berufung um Aufnahme. Die reicheren jungen Doñas brachten ihre Dienerin, Verwandte oder Freundinnen mit. Sie bewohnten bequeme Appartements, während ihre Mitschwestern auf gemeinschaftliche Unterkünfte angewiesen waren.
Wer nach dem üblichen Noviziatsjahr den schwarzen Schleier nahm, gelobte die Einhaltung der einfachen Ordensregeln, jedoch ohne das strenge Klausurgelübde. Verwandte, auch sehr entfernte Verwandte, saßen fast zu jeder Tageszeit im Sprechzimmer, und manche aus dem Chorgebet gerufene Nonne unterhielt sich vergnüglich mit ihren Besuchern. Einzelne Klosterfrauen konnten das Haus zeitweise verlassen, sofern es die Priorin erlaubte. Die Erlaubnis fiel nicht schwer, weil die Überzahl der Nonnen das Haus nicht selten in wirtschaftliche Not brachte.
Da die Nonnen keine Klausur gelobt hatten, verstieß das Kommen und Gehen nicht gegen die Regel. Aber diese reichlich genutzte Freiheit widersprach der ursprünglichen Idee des Karmel ebenso wie das Zusammenleben von Nonnen mit weltlichen Personen, was zwangsläufig zur Verweltlichung des Klosterlebens führte. Im dreizehnten und vierzehnten Jahrhundert waren in Italien, Spanien, Frankreich und England die ersten Karmelklöster gegründet worden. Die ersten Väter hatten nichts anderes im Sinn, als jenen frommen Einsiedlern nachzueifern, die in frühester Zeit auf dem Berg Karmel in Palästina lebten, los-

gelöst von der Welt, in Einsamkeit, Gebet und Betrachtung die »Gegenwart Gottes zu erfahren«, wie es in den ersten Unterweisungen der Mönche heißt.

Was immer zur Milderung der karmelitischen Lebensart Anlaß gab, dem Jesuiten Francisco Borja konnte das über die Klosterschwelle herein- und hinausdrängende Treiben nur mißfallen. Zudem blieb in Avila keinem Padre verborgen, daß das Verlangen der jungen Klosterfrauen nach Beichtvätern und deren häufiger Wechsel oft genug einer Laune entsprang, einem begierigen Kontaktsuchen, jedenfalls Unruhe stiftete, mitunter sogar die klösterliche Spiritualität gefährdete.

Teresa selbst nennt später, 1571 und 1578 in Briefen, das so weltoffene Riesenkloster ein »Babylon«, wo die Seele mehr Zerstreuung als Sammlung finde. Sie spricht nicht undankbar von ihrem halbklösterlichen Konvent, in den sie zwanzigjährig eintrat und wo sie fast dreißig Jahre lebte. Hier, schreibt sie in ihrer Lebensgeschichte, gebe es viele Mitschwestern, »die in Wahrheit und großer Vollkommenheit Gott dienen«.

Wenn Teresa die klösterlichen Verhältnisse kritisch darstellt, so geschieht das zugleich selbstkritisch. Ihre hartnäckige, für das damalige Empfinden unerhört realistische Selbstbeobachtung schärft sich geradezu an den äußeren Verhältnissen zu bedingungsloser Direktheit. »Ich, so erbärmlich, folgte dem, was ich sah, dem Fehlerhaften, und unterließ das Gute.« Ihre eigene Sprache sagt das Gemeinte noch klarer, härter, dichter: »Yo como ruin, íbame a lo que veía falto y dejaba lo bueno« (V 5,1). Ihr gefiel das »bequeme Leben« im Konvent der Encarnación, sie selbst machte von der Vergünstigung des Hinausgehens »häufig Gebrauch«, und ihr gefiel es über viele Jahre, mit Besuchern im Sprechzimmer zu reden, zu scherzen, dieses »pestartige Vergnügen« zu pflegen, und sie wußte ihre Gesprächspartner – das war bekannt – geistreich zu unterhalten.

Teresa hält mit ihrer Selbstkritik nicht zurück. Aber ihre Lebensgeschichte und andere Selbstzeugnisse verfaßte sie lange nach ihrem vierzigsten Lebensjahr, nachdem sie zu einem neuen Leben gefunden hatte, das sie nicht mehr ihr »eigenes Leben« nannte, sondern »das Leben Gottes in mir«. Zwangsläufig schärft der mit ihrer Wandlung oder Bekehrung verbundene hohe Anspruch den Rückblick. Nur sollte man nicht aus hagiographischer Betulichkeit verharmlosen oder abschwächen, was sie selbst wiederholt, konkret und unmißverständlich bekennt. »Meine Sinnenfreude und meine Eitelkeit schätzte ich weit höher als mein Seelenheil«, schrieb sie über ihre frühe Zeit.

»Das ganze Leben der heiligen Therese vor ihrer Bekehrung läßt sich in einem Wort zusammenfassen: Eitelkeit.« Das bemerkte der Franzose Ernest Hello, denn die hochtalentierte sensible junge Teresa geriet, als sie den Schleier der Karmelitin nahm, in einen Konflikt, den sie sehr wohl erkannte, ohne jedoch aus eigener Kraft eine Lösung zu finden. »Einerseits rief mich Gott, andererseits folgte ich der Welt. Alle Dinge Gottes bereiteten mir große Freude, aber die Welt fesselte mich. Es hatte den Anschein, als wünschte ich diese beiden Gegensätze, dieses einander Feindliche zu vereinen: das geistliche Leben und Unterhaltung, Befriedigung, Vergnügen der Sinne.« (V 7,17)

Dieser Antagonismus mußte eine junge Frau von der Art Teresas in den Abgrund treiben, in schwere neuro-physische Krisen, solange sie nicht durch radikale Entscheidung aus ihrer Konfliktsituation befreit wurde.

Neununddreißig Jahre vergingen, ehe sie fähig wurde, durch unwiderrufliche Entschiedenheit zu sich selbst zu finden. Sie war nicht unvorbereitet. Gebet und Betrachtung verhalfen ihr zur Selbsterkenntnis, so daß sie sagen konnte: »Ich wollte leben, denn ich begriff, daß ich nicht lebte, sondern mit einem Todesschatten rang. Doch ich hatte niemanden, der mir das Leben gäbe, und ich selbst konnte es mir nicht geben. Derjenige aber, der es mir schenken konnte, hatte Grund, mir nicht zu helfen, denn so oft hatte er sich mir zugewandt und hatte ich ihn verlassen.« (V 8,12)

Hier und später geradezu leitmotivisch kommt zum Ausdruck, wie sehr Teresa ihre Entscheidung, ihre endgültige Bekehrung als unverdientes Geschenk, in der ihr angemessenen religiösen Sprache als Gnade ihres Gottes betrachtet. Aber es wird auch deutlich, daß sie diesen wohl in die Fastenzeit 1554 fallenden Beginn ihres *mystischen Lebens* als Beginn des ihr eigentlich zugedachten Lebens, im übertragenen Sinne als ihre volle *Menschwerdung* versteht.

Es gab zwei konkrete Anstöße, die den Wandlungsprozeß in Bewegung setzten und von denen Teresa berichtet. Als sie eines Tages das klösterliche Oratorium betrat, entdeckte sie das wegen eines Festes neu aufgestellte Bildnis des Schmerzensmannes, des leidenden, mit Wunden bedeckten Christus. Die plötzliche Gegenüberstellung wühlte sie zuinnerst auf. Sie warf sich nieder, von Gewissensbissen gepeinigt, denn ihr wurde bewußt, »was Christus für uns litt«, und sie »bat um die Kraft, ihn fortan nicht mehr zu beleidigen«. Es war dieses schlichte, durch den Anblick des Leidensmannes hervorgerufene Ereignis, das die Umkehr und den neuen Anfang bewirkte, den Beginn des von Gott erfüllten Lebens.

Aber dieser naive, bildhafte Anstoß wird durch ein wortbezogenes Erlebnis ergänzt. Nicht lange nach dem ersten Ereignis gab man Teresa die eben ins Spanische übersetzten *Confessiones* des heiligen Augustinus. Sie begann zu lesen, bald gefesselt von den Bekenntnissen des Mannes, der »ein Sünder war« und den »Gott zu sich rief«. »Als ich zur Schilderung seiner Bekehrung kam und las, wie er jene Stimme im Garten gehört hatte, da schien es mir, als hätte der Herr mich gerufen, so stark fühlte ich es in meinem Herzen.... Gepriesen sei Gott, der mich aus dem so tödlichen Tod ins Leben rief.« (V 9,8)

Dieselbe und doch eine andere Teresa de Ahumada ging hervor aus dieser Bekehrung, nach der sie sich in mystischer Weise Gott verbunden wußte. Dem rational geschulten Denken fällt es schwer, einem Vorgang zu folgen, der sich außerhalb der zugänglichen Begrifflichkeit vollzieht. Schon dem für Teresa und die Karmeltradition zentralen Gebet, dem »inneren Gebet« ohne Worte, dem »Freundschaftsverkehr« mit Gott, kommt eine eigene, den Maßstäben der Vernunft entzogene Kausalität zu. Erst recht gilt dies für den Bereich des Mystischen, Teresas in Verzükkung und Vision »ohne Worte«, aber doch ganz realistisch erfahrene Gegenwart des Herrn.

Im Konvent der Encarnación blieb Teresas Wandlung nicht verborgen. Sie erschien nicht mehr im Sprechzimmer zu den gewohnten Plaudereien, aber nun gab *sie* Anlaß zum Klatsch, der vom klösterlichen Parlatorium ins kleinstädtische Milieu von Avila getragen wurde. Manche ihrer Mitschwestern wird sich gefragt haben, was denn in die doch eher exzentrische, in Gespräch und Unterhaltung glänzende Doña Teresa gefahren sei. War es die eigene Einbildung, eine Marotte, eine Selbsttäuschung oder Eingebung des »bösen Geistes«?

Man sprach noch viel von einer Klarissin aus Córdoba, jener Magdalena de la Cruz, die an Festtagen angeblich über dem Erdboden schwebte, ein Kind in den Armen, und die als Wundertäterin schon zu Lebzeiten wie eine Heilige verehrt wurde. Sie prophezeite die Gefangennahme des französischen Königs Franz I. und die Plünderung Roms. Isabel von Portugal ließ von der Klarissin die Windeln des Infanten Philipp segnen. Doch eines Tages gestand die junge Magdalena, daß ihre Ekstasen vorgetäuscht, ihre Wunder und Voraussagen vom Teufel eingegeben seien. Vor dem Inquisitionstribunal endete 1546 das Treiben der Klarissin. Das lag acht Jahre zurück, doch der Schock war noch nicht überwunden, als Teresas erste mystische Erlebnisse bekannt wurden.

Der besonders skandalöse religiöse Betrug war nur einer von mehreren Fällen, in denen »Frauen der Täuschung durch den bösen Geist« erlagen. Teresa schreibt davon in ihrer Lebensgeschichte (V 23,2), und sie gerät in Angst bei dem Gedanken, ebenso einem Selbstbetrug oder der Eingebung des Teufels verfallen zu sein. In ihrer Furcht und Ungewißheit vertraut sie sich ihrem Verwandten Francisco de Salcedo und dem geachteten Priester Gaspar Daza an. Aber beide Männer, von denen sie mit Hochachtung spricht, zeigten sich kaum geeignet, Teresas neugewonnene mystische Lebensintensität zu erkennen und ihr angemessen beizustehen.

Nach längerer Beratung kamen die biederen Männer zu der Ansicht, daß in Teresa der Teufel wirke. Ein Urteil, das sicherlich unter dem Einfluß der Skandalgeschichte der Magdalena de la Cruz zustande kam. Oder der ängstliche, engstirnige Theologe Daza mißtraute der für die Außenstehenden so plötzlich und spektakulär vollzogenen Wandlung der Karmelitin. Salcedo gab die eingeschüchterte Teresa nicht ganz dem Urteil preis und folgte ihrer Bitte, als er Daza überredete, einem klärenden Gespräch Teresas mit einem Padre der Jesuiten zuzustimmen.

In dieser entscheidenden Zeit, in der es für die Karmelitin Teresa de Ahumada darum ging, aus ihrem Verwirrtsein zu sich selbst, zu ihrer Bestimmung zu finden, begegnet sie dem Padre Francisco Borja.

Schon der zunächst herbeigebetene Padre Diego de Cetina kommt nach Teresas Generalbeichte zu einer anderen Meinung als Daza und Salcedo. Cetina ist mutig genug, dem in Avila geschätzten Theologen Daza zu widersprechen, die Karmelitin sei nicht vom »bösen Geist«, sondern vom »Geist Gottes« er-

füllt. In dieser Bestätigung sieht Teresa die erste Kennzeichnung ihres neuen geistlichen Lebens. Sie schreibt in ihrer Lebensgeschichte, aus Cetinas Zuspruch scheine »der Heilige Geist zu sprechen, um ihre Seele zu heilen«, und sie empfindet sich »verwandelt in eine ganze andere«. (V 23,16–17)
Man kann unschwer nachempfinden, wie glücklich der dreiundzwanzigjährige, in der Seelenführung noch unerfahrene Cetina gewesen sein muß, als sein Ordensoberer Francisco Borja im späten Frühjahr 1555 nach Avila kam und sich bereitfand, mit der Nonne im Kloster der Encarnación zu sprechen.
Der Padre Francisco bestätigte Cetinas Erkenntnisse. Seine innere und äußere Autorität gab der Auffassung, daß in Teresa der »Geist Gottes wirke«, volle Gültigkeit. Es ist typisch für Teresa, wie sie das Geistliche im Verein mit dem Praktischen und direkt Anwendbaren sieht. Was Francisco Borja für sie zu einer Autorität macht, vermerkt sie in ihren Aufzeichnungen. Gott hat den Padre, der aus religiösem Antrieb auf seinen fürstlichen Adel, auf Staatsämter, Ansehen, Reichtum und Familie verzichtet hat, hoch belohnt und begnadet; und der Padre verfügt über eine reiche geistliche Erfahrung. Beides, die göttliche Gnade und die erworbene Erfahrung, kommt dem zugute, was Francisco Borja an Mitteln und Rat (*medicina y consejo*) Teresa zu geben vermag.
Später begegnen Teresa große Persönlichkeiten wie die Mystiker Pedro de Alcántara, Juan de la Cruz oder der junge Karmeliterpadre Jerónimo Gracián, deren Einfluß, deren Mitwirkung an ihrem Lebenswerk gut bezeugt ist. Was Teresa in ihrer Lebensgeschichte über Francisco Borja schreibt, bezieht sich allein auf die genannte Begegnung. Ihr Briefwechsel mit dem Padre, der 1565 zum dritten General des Jesuitenordens berufen wird, ging verloren. Ein unschätzbarer Verlust, denn Francisco Borja war es, der Teresa am Anfang, dem eigentlichen Wendepunkt ihres Lebens, den Weg in die Zukunft öffnete.

Kinderspiele

An einem frühen Märzmorgen des Jahres 1522 verließen zwei Kinder ihr Elternhaus an der Plazuela de Santo Domingo in Avila. Unbemerkt passierten sie das nahe südliche Stadttor, gingen ein Stück an der granitenen Stadtmauer entlang, stiegen hinunter ins Tal, um auf der alten, karrenschmalen Steinbrücke den Río Adaja zu überqueren und der Straße nach Salamanca zu folgen. Der Río Adaja, im Sommer ein Rinnsal, war um diese Jahreszeit ein strömender Fluß, und von der Sierra herab wehte ein kalter Wind. Ängstlich waren die Kinder nicht, weder der elfjährige Rodrigo noch die vier Jahre jüngere Teresita. Sie trug einen langen warmen Rock, hatte den Pilgerstab in der Hand, eine Tasche mit etwas Brot um die Schulter gehängt. Man pilgerte viel in diesen Jahren nach Santiago de Compostela, aber die Geschwister wollten ins Maurenland, *a tierra de moros.*

Wie ist das, wenn Kinder aufbrechen, eines schönen Tages heimlich das Elternhaus verlassen, um mit kleinen Schritten ihr »gelobtes Land« zu suchen, ihr »Maurenland« oder »Sansibar«, ihr Utopia? Was treibt sie an, was haben sie sich in den Kopf gesetzt? Ist es Spiel oder Ernst, vielleicht beides, oder wollen sie unguten Familienverhältnissen entfliehen?

Das Mädchen und ihr Bruder kamen aus gutem Elternhaus, die kleine Teresita war der Liebling von Vater, Mutter und den zahlreichen Geschwistern. Teresa sagt es später als Fünfzigjährige selbst. Sie beginnt ihre Lebensgeschichte mit dem Lob ihrer Eltern: »Mein Vater war ein Mann voll Liebe zu den Armen, voll Güte zu Kranken und Untergebenen ... Er war wahrheitsliebend und sehr ehrenhaft ... Auch meine Mutter besaß viele Tugenden. Sie verhielt sich überaus sittsam. Obwohl von großer Schönheit, machte sie kein Aufheben davon. Sie war sanft und verständig.«

Don Alonso Sánchez de Cepeda hatte nach dem Tod seiner ersten Frau 1509 wieder geheiratet und in seine zweite Ehe ein Mädchen und zwei Jungen mitgebracht. Der dreißigjährige Witwer fand in der vierzehnjährigen Doña Beatriz de Ahumada eine sehr junge Frau, die in rascher Folge neun Kinder gebar. Als ihr drittes Kind kam Teresa am 28. März 1515 zur Welt. Aber sicherlich hatten der jungen vornehmen, sehr zarten Doña Beatriz die wiederholten Schwangerschaften und die Führung des anspruchsvollen vielköpfigen Haushalts zuviel zugemutet. Sie kränkelte bald und starb vierunddreißigjährig.

Don Alonso, auf traditionelle Sitte bedacht, lehrte seine Kinder früh das Lesen von erbaulichen Schriften und Heiligenlegenden. Berichte über Märtyrer reizten die phantasiebegabte siebenjährige Teresita, mit ihrem Bruder auszuziehen ins Land der Mauren, um sich dort »den Kopf abschlagen zu lassen«, den Märtyrertod zu erleiden. Die beiden kamen nicht weit auf der Landstraße nach Salamanca. Ein zufällig am frühen Morgen ausgerittener Onkel sah die Ausreißer und brachte sie zurück ins Elternhaus. Bemerkenswert ist, daß die kleine Teresita den vier Jahre älteren Bruder zum Martyrium überreden konnte, schon jetzt eine resolute Anführerin.

Später bewertet Teresa den kindlichen Drang zum Martyrium erstaunlich realistisch. Ihr Antrieb sei nicht Liebe zu Gott gewesen, »vielmehr die Sucht, bald zu jenen großen Gütern zu gelangen, die es, wie ich gelesen hatte, im Himmel gab«. Es war die kindliche Variante eines in manchen religiösen Schriften vorgezeigten Verhaltens, wobei die ewige Seligkeit durch das Opfer des Lebens erkauft werden sollte.

Die frommen oder pseudofrommen Kinderspiele gingen weiter, indem die Kinder im Garten Einsiedeleien errichteten, als Eremiten hausten, oder indem sie »Kloster« spielten, sich als Nonnen kleideten –, und wieder gab Teresita den Ton an. Solche, durch bestimmte zeitgebundene oder erzieherische Vorgaben gelenkte Verhaltensweisen flachten bald ab, wichen einer Beschäftigung, die das Mädchen von der Mutter übernahm, sehr zum Ärger des Vaters.

Doña Beatriz las zur Zerstreuung Ritterromane, eben jene wirklichkeitsfernen Geschichten, gegen die Cervantes in seinem *Don Quijote* heftig polemisierte. Wie die Mutter, begeisterte sich Teresa für die banalen Abenteuer von *Amadís de Gaul*, von *Esplandián* oder *Florisando* oder *Palmarín* und mußte ihre Lesesucht vor dem Vater geheimhalten.

Als Doña Beatriz starb, war Teresa fast vierzehn, beinahe heiratsfähig wie die Mutter in ihrem Alter. In dieser und der nächsten Zeit scheint sie auch etlichen jungen Männern den Kopf verdreht zu haben.

Aber das aufgeweckte, einfallsreiche und eigenwillige Mädchen war viel zu sehr mit sich selbst und weltlichen Vergnügungen beschäftigt, um an Heirat zu denken. Sie war eifrig bemüht, ihren mädchenhaften Reiz zu steigern. Vor dem Spiegel probierte sie die damals üblichen Schönheitsmittel, legte Schminke auf das rundliche Gesicht mit den großen dunklen Augen und dem vollippigen Mund, parfümierte sich oder gab Duftöle in ihr gepflegtes kastanienbraunes Haar. Sie kleidete sich kokett, trug gern schönsten Schmuck und »trieb andere Eitelkeiten«, wie sie später gesteht. Doch mehr als das weckten ihr angeborener Charme und ihr Temperament Sympathie. Die ihr, wo immer sie erschien, rasch geschenkte Zuneigung kam ihrem »Bedürfnis nach affektiven Beziehungen« (Otger Steggink) und ihrer ziemlich ausgeprägten Gefallsucht entgegen.

In diesen Jahren entspricht Teresa überhaupt nicht frommen Erwartungen, erst recht nicht dem Klischeebild einer künftigen Heiligen. Sie beginnt eine »Liebelei« mit einem Vetter, die offenbar tiefer ging, denn sie verschweigt seinen Namen und meidet ihr Leben lang ein Wiedersehen. Die Intensität ihrer Beziehung zu diesem oder anderen Jünglingen vermerkt sie selbst: »Sobald ich spürte, daß ich einem Mann gefiel und er bei mir in Gunst stand, faßte ich zu ihm eine solche Zuneigung, daß ich ständig an ihn denken mußte.« (V 37,4)

Als gefährlicher stellte sich die »schlechte Gesellschaft« einer Verwandten heraus, die das Mädchen zu allerlei »leichtfertigen Umtrieben« verführte. Teresa verkehrte gern mit dieser Verwandten, wahrscheinlich einer etwas älteren Kusine, die mit ihren Eltern im Nachbarhaus an der Plazuela de Santo Domingo wohnte. Mit ungenierter Offenheit schreibt Teresa, die Kusine habe ihr jeden Zeitvertreib, den sie wünschte, ermöglicht, ja habe sie dazu angetrieben und teilnehmen lassen an ihren eigenen Unterhaltungen und Eitelkeiten. Der Umgang habe ihr großen Schaden zugefügt.

Gelegentlich werden solche Geständnisse herabgemildert, als übertrieben bezeichnet oder ganz verschwiegen. Gewiß legte die nahezu fünfzigjährige Teresa einen strengeren Maßstab an, zumal ihr Beichtvater sie zur Niederschrift ihrer Lebensgeschichte verpflichtet hatte. Und sie ergänzt ihre Selbstanklagen, indem sie beteuert, nie habe sie eine schwere Sünde, eine *culpa mortal*, begangen; sie habe immer ihre Ehre bewahrt und aus natürlichem Antrieb unehrenhafte Sachen verabscheut. (Wiederholt betont sie die Ehre, *mi honra*, die Ehre vor der Welt, auch die Ehre des Vaters, darin ganz Spanierin ihrer Zeit.) Nichts veran-

laßt uns, an der Aufrichtigkeit Teresas und der Stimmigkeit ihrer Selbstbekenntnisse zu zweifeln.
Als die ältere Halbschwester María heiratete und das Elternhaus verließ, um ihrem Mann nach Castellanos de la Cañada zu folgen, befürchtete Don Alonso, die nun aufsichtslose Teresa könnte ganz ihrem leichtfertigen Treiben verfallen. So jedenfalls wird verständlich, daß der Vater nicht lange nach Marías Abreise die sechzehnjährige Teresa den Augustinerinnen von Santa María de Gracia zur Erziehung überließ. Ausdrücklich vermerkt Teresa: *me llevaron*, »sie brachten mich« in das Kloster, und sie habe in den ersten acht Tagen sehr gelitten. Dann aber bewährte sich ihre anpassungsfähige, gefällige Lebensart, und sie fühlte sich wohl in der Gesellschaft der jungen vornehmen Mädchen. Den weltlichen Zöglingen, *las señoras doncellas de piso* genannt, die Fräulein vom Obergeschoß, stand als Erzieherin eine kluge, sechsunddreißigjährige Nonne zur Seite, María de Briceño. An ihr vor allem, ihrer Freundlichkeit, ihrem Verstand, ihrem überzeugenden Sprechen von Gott und von ihrer Berufung, begann Teresa Gefallen zu finden.
María de Briceños Vorbild löste in der verwöhnten, doch unerfüllten Teresa ein ganz neues Verlangen aus, ein Fragen nach dem Ordensstand, doch nun über das bloße Kinderspiel hinausreichend. Merkwürdig, wie sie selbst dieses Neue aus negativen Ansätzen heraufruft: Ihre »große Abneigung« gegen den Ordensstand »nahm etwas ab«. Sie wird unsicher über den ihr vorbestimmten Stand. Sie betet, um Klarheit zu gewinnen, sagt im gleichen Atemzug, sie wünsche nicht, Nonne zu werden, und ebenso, sie fürchte sich vor dem Heiraten. (Möglicherweise hatte sie das Schicksal ihrer durch zahlreiche Schwangerschaften und konventionelle Pflichten früh erschöpften und gestorbenen Mutter vor Augen.)
Die Beziehung zur Außenwelt war den sechzehn- bis achtzehn-

jährigen Mädchen nicht verwehrt. Manche Liebschaft blieb unbekümmert erhalten, vielleicht sogar im Hinblick auf eine Heirat von den Eltern erwünscht oder geduldet. Man wechselte Briefchen oder traf sich in den Freistunden. Es ist kaum denkbar, daß die lebenshungrige Teresa auf solches Mittun völlig verzichtet hat. Wie sie selbst sagt, sind ihr in diesen Jahren Sinnenfreude und Eitelkeit wichtiger als ihr Seelenheil gewesen.
In ihrer Unsicherheit, ihrem Schwanken zwischen der einen und der anderen Seite, geriet die Siebzehnjährige in einen Konflikt, der sie seelisch und körperlich in die Erschöpfung und in eine schwere Krankheit trieb. Nach eineinhalb Jahren mußte Don Alonso seine Tochter von den Augustinerinnen nach Hause holen. Zur weiteren Genesung brachte er sie im Frühjahr 1533 aufs Land, zu ihrer Schwester nach Castellanos de la Cañada.

Unerklärliche Krankheiten

An einem frühen Morgen im Spätherbst 1535 verließen Teresa und ihr jüngerer Bruder Antonio heimlich ihr Elternhaus, sie, um ihr geistliches Leben im Kloster Encarnación zu beginnen, Antonio, um bei den Dominikanern um Aufnahme zu bitten. Zum Kloster Encarnación im Tal vor der nördlichen Stadtmauer gingen sie gemeinsam, darauf bedacht, daß kein Verwandter ihren Weg kreuzte. Es war fast so wie der verwegene Aufbruch der beiden Kinder vor dreizehneinhalb Jahren. Nur begleitete Teresa nicht, wie damals, ihr Lieblingsbruder Rodrigo, denn der hatte sich den Konquistadoren angeschlossen und fuhr zur gleichen Zeit über den Ozean nach Westindien, genauer nach Perú. Auf andere Weise suchte Rodrigo, nachdem er sein Erbteil Teresa vermacht hatte, sein »Maurenland«; nach zwölf Jahren fand er im Kampf gegen die Indios den Tod.
Die Parallele zum Aufbruch der Kinder reicht tiefer, wenn wir nach Teresas Motiven fragen. Wie damals aus kindlichem Verstand will die nun Zwanzigjährige durch ein Opfer »zu den ewigen Gütern« oder – jetzt – »geraden Wegs in den Himmel« gelangen. Um dies zu verwirklichen, will sie, die längst »die Hölle verdient hätte« (*yo había bien merecido el infierno*), Beschwerden und Leiden des Klosterlebens ertragen. Aber sie gesteht freimütig, sie wäre »mehr von knechtischer Furcht als von Liebe« angetrieben gewesen.

Sie war nicht unvorbereitet. Die Genesungsmonate bei ihrer Schwester in Castellanos, vor allem – schon auf dem Hinweg – ein mehrtägiger Besuch bei ihrem Onkel Don Pedro Sánchez de Cepeda in Hortigosa hatten sie nachdenklich gestimmt. Zuerst war es ihr lästig, dem frommen Witwer aus Erbauungsbüchern vorlesen zu müssen, doch stärker wirkte auf sie die gütige, gläubige Persönlichkeit des einsam lebenden Don Pedro. Eine schon geänderte Teresa kehrte zurück nach Avila und führte den Haushalt im väterlichen Palacio de la Moneda.

Wie früher folgten der begehrenswerten jungen Frau, wenn sie im orangefarbenen, mit schwarzen Samtstreifen besetzten Kleid zur Kirche ging, die Blicke der Hidalgos. Die jungen Herren werden sich gewundert haben, daß die als lebenslustig bekannte Teresa merklich kühler reagierte. Zu Hause las sie nun statt der Ritterromane die Briefe des heiligen Hieronymus. Den letzten Anstoß zur Verwirklichung ihres Plans gab möglicherweise die Abreise ihres Bruders Rodrigo nach Übersee. Eher zufällig entschloß sie sich für den Eintritt bei den Karmelitinnen. Dem Konvent von Encarnación gehörte ihre Freundin Juana Suárez an. Doch nach ihren eigenen Worten hätte sie in »jedes beliebige Kloster« eintreten können.

Während sich für die zwanzigjährige Teresa an jenem Spätherbstmorgen die Klosterpforte öffnete, blieb ihrem Bruder Antonio die Aufnahme bei den Dominikanern von Santo Tomás verwehrt. Ihm, wie auch Teresa, fehlte die Zustimmung des Vaters. Nur zählte Antonio erst fünfzehn Jahre, und Don Alonso Sánchez de Cepeda war dem Dominikanerkonvent wohlbekannt.

Noch am selben Vormittag eilte Don Alonso zum Kloster Encarnación. Wieder, wie bei der Flucht der Kinder, war *la niña*, die Kleine, die Anstifterin. Auch deswegen war er erbost, weil er gehofft hatte, Teresa würde nach der Heirat ihrer Schwester María noch eine Weile den Haushalt führen. Und war denn ihre

labile Gesundheit den Mühen des Klosterlebens gewachsen? Sie kränkelte wieder in der letzten Zeit. Don Alonso ahnte nicht, mit welcher Entschiedenheit Teresa ihm ins christliche Gewissen reden würde.
Schweren Herzens mußte Don Alonso die Entscheidung seiner Lieblingstochter respektieren. Er verpflichtete sich, als Mitgift dem Kloster zu gewähren: jährlich fünfundzwanzig Scheffel Korn, zur Hälfte Weizen, zur Hälfte Gerste, oder ersatzweise zweihundert Golddukaten. Als persönliche Aussteuer erhielt Teresa einen wollenen Habit, zwei grobe Leinenhemden, drei Unterröcke, einen schweren und einen leichtwollenen Chormantel, dazu eine Pelzjacke mit Kapuze. Teresa verzichtete auf ihre und die ihr von Rodrigo übertragenen Erbansprüche.
Äußerlich gesehen verlief die Zeit bis zur Profeß, der Ablegung des »ewigen Gelübdes«, ganz im Sinne der Regel: das Sich-Einleben in den Ordensstand, die Einkleidung, und dann der Tausch des weißen Schleiers der Novizin mit dem schwarzen Schleier der Nonne.
Zwei Jahre nach ihrem Klostereintritt, am 3. November 1537, legte Doña Teresa de Ahumada ihre Profeß ab. Zu diesem feierlichen Akt wurde sie in die Klosterkapelle geführt, bekleidet mit dem einfachen Habit. In den Händen trug sie Skapulier, den Ledergürtel und den schwarzen Schleier, ein Pergament mit dem aufgeschriebenen Vaterunser, das ihr beginnendes Gebetsleben anzeigte. Als aller weltlichen Ansprüche entsagende, demütige Bittstellerin warf sie sich im Chor vor den Augen der versammelten Schwestern und der Gäste zu Boden, und die Priorin fragte sie:

»Worum bittest du?«
»Ich bitte um Gottes Barmherzigkeit und um die Gemeinschaft der Schwestern in ewiger Klausur.«

Sie gelobte, in Armut, Keuschheit und Gehorsam zu leben und die Ordensregeln der Karmelitinnen einzuhalten. Die Priorin beendete den Akt der Aufnahme mit den Worten:

> »Möge Gott, unser Herr, der uns das Wollen eingab, auch das Vollbringen gewähren, per Christum Dominum nostrum.«

Im Kloster Encarnación wußte man einen solchen Tag zu feiern, mit Tanz, Gesang und festlichem Essen, das der längst versöhnte Don Alonso spendete – wie er jeder Karmelitin einen neuen Schleier schenkte. Teresa selbst zeigte sich an ihrem Festtag überaus lebhaft und heiter, in ihrer Lebensfreude fast wie früher jedem zugeneigt, so daß eine der Mitfeiernden bewundernd sagen konnte: »Doña Teresa hat die Eigenschaften goldener Seide, die sich mit allen anderen Farben verträgt, denn sie paßt sich dem Charakter einer jeden einzelnen an, um uns alle zu gewinnen.«

Teresas Verhalten darf nicht als Vortäuschung, als mühsames Mithalten gewertet werden, sondern entsprach ihrem ureigenen Naturell, ihrer dem Augenblick ganz ergebenen Spontaneität, ihrer ungeteilten affektiven Einfühlung. Soweit als möglich lieferte sie sich mit ihrem ganzen Ungestüm dem einen wie dem anderen aus.

Es fällt auf, wie Teresa ihr Klosterleben mit übertriebenen Selbstzüchtigungen beginnt, obwohl die Karmelitinnen von Encarnación der milderen Regel verpflichtet waren. Sie fastet übermäßig, züchtigt ihren Körper durch Geißelungen, durch Bußübungen jeder Art. Sie übernimmt Nachtwachen, drängt sich zur Pflege einer schwerkranken Mitschwester, deren Leib mit Geschwüren übersät ist. Die Priorin verbietet das Übermaß selbstauferlegter Bußen, doch die junge Karmelitin ist längst auf dem Weg, ihren gebrechlichen Körper zu ruinieren. Nicht lange nach ihrer Pro-

feß lassen nervöse fiebrige Störungen, Ohnmachtsanfälle und Herzkrämpfe Teresa nicht mehr zur Ruhe kommen.
Offensichtlich empfand sie die Selbstzüchtigung als Kampfmittel gegen ihre Eitelkeit. Sie selbst wird später schreiben, sie habe ihrem Körper Gewalt angetan und habe ihrer Gesundheit Schaden zugefügt. Etwa ein Jahr nach ihrer Profeß kam es zum völligen gesundheitlichen Zusammenbruch. Die Ärzte standen ratlos vor unerklärlichen Krankheitssymptomen. Keines ihrer üblichen Heilmittel, weder Pillen noch Schröpfen oder Klistiere halfen.
Don Alonso holte seine Tochter – wie er sie fünfeinhalb Jahre zuvor aus dem Kloster de Gracia geholt hatte – nach Hause, um sie zu einer heilkundigen Frau in Becedas, nicht weit von Castellanos de la Cañada, zu bringen.
Anfang Dezember zog die kleine Kavalkade über das rauhe Bergland nach Westen, angeführt von Don Alonso, der ganz in Schwarz und schwarzes Lederzeug gekleidet war. Die geschwächte Teresa saß wohlverpackt in der Sänfte. Ihr zur Seite ritt auf einem Maultier die befreundete Nonne Juana Suárez, von der Priorin der Kranken als Beistand mitgegeben. Teresa sollte bis zum Beginn der Kur im Frühjahr bei ihrer Schwester María in Castellanos bleiben. Doch zunächst legte Don Alonso eine Rast in Hortigosa ein, bei seinem Bruder Don Pedro, gewiß von allen Mitreitenden begrüßt, denn im Bergland war es schon frostig und stürmisch.
Für Teresa gewann der zweite Aufenthalt bei dem frommen, in religiösen Schriften belesenen Witwer eine ungeahnte Bedeutung. Don Pedro gab ihr ein in Toledo gedrucktes Buch, das ihr den Zugang zum innerlichen oder betrachtenden Beten öffnete: das *Tercer Abecedario Espiritual* des Franziskaners Francisco de Osuna. Das für die spanische Frömmigkeitsbewegung beispielgebende Buch Osunas wurde Teresa zum geistlichen Führer auf

dem Weg zu der ihr eigenen Art des Betens, von der sie später sagen wird: »Das innerliche Gebet ist, wie ich glaube, nichts anderes als ein Freundschaftsverkehr, bei dem wir so oft wie möglich allein mit dem sprechen, von dem wir wissen, daß er uns liebt.« (V 8,5)

Zunächst lag für Teresa alles daran, wieder zu Kräften zu kommen, und vielleicht hätte ihr die familiäre Geborgenheit in Castellanos, im Hause ihres Schwagers Guzman y Barrientos, mehr geholfen als das im April 1539 in dem Dörfchen Becedas begonnene Heilverfahren. Die ihr auferlegte dreimonatige Kur bewirkte das Gegenteil, trieb sie vollends in eine körperliche und seelische Krise.

Der Priester der etwas mehr als tausendköpfigen Gemeinde Becedas lebte seit sieben Jahren mit einer Frau zusammen, blieb jedoch ungehindert im geistlichen Amt. Teresa wußte das nicht, als sie den Priester zum Beichtvater wählte, erfuhr es aber bald, ohne von ihm abzulassen. Sie nennt den Mann »vortrefflich, von gutem Verstand, ein wenig gelehrt«. Der Priester, der »Ehre und Ansehen verloren hatte«, obwohl niemand im Dorf ihm Vorhaltungen machte, tat ihr leid, »denn ich liebte ihn sehr«, schreibt sie wörtlich.

Es war ein Spiel mit dem Feuer. Ihr blieb nicht verborgen, daß der Mann, der sie öfter besuchte, eine starke Zuneigung zu ihr gefaßt hatte. Sie gesteht später: »Es gab Gelegenheiten, in denen wir Gott hätten schwer kränken können, wäre er uns nicht gegenwärtig gewesen.« (V 5,6) Oder sie erinnert sich freimütig: »Der böse Geist begann meine Seele zu verwirren.« Nichts Arges sah Teresa im Sommer 1539 in ihrer Beziehung zu diesem jungen Priester, keine schwere, Gott beleidigende Sünde, wie sie mehrmals betont. Und schließlich empfand sie Genugtuung, als der Priester sein Verhältnis mit der Konkubine löste.

Für die Heilung ihrer vorwiegend psychisch bedingten Krankheit hätte Teresa nichts Schlimmeres widerfahren können als die intensive Begegnung mit dem Priester. Doch sicherlich war die Curandera, zu der Teresa in die Kur kam, eine Dilettantin, ohne Einfühlung in die sensible Kranke. Die täglich verabreichten Abführmittel und andere grobe Anwendungen verfehlten ihre Wirkung. Herzleiden, Fieber und Ohnmachtsanfälle ließen nicht nach, steigerten sich eher, verstärkt durch Teresas Ekel vor der Nahrungsaufnahme. Die Kur wurde zur Qual.

Im heißen Juli brachte Don Alonso seine Tochter zurück nach Avila, und wieder standen die Ärzte am Krankenbett und diagnostizierten diesmal bei der völlig abgemagerten, entkräfteten Teresa einen akuten Fall von Schwindsucht. Die Fehldiagnose berührte die apathische Teresa kaum. Sie dämmerte dahin, allein mit ihren Schmerzen, gerade noch fähig, bei dem Dulder Hiob etwas Trost zu suchen.

Ihre Bitte um die Sterbesakramente wies der Vater ab. Er glaubte, Teresa beruhigen zu müssen, sie sei doch auf dem Weg der Besserung. Noch in derselben Nacht des 15. August verlor sie das Bewußtsein und fiel in einen todähnlichen Zustand, der fast vier Tage dauerte.

Kein Atemhauch trübte den vorgehaltenen Spiegel. Kein Zukken verriet einen Lebensrest, als man eine Kerze vor Teresas Augen hielt und heißes Wachs auf die Lider träufelte. Für die Totgeglaubte lasen Mönche in einem benachbarten Konvent bereits die Totenmesse. Am dritten Tag bereiteten die Karmelitinnen von Encarnación für ihre vierundzwanzigjährige Mitschwester das Grab. Doch als die Nonnen Teresa zur Bestattung holen wollten, verweigerte Don Alonso seine Zustimmung und verhinderte, daß man eine Scheintote ins Grab legte.

Am vierten Tag wachte sie auf, wie von weither zurückgekommen, nach der überwundenen Krise eine Neugeborene. Aber das Zurückfinden in das normale Leben bereitete Qualen. Selbst das Trinken, die ersten Versuche, flüssige Nahrung aufzunehmen, schmerzten unerträglich. Die völlig Abgemagerte konnte weder Arm noch Bein noch Kopf bewegen, nur einen Finger der rechten Hand. Als sich die körperliche Verkrampfung allmählich lockerte, wünschte sie, in ihr Kloster gebracht zu werden. Die Karmelitinnen, »die sie als Tote erwartet hatten, empfingen eine Lebendige; doch war ihr Körper mehr als tot; es schmerzte, ihn zu sehen«.

Über drei Jahre lag Teresa gelähmt im Krankenzimmer von Encarnación, gepflegt von ihren Mitschwestern. Ein langsamer Heilungsprozeß, bei dem sie, »übel zugerichtet von den irdischen Ärzten, sich entschloß, Hilfe zu suchen bei den himmlischen Ärzten«. Ihrer Genesung erinnert sie sich in einem kurzen Satz: »Als ich begann wie eine Katze zu kriechen, lobte ich Gott.«

Teresa erkennt, wie übel die Ärzte sie zugerichtet hatten, *me habían parado los médicos* (V 6,5). Sie selbst überliefert die beste Beschreibung ihres Krankheitsbildes, das Unzulängliche von ärztlicher Diagnose und Heilbehandlung deutlich kennzeichnend. Offensichtlich unerkannt blieb, was nach heutiger medizinischer Erkenntnis jeder Heilpraxis zugrunde liegen sollte, das Verständnis für den psychosomatischen Zusammenhang, für seelisch-körperliche Wechselwirkungen. Auslöser der schweren Erkrankung, die mit Herzkrämpfen, Lähmungserscheinungen und furchtbaren Nervenschmerzen bis in die Todesnähe führte, war ja nicht ausschließlich die Überforderung des Körpers. Nicht allein Bußübungen, Geißelungen, Fasten, Nachtwachen trieben sie in den gesundheitlichen Zusammenbruch. Vielmehr drückte das Übermaß selbstauferlegter Bußen einen stärkeren inneren Konflikt aus, den sie schon als Mädchen bei den Augustinerinnen, dann in erbarmungsloser Härte als junge Karmelitin durchzustehen hatte.

Vielleicht kann man sagen, daß Teresa, nachdem sie sich für den schwarzen Schleier entschieden hatte, innerlich einer Zerreißprobe ausgesetzt war, der Unvereinbarkeit von totaler Hingabe an Gott und ihrem starken Drang zur Welt. Sie wird viele Jahre brauchen, bis sie im Unvereinbaren einen Sinn entdeckt. Die an den Rand des Todes getriebene Krise wiederholt sich nicht mehr in solcher Schärfe. Aber sie wird ihr Leben lang darum kämpfen, ihre »Anhänglichkeit an die Welt« in ihre »Gottesfreundschaft« einmünden zu lassen.

Der lange Prozeß des Lernens

»Fast zwanzig Jahre«, bekennt Teresa freimütig (V 8,2), »trieb ich auf stürmischem Meer, mit Niederfallen und Wiederaufstehen, aber so schlecht, daß ich wieder fiel.« Ein langer Prozeß des Lernens, der um 1554/55, fast zwanzig Jahre nach ihrem Klostereintritt, zur Entscheidung gelangte, als sie ihre geistliche Bestimmung erkennt und sich bestätigt findet durch die Padres der Jesuiten, vor allem durch den Ordensoberen Francisco Borja.
In diesen zwei Jahrzehnten im Kloster Encarnación ereignete sich äußerlich nur wenig. Aber schon in die erste Zeit nach der Genesung, nachdem sie wieder aufrecht gehen konnte, fiel ein bewegendes familiäres Ereignis. Don Alonso, der oft ins Kloster kam, um Rat bei seiner Tochter zu holen oder einfach mit ihr zu sprechen, erkrankte schwer, und nun pflegte Teresa in ihrem Elternhaus den Vater und wurde Ende Dezember 1543 Zeuge seines Sterbens.
Nach der Testamentseröffnung gab es Streitigkeiten um das Erbe. Der schöne Frieden, der im Palacio de la Moneda zu Lebzeiten von Doña Beatriz geherrscht hatte, zerbrach wegen eines längst geschrumpften Erbes. Noch zu Teresas Mädchenzeit galten die Cepeda y Ahumada als wohlhabend, mit ertragreichen Ländereien um Gotarrendura, dem Heiratsgut von Doña Beatriz, mit standesgemäßer Dienerschaft im Palacio in Avila. Don Alonso war kein guter Vermögensverwalter, außerdem

allzu freigebig. Fünf Söhne hatte er kriegsmäßig ausgerüstet. Nach Fernando und Rodrigo, den ältesten, waren 1540 Lorenzo, Pedro und Jerónimo von Sevilla ausgefahren nach Westindien. Don Alonso hatte die Güter seiner ersten Gattin und auch Teile des Heiratsguts von Doña Beatriz verkaufen müssen.
Nun aber fochten die in Avila gebliebenen Kinder aus der zweiten Ehe, Antonio, Agustín und die letztgeborene Juana, das Testament an und forderten das Erbgut ihrer Mutter Doña Beatriz de Ahumada. Demgegenüber bestand María aus der ersten Ehe auf dem ihr zugeteilten Erbe, was ihr nach vierjährigem Prozeß zugebilligt wurde. Teresa hatte auf ihr Erbteil verzichtet, entging jedoch als Testamentsvollstreckerin nicht dem Zerwürfnis ihrer Geschwister.
Die Karmelitin Teresa hatte in diesen Jahren genug mit eigenen inneren Auseinandersetzungen zu tun. Im Rückblick auf jene lange Zeitspanne spricht sie von einem »so quälenden Kampf«, denn nach ihrer Genesung und dem Tod des Vaters beherrschten sie wieder ihre »weltlichen Neigungen« *(las afecciones del mundo)*, natürlich im Rahmen der gemilderten Regel ihres Klosters Encarnación. Aber die Karmelitin spricht auch, »obwohl der Welt ergeben«, von der »Kühnheit, das innere Gebet stets geübt zu haben«. Der Anstoß, der ihr die Schrift des Franziskaners Francisco de Osuna gegeben hatte, wirkte weiter und führte zu der ihr eigenen Art des Gebets, in der ihr Gespräch mit Gott nie abreißen wird.
An Don Alonsos Sterbebett lernt Teresa dessen Beichtvater kennen, den Dominikaner Vicente Barrón, und gewinnt ihn als geistlichen Führer. Dem Padre Barrón verdankt sie Zuspruch und Verpflichtung zum inneren Gebet, in dem sie mehr und mehr ihr Lebenselixier erkennt. Das Gebet wird zum Medium ihres vertrauten, mitunter vertraulichen Umgangs mit Gott, den sie gleichwohl *el Señor* nennt, von dem sie mit Vorliebe in der

dritten Person spricht: *Su Majestad*, Seine Majestät. Der im Gebet gesuchte, geschenkte »Freundschaftsverkehr« mit Gott führt unmittelbar zu dem, was Teresa als Vision und mystische Wirklichkeit jenseits der rational meßbaren Realität widerfährt. Das zeigt deutlich ihr Bild vom Garten und den verschiedenen Möglichkeiten der Bewässerung. Sie selbst findet die besten anschaulichen und spanischen Verhältnissen wohlvertrauten Worte, um im Gleichnis vier Stufen des Gebets, die auch ihr oft genug gegönnt waren, sichtbar zu machen.

»Sehen wir nun, wie wir den Garten bewässern können, damit wir verstehen, was wir tun müssen und welche Mühe es kostet, um Gewinn zu erzielen, oder wieviel Zeit erforderlich ist. Mir scheint, daß wir auf vierfache Weise vorgehen können. Entweder schöpfen wir Wasser aus einem Brunnen, was große Mühe bereitet; oder wir schöpfen es, wie ich es selbst bisweilen tat, aus einem sich drehenden Wasserrad, einer Noria, wobei mehr Wasser mit geringerer Anstrengung herbeigeholt wird; oder wir leiten das Wasser aus einem Fluß oder Bach in den Garten, weitaus ergiebiger, weil die Erde reichlich getränkt wird, das Gießen sich erübrigt und der Gärtner viel weniger Arbeit hat; oder die Bewässerung erfolgt durch einen kräftigen Regen, den der Herr dem Garten ohne unser Dazutun gewährt, und dies ist unvergleichlich besser als alles Vorhergenannte.« (V 11,7)

Das Bild zeigt in der Zurücknahme der eigenen Aktivität das Geöffnetsein für eine meditative oder – im christlichen Verständnis genauer – kontemplative Erfahrung. Die in das Bild vom Garten und dessen Bewässerung gelegte eigene innere Erfahrung entfaltet Teresa in ihrer Selbstbiographie, niedergeschrieben als Fünfzigjährige, nachdem sie zu ihrer Bestimmung gefunden und ihr erstes reformiertes Kloster gegründet hatte.

Der lange Prozeß des Lernens führte Teresa von der »knechtischen Furcht« um ihr eigenes Seelenheil, dem Anlaß ihres Klostereintritts, zur Freiheit im vertrauten, ja freundschaftlichen Verkehr mit Gott. Im Gebet öffnete sie sich für den Dialog mit dem Gesprächspartner, dessen unmittelbare Nähe sie in der Vision erfuhr.

Aber das Erstaunliche und Beispielgebende am Ende ihres Lernprozesses wird erst ganz deutlich im Wandel von der individuellen Gottbezogenheit zum gemeinsamen, mitmenschlichen Dienst. Teresas »Gottesfreundschaft« wäre undenkbar ohne ihre »Menschenfreundschaft«, das eine bedingte das andere in einem wahrhaft sozialen Verständnis. Nicht nur, daß die Mystikerin Teresa in Avila ihr erstes Kloster gründet, dem bald weitere Gründungen folgen, daß sie praktisch und resolut handelt, daß sie ihren Schwestern vorlebt, wie man miteinander umgeht. Geradezu in einem Umkehrprozeß gewinnt nun ihr Verhältnis zur Welt eine neue Qualität, eine neue Freiheit, der alles spirituell Abgesonderte, alles Frömmlerische oder Engstirnige fremd ist.

Noch war die Karmelitin Teresa auf dem Weg, und die Beständigkeit des inneren Gebets half ihr, die eigene und die von außen, von verständnislosen Beichtvätern kommende Irritation zu überwinden. Vierzigjährig war es ihr ergangen wie jemandem, der nach langem Hin und Her, nach Herumirren und Suchen seine existentielle Mitte, seinen Lebenssinn gefunden hat. Nicht nur dies. Teresa fand sich bestätigt durch die Jesuitenpadres Diego de Cetina, Francisco Borja und Juan de Prádanos, den sie im Haus ihrer Gönnerin Dõna Guiomar de Ulloa kennenlernte.

Die so reiche wie fromme Doña Guiomar war früh verwitwet und hatte ihren zuvor der eleganten Adelsgesellschaft von Avila geöffneten Palacio nahe dem Jesuitenkonvent San Gil zu einem religiösen Treffpunkt gemacht. Teresa verdankte der milden Klausurregel, daß sie seit 1556 oft Gast im Palacio der jungen schönen Witwe sein konnte. Es war eine für sie wichtige Zeit, in der ihr neuer geistlicher Führer Padre Prádanos mit »großer

Klugheit und Milde« auf ihre ersten mystischen Erlebnisse, ihre ersten Verzückungen reagierte. Nur wurde Juan de Prádanos im Herbst 1558 nach Valladolid versetzt, und Teresas neuer Beichtvater, der fünfundzwanzigjährige Padre Baltasar Alvarez, war zu unerfahren, um zu erkennen, was in der Karmelitin vorging.
Der durch Teresas Geständnisse verwirrte Padre Alvarez holte andere, ältere Theologen zu Hilfe. Im Verein kam man zu der Ansicht, daß die Verzückungen und Visionen der Nonne Teufelswerk seien. Natürlich gab es in diesen Jahren genug Beispiele von Pseudoverzückungen oder irreführenden Visionen. Geständnisse vor dem Inquisitionstribunal, wahr oder erpreßt, hatten die Gemüter erhitzt. Die Theologen befahlen Teresa, jede künftige Vision abzuwehren. Sie möge sich bekreuzigen und den Erscheinungen »die Feige geben« *(diese higas)*, eine obszöne Geste der Verachtung, bei der man mit der Hand eine Faust macht und den Daumen zwischen Zeige- und Mittelfinger steckt. Stupider Unverstand drohte alles für Teresa mühsam Gewonnene zu zerstören.
Teresa war selbst über die ersten Verzückungen und Visionen zutiefst erschrocken. Wiederholt und glaubhaft spricht sie von ihrem Erschrecken. Sie fragt, ob das, was sie hörte oder sah, Einbildung sein könnte. Am Anfang ihrer mystischen Erlebnisse hatte der verständige Prádanos ihr nahegelegt, gewisse Freundschaften aufzugeben, den Hymnus *Veni Creator Spiritus* zu beten, damit Gott sie erleuchte. Einige Tage danach geriet sie beim Beten dieses Hymnus in »ungestüme Verzückung« (V 24,5) und hörte: »Ich will, daß du nicht mehr mit Menschen Umgang hast, sondern mit Engeln.« Teresa zweifelt nicht an der Echtheit der Stimme, sagt jedoch auch, sie sei »fast außer sich« gewesen. Das Wörtchen »fast« *(casi)* oder das oft gebrauchte »es schien mir . . .« *(pareciame)* zeigt, daß sie keiner Selbsttäuschung verfallen will, eine für Teresa sehr typische Grundhaltung.

Die auf das Hören begrenzte Verzückung war psychologisch noch halbwegs verständlich, fast ableitbar aus dem Rat des Beichtvaters. Doch wie wollte sie, die ihr Realitätsbewußtsein nie ganz verleugnen konnte, wie will erst recht der Außenstehende fertigwerden mit Visionen, die sich ungerufen in die sogenannte Realität einmischen, ja sie auf den Kopf stellen?
Man kann es nicht besser, bedachtsamer und zugleich glaubwürdiger schildern als mit Teresas eigenen Worten, die das Geschehen bei ihrer ersten Vision nur zögernd, ihrer Unsicherheit bewußt, vermitteln: »Als ich einmal am Festtag des glorreichen heiligen Petrus betete, sah ich oder besser gesagt fühlte ich, denn ich sah weder mit den Augen des Körpers noch der Seele etwas, daß ich meinte, Christus stehe neben mir, und ich sah, daß er es war, der mit mir sprach, wie mir schien. Mir war ganz unbekannt, daß es solch eine Vision geben könnte; ich fürchtete mich anfangs sehr und konnte nur weinen ... Es schien mir, als gehe Jesus Christus immer neben mir; da es keine bildhafte Erscheinung war, sah ich nicht, in welcher Gestalt. Doch er stand immer an meiner rechten Seite, das fühlte ich klar, und er war Zeuge von allem, was ich tat.« (V 27,2)
Ähnlich behutsam schildert Teresa die ihr widerfahrene, oft zitierte »Herzverwundung«, die ebenso in die Zeit vor der Gründung ihres ersten Klosters fällt. Sie sieht visionär einen Engel, »nicht groß, sondern klein und sehr schön, das Gesicht entflammt« (V 29,13):
»Ich sah in den Händen des Engels einen langen goldenen Speer und meinte, an dessen eiserner Spitze ein wenig Feuer zu sehen. Es war mir, als stoße er den Speer einige Male mir ins Herz, bis zu den Eingeweiden und reiße diese mit ihm, so schien mir, heraus. Er ließ mich entflammt von großer Liebe zu Gott zurück. Es war ein so starker Schmerz, der mich stöhnen ließ, dessen Süße jedoch den größten Schmerz überstieg, so daß ich

nicht wünschte, von ihm frei zu werden und mich mit geringerem als Gott zu begnügen. Es ist kein körperlicher, sondern ein geistiger Schmerz, obwohl auch der Körper daran teilhat, und das zu Genüge. Es ist ein so süßes Liebeswerben zwischen der Seele und Gott, daß ich seine Güte anflehe, dies jeden kosten zu lassen, der glaubt, ich lüge.«

Für den inneren Vorgang ist nahezu belanglos, daß Santa Teresas Herz, in einem Reliquiar bei den Karmelitinnen von Alba de Tormes unverwest erhalten, einige Verletzungen aufweist. Zunächst sollte man Teresas eigene Worte achten, wie sie im entscheidenden Satz zur »Herzverwundung« zweimal »es schien mir ...« *(me parecía)* schreibt. Um so stärker hebt sie hervor, was sie als Schmerz und Süße, als Ausdruck der innigsten Verbindung mit Gott, in voller Gewißheit empfindet, ein Urmotiv ihrer und jeglicher Mystik.

Teresas Umgang mit Gott, mit *su Majestad,* gewinnt ein unverbrüchliches Vertrauen, das schließlich jede innere wie äußere Anfechtung überwindet. Sie hört, wie Gott sagt: »Habe keine Angst, Tochter, ich bin es, und ich lasse dich nicht hilflos, fürchte dich nicht.« (V 25,18) Sie will »gegen die ganze Welt verteidigen, daß es Gott war«, der zu ihr sprach. Aber sie sagt, sie höre seine Worte »nicht mit den Ohren des Körpers, verstehe sie jedoch viel genauer« (V 25,1), und sie sehe »mit den Augen der Seele viel klarer als mit den leiblichen Augen« (V 7,6).

Was das von einigen Theologen verurteilte »Teufelswerk« anbetrifft, so gewinnt sie aus der Gewißheit ihrer Gottesnähe eine ungezwungene Zuversicht. Mehr als den Teufel selbst, schreibt sie später, fürchte sie jene, die immerzu den Teufel an die Wand malen, besonders die Beichtväter, die Unruhe stifteten, unter denen sie in den vergangenen Jahren viel gelitten habe.

Das erste Kloster der Reform

Sie hatte die Fünfundvierzig überschritten, eine Ordensfrau, von vielen geachtet, verehrt, geliebt, wenn auch manchen die mystische Intensität der Madre Teresa unheimlich erschien. Ihre Stärke gründete in ihrer neugewonnenen, durch ihr Gebet beständig gewordenen Gottverbundenheit, so absolut, daß ihr Gott in der Vision gegenwärtig war, daß sie ihn sah, seinen Engel, Christus, daß sie mit *el Señor* redete wie mit einem vertrauten Partner oder Freund.

Die aus dieser Verbundenheit ihr zuströmende Energie schien grenzenlos zu sein, obwohl sie zeitlebens unter körperlichen Gebrechen litt, unter beklemmender Herzinsuffizienz, Erbrechen, Fieberanfällen. Gegen Jahresende 1560 schrieb sie im ersten ihrer von ihren geistlichen Beratern geforderten Gewissensberichte von ihrer körperlichen Schwäche. Es quälte sie, deswegen nicht mehr an Bußübungen und nicht mehr für ihren Orden leisten zu können. Doch war ein ungemein produktives Jahr vergangen, ein Entscheidungsjahr, in dem der Gedanke aufkam, ein Kloster der strengen, ursprünglichen Regel gründen zu müssen.

Damit verbunden war der Schritt in die äußere und schließlich soziable und soziale Aktivität. Die nun beginnende Öffnung der Madre Teresa nach außen war für eine Ordensschwester mehr als ungewöhnlich, brachte ihr auch bei den Karmelitinnen Mißtrauen bis zur Feindschaft ein. Aber es geschieht etwas für Teresa sehr Typisches. Auf dem ersten Höhepunkt ihrer mystischen Widerfahrung löst sie sich von jeder Selbstgenügsamkeit und wendet sich der Gründung eines Konvents außerhalb ihres Klosters Encarnación zu.

Es ist der Auftakt zu der ihr eigenen religiösen Lebenswirklichkeit, wobei Kontemplation und Aktivität nicht nur einander ergänzen, sondern zusammengehören. Das Erstaunliche ist, wie die Mystikerin Teresa aus diesem Bewußtsein lebt, handelt und nicht müde wird, ihre Mitschwestern dem Gemeinten zu verpflichten. Sie verdeutlicht es anschaulich in ihrem mystischen Hauptwerk »Die innere Burg«, wo sie die beiden biblischen Frauen, die kontemplative Maria und die praktische Martha, zum Vorbild nimmt: »Glaubt mir, Martha und Maria müssen beisammen sein, um den Herrn beherbergen zu können und ihn immer bei sich zu behalten; sonst wird er schlecht bewirtet sein und ohne Speise bleiben. Wie hätte Maria, die immer zu seinen Füßen saß, ihm etwas zu essen gegeben ohne die Schwester?« (M 7,4)

Der Mystikerin Teresa war das für das leibliche Leben notwendige Tun äußerst wichtig. Nicht nur, weil sie später als Klostergründerin wirtschaftliche Sorgen kennenlernt, damit fertigwerden muß. Es ist mehr als ein witziges Bonmot, wenn sie ihre Karmelitinnen beschwört: »Meine Töchter, seid nicht betrübt, wenn der Gehorsam euch zu äußerlichem Tun verpflichtet, begreift doch, falls ihr Küchendienst habt, daß der Herr zwischen den Kochtöpfen gegenwärtig ist« *(entre los pucheros anda*, F 5,8).

In der Augustmitte 1560 hatte die rührige Doña Guiomar wieder einmal erreicht, daß die verehrte Madre Teresa acht Tage in ihrem Palacio Salobralejo sein durfte. Es war kein geringer Anlaß, denn die Gönnerin vermittelte Teresa die Begegnung mit dem Franziskaner Pedro de Alcántara, der sich in Avila aufhielt. Der asketisch lebende Mystiker, der begonnen hatte, seinen Orden zu reformieren, galt schon zu Lebzeiten als Heiliger. Seine klösterliche Reformidee, getragen von seiner franziskanischen Armut, blieb nicht ohne Einfluß auf Teresa. Aber zunächst kam seine religiöse Autorität der Madre Teresa zugute.

Ähnlich wie fünf Jahre zuvor durch den Jesuitenoberen Francisco Borja erfuhr sie nun durch Pedro de Alcántara, dem sie sich vorbehaltlos wie ihrem Beichtvater mitteilte, die Bestätigung ihres innersten Wollens. Sie nennt Fray Pedro den »heiligen Mann« (V 30,5), der ihr »in allem Licht und Aufklärung gab«, der ihr sagte, »sie möge keine Angst haben, sondern Gott loben, in der Gewißheit, daß es sein Geist sei«, der in ihr wirke.

Die Begegnung mit Pedro de Alcántara brachte der Mystikerin höchste Anerkennung, auch nach außen und gegenüber ihrem Beichtvater Padre Alvarez. Doch kaum zwei Monate danach begann der Aufbruch in die praktische Arbeit, der sich die Madre Teresa lebenslang widmen wird. In gleicher Weise Maria und Martha.

Teresa hatte, wie so oft, ihre klösterlichen Freundinnen um sich versammelt, darunter die ihr seit dem Klostereintritt eng verbundene Juana Suárez, Inés und Ana Tapia, Beatriz, Leonor und María de Ocampo, Töchter von Vettern Teresas. Ihre Zelle im Kloster der Encarnación, eher ein Wohn- und Betraum mit darüberliegender Schlafkammer und schönem Ausblick auf den Garten, bot genug Platz für Besuche und die nun Versammelten. Der Auftritt des franziskanischen Asketen hatte nachgewirkt, denn man sprach von den Wüstenvätern, von den Anfängen des Karmelordens und der ursprünglichen strengeren Regel. Ein Ungenügen, ein Unbefriedigtsein über das gemilderte Klosterleben erregte die Karmelitinnen.

Die Jüngste, die siebzehnjährige María de Ocampo, erinnerte an

die Descalzas, die Unbeschuhten Franziskanerinnen, die ihren Konvent in Avila verlassen hatten, um in Madrid nach der durch Pedro de Alcántara vorgegebenen strengeren Regel zu leben. Man könnte nicht mehr in die Wüste gehen, doch dem Beispiel der Descalzas folgen. María bot ihr Erbe an, tausend Dukaten, zur Gründung eines kleinen Konvents der Büßerinnen. Noch zögerte Madre Teresa. Zwar gab der radikale Eifer der jungen Mitschwestern ihrem eigenen Wunsch nach Reform Auftrieb. Aber sie fühlte sich in ihrem Kloster de la Encarnación wohl. Und schließlich war es der Herr, *Su Majestad*, der ihr in einer Vision befahl, ein Kloster zu errichten und der Obhut des heiligen Josef anzuvertrauen.
Die einflußreiche Doña Guiomar half bei der Planung, denn Marías tausend Dukaten waren noch lange nicht greifbar, und sie mußten die Genehmigung des Padre Provinzial der Karmeliten für ein Luftschloß einholen. Für dreizehn Nonnen wollten sie ein Kloster der strengen Observanz errichten, ein Kloster ohne Einkünfte, abhängig von Almosen. Ein Hin und Her begann, Aufruhr im Kloster, wo man der abtrünnigen Teresa mit der Gefängniszelle drohte, Aufruhr in Avila, wo schon genug fromme Konvente auf Mildtätigkeit angewiesen waren.
Eine erste Hoffnung brachte, wiederum durch Doña Guiomar vermittelt, der Zuspruch des gelehrten Theologen Pedro Ibáñez aus dem Dominikanerkonvent von Santo Tomás. Sein theologisches Ansehen war über jeden Zweifel erhaben. Es war derselbe Padre, der als geistlicher Berater Teresas ersten Gewissensbericht empfing und der Teresa zur Niederschrift ihrer ersten (nicht mehr vorhandenen) Selbstbiographie verpflichtete. Sein nach achttägiger Prüfung ausgefertigtes Gutachten ermutigte Doña Guiomar, in Rom die Genehmigung zur Gründung eines Karmelklosters nach der ursprünglichen Regel zu beantragen.
Noch lange nicht waren alle Hindernisse überwunden. Unter

dem Druck der verärgerten Karmelitinnen zog der Padre Provinzial seine schon erteilte Erlaubnis zurück. Teresas ängstlicher Beichtvater Padre Alvarez verlangte, das Unternehmen stillschweigend aufzugeben, bis im April 1561 ein neuer Jesuitenoberer Teresas Vorhaben guthieß und der gehorsame Alvarez seinem Oberen folgte und sein Verbot zurücknahm. Andere Widerstände blieben, verhärteten sich, und Geld fehlte. Teresa klagte: »Señor mío, warum gebietest Du mir Unmögliches?«
Im geheimen trieben die Frauen die Klostergründung voran. Und endlich kam Geld, eine völlig unerwartete große Summe, geschickt von Teresas Bruder Lorenzo, der in Perú reich geworden war und nun in Quito eine hohe Stellung einnahm. Zur Täuschung der widerständigen Öffentlichkeit ließ Teresa über ihren Schwager Juan de Ovalle, den Gatten ihrer Schwester Juana, in Avila ein kleines Haus kaufen. Die Ovalle, die bisher in Alba de Tormes lebten, bezogen im August ihren angeblichen neuen Wohnsitz, und Teresa konnte unter dem Vorwand, ihrer kränklichen Schwester bei der Einrichtung helfen zu müssen, längere Zeit in ihrem künftigen Kloster wohnen.
Beim Planen und Überwachen der Arbeiten erwies Madre Teresa zum ersten Mal ihre praktische Begabung. Das Privathaus verwandelte sie in ein Kloster, im Parterre Kapelle, Gemeinschaftsräume, Küche, im oberen Stock die Zellen für zwölf Nonnen und die Priorin, die kleingehaltene Zahl nach höchstem Vorbild. Den kleinen, grünbepflanzten Innenhof umschloß sogar ein Kreuzgang. Teresa legte Hand an bei der Einrichtung, und in jeder freien Stunde schrieb sie an ihrem Lebensbericht, ihrem *Libro de la Vida,* in dem sie Rechenschaft gab über ihr inneres und äußeres, tätiges Leben.
Mittlerweile war Teresas Ruf weit über Avila hinausgedrungen. Galt die jüngere Doña Teresa de Ahumada als geistreiche, gesellige Unterhalterin, so fand man nun in Madre Teresa eine Ordens-

frau, die Trost und Rat in letzten Fragen vermitteln konnte. Kurz vor Jahresende erreichte sie ein Hilferuf aus Toledo. Doña Luisa de la Cerda, hochadelige Dame aus einer der angesehensten Familien des Landes, erbat über den Provinzial der Karmeliten den Besuch der Madre Teresa. In ihrem fürstlichen Palacio Calatrava, umsorgt von einer zahlreichen Dienerschaft, trauerte Doña Luisa um ihren verstorbenen Gatten Don Antonio Arias Pardo de Saavedra, der zu den mächtigsten Granden Kastiliens gezählt hatte, und erhoffte von der Karmelitin Trost.

Im Januar 1562 machte sich Teresa auf die Reise über die eisige, von Winterstürmen heimgesuchte Sierra hinüber nach Toledo, die erste ihrer vielen strapaziösen Reisen, teils auf dem Maultier, teils im ungefederten Wagen, begleitet von der treuen Mitschwester Juana Suárez und ihrem Schwager Juan de Ovalle.

Ein von den Gegnern eingefädelter Trick, um Teresa von ihrem Gründungsvorhaben wegzubringen, konnte es nicht gewesen sein. Doch nicht wenige in Avila sahen mit Genugtuung Teresas Abreise und wie sie über sechs Monate in Toledo blieb. Andererseits konnte Doña Guiomar die Vorbereitungen ohne Hast fortsetzen, da man ja noch auf das päpstliche Breve zur Genehmigung wartete.

Teresa folgte, wie bei allen richtungweisenden Entscheidungen, *el Señor,* dessen Stimme sie hörte, der sie beauftragte, nach Toledo zu reisen. So war es geradezu vorgegeben, daß ihr Aufenthalt im Palacio Calatrava erfolgreich verlief, nicht nur, weil sie das von ihr Erwartete reichlich erfüllte und sie Doña Luisa neuen Lebensmut gab. Die Karmelitin empfand den Widerspruch zwischen ihrer gelobten Armut und der fürstlichen Lebewelt, dem Reichtum, der verschwenderischen Bewirtung. Der verstorbene Hausherr war der Neffe des berühmten Kardinals Tavera, der das prachtvoll ausgestattete Hospital de Afuera gestiftet hatte und dessen Bildnis El Greco malte, ein blutleeres, hochstirniges

Greisengesicht. Teresa begegnete den adeligen Familienmitgliedern, die während ihres Aufenthalts zusammentrafen, um das von Alonso Berruguete fertiggestellte Grabmal Taveras zu bewundern. Teresa begegnete auch Doña Luisas Nichte, jener trotz ihrer Augenklappe schönen, überaus reizenden Doña Ana de la Cerda, Herzogin von Pastrana und Fürstin Eboli, die sich später als Teresas Gönnerin und launische Gegenspielerin erweisen wird.
In keinem anderen Zusammenhang hat Teresa so heftig von ihrer »ganzen Abscheu vor dem Verlangen, eine vornehme Dame zu sein« (V 34,4) gesprochen. Aber sie gewann in Doña Luisa de la Cerda eine Freundin und großmütige Helferin, und vor allem gewann sie eine neue Erkenntnis über den Sinn der freiwilligen Armut, wie sie im zweiten, in Toledo verfaßten Gewissensbericht gesteht. Sie wurde bestärkt in ihrem Verlangen, den Armen zu helfen und sich mit ihrer geplanten Klostergemeinschaft der absoluten Armut zu verpflichten.
Es gehört zu den Merkwürdigkeiten in Teresas Leben, bezeugt aber auch ihre Konsequenz, wie sie in der von Glanz und Reichtum geprägten Umgebung über bedingte und unbedingte Armut nachdachte und wie hier, im Palacio der Doña Luisa, die Ordensregel der Unbeschuhten Karmelitinnen feste Umrisse gewann. Dazu verhalfen Teresa zwei Besuche, wovon schon der erste in dieser Umgebung nahezu absurd wirkte. An der Pforte des Palacio Calatrava erschien eine abgezehrte Frau, etwa vierzigjährig, zerlumpt wie eine Bettlerin, und nannte sich María de Jesús, eine Beatin des Karmel. Sie war barfuß nach Rom gepilgert, um die Erlaubnis zur Gründung eines Klosters nach der strengen ursprünglichen Regel zu erbitten, und nun wollte sie, zurückgekehrt mit der päpstlichen Vollmacht, Madre Teresa sprechen.
Teresa sah in María de Jesús, die vierzehn Tage im fürstlichen

Palast blieb, eine »Dienerin Gottes«, im Glauben ihr voraus, und sie erfuhr von der Büßerin einiges über die alte Karmelregel, was sie noch nicht kannte. (V 35,2)
Den zweiten Besucher, Fray Pedro de Alcántara, lud Teresa im Einverständnis mit Doña Luisa selbst ein, um dessen Rat zu hören. Man muß sich vorstellen, wie der Mystiker und Asket, der bei jedem Wetter seine einzige verschlissene Kutte ohne Kapuze trug und der aussah wie »aus Baumwurzeln gemacht«, wie der im Sommer und Winter, bei Schnee und Regen barfüßige Mönch über die feinen maurischen Teppiche im noblen Palast ging.
Teresa besprach mit Pedro de Alcántara die Ordensregel, und natürlich forderte der Asket die vollkommene Armut und die Gründung eines Klosters »ohne eigene Einkünfte«. Eine Kontroverse entstand, weil Teresas geistlicher Berater in Avila, der gelehrte Theologe Pedro Ibáñez, ein Kloster »mit festen Einkünften« als vernünftiger empfahl, damit der Lebensunterhalt gesichert sei. Der von Teresa verständigte Fray Pedro reagierte empört: »Ich wundere mich sehr, wie Euer Gnaden sich mit gelehrten Theologen in einer Sache beraten, in der sie kein Urteil haben. Bei Rechtsfragen oder Gewissenskonflikten wäre es angebracht, von Juristen oder Theologen Rat zu holen, doch über das vollkommene Leben soll man nur mit jenen sprechen, die es leben.« Der kompromißlose briefliche Einwurf des Franziskaners kennzeichnet den damals herrschenden Streit zwischen gelehrten Theologen und den allein nach ihrem Frömmigkeitsideal strebenden Gläubigen, zwischen *Letrados* und *Espirituales.*
Teresa bewahrte ihre Unabhängigkeit, indem sie keiner einseitigen Ideologisierung zustimmte, vielmehr den Menschen in seiner Ganzheit, auch seiner Leiblichkeit und Weltbezogenheit, einbezog und danach handelte. Auch gegenüber Pedro de Alcántara, den sie als Heiligen verehrte, blieb ihre Meinung unverän-

dert, wenn sie bemerkte (V 13,16): »Es ist wichtig, als geistlicher Führer klug zu sein – ich meine von gutem Verständnis – und Erfahrung zu besitzen; zudem noch gelehrt zu sein, ist von größtem Nutzen.«

Die Karmelitin scheute nicht davor zurück, pragmatisch zu handeln, wo es ihr notwendig erschien, um Gott zu dienen. So erlaubte sie beim dritten, 1568 in Malagón gegründeten Kloster der Reform »feste Einkünfte«, das heißt, den Empfang einer von Doña Luisa de la Cerda gewährten Rente.

Der erste Konvent der Reform sollte nach dem Willen Teresas in vollkommener Armut leben, allein angewiesen auf Almosen. Aber dies löste nach Teresas Rückkehr im Juli 1562 erneut Schwierigkeiten aus. Nun verweigerte der Bischof von Avila, Don Alvaro de Mendoza, seine Zustimmung. Pedro de Alcántara, obwohl altersschwach und kränklich, eilte herbei, um den Bischof für Teresas Reform zu gewinnen, die letzte große Tat des heiligen Mönchs, der noch nicht zwei Monate nach der Gründung von San José starb. Während der Provinzial des eigenen Ordens sein Verbot noch lange aufrechterhielt, ebnete der Franziskanermönch der Gründerin, der Madre Fundadora, den Weg. Don Alvaro de Mendoza empfing die Karmelitin, und es wird auch Teresas persönliche Überzeugungskraft gewesen sein, die den Bischof von Avila zum Freund und Helfer machte.

Da im Haus zur Aufnahme der Novizinnen alles vorbereitet war und Doña Guiomar endlich das päpstliche Breve vorzeigen konnte, stand der Gründung nichts mehr im Weg. Im Morgengrauen des 24. August 1562 läutete eine kleine beschädigte, billig erstandene Glocke und rief die Bewohner des stillen östlichen Stadtviertels zur Einweihung des Klosters San José.

Es war ein bescheidener Anfang von großer Wirkung. Im Auftrag des Bischofs feierte Gaspar Daza die Messe, setzte er das Allerheiligste in den Tabernakel. Wie Daza stand auch Francisco de Salcedo längst wieder auf Teresas Seite. Mit ihnen feierten Juana und deren Gatte Juan de Ovalle, Inés und Ana de Tapia aus dem Kloster Encarnación. Madre Teresa bekleidete vier Novizinnen mit dem rauhen Habit der Unbeschuhten Karmelitinnen, der Descalzas Carmelitas. Sie empfand großen Trost, als sie über alle Widerstände hinweg erfüllt sah, was *el Señor* ihr aufgetragen hatte.

Fünf glückliche Jahre

La niña, die Kleine, hatte ihr erstes Ziel erreicht, ihr Maurenland, ihr Utopia, die Verwirklichung ihres innersten Wunschbildes. Sie brauchte nicht den Río Adaja zu überschreiten, San José lag wohl außerhalb der Stadtmauern, doch auf der entgegengesetzten Seite von Avila. Ob Teresa an ihren kindlichen Aufbruch dachte? Aus Quito hatte Lorenzo Geld geschickt für den Hauskauf für das Kloster, und in der Ebene vor den Toren der alten Inkastadt war ihr jüngerer Bruder, der sanfte Antonio, der sie auf dem ersten Weg nach Encarnación begleitet hatte, tödlich getroffen und ihr Lieblingsbruder Rodrigo schwer verwundet worden. Auch von Rodrigo, der später tief im Süden, in der Chaco-Wüste, im Kampf gegen die Indios gefallen war, blieb nur die Erinnerung.

Die Eltern waren gestorben, die Familie aufgelöst, niemand brachte die geflohene Teresita zurück. Aber ihr »Elternhaus« hieß seit siebenundzwanzig Jahren Encarnación, und von dort kam sogleich die Mahnung an die Gehorsamspflicht der Karmelitin. Die eben neugewählte Priorin Doña María Cimbrón befahl Teresa, innerhalb einer Stunde vor ihr zu erscheinen.

Teresa befand sich in einer paradoxen Situation. In ihr sei »der Geist Gottes« wirksam, bestätigten die glaubensstrengen Jesuiten Diego de Cetina, Francisco Borja, Juan de Prádanos, und der neue Rektor von San Gil, Padre Gaspar de Salazar, unterstützte

Teresas Gründung. Gelehrte geistliche Berater wie die Dominikaner Vicente Barrón und Pedro Ibáñez ermutigten sie. Der Franziskaner Pedro de Alcántara, der heilige Asket und Mystiker, fand Trost an ihrer Gegenwart und förderte Teresa selbstlos. Nur der eigene Orden verharrte in Ablehnung und befahl die angeblich abtrünnige Karmelitin vor das Ordensgericht.
Die Rebellin hatte, abweichend von der Kommunität in Encarnación, in ihrem winzigen Konvent die alte Regel mit strenger Klausur, Bußübungen, Schweige- und Fastengebot wieder eingeführt. Fast alle Karmelitinnen empfanden dies als Brüskierung ihres eigenen Klosterlebens und hochmütigen Verrat. Sie forderten, die Mitschwester müsse vor dem versammelten Konvent Abbitte leisten, sie müsse in üblicher Weise bestraft, in die dunkle Arrestzelle gesperrt werden.
In der klösterlichen Gerichtssitzung bekannte sich Teresa schuldig, ohne Erlaubnis des Padre Provinzial gehandelt zu haben. Aber sie blieb gelassen, geradezu heiter, berief sich auf den Befehl des Herrn, auf den Zuspruch ihres Beichtvaters und des heiligmäßigen Fray Pedro, auf den Bischof von Avila und das Breve aus Rom. Was immer den Ausschlag gab, die heftige Fürsprache oder Teresas Überzeugungskraft, am Ende, nach zusätzlichen Gesprächen mit Doña María Cimbrón und dem Padre Provinzial, fand man keinen Grund zur Verurteilung. Es hieß sogar, sie dürfe in ihr Kloster San José zurückkehren, sobald sich der städtische Widerstand gelegt habe.
Erst nach einem halben Jahr erhielt sie die Erlaubnis zur Rückkehr, denn in Avila war unterdessen die Hölle los. Die Behörden verlangten die Auflösung von San José, was die vier Novizinnen verweigerten. Der hohe königliche Corregidor, Stadtoberhaupt von Avila, erschien persönlich, begleitet von Nobilitäten und der Stadtmiliz, gefolgt vom schadenfrohen Pöbel. Man drohte, Gewalt anzuwenden, die Tür einzuschlagen, unterließ das, weil

man hörte, das Allerheiligste befände sich nahe der Tür. Die jungen Karmelitinnen ängstigten sich, doch sie hatten vorsorglich Barrikaden errichtet. Sie bestanden auf ihrem Gelübde, wollten ihr Kloster nicht ohne Weisung von Madre Teresa verlassen.

Dreimal versammelte sich der hohe Rat der Stadt. Man wußte, das kleine Kloster stand unter dem Schutz des Bischofs von Avila und war päpstlich anerkannt, forderte trotzdem die Aufhebung, bis wiederum ein gelehrter Dominikaner alle Argumente der Räte zunichte machte. Padre Domingo Báñez, einer der großen Theologen und thomistischen Kommentatoren seiner Zeit, verteidigte die Gründung der ihm persönlich unbekannten Madre Teresa so stichhaltig, daß man beschloß, die Angelegenheit dem königlichen Rat in Madrid vorzulegen.

Als Teresa im Frühjahr 1563 an der Pforte ihres Klosters San José klopfte, brachte sie aus Encarnación vier weitere Karmelitinnen mit. Auf ihrem Weg waren sie an der Basilika San Vicente vorübergekommen und hinuntergestiegen in deren Krypta. Vor dem Bildnis der *Virgen de la Soterraña* hatten sie gebetet und ihre Schuhe abgelegt, um nun wirklich »Unbeschuhte«, Descalzas, zu sein. Vielleicht waren sie ganz barfuß weitergegangen, oder sie hatten an den bloßen Füßen Alpargatas, einfache, von Schnüren gehaltene Hanfsandalen, die von den Ärmsten in Kastilien und dann von den Descalzas getragen wurden.

In San José legte Teresa de Ahumada ihren Familiennamen ab. Sie nannte sich von nun an Teresa de Jesús, denn in der Freude ihrer endgültigen Rückkehr, in ihrer ersten Vision beim Gebet in der Kapelle, schien es ihr, als habe Christus selbst sie empfangen und ihr eine Krone aufgesetzt.

Nach drei Monaten übernahm Teresa das Amt der Priorin von San José. Die junge María de Ocampo, die ihr Erbe von tausend Dukaten für das erste Reformkloster stiften wollte, begann ihr

Noviziat, nun María Bautista genannt. Andere Novizinnen folgten, und bald waren die gewünschten dreizehn Descalzas vollzählig. Das kleine, in den Räumlichkeiten beengte Kloster hätte nicht mehr Bewohner aufnehmen können. »Su Majestad«, erinnerte sich Teresa am Anfang ihres Buches der Klostergründungen, »die göttliche Majestät schickte uns das Notwendige, ohne unser Betteln, und wenn uns etwas fehlte, war unsere Freude um so größer. Ich lobte unseren Herrn, der mich so viele hohe Tugenden sehen ließ.« Ihre fünf Jahre in der Klostergemeinschaft von San José nannte Teresa die ruhigsten, die glücklichsten Jahre ihres Lebens.

In San José vollendete Teresa die Regel der Descalzas, die nun die strengere Klausur, achtmonatiges Fasten, Bußübungen und Schweigen einschloß. »Wir halten die Regel Unserer Lieben Frau vom Berge Karmel, und zwar vollständig und ohne Milderung, wie sie von Fray Hugo, Kardinal von Santa Sabina, 1248 bestätigt worden ist, im fünften Jahr des Pontifikats von Papst Innozenz IV.« (V 36,27)

Im Sommer um fünf, im Winter um sechs Uhr läutete die kleine Glocke den Tag ein, der mit den Stundengebeten Prim, Terz, Sext, Non und der Frühmesse begann. Die Horen gaben dem täglichen Leben den Halt, fortgesetzt über die mittägliche Vesper bis zur Komplet und dem nächtlichen Chorgebet von Matutin und Laudes, mit der gegen elf Uhr der Tag beendet wurde.

Mittags gab es eine fleischlose Mahlzeit, Gemüse, Eier oder Fisch, abends einen Imbiß, das zum Leben und Arbeiten Notwendige. Auch wenn nur trockenes Brot oder noch so wenig auf den Tisch kam, saßen die Descalzas schweigend im Refektorium, hörten sie eine geistliche Lesung. Das Schweigen hatte seine Zeit, und das Sprechen hatte seine Zeit. Die Stunde vor dem Mittagessen diente der Gewissenserforschung, die Stunde danach der Rekreation, dem Gespräch miteinander, dem Fröhlich-

sein im Kreis der Mitschwestern. Die Madre duldete keinen Trübsinn. Bei einer mißgelaunten Nonne fürchtete sie, der Teufel werde sich ihrer bedienen. (Cta 175)
Bei festlichen Anlässen musizierten die Descalzas, tanzten sie mit ihrer Oberin zum Flötenspiel, zu Tamburin und Handtrommel. Manchmal erfanden und sangen sie heitere Liedchen wie jenes, nachdem die Novizinnen einen grobwollenen Habit erhielten, in den sich Ungeziefer eingenistet hatte. Padre Silverio de Santa Teresa überliefert, wie die Novizinnen begannen und Madre Teresa aus dem Stegreif ergänzte.

Du schenkst uns ein neues Kleid,
Himmlischer König.
Befreie vom schlimmen Völkchen
Diese Wolle.

Teresa:
Dieses Getier belästigt
Im Gebete
Seelen, die schlecht gefestigt
In ihrer Andacht.

Alle:
Befreie vom schlimmen Völkchen
Diese Wolle.
(Nach Marcelle Auclair)

Jede Descalza, auch die Oberin Teresa, übernahm abwechselnd die fälligen Gemeinschaftsdienste, vom Saubermachen, Waschen, Kochen bis zur Abfallbeseitigung. Wer nicht eingeteilt war, verrichtete in seiner Zelle Handarbeiten und trug durch Spinnen, Weben, Sticken oder Nähen zum Unterhalt des Konvents bei. Die Zellen waren klein, notdürftig eingerichtet: ein Strohsack mit grober Wolldecke, ein Wasserkrug, die Schüssel zum Waschen, an der Wand ein Kreuz, ein schmales Brett, darauf ein paar Bücher, ein Trinkbecher. Es gab keinen Schrank, keinen Stuhl, allenfalls im Winter zum Sitzen oder Knien eine kleine harte Holzplatte auf dem Steinboden.

Auf einem Mauersockel in der Ecke unterhalb des Fensters, davor auf dem Boden sitzend oder kniend, schrieb Teresa viele Briefe und ihre ersten Bücher: die erhaltene Fassung der Selbstbiographie und den »Weg zur Vollkommenheit«, *Camino de Perfección.* Meist schrieb sie nachts, bei Kerzenlicht, um ihre Tagespflichten nicht zu vernachlässigen. So wurde Madre Teresa, nahezu fünfzigjährig, zur Schriftstellerin, obwohl sie ihre Bücher ohne literarischen Ehrgeiz, ja auf Anweisung ihrer geistlichen Berater verfaßte. Ihre Prosaschriften, teils auch ihre Gedichte, vermitteln Selbstbekenntnisse, Berichte über die Klostergründungen und Unterweisungen ihrer Mitschwestern, weltliche und mystische Erfahrungen, solche über das betrachtende Gebet, die selbstvergessene Hinwendung zu Gott bis zum »Freundschaftsverkehr« und zur engsten Verbindung in der Unio mystica.

Teresa schrieb spontan, von Einfällen getrieben, fast in Eile, aber nie hastig und immer konzentriert. Ihre Manuskripte zeigen nur wenige Korrekturen. Ihre schöne schwungvolle Handschrift läßt auf Sensibilität und zugleich Resolutheit schließen, auf Anmut, Originalität, Formsinn und Intelligenz. Sie war außerordentlich gebildet, belesen, auch wenn sie mitunter gegenüber den gelehrten Herren, den Letrados, mit ihrer »Unbildung« kokettierte.

Nicht nur die Mystikerin und handfeste Klostergründerin erregte Staunen, sondern ebenso die originäre, ungewöhnlich begabte Autorin. Fray Luis de León, der große Lyriker und Theologe der Universität Salamanca, der sechs Jahre nach Teresas Tod erstmals ihre Werke herausgab, stellte Teresas Sprachkunst über die vielgerühmten Dichtungen seiner Zeit. Er lobte »die Leichtigkeit und Klarheit ihres Stils, die Anmut ihrer wohlgesetzten Worte, die ungekünstelte Eleganz«. Vor solchen Eigenschaften versagen Übersetzungen, die scheinbar wortgetreu, doch ohne Sinn für Teresas schöpferische Sprachgebung zustande kamen.

»Schon außerhalb der Welt, in einer kleinen und heiligen Gemeinschaft lebend, blicke ich wie von der Höhe hinab und gebe sehr wenig auf das, was man über mich sagt oder erfährt.« Dieser Satz aus dem letzten Kapitel ihrer *Vida* kennzeichnet jene Teresa, die in monastischer Absonderung, Einkehr, Stille, innerem Gebet ihr eigenes Heil sucht und darin Genüge findet. Zu solcher, der Welt entrückten und gottnahen karmelitischen Berufung sollte das kleine Kloster die Voraussetzung schaffen. War dies Antrieb zur Gründung wie zu Teresas erstem Klostereintritt, so durchbricht nun die offene, gemeinschaftliche, auf die Mitschwester bezogene Lebensart im Konvent von San José jedes selbstgenügsame Heilsbegehren.

Im »Weg zur Vollkommenheit«, auf Weisung ihres Beichtvaters Padre Domingo Báñez geschrieben, gibt Teresa ihren Mitschwestern praktische Ratschläge zum Miteinanderleben, Dienen, Ertragen, Sich-Freuen, »auch wenn einem gar nicht danach zumute ist«. In der selben Schrift dringt sie über die Klostermauern hinaus, lenkt sie ihren Blick und den ihrer Karmelitinnen auf die bedrängte Kirche. Teresa spricht von den durch »diese Lutheraner« verursachten Schäden, von der Ausbreitung dieser »unheilvollen Sekte« (CE 1,2).

Im undifferenzierten Gebrauch der damals, zwanzig Jahre nach Martin Luthers Tod, kursierenden Schimpfworte mag man mit der Biographin Kate O'Brien »unbeherrschte Impulsivität« oder gar »unverzeihliche Fahrlässigkeit« sehen. Teresa schrieb, wie sie es im Jahre 1566 in Avila verstand, im Jahr der niederländischen Bilderstürmer und angesichts zunehmender antipäpstlicher Strömungen in Frankreich. Wichtiger als der zeitbezogene Anteil ist, wie sie sich in ihrer Klausur verantwortlich fühlte für die Menschen draußen, wie sie ihre und ihrer Schwestern Mittel einsetzte im Gebet für die »Lutheraner« wie für die »Verteidiger der Kirche«.

Unter dem Schutz des Ordensgenerals

»Ich habe so peinlich dringende Geschäfte innerhalb und außerhalb des Klosters zu besorgen, daß ich kaum Zeit finde, Ihnen diesen Brief zu schreiben.« (Cta 33) Und doch widmete Madre Teresa der Empfängerin einen ihrer einprägsamen, an Mitteilung reichen, noch heute erfrischend zu lesenden Briefe. Teresas Schriften, ihre zahlreichen Briefe vor allem, bezeugen ein spontan reagierendes, zupackendes, in der Betätigung sich erfüllendes Naturell. Krankheiten schwächten ihren Körper, zwangen sie zu unfreiwilligen Ruhepausen, aber Trägheit war ihr fremd. Im Gebet, im »Freundschaftsverkehr« mit Gott, erneuerte sie ihre Energie.

Um so mehr verwundert, daß Teresa erst im reifen Alter ihrer Bestimmung gewiß wurde und daß der konkrete Anstoß zur Gründung ihres ersten Klosters von außen kam. Der Reformgedanke bewegte sie selbst, *sie* trieb schließlich die Gründung voran, sie allein konnte die Widerstände überwinden. Doch zuerst verlangten ihre jungen, mit den Verhältnissen in Encarnación unzufriedenen Mitschwestern nach dem Reformkonvent. Die zweite Phase der Klostergründungen nach fünf Jahren, die Vollendung von Teresas Reformwerk, bedurfte wiederum eines Anstoßes von außen.

Wahrscheinlich war es ihre Art der Demut, des Gehorsams, des Hörens, die sie mitunter gegen ihr Temperament geduldiges

Warten lehrte, wie sie ja auch keine Entscheidung traf ohne die innere Stimme, in der ihr der Herr, *el Señor,* bestätigend oder befehlend zusprach. Im tieferen Verständnis war das Gehörte völlig deckungsgleich mit ihrem Willen. Hätte sie sonst das ihr Aufgetragene mit solcher Verantwortlichkeit, Unverdrossenheit und Kraft zur Vollendung gebracht? Oder hätte sie sonst (in einem ihrer schönsten Wortbilder) geradezu überschwenglich dafür gedankt, daß Gott an ihr seine Macht zeigte, indem er »einer Ameise Kühnheit« verlieh (F 2,7)?

Sie war zweiundfünfzig, als sie damit begann, landauf, landab zu ziehen, unter abenteuerlichen und erschreckend ärmlichen Verhältnissen ihre Klöster zu gründen, achtzehn bis zu ihrem Tode, von den einen bewundert und geliebt, von den anderen mit dem päpstlichen Nuntius Felipe Sega verurteilt als »ruhelose Vagabundin«, als ungehorsam und anmaßend.

Im April 1567 kam der Ordensgeneral der Karmeliten, der Italiener Giovanni Battista Rossi, auf seiner Visitationsreise durch Spanien nach Avila. Auch er, Padre Rubeo genannt, beanstandete die Verletzung der Gehorsamspflicht, weil die Karmelitin ohne seine Erlaubnis ihr Kloster verlassen, San José gegründet und dem Bischof von Avila anvertraut habe. Der reformeifrige Generalobere änderte rasch seine Meinung, als er Teresas Rechenschaftsbericht hörte und sah, wie sie mit ihren Schwestern nach der ursprünglichen Regel lebte. »Er freute sich«, schreibt Teresa (F 2,3), »und gab mir, weil er diesen Anfang fortzusetzen wünschte, ausdrückliche Vollmachten zur Gründung weiterer Klöster.« Noch einmal, am Ende der ersten Niederschrift ihres Buches der Klostergründungen (F 27,19), betont Teresa den Auftrag des Padre Generals, wie sie »gehorsam seinem Befehl« gefolgt sei.

Im Morgengrauen des 13. August fuhren drei von Maultieren gezogene schwere Karren von Avila nach Norden, auf dem Weg

über Arévalo, Olmedo nach Medina del Campo. Voran ritt Julián de Avila, der Beichtvater der Descalzas von San José. Die Karren waren beladen mit Altar- und Hausgeräten, Gepäck, Lebensmitteln und acht Nonnen: vier aus dem Konvent Encarnación, darunter Inés und Ana de Tapia, nun mit ihren Klosternamen *de Jesús* und *de la Encarnación*; vier aus dem Konvent San José, darunter die junge María Bautista und Madre Teresa.
In Medina del Campo, dem Sterbeort der Königin Isabel, lebten sechzehntausend Familien, von denen nicht wenige wohlhabend oder reich waren. Jeder machte seinen Gewinn in diesem kastilischen Handels- und Marktzentrum, wo sich Kaufleute, Händler und Bankiers aus Europa trafen. Dort sollte das nach Avila erste Kloster der Reform in vollkommener Armut gegründet werden. In der selbstlosen Hinnahme von Strapazen, in der energischen und klugen Überwindung unabsehbarer Schwierigkeiten zeigte die Gründerin, die Madre Fundadora, ein Verhalten, das sich noch oft wiederholen wird. Sie besaß weder ein Haus in Medina noch einen Pfennig zum Kauf *(no tenía casa ni blanca)*. Die schließlich zugesicherte Übernahme eines Miethauses scheiterte, als Teresa mit ihren Nonnen schon in Arévalo war. Anderntags zog sie trotzdem weiter; der Prior der Karmeliten in Medina hatte einen Hauskauf ohne sofortige Bezahlung vermittelt. Gegen Mitternacht erreichten Teresas Karren Medina, aber dort wurden die Stiere für die am nächsten Tag stattfindende Corrida durch die Straßen zur Arena getrieben. Die Nonnen und ihre Begleiter mußten zu Fuß einen Umweg nehmen, beladen mit Altargeräten und Gepäck. Davon berichtet Padre Julián de Avila: »Wir sahen aus wie Zigeuner und Kirchenräuber. Wäre uns die Stadtwache begegnet, wir hätten den Rest der Nacht im Gefängnis gesessen.«
Das angebotene Haus war eine alte Baracke. Teresa mußte mit ihrem übermüdeten Gefolge den Schutt aus der Vorhalle räu-

men, denn dort sollte die Kapelle eingerichtet werden. Die zur Meßfeier nötigen Geräte, etwas Schmuck und Wandbehänge hatten sie mitgebracht, auch eine kleine Glocke. Sie arbeiteten bis in die Morgenstunden. Aber am Morgen des Festes Mariae Himmelfahrt läutete die Glocke, feierten sie die erste Messe und die Einsetzung des Allerheiligsten. Die Descalzas mit Teresa de Jesús standen sogar hinter einem Klausurgitter, wozu eine löcherige und gespaltene Tür diente, abgetrennt von den Leuten, die gekommen waren.

Bald gewann Teresa in Medina Helfer. Immer hatte sie Helfer, die ihr dies oder jenes zutrugen, hier ein Haus zur Klostergründung, dort eine Bevollmächtigung. Dabei gab nicht nur die Sache, die Gründung der Reformklöster, den Ausschlag, sondern oft genug allein Teresas persönliche Überzeugungskraft, ihre Fähigkeit, Sympathie auszustrahlen und zu wecken. Sie war es, die den Bischof von Avila zum Freund gewann, ebenso den zuerst nicht weniger kritischen Ordensgeneral Rubeo, der sie nun *la mia figlia* nannte und unter seinen Schutz nahm. Padre Rubeo hatte sie zur Gründung weiterer Klöster in Alt- und Neukastilien ermächtigt, auch zur Gründung von zwei Mönchsklöstern nach der ursprünglichen Regel. In Medina fand sie den ersten Karmeliten, der als Descalzo, als »Unbeschuhter«, leben wollte, Prior Antonio de Heredia, der bereits bei der Hausvermittlung geholfen hatte.

Zunächst mußte in Medina das brüchige Haus der Karmelitinnen vor dem Verfall gerettet werden; die Kosten der Bauarbeiten übernahmen die reiche Doña Elena de Quiroga und deren Tochter. Aus Toledo bot Teresas Freundin und Gönnerin Doña Luisa de la Cerda eine Klosterstiftung in Malagón an, und Don Bernardino de Mendoza, der jüngere Bruder des Bischofs von Avila, stiftete ein Haus bei Valladolid. So begannen die Klostergründungen der Descalzas. Nur, die Last der konkreten Verwirklichung, der äußeren und inneren, geistlichen Ausstattung der Konvente, trug die Madre Fundadora allein.

In den ersten Monaten 1568, nachdem der kleine Konvent in Medina del Campo gefestigt war, reiste Teresa in der Galera, dem ungefederten Planwagen, über die winterkalte Sierra nach Toledo, von dort zum hundert Kilometer weiter südlich gelegenen Flecken Malagón. Auf ihrem Weg war sie in Madrid einer Einladung der einflußreichen Doña Leonor de Mascareñas gefolgt, ehemals Hofdame der Kaiserin Isabel und Erzieherin Philipps II. Es muß sehr merkwürdig gewesen sein, wie sich Teresa im grobwollenen Habit in der vornehmen Gesellschaft ausnahm, wie sie, als man fromme Sprüche von ihr erwartete, von nichts anderem sprach als von ihrem Staunen über Madrid: »Was für schöne Straßen und Paläste gibt es doch hier!«

Aber die hochangesehene fromme Doña Leonor de Mascareñas war wichtig, eine Wohltäterin, Stifterin eines Klosters in Alcalá de Henares für jene Büßerin María de Jesús, die vor sechs Jahren in Toledo Teresas Rat erbeten hatte. Auch bei María de Jesús hielt sich Teresa eine Weile auf, um ihr und ihren Karmelitinnen zu helfen, das durch maßlose Kasteiungen in Unordnung geratene Klosterleben gottes- und menschenwürdiger einzurichten.

Das war ein Teresa kennzeichnendes, aber auch erstaunliches und beispielgebendes Verhalten. Die große Mystikerin, die Begründerin der zur strengeren Regel verpflichteten Descalzas bestand auf einem menschenwürdigen Klosterleben. Unermüdlich machte sie ihren Mitschwestern bewußt, daß »wir keine Engel sind, sondern einen Körper haben«, daß wir »auf der Erde sind« (V 22,10).

Sie kennt auch keine ideologische Verhärtung. Wo es ihr notwendig erscheint, einen Konvent angesichts schlechter örtlicher Verhältnisse lebensfähig zu erhalten, verzichtet sie auf das Prinzip vollkommener Armut. Im Flecken Malagón läßt sie die

Absicherung durch eine von Doña Luisa de la Cerda gewährte Rente zu. Bei der Gründung im wohlhabenden Valladolid, genau ein Jahr nach Medina, bleibt es beim Almosenempfang. Nur übernahm Teresa ein von Doña María, der Schwester des Bischofs Alvaro de Mendoza, gestiftetes Haus in der Stadt, weil die Descalzas in ihrem ersten Haus in der Flußniederung vor Valladolid am Sumpffieber erkrankt waren.

Am meisten wird Teresa die dritte Klostergründung in diesem Jahr erfreut haben, denn dies war der erste Mönchskonvent der Reform, ein bescheidener Anfang in einer verwahrlosten Hütte im Weiler Duruelo, fünfzig Kilometer westlich von Avila, auf halbem Weg nach Salamanca. Sie war selbst erschrocken, als sie – auf einem Maultier reitend – im heißen Spätsommer von Avila gekommen war und nach einigem Herumirren die armselige Unterkunft fand. Aber Padre Antonio de Heredia versicherte, er und der andere Descalzo wären auch mit einem »Schweinestall« zufrieden. Der schon ältere Padre, Teresas Helfer in Medina, verzichtete auf sein Amt als Prior und legte das »feine Tuch« der Beschuhten Karmeliter ab; (*los del paño, calzados,* »die mit feinem Tuch, die Beschuhten«, sagte Teresa gelegentlich mit ebenso feinem ironischem Zungenschlag).

Der zweite, noch junge und schmächtige Mönch, der von der Madre den groben Habit empfing, hieß Juan de Santo Matía. Er hatte in Salamanca seine theologischen Studien beendet und in Medina del Campo seine erste Messe gelesen. Er war nur ein Meter fünfzig groß, weshalb Teresa scherzend über ihn und Padre Antonio sagte, jetzt habe sie »einen ganzen Mönch und einen halben«.

Jedoch schrieb Teresa in einem Brief vor der Klostergründung in Duruelo, dieser Fray Juan sei »von Natur aus klein, aber groß in den Augen Gottes«. »Er ist verständig und wie geschaffen für unsere Lebensweise. Deshalb glaube ich, daß der Herr ihn dazu berufen hat. Kein Mönch, der nicht gut von ihm redet, denn er hat stets als Büßer gelebt. Der Herr scheint ihn an der Hand zu führen ...« (Cta 12). Teresa irrte nicht. Der fünfundzwanzigjährige kleine Mönch, der nun den Namen Juan de la Cruz erhielt, Johannes vom Kreuz, wurde Teresas tüchtigster Mitstreiter und Mitgründer, obwohl er eher zur Stille, zum kontemplativen Einsiedlerleben neigte. Seine Versunkenheit in Gott, aus der er als der große spanische Mystiker und Dichter hervorging, duldete keine Ablenkung.

Bald gehörten der Keimzelle der Descalzos vier Mönche an. In ihren Buß- und Gebetsübungen befolgten sie die strenge Regel, aber sie predigten auch in den umliegenden Flecken und Ortschaften. Die Einheimischen liebten die Väter, die bei härtester Kälte, in Schnee und Eis barfuß zu ihnen kamen; (erst später wurde den Mönchen das Tragen von Hanfsandalen erlaubt). Man brachte den Vätern reichlich, was sie an Nahrung brauchten. Madre Teresa berichtet von einem Besuch im Frühjahr 1569. »Niemals werde ich das kleine Holzkreuz über dem Weihwasserbecken vergessen, darauf geklebt ein Christusbild aus Papier, das mehr Andacht weckte als das schönste Kunstwerk« (F 14,6). Als sie jedoch von übertriebenen Kasteiungen hörte, wurde sie unwillig. Sie bat eindringlich, von den zu strengen Bußübungen abzulassen, denn sie fürchtete, der »böse Geist« könne auf solche Weise das begonnene Werk zerstören. Auch hier reagierte sie in der ihr eigenen Art, indem ihr die Mißachtung des menschenwürdigen Lebens unvereinbar schien mit einem gottgefälligen Leben.

Die einäugige Fürstin

Abgesehen von einigen durch Stiftung vorgegebene Orte wie Malagón oder Duruelo bevorzugte Teresa für ihre Gründungen belebte, wohlhabende Markt- und Handelszentren wie Medina und für den nächsten Konvent Toledo. Sollte an den Plätzen des Reichtums ein Zeichen der Armut errichtet werden? Näher wird der praktisch denkenden Madre Teresa die Erwartung von Spenden und Almosen zugunsten der wirtschaftlich ungesicherten Klöster gelegen haben.

Die meisten Kaufleute und Händler waren reiche Conversos, bekehrte, getaufte Juden. Ihnen verdankte Teresa entscheidende Hilfe bei der Gründung in Medina, auch bei dem behördlichen Genehmigungsverfahren, erst recht in Toledo im Frühjahr 1569, obwohl der Tod des ersten Stifters und widrige Umstände Schwierigkeiten brachten. Teresa selbst stammte aus einer Converso-Familie; ihr jüdischer Großvater väterlicherseits hatte sich taufen lassen. Für sie war es doppelt gefährlich, sich mit Conversos einzulassen. Im Königreich des Glaubensfanatikers Philipp II., des Urenkels der Katholischen Könige, genügte der geringste Verdacht auf Ketzerei oder vorgetäuschte Bekehrung, um dem Inquisitionstribunal vorgeführt zu werden.

Geradezu auffallend nennt Teresa jene reichen Conversos in Toledo »Diener Gottes«, »sehr katholisch lebend« oder »gottesfürchtig« und den erworbenen Reichtum zur Wohltätigkeit nutzend. Im gleichen Zusammenhang schreibt sie (F 15,15f), man habe ihr vorgeworfen, ihre Wohltäter seien »nicht erlaucht genug und nicht vom Adel«. Jedermann wußte, was gemeint war, denn sie betont, immer habe sie »die Tugend höher geschätzt als die Abstammung«. Um das Gemeinte noch schärfer ins Bewußtsein zu rücken, beruft sie sich auf die höchste Instanz. »*Nuestro Señor,* unser Herr wünschte, mich in dieser Sache zu erleuchten und sagte mir, wie wenig Abstammung oder Rang vor dem Letzten Gericht nützen würden.«

Man muß sich vorstellen können, was ein so nachdrückliches Bekenntnis unter dem Druck der herrschenden Verhältnisse bedeutete. Madre Teresa genügte es nicht, Conversos in ihre Konvente aufzunehmen. Sie rechtfertigte öffentlich ihr Denken, ihr Handeln, nutzte die wirksame literarische Schrift, die jederzeit schärfste, aber auch herausfordernde Waffe.

In der gefährlichen Converso-Frage fand Teresa Rückhalt bei den Jesuiten. Vielleicht blieb sie auch deswegen in enger Verbindung mit den Padres der Compañía oder bevorzugte Orte, wo auch sie ihren Sitz hatten. Die Jesuiten gehörten zu den wenigen, die sich der rassistischen Forderung nach der *limpieza de sangre,* der Reinheit des Blutes, widersetzten und den kollektiven Irrsinn beim Namen nannten. Seit 1565 war Teresas einstiger Ratgeber Francisco Borja Ordensgeneral der Compañía de Jesús. Der dritte Nachfolger des Ignatius von Loyola hielt sich an dessen und seines Vorgängers Diego Laínez Verwerfung des Limpieza-Kultes als *el humor o error nacional,* als Laune oder nationaler Irrtum. Padre Francisco Borja nahm Conversos unter seinen Schutz, was ihm die Staatsbehörden mit Schikanen vergalten.

Ein Padre der Jesuiten hatte in Toledo einen reichen Kaufmann, einen Converso, für die Finanzierung eines Klosters der Descalzas gewonnen. Nach dem Scheitern der Stiftung durch den Tod des Kaufmanns halfen wiederum Jesuiten der Madre Fundadora, die nach Toledo gekommen war. Und schließlich übernahm ein anderer Converso, der Kaufmann Alonso de Avila, die Bürgschaft für die Miete des Hauses. Aber dieser Wohltäter, *amigo mio* nennt ihn Teresa ausdrücklich, erkrankte schwer. Am Ende konnte Teresa mit ihren Descalzas in Toledo die erste Messe feiern, doch sie besaßen »nur zwei Strohsäcke und eine einzige Wolldecke«. Sie froren in den Nächten, hatten »kein Stückchen Holz, um eine Sardelle zu braten, und ich weiß nicht, wen der Herr bewog, ein Bündel Holz in die Kapelle zu legen, womit wir uns behalfen« (F 15,13).

Wie merkwürdig, daß die reiche Doña Luisa de la Cerda, in deren Palast Teresa vor der Klostergründung wohnte, keine Hilfe anbot. Teresa schrieb, ihre Freundin fast in Schutz nehmend, sie hätte die Dame, der sie soviel verdankte, nicht belästigen wollen. Zweifellos wußte Doña Luisa von den armseligen Verhältnissen, und ihr mißfiel Teresas Hilfesuchen bei den Conversos. Das widersprach dem gesellschaftlichen und staatlichen Konsens. Zur gleichen Zeit erhob der Fürst von Eboli, der Gatte von Doña Luisas Nichte Ana de Mendoza y de la Cerda, gegen den Ordensgeneral der Jesuiten Vorwürfe wegen der Aufnahme von Conversos in den Orden. Ebenso in diesen Tagen bot die Fürstin von Eboli, Doña Ana, der Madre Teresa die Stiftung eines Klosters in Pastrana an. In dem ererbten Marktflecken stand ihr fürstlicher Palast, gab es ein Spital, eine Stiftskirche, aber kein Kloster. Die neunundzwanzigjährige Doña Ana wollte ihrer Tante Doña Luisa, der Stifterin von Malagón, nicht nachstehen. Ende Mai 1569 ließ sie Teresa durch einen reitenden Boten nach Pastrana kommen.

Nicht wenige zählten die Prinzessin von Eboli zu den schönsten Damen des Königreichs. Die schwarze Klappe über dem rechten Auge, dessen Geheimnis nie offenbart wurde, konnte ihren Reiz nicht mindern. Sie galt als begeisterungsfähig, großmütig und klug, doch gleichzeitig als charakterschwach, launisch, herrschsüchtig, hinterhältig. Madre Teresa zögerte, wollte schreiben, Aufschub erbitten, aber jede Weigerung hätte Doña Ana beleidigt. Durfte Teresa sich ihre und ihres Mannes, des Fürsten Ruy Gómez de Silva, Gunst verscherzen? Er war engster Berater Philipps II., Staatsrat, Verwalter der Finanzen, mächtigster Grande im Reich. Es geht aus Teresas Aufzeichnung hervor, daß sie ruhelos einen Weg sucht, den Herrn um Rat bittet, ihren Beichtvater befragt, um schließlich doch in der Karosse der Fürstin über Madrid, Alcalá nach Pastrana zu fahren.

Madre Teresa blieb ein paar Tage in Madrid, wie immer bei den Franziskanerinnen, den Descalzas Reales, in deren Kloster auch die Gründerin Doña Leonor de Mascareñas wohnte. Teresas Entscheidung erwies sich als richtig, vermittelte doch Doña Leonor die Bekanntschaft mit dem Italiener Mariano de Azaro, der Teresas Reform zuneigte und dem der Fürst Ruy Gómez eine Klosterstiftung in Pastrana versprochen hatte.

Der promovierte Theologe und Jurist Mariano hatte sich in der Schlacht von St. Quentin in Frankreich bewährt. Als Spezialist für Hydraulik und Flußregulierungen hatte er den Guadalquivir von Córdoba bis Sevilla schiffbar gemacht, war dann über mehrere Jahre Einsiedler geworden, bis ihn Philipp II. zu einem Kanalbau nach Aránjuez holte. Nun aber zog es ihn und seinen Gefährten Giovanni Narducci zu den Descalzos, und Madre Teresa konnte mit den beiden Italienern in Pastrana ihr zweites Mönchskloster gründen.

Der vom Fürsten gestiftete kleine Konvent auf einem Hügel außerhalb des Ortes, im Juli 1569 mit drei Mönchen geweiht, entwickelte sich gut. Der Wasserbaumeister Fray Mariano leitete Quellwasser bergaufwärts zum Kloster, legte mit Hilfe der Einheimischen Terrassen an, und bald gab es auf dem bislang kargen Hügel Gemüse- und Obstgärten. Sein Gefährte Giovanni, nun

Fray Juan de la Miseria, hatte bei dem berühmten Maler Alonso Sánchez Coello gelernt und übte seine Malkunst weiterhin im klösterlichen Dienst aus. Später, 1576, porträtierte er die einundsechzigjährige Madre Teresa mit brav gefalteten Händen, malte er ihr einziges dem wirklichen Aussehen nahekommende Bild. Sie war nicht ganz zufrieden und spottete ein wenig über den naiven Realismus des Malers: »Gott verzeihe dir, Fray Juan! Du hast mich häßlich und triefäugig gemalt.«
Zur Freude der Madre Fundadora wurde aus der winzigen Keimzelle von Pastrana ein Vorbild für weitere Mönchsklöster der Reform, die von nun an der kleine Fray Juan de la Cruz vorantrieb. Der Konvent der Mönche bereitete Teresa keinen Ärger, im Gegensatz zur Stiftung der Fürstin Eboli in der Ortsmitte von Pastrana, der die Madre schon im Juni sechs Unbeschuhte Karmelitinnen zuführte.
Der Ärger begann mit der Frage nach dem Status des Klosters. Die Fürstin wollte einen auf Almosen angewiesenen Konvent stiften, während Teresa wegen der Armut der vom Feudalherrn abhängigen Landleute auf einer Rente bestand. Dann wollte die Fürstin die Aufnahme einer Teresa nicht genehmen Postulantin erzwingen. In beiden Fällen gelang dem Fürsten Ruy Gómez eine Schlichtung zugunsten der erfahrenen Madre, und unerwartet gab die ehrgeizige Doña Ana nach. Als aber vier Jahre nach der Gründung der Fürst von Eboli starb, Ende Juli 1573, bahnte sich eine Katastrophe an.
Im übergroßen Schmerz um den Verlust des geliebten Mannes wünschte die Fürstin in den Konvent von Pastrana aufgenommen zu werden. »Unser Kloster ist verloren«, soll die Priorin Isabel de Santo Domingo ausgerufen haben. Wenig später stand die dreiunddreißigjährige Doña Ana, bereits im groben Habit, vor der Klosterpforte, hatte ihre Mutter mitgebracht und verlangte zudem die Aufnahme von zwei Criadas, zwei Dienerinnen.

Zuerst übte sich Doña Ana wirklich in Demut, lehnte Vorrechte ab, nahm im Refektorium einen der unteren Plätze ein. Dann forderte sie größere Freiheiten, die Öffnung der Klausur für Gespräche mit Besuchern, was die Priorin ihr verwehrte, worauf Doña Ana entrüstet erwiderte, sie habe sich in ihrem Leben einzig Don Ruy Gómez unterworfen und dulde keine andere Unterwerfung. Sie zog sich mit einer Dienerin in eine kleine Einsiedelei im Klostergarten zurück, blieb aber nicht mehr lange und verließ endgültig den Konvent.

Madre Teresa lebte um diese Zeit im inzwischen gegründeten Karmel von Salamanca, sorgte dort für eine bessere Unterkunft ihrer Descalzas und schrieb an dem ersten Teil ihres Buches über die Klostergründungen. Auf dem Hinweg, von Avila kommend, war die kleine, von Padre Antonio de Jesús angeführte Gruppe wegen der sommerlichen Hitze nachts geritten. Zu Beginn war Padre Antonio von seinem Maultier gestürzt, dann hatten sie in der Finsternis die Eselin mit dem wertvollsten Gepäck verloren, in der nächsten Nacht hatte sich die Madre mit ihrer Begleiterin verirrt. Man suchte, rief laut in der Dunkelheit, fand dann den Esel, der seelenruhig am Wegrand lag. Auch Madre Teresa, geführt von einem Bauern, stieß nach vielen Stunden wieder zu ihren Reisegefährten.

Die Gründung von Salamanca war aufregend, aber durch die vorausdenkende Nüchternheit und Gelassenheit der Madre kehrten bald Ruhe und Ordnung ein. Die erste Nacht im geräumigen, doch vernachlässigten und brüchigen Haus verbrachte Teresa mit einer älteren Karmelitin, die ängstlich herumspähte, Türen und Fenster verriegelte. Befragt, wovor sie sich fürchte, sagte sie: »Madre, ich denke, was tätet ihr so allein, wenn ich jetzt sterben sollte.« Worauf Teresa erwiderte: »Schwester, wenn das einträfe, würde ich überlegen, was zu tun sei; jetzt laß mich schlafen.« (F 19,5)

Zu Beginn des Jahres 1574, informiert über die Vorgänge in Pastrana, über anhaltende Schikanen der Fürstin, half kein gelassenes Abwarten mehr. Im Februar eilte Teresa nach Segovia, bereitete die Gründung eines Konvents vor, um dort ihre Descalzas aus Pastrana aufzunehmen.
Es war eine abenteuerliche heimliche Flucht, wie die vierzehn Nonnen in der Nacht aufbrachen. Alle Geschenke von der Fürstin von Eboli, vor allem wertvolle Kleinodien, ließen sie zurück. Nur ihren persönlichen Besitz und eigene Einrichtungsgegenstände schleppten sie durch die nächtlichen Gassen zu den von der Madre geschickten fünf Karren, die draußen am Ortsrand warteten. Nach zwölf Tagen, am 6. April, trafen die Karmelitinnen in Segovia ein, und Teresa vermerkte: »Ich empfand die größte Freude der Welt, als ich sie unbehelligt in Segovia sah.« (F 17,17)
Für die Madre war dieser einzige Fall einer gescheiterten Klostergründung abgeschlossen, nicht jedoch für Doña Ana de Mendoza y de la Cerda, Fürstin von Eboli. Die Flucht der Nonnen aus Pastrana hatte die Stifterin zutiefst gekränkt und in den Augen der Öffentlichkeit bloßgestellt. Sie sann auf Rache, und sie hatte ein hochbrisantes Mittel in den Händen.
Bei der Klostergründung hatte Teresa ihre Lebensgeschichte der Fürstin auf deren Bitten hin gutgläubig überreicht. Aber schon bald, in einer feindseligen Aufwallung, ließ Doña Ana die Vida in ihrem Palast frei herumliegen, zur Belustigung von Dienern und Zofen, die eifrig in den Aufzeichnungen lasen und deren spöttisches Gerede bis nach Madrid drang. Nun aber, nach der Flucht der Nonnen, holte Doña Ana zu einem vernichtenden Schlag aus, der Denunzierung bei der Inquisition. Sie spielte eine Abschrift der Vida in die Hände des *Consejo de la Inquisición,* mit der Beschuldigung, die Schrift enthalte »Visionen, Offenbarungen und die Darlegung einer gefährlichen Lehre«.

Mancher durch Neid oder Mißgunst Denunzierte geriet in diesen Jahren in die Fänge der Inquisition, so der hochgeschätzte Dichter und Theologe Fray Luis de León, der vier Jahre im Kerker von Valladolid saß, bis sich 1576 seine Unschuld erwies. Bei jedem Verdacht auf Ketzerei, Abweichung von der orthodoxen Lehre reagierte die Inquisition mit äußerster Schärfe. Spanien sollte von der lutherischen Ketzerei, die bereits in den Niederlanden und in Frankreich Unruhe stiftete, frei bleiben. Genug Verwirrung brachten im Land von Granada bis hinauf nach Salamanca und Zaragoza die *Alumbrados,* jene »Erleuchteten«, die in extremem Subjektivismus die Gnadenmittel der heiligen Kirche zu mißachten schienen und ihr Heil in der individuellen Gottesnähe und im Gebet suchten.
Der Anfang 1575 gegen Madre Teresa geäußerte Verdacht kam auch von anderer Seite. Dem *Consejo de la Inquisición* in Madrid war gemeldet worden, einer der in Andalusien verdächtigten Alumbrados habe eine Schrift gelesen, in der die Verfasserin Teresa de Jesús ihre merkwürdigen Offenbarungen ungehemmt beschreibe. Die Herkunft aus einer Converso-Familie scheint in diesem Falle unbeachtet geblieben zu sein. Jedoch die zweifache Verdächtigung genügte zur Anklage.
Um so erstaunlicher war das Ergebnis. Auch deswegen, weil die Fürstin von Eboli über die beste Beziehung zum Großinquisitor Don Gaspar de Quiroga verfügte. Die vom Obersten Rat berufenen Zensoren, vor allem der gelehrte Theologe Padre Domingo Báñez, bestätigten die Rechtgläubigkeit Teresas de Jesús und der von ihr verfaßten Lebensgeschichte. Mit welcher Genugtuung konnte Teresa Ende Februar 1577 (Cta 174) schreiben, der Großinquisitor selbst lese ihre Vida, er habe Doña Luisa de la Cerda mitgeteilt, nichts sei zu beanstanden, die Schrift enthalte »nur Gutes und nichts Verderbliches«.

Priorin im Kloster der Encarnación

Nach ihrer ersten Klostergründung in Avila hatte Teresa im Verlauf von dreieinhalb Jahren weitere sieben Nonnen- und zwei Mönchsklöster gegründet, zuletzt, im Januar 1571, den Karmel in Alba de Tormes, ihrem späteren Sterbeort. Im selben Jahr, noch vor der Flucht der Descalzas aus Pastrana und der Anzeige bei der Inquisition, begann mit Teresas Übernahme ihres Priorats im Kloster de la Encarnación in Avila eine mehrjährige Zäsur.
Nicht aus eigenem Entschluß kehrte sie zurück in den Konvent, dem sie fast die Hälfte ihres Lebens angehört hatte. Teresa war nicht undankbar, aber nichts hätte sie zurückgebracht zu den früher hundertachtzig, nun hundertdreißig Karmelitinnen der milderen Regel, wäre sie nicht von ihren Oberen dazu verpflichtet worden. War doch aus der unguten Erfahrung in der Encarnación die alternative Vorstellung entstanden, die Konvente der Reform »in allem arm und klein« zu halten, mit dreizehn bis allenfalls einundzwanzig Nonnen.
Was bewog den Apostolischen Visitator Pedro Fernández und den Padre Provinzial Angel de Salazar, die Madre Teresa zur Priorin der Encarnación zu ernennen? Wollten sie Teresa zur Ruhe verpflichten, seßhaft machen durch das verantwortungsvolle Amt? Das Mißtrauen gegen die umherziehende Klostergründerin saß tief. *Sie* war gemeint, als der einflußreiche Magister Bartolomé de Medina in Salamanca öffentlich äußerte, eine Frau

sollte besser »im Hause bleiben, um zu beten und zu spinnen«. Oder sollte die so ungewöhnliche Ernennung Teresas die Karmelitinnen der strengeren und der milderen Regel, die »Unbeschuhten« und die »Beschuhten«, wieder einander näherbringen oder gar vereinen?

Als die ernannte Priorin am 6. Oktober 1571, begleitet vom Padre Provinzial der Karmeliten, von den treuen Helfern Julián de Avila, Francisco de Salcedo und städtischen Würdenträgern, in ihr Kloster einziehen wollte, verweigerten die Nonnen den Empfang. Sie protestierten, riefen Schmähworte, erhoben Einspruch. Durch die autoritäre Ernennung sei ihr Wahlrecht mißachtet worden. Außerdem sei Teresa de Jesús eine Abtrünnige, die durch ihre eigenen Gründungen ihre Mitschwestern beschämt und verletzt habe. Aus der Sicht der Karmelitinnen war ihr Protest verständlich. Die ihnen aufgedrängte Priorin hatte dem klösterlichen Gewohnheitsrecht der milderen Regel den Kampf angesagt und bereits die Entfernung aller weltlichen Personen aus dem Konvent gefordert.

In den Tumult hinein rief eine der Nonnen: »*La queremos y la amamos* – Wir wollen sie und wir lieben sie!« Aber der energische Ruf stiftete vollends Verwirrung, denn jetzt entstand ein Handgemenge zwischen den bisher eingeschüchterten Anhängerinnen Teresas und den an Zahl überlegenen Gegnerinnen. Schließlich gelang es, die Madre Teresa in die Kapelle zu führen, und da erst ließen Empörung und Schmährufe nach.

Im Gegensatz zum zornentbrannten Padre Angel de Salazar blieb Teresa ruhig und gelassen. Natürlich bewegte sie die ihr so heftig entgegenschlagende Mißgunst. Sie war ein wenig zerstreut, wie sie nach dem *Te Deum laudamus* in den Kapitelsaal geführt wurde und ging dort nicht zum Sitz der Priorin, sondern zu ihrem früheren Platz als Nonne. Als sie ihr Versehen bemerkte, lachte sie hell auf, angesichts der gespannten Situation ein

durchaus befreiendes Lachen, das sich auf die verschreckte Kommunität übertrug und das während des Priorats der Unbeschuhten Karmelitin Teresa noch öfter gehört wurde.
Am nächsten Vormittag trug die Madre eine holzgeschnitzte Marienstatue in die Kapelle und stellte sie auf den Chorsitz der Priorin. Sie gab der Mutter Gottes die Schlüssel des Klosters in die Hand und setzte sich zu deren Füßen. »Hier seht eure Priorin, Unsere Liebe Frau von der Barmherzigkeit.« Durch eine Geste der Demut und ihre Aufrichtigkeit warb Teresa um das Vertrauen der Karmelitinnen. Sie bekannte, gegen ihren Willen wie gegen den Willen der Schwestern zur Priorin bestellt worden zu sein. Aber nun wollte sie im Gehorsam allen Mitschwestern dienen und nützlich sein. Niemand brauchte sie zu fürchten, sie hätte zwar unter den Unbeschuhten gelebt, glaubte jedoch durch Gottes Gnade zu wissen, was jenen zum Guten gereiche, die nicht zu den Unbeschuhten gehörten. Sie verlangte danach, daß alle in Sanftmut dem Herrn dienten.
Worte, Worte, wird die eine oder andere der gegnerischen Karmelitinnen gedacht haben. Aber es war wie immer. Sobald Teresa persönlich auftrat, sprechen, handeln konnte, verschwanden die ihr entgegengebrachten massiven Vorbehalte. Selbst Fray Bartolomé de Medina, der hochgelehrte Theologe, nahm sein negatives Urteil zurück, nachdem er die »herumziehende« Teresa kennengelernt hatte, und sprach ebenso öffentlich von seinen »unüberlegten Worten« und nannte die Karmelitin vom »Geist Gottes« erfüllt.
Das Erstaunliche war, wie Teresa den widerstrebenden Konvent für sich gewann, obwohl sie den »Beschuhten« erhebliche Einschränkungen verordnete. Die Klausurregeln fanden nun strengere Beachtung. Häufige Besuche von Verehrern, geschwätzige Unterhaltungen im Sprechzimmer gab es nicht mehr. Ebensowenig die bisher großzügig bewilligten Ausgänge, die Abwesen-

heit von Nonnen über Wochen und Monate. Dem Jahresrhythmus lag nun die klösterliche Fasten- und Bußordnung zugrunde. Teresa scheint ihren Mitschwestern bewußt gemacht zu haben, daß sie in einem Karmelkloster, nicht in einem Wohnstift für junge Damen lebten.

Im November 1571 schrieb sie an Doña Luisa de la Cerda (Cta 33): »Der Friede herrscht hier, und das ist nicht wenig. Die Schwestern verzichten nach und nach auf Unterhaltungen und ihre Freiheiten. Obwohl sie sehr gut sind und viel Tugend in diesem Hause wohnt, sagen sie, die Änderung des Gewohnten sei ein Tod für sie. Sie ertragen dies gut und erweisen mir große Achtung. Aber welcher Mühe bedarf es noch, um alles in Ordnung zu bringen in einem Haus, in dem hundertdreißig Nonnen leben.« Nur vier Monate später berichtete sie (Cta 36): »Die Veränderung, die unser Herr in ihnen bewirkte, stimmt zum Lobe. Die anfangs Aufsässigsten sind jetzt zufrieden und bezeugen mir das am deutlichsten.«

Teresa besaß eine außergewöhnliche Fähigkeit, im persönlichen Umgang Sympathie zu wecken, Freundschaft zu gewinnen. Sie wußte das sehr wohl und gestand ohne Scheu, daß sie, wohin sie kam, »Freude brachte und darum sehr beliebt war« (V 2,8). Was sie mit einfachen Worten benannte, diese schönste menschenwürdige Kausalbeziehung, entsprach einem Naturell, das sich wohl fühlte im Austausch, im Geben und Empfangen von Sympathie oder Zuneigung. Offensichtlich zeigte sich Teresas »Bedürfnis nach affektiven Beziehungen« (Otger Steggink) im Alter noch intensiver ausgeprägt, ein Bedürfnis nach Mitleben, Mitfühlen, nach einem empfindungstiefen Dasein für andere, auch nach individueller Freundschaft und deren Erwiderung.

Diese allein der Person eigene und geltende affektive Beziehung hätte für die allgemeine Kommunikation nicht genügt, wäre nicht in der Encarnación wie in jedem der neugegründeten

Konvente Teresas praxisbezogene Kunst der Menschenführung wirksam gewesen. Frieden, Zufriedenheit lassen sich nur herstellen und bewahren, wenn der notwendige Gehorsam von Vertrauen und innerer Einsicht getragen ist.
In Briefen und Anweisungen wiederholte die Madre den Leitsatz, der ihrem eigenen Handeln zugrunde lag: »Eine Seele, die unter Zwang steht, kann Gott nicht dienen und wird am ehesten vom bösen Feind versucht.« (Cta 355) Sie forderte die Priorin in Sevilla auf, die Schwestern »nicht mit solcher Strenge zu leiten, wie es in Malagón geschieht. Die Schwestern sind keine Sklaven.« (Cta 135) Als ein Visitator über die Regel hinaus eine Reihe verschärfter »lästiger Vorschriften« bekanntgab, äußerte sie verärgert: »Wozu soll das dienen? Gerade das fürchten ja meine Schwestern, daß strenge Vorgesetzte kommen, die sie bedrücken und ihnen zuviel aufladen. Welcher Unsinn.« (Cta 137)
Es gehörte zum Geheimnis ihrer Menschenführung, daß die Wiederentdeckerin der strengeren ursprünglichen Regel des Karmel am allerwenigsten ideologischen Rigorismus duldete. In ihren äußerst freimütigen und lebhaften Briefen lesen wir, wie sie geschwächte Mitschwestern aufforderte, Fleisch zu essen, wie sie Prioren gebot, ihren Mönchen »hinreichende Nahrung« zu geben, wie sie »genug Schlaf, wenigstens sechs Stunden« zur Pflicht machte. Sie rügte »übertriebenes Fasten«, schrieb einmal, als sie von »gewissen Kasteiungen« hörte, auf diese Weise scheine »der Teufel die Seelen zugrunde zu richten, damit sie Gott beleidigen« (Cta 135). Einen übereifrigen Büßer drängte sie mit einem erstaunlichen Argument zum Maßhalten: »Gott zieht Eure Gesundheit und Euren Gehorsam den Bußübungen vor.« (Cta 174)
Trotz ihrer eigenen schlechten Gesundheit kümmerte sie sich, wo immer es ging, um jede Mitschwester, jeden ihrer nicht wenigen geistlichen Berater oder Freunde. Eine ihr geschenkte

schmackhafte Forelle überließ sie ihrem Beichtvater, oder sie schickte einem Verwandten zum Trost zwei Melonen. Eine kranke Nonne brachte sie selbst zur Kur, einer anderen besorgte sie Heilwasser aus Loja. Sie empfahl ein Mittel gegen Rheumatismus und Kopfweh, oder sie riet einem Geistlichen, dem späteren Erzbischof von Evora, der unter Melancholie litt, er möchte doch »spazieren gehen und den freien Himmel anschauen«. Wir alle müßten »gegen unsere Schwäche ankämpfen, ohne die Natur zu vergewaltigen« (Cta 61).

Die Natur nicht zu vergewaltigen oder die von Teresa geforderte Anerkennung, daß »wir einen Körper haben, keine Engel sind« (V 22,10), das war nicht selbstverständlich in einem nach strenger Buße verlangenden Konvent. Aber sie, die Madre, ließ unmißverständlich wissen, wie zuwider ihr jede Verachtung der Natur und jede auf solche Weise herbeigeführte »Verzückung« waren (F 6,14).

Weil sie selbst im vertraulichen Umgang, im »Freundschaftsverkehr« mit Gott in Verzückung geriet und in der Vision die Nähe des Herrn erfuhr, wußte sie, wie gefährlich es war, den Boden unter den Füßen zu verlieren. Mit überaus scharfen Worten verdammte sie krankhafte Einbildungskraft, erzwungene Ekstasen, durch überzogene Fasten und Kasteiungen ausgelöste lange Ohnmachten. Von solcher Schwächung des Körpers hätte »die Seele keinen Gewinn«. Sie gebot den Priorinnen, bei solchem Verhalten sogleich Abhilfe zu schaffen, Fasten und Kasteiungen zu verbieten, für Zerstreuung zu sorgen (F 6,2–15).

Die Mystikerin Teresa de Jesús stand, wo sie gefordert wurde, fest und mit nüchterner Klugheit auf dem Boden. Sie gab nicht nur im zweiten Prioratsjahr ihren Nonnen den aus Pastrana geholten Fray Juan de la Cruz, den kleinen Mönch, der »sehr heilig ist«, wie sie sagte, zum Beichtvater, besorgt um die Seelenführung der »Beschuhten«. Sie organisierte Spenden und Almosen, sorgte liebevoll für die Kranken und vertrieb den Hunger, indem sie jeden ihrer Freunde zu Hilfeleistungen anspornte. Über Francisco de Salcedo erhielt sie Gemüse und andere Lebensmittel, einmal sogar zweiundsechzig Hühner geschenkt, ein Fest für den Konvent.

Mit der Encarnación hatte die Madre Teresa ein armes Kloster übernommen, dem auch die Mitgift von Postulantinnen nicht zureichend half. Aber nach einiger Zeit brauchten Karmelitinnen nicht mehr aus Not hinausgeschickt zu werden, damit sie sich bei ihren Verwandten sattessen konnten. Hier vor allem, auffallend schon wegen der hundertdreißig täglich zu versorgenden Nonnen, bewährte sich Teresa als Wirtschafterin und genau kalkulierende Rechnerin, nicht unähnlich der Staatshaushälterin Isabel von Kastilien.

Soll man der Madre übelnehmen, daß sie lernte mit Geld umzugehen, zur geschickten Verwalterin und Rechnungsführerin wurde, nicht nur im Konvent der Encarnación? Wie vertrug sich die so »weltlich« Handelnde mit der Mystikerin, die ihren Töchtern von der Seidenraupe und dem Schmetterling erzählte? Sie schrieb im *Castillo interior,* in der Fünften Wohnung ihrer »Inneren Burg«, die Seele müßte der Welt absterben und sich einspinnen wie die Raupe, damit aus ihr der »kleine weiße Schmetterling« hervorginge, dem die Flügel wüchsen, die ihn in die Freiheit trügen. Aber die Raupe ernährt sich von Maulbeerblättern, ehe sie zur Seidenraupe wird, und der weiße Schmetterling ist tätig, ehe er Ruhe findet und stirbt.

War es nicht eher bewundernswert, wie die Mystikerin Teresa nie außer acht ließ, was sie ihren Mitschwestern an täglicher, praktischer, menschlicher Zuwendung schuldete, wie sie *sin blanca,* ohne einen Pfennig zu besitzen, ihre Konvente gründete und deren Existenz sicherte?

Natürlich mußte die Finanzierung für den jeweiligen Hauskauf oder die Miete und eine minimale Grundsicherung in irgendeiner Weise zustandekommen. So schrieb die Madre in einer allgemeinen Anweisung (F 27,12): »Kommt eine Schwester, die Vermögen besitzt, so ist es gut, dieses euch zu überlassen, anstatt anderen, die es vielleicht nicht benötigen.« Schärfer, auch unduldsamer bestand Teresa in einigen Briefen auf der Forderung nach Mitgift. Sie beschwor die Priorin in Sevilla, keine Schwestern aufzunehmen, die »nicht helfen können, die aus dem Klosterkauf erwachsene Schuldenlast abzutragen« (Cta 117). In einem anderen Brief (Cta 118) verbot sie die Aufnahme einer Postulantin, weil sie erfahren habe, daß deren Vater nichts geben wolle. »Wir sind nicht in der Lage, jemanden unentgeltlich aufzunehmen.«

War die solcher Unerbittlichkeit fähige Oberin noch die Santa Madre? Aber der eigentlichen Problematik liegt ein tieferer Ansatz zugrunde, das Mißverständnis einer Hagiographie, die dem oder der Heiligen einen Status außerhalb des gelebten Lebens vorschreibt.

Es wäre jedoch unredlich, die zitierte Unnachgiebigkeit auf sich beruhen zu lassen ohne den Hinweis, daß Teresa diese harten Forderungen nur in einer sehr kurzen Zeitspanne erhob, im September/Oktober 1576, als sie mit ihren inzwischen vierzehn Klöstern in eine ausweglose finanzielle Krise geraten war. Ende September hoffte sie, von Doña Luisa »viertausend Dukaten« anstelle der üblich gewährten zweitausend zu erhalten.

Offensichtlich dauerte die Krise nicht lange. Schon im Januar des folgenden Jahres (Cta 168) gebot Teresa der Priorin María Bautista in Valladolid, jener allerersten Spenderin María de Ocampo, wie sie einst hieß, sie möchte nicht auf die Aussteuer achten, wenn Postulantinnen »die für unsere Lebensweise nötigen Eigenschaften besitzen«.

So lautete die eigentliche, von der Madre sich selbst und ihren

Priorinnen vorgeschriebene Bedingung zur Aufnahme von Postulantinnen (F 27,12–13): »Es genügt, sofern sie keine zeitlichen Güter mitbringen, wenn sie Tugend besitzen. Denn andererseits wird Gott, was euch durch Mitgift nutzen würde, doppelt ersetzen.« Und Teresa bekannte, sie hätte weniger Freude empfunden bei der Aufnahme einer Schwester, »die viel mitbrachte«, als bei denen, die sie »allein wegen Gott« aufnahm. Bei den ersteren hätte sie Angst gehabt, bei den Armen jedoch »vor Freude weinen müssen. Das ist die Wahrheit. *Esto es verdad.*«

Paulus und die Nachtvögel

Obwohl die Madre nach ihrem dreijährigen Priorat in der Encarnación von den Beschuhten Karmelitinnen respektiert, ja bewundert wurde, verzichtete sie mit Erlaubnis des Padre Provinzial auf eine Wiederwahl. Sie wollte sich in ihren Konvent San José zurückziehen. Sie fühlte sich »alt und erschöpft«, schrieb sie schon im Juli und nochmals am 11. September 1574, einen Monat vor ihrem Amtsende. Aber im selben Brief erwähnte sie ihre Gesundung nach dem »viertägigen Fieber« und fügte hinzu: »Wenn der Herr will, daß ich etwas unternehme, verleiht er mir gleich eine bessere Gesundheit.« In dieser für Teresa charakteristischen Folgerung steckte fast schon eine Vorahnung von dem, was kam.

Nur kurze Zeit der Ruhe war ihr gegönnt, denn im Januar-Februar des nächsten Jahres begann mit ihrer ersten Reise nach Andalusien eine äußerst strapaziöse, aufregende und anregende, ihre an Höhen und Tiefen reichste Zeit.

Ein wohlhabendes Geschwisterpaar, Catalina de Godínez und María de Sandoval, bot nach dem Tod der Eltern der Madre Fundadora in Beas de Segura, schon jenseits der Sierra Morena, eine Klosterstiftung an. Jedoch vor der Winterreise nach Süden verlangten die Konvente in Valladolid und Medina nach der Madre. In Medina del Campo kleidete Teresa die vierzehnjährige Jerónima de Quiroga, die Nichte des Kardinals und Großinquisitors Quiroga, ein. Mit den Klosterschwestern feierte Teresa diesen Anlaß – wie so oft – mit Gesang und einem von ihr verfaßten Dialoggedicht, dessen Schlußvers mit der von Jerónima gesungenen Antwortzeile erhalten blieb:

¿ Quién os trajo acá doncella
Del valle de la tristura? –
Dios y mi buena ventura.

Wer führte dich, Mädchen, hierher
Aus dem Tal der Traurigkeit? –
Gott und mein gutes Glück.

So gelöst wird Teresa in nächster Zeit nicht mehr ihre Verse dichten. Die lange Winterfahrt in der Galera, dem Planwagen, über die frostigen Guadarramaberge und nach der trostlosen Hochebene der Mancha über die Sierra Morena war schon beschwerlich genug. Im Nebel auf der Paßhöhe von Despeñaperros rettete ein Warnruf die kleine Wagenkolonne im letzten Augenblick vor dem Sturz in den Abgrund. Despeñaperros, die Aufforderung »Stürzt die Hunde hinab« war den »ungläubigen Hunden«, den Mauren, zugedacht, als die kastilischen Konquistadoren in das maurische Königreich Andalusien eindrangen. Jenseits des Passes lag Andalusien, lag auch Teresas Ziel Beas de Segura, die Stiftung des Klosters der Descalzas.
Am 16. Februar erreichten die von Maultieren gezogenen Wagen Beas. Die Madre und ihre acht Nonnen, begleitet vom treuen Julián de Avila, wurden festlich empfangen. Aber noch wußte Teresa nicht, daß sie durch diese und die nächste Klostergründung in Andalusien in die üblen Auseinandersetzungen zwischen Beschuhten und Unbeschuhten Karmeliten geriet.
Der Ordensgeneral Padre Rubeo hatte der Madre Klosterstiftun-

gen in Kastilien erlaubt, und genaugenommen war die Gründung in Beas eine erste Grenzüberschreitung. Aber Beas lag noch im Grenzbereich, niemand störte die Gründung. Erfreulich verlief nach acht Tagen die Einweihung. Auch die beiden Schwestern Godínez nahmen den Schleier in dem von ihnen gestifteten Kloster, dem sie sechstausend Dukaten übergaben. Die dreißigjährige Madre Ana de Jesús, eine der tüchtigsten Helferinnen der Reform, übernahm das erste Priorat. Sie war eine lebhafte junge Frau, liebenswürdig im Umgang, mit Teresa und deren Zielen eng vertraut, der Madre »vollkommenes Abbild«, wie Juan de la Cruz von ihr sagte.

Nicht in Beas, sondern in Sevilla begann der langjährige dramatische Bruderkrieg der Karmeliten. Dort hatten zwei Padres der Reform bereits im Vorjahr ein Mönchskloster gegründet: Mariano de Azaro, der Wasserbaukünstler von Pastrana, mit klösterlichem Namen Fray Ambrosio Mariano de San Benito, und der dreißigjährige Fray Jerónimo Gracián de la Madre de Dios, der drei Jahre zuvor in Pastrana zu den Unbeschuhten gestoßen war. Unter Berufung auf den Ordensgeneral Rubeo wehrten sich die Beschuhten gegen eine Neugründung in Sevilla, wo sie selbst einen großen Konvent besaßen. Demgegenüber sahen die Reformer das Recht auf ihrer Seite. Der um die Erneuerung der religiösen Orden bemühte Dominikanerpapst Pius V. hatte zwei Padres seines Ordens zu Visitatoren der Karmeliten bestimmt: Pedro Fernández für Kastilien und Francisco de Vargas für Andalusien. Beide Visitatoren unterstützten die Reform der Madre Teresa. Vargas ging einen Schritt weiter, indem er sein Amt an den Prior der Descalzos von Pastrana delegierte, der wiederum rechtlich zulässig das hohe Amt dem jungen Padre Jerónimo Gracián übertrug.

Dem Padre als Apostolischem Visitator und Provinzvikar für Andalusien waren die Karmeliten beider Richtungen in der

Provinz Gehorsam schuldig. So folgte die Madre Teresa, als Gracián im April 1575 nach Beas kam und ihr die Gründung eines Klosters der Descalzas in Sevilla auftrug, nach einigem Zögern seiner Weisung.
Nach dem Tod Papst Pius V. wurde die ganze Situation noch komplizierter. Bei seinem Nachfolger Gregor XIII. hatte der Generalobere der Karmeliten die Ablösung der ordensfremden Dominikaner und die Ernennung von Karmelitern zu Visitatoren erreicht. Die entsprechende päpstliche Bulle wollte Padre Rubeo dem im Mai 1575 nach Piacenza einberufenen Generalkapitell offiziell bekanntgeben.
Demnach wurde auch die vom Dominikanerpadre Vargas ausgegangene Delegierung Graciáns hinfällig. Die Karmeliten wußten von der Entscheidung des neuen Papstes, wenn auch ihr Generalkapitel erst nach der Gründung von Beas stattfand. Zumindest die Gründung in Sevilla Ende Mai konnte als Akt des Ungehorsams gegen den Ordensgeneral und gegen den Padre Provinzial Angel de Salazar, der von der Gründung ausdrücklich abriet, gedeutet werden. Teresas Zögern, der Aufforderung Graciáns freudig und sofort zu folgen, mag mit ihren eigenen Bedenken zusammenhängen.
Zwei höchste Persönlichkeiten standen auf der Seite der Unbeschuhten und gaben dem bald eskalierenden Bruderkampf eine gewisse politische Brisanz: der päpstliche Nuntius Ormaneto in Madrid, ein begeisterter Anhänger der Madre Teresa, und der glaubensstrenge König Philipp II., der die Einflußnahme der Reformer innerhalb des Ordens förderte. Philipp II. kannte Padre Gracián nicht persönlich, schätzte jedoch Graciáns Vater und Bruder, die am Hof höhere Stellungen einnahmen. Nuntius Ormaneto ließ Gracián im Frühjahr 1575 nach Madrid rufen, um dessen Position durch die offizielle Ernennung zum Visitator zu stärken und ihn dem König vorzustellen.

Auf dem Weg nach Madrid kam Jerónimo Gracián im April nach Beas und begegnete dort während seines zwanzigtägigen Aufenthalts der Madre Teresa. Die Begegnung, die spontan beginnende Freundschaft brachte der sechzigjährigen Teresa einen nicht vorhergesehenen lebenstiftenden Auftrieb. Fast schwärmerisch wie in ihrer Mädchenzeit schrieb sie der Priorin Inés de Jesús von den »schönsten Tagen meines Lebens, ohne Übertreibung«, und im selben Brief (Cta 75), sie gäbe »für nichts in der Welt das Glück her, ihn gesehen und so viel mit ihm gesprochen zu haben«.
Sie bewunderte an Jerónimo Gracián dessen »Gelehrtheit, Intelligenz und Bescheidenheit« (F 23,1). Sie erkannte bei ihm, anders als beim eher stillen, introvertierten kleinen Mönch Juan de la Cruz, dessen Schüler Gracián war, die organisatorische und geistige Fähigkeit zur Leitung der Klöster der Reform. Ihm wollte Teresa ihr Reformwerk anvertrauen. Alle Schwestern möchten den Herrn, *su Majestad,* »darum bitten, daß er den Padre uns zum Oberen gebe«.
Über den erkannten Nutzen für den Orden hinaus ergriff Teresa etwas anderes, sehr persönliches. Sie stürzte geradezu in eine außergewöhnliche Freundschaft, eine bis an ihr Lebensende anhaltende und sie mitreißende Zuneigung, ja Liebe, wenn wir den Begriff weit genug verstehen.
Teresas Beziehung zu Jerónimo Gracián wies viele Nuancen auf. Sie unterwarf sich als »gehorsame Tochter« oder umsorgte den dreißig Jahre jüngeren Padre mütterlich. Auch verdunkelte ihre Beziehung zu Gracián keinen Augenblick ihre so enge Verbundenheit mit Gott, sondern war eingebunden in ihren mystischen »Freundschaftsverkehr« mit dem Herrn, der ihre Beziehung zu Gracián gutheißt. In einem ihrer zahlreichen Briefe an Gracián (Cta 163) nannte sie den Herrn ihren »Heiratsvermittler, *el casamentero,* der das Band so geknüpft hat, daß es nur mit dem

Leben endet und nach dem Tode noch fester wird«. Im selben Brief schrieb sie, ihr Bund mit Gracián hülfe, »Seelen zu gewinnen, die den Herrn lobpreisen«.

Aber dieses schöne Geständnis änderte nichts daran, daß Teresa in ihren letzten sieben Lebensjahren die volle Gefühlstiefe und Gefühlshöhe einer Liebenden erfuhr. In ihren Briefen hat sie es unentwegt bezeugt.

In aller Offenheit schrieb sie der Priorin María Bautista: »Ich scheue mich nicht, ihn zu lieben, als wäre er kein lebendiger Mensch« (Cta 91). Sie möchte immerzu bei ihm sein, klagte mehrmals über seine Abwesenheit, beneidete die Schwestern, die bei ihm sein durften, oder liebte sie »jeden Tag mehr, weil sie den umsorgen, den ich gern verwöhnen möchte« (Cta 149). Wenn er zu wenig schrieb, mahnte sie: »Die Liebe schläft nicht auf solche Weise« (Cta 147). Als er einen seiner Briefe mit »Ihr geliebter Sohn« unterschrieb, erwiderte sie (Cta 151), das habe sie amüsiert, doch gleich habe sie ausgerufen: »Er hat recht.« Sie konnte eifersüchtig sein, sogar gegenüber Graciáns Mutter, die doch »von ihrem Gatten und den Kindern geliebt werde, während die arme Laurentia (Teresa) niemanden auf der ganzen Welt habe als ihren Vater (Gracián)« (Cta 115).

Was war das? Ein Ausbruch versteckter Gefühle, eine Flucht in verbotenes Gelände, eine Verirrung der Karmelitin Teresa? Bestimmt nicht. Nur dem flüchtigen Betrachter mag es paradox erscheinen, bemerkt Dominique Deneuville in einer jüngeren Studie über Teresa, »daß diese der Ehelosigkeit geweihte Frau eine Invasion der Liebe erfahren hat, die alle Erfahrungen menschlicher Liebe in den Schatten stellt. Aber Gott verstümmelt die Menschen nicht ...«

Teresa hielt nichts von der menschlichen Kümmerform, die der dualistische, leibfeindliche Manichäismus dem Christentum zumaß und die den Predigern eines mißverstandenen Frömmigkeitskultes über die Jahrhunderte als vorbildlich galt. Eros und Agape waren bei ihr versöhnt, weil sie den Menschen und sich selbst vor Gott, vor *su Majestad,* in Ganzheit sah und danach handelte.

Sie erkannte allerdings auch die Gefahr einer Mißdeutung ihrer Beziehung zu Jerónimo Gracián. In einem Brief aus Toledo (Cta 138) bat sie Gracián, ihre Briefe an ihn »niemals öffentlich vorzulesen«. »Ich kann Liebe zu Ihnen haben und auch zeigen, aus verschiedenen Gründen; aber nicht alle Schwestern dürfen das. Auch werden nicht alle Oberen freimütig wie Sie reagieren, mein Vater ... Ich weiß sehr wohl, mit wem ich verkehre und kann es schon wegen meines Alters tun. Doch wenn andere davon erfahren, werden sie meinen, dies ebenso tun zu dürfen, ... und der Teufel könnte sie durch mich in Versuchung führen.«

Ihren Vertrauten wie den Priorinnen in Medina oder Valladolid oder Sevilla verhehlte Teresa ihre Liebe keineswegs. Eine gewisse Vorsicht war auch deswegen notwendig, weil sie mit Gracián in die Auseinandersetzungen der Karmeliten geriet und zeitweise das Ende ihres Reformwerks befürchten mußte. So verwendete sie im Briefwechsel mit Gracián schützende Decknamen. Sie selbst nannte sich *Laurentia* oder *Esperanza* oder *Angela*; Gracián hieß *Paulus* oder *Eliseus;* der oft zitierte Christus hieß *Joseph.* Einmal schrieb sie, »Joseph« habe der »armen Laurentia« versichert, daß er (Gracián) »Laurentia« erhalten bleibe. Das habe »Laurentia« ihr (Teresa) gesagt.

Das Metaphernspiel schien der wortgewandten Autorin Teresa Freude zu machen. Man kann die Sinndeutung nachempfinden, wenn sie die Beschuhten Karmeliten *Nachtvögel* oder *Katzen* nannte, hingegen die Unbeschuhten *Adler* und ihre Schwestern als *Schmetterlinge* kennzeichnete. Der hilfreiche Nuntius Ormaneto erschien im Briefwechsel als *Methusalem* und der Großin-

quisitor Quiroga als der *große Engel,* während die Inquisitoren einfach *Engel* hießen. Seltsame Wortspiele entstanden. »Nachtvögel« stießen jemanden aus, der von den »Adlern« aufgenommen wurde. Der »große Engel« freute sich, weil er seine Nichte unter den »Schmetterlingen« wußte, und er lobte die »Adler«.
Zunächst, in Sevilla, nützte der Madre Fundadora das Wohlwollen des »großen Engels«, des Großinquisitors und Kardinals, nicht viel. Während Gracián von Beas nach Madrid reiste, fuhr Teresa in der zweiten Maihälfte 1575 mit sechs Nonnen nach Süden. Wenn sie an Gracián einmal schrieb (wie üblich beim Gebrauch der Decknamen in dritter Person), »meinem Paulus war ich mit Freuden gehorsam, was immer er mir auch befahl« (Cta 282), so galt das ganz besonders der Gründung in Sevilla.
Teresa wollte eigentlich nach Madrid reisen. Gracián zuliebe unternahm sie etwas, das ihr im Grunde widerstrebte, nicht nur wegen der nun erkannten unerlaubten Grenzüberschreitung. Andalusien empfand die Kastilierin Teresa von Avila als ihrem Wesen fremd, ja unheimlich, wegen des Klimas, wegen der überhitzten Lebensart, die auch religiösen Fanatismus, Gewalt und Gegengewalt heraufbeschwor. Ihrer eigenen Abneigung schlug ein geradezu bösartiges Echo entgegen. Nirgendwo, auch nicht beim Scheitern in Pastrana, erlebte sie eine solche Anhäufung von Widerwärtigkeiten und Feindschaft.
Die neuntägige Anreise bei unerträglicher Hitze verlief qualvoll. Die Nonnen und ihre Begleiter ernährten sich dürftig von Bohnen, Kirschen, etwas Brot; ein Ei war ein Wunder. Falls sie Wasser bekamen, war es teurer als Wein. Nachts in den Herbergen am Weg vertrieb ihnen das Schreien, Fluchen und Gotteslästern der Fuhrleute, das Trommeln und Stampfen beim baskischen Tanz den Schlaf. Manche Quartiere waren verdreckt, voll Ungeziefer, erinnerten an einen Schweinestall, wie María de San José berichtete, so daß sie auf freiem Feld kampierten. Bei der

Überquerung des Guadalquivir riß die gewaltige Strömung die Fähre, die zwei Wagen trug, mit sich und strandete schließlich in der beginnenden Dunkelheit auf einer Sandbank. Teresa erkrankte unterwegs, wurde vom Fieber geschüttelt und phantasierte, eine Folge der »höllischen Verhältnisse«, doch zum Glück verging das schlimmste Fieber bald.

In der reichen Stadt Sevilla hielten die Widrigkeiten an. Padre Mariano, der Teresa mit den Schwestern erwartete, hatte ein erbärmliches, feuchtes, äußerst dürftig eingerichtetes Quartier gemietet, das dennoch bereits Ende Mai zum Kloster der Descalzas wurde. Die Schwestern schliefen auf geflochtenen Matten, ohne Decken. Oft bestand ihr Mittagessen nur aus Brot und Äpfeln; nicht selten mußte ein Brot für alle reichen.

Erste Priorin wurde die Teresa vertrauteste und liebste Mitschwester María de San José. Teresa hatte sie als Dienerin von Doña Luisa de la Cerda kennengelernt, als sehr anmutiges und intelligentes Mädchen. Später stießen ihr und Teresas willensstarker Eigensinn hart aneinander. Einmal schrieb Teresa (Cta 294), die Priorin besitze »mehr Weltklugheit, als sich für ihren Stand geziemt«. Teresa hätte es schwer im Umgang mit ihr, doch der Priorin gestünde sie ihre eigene Unduldsamkeit, »sobald ich Fehler bemerke bei denen, die ich liebe«. Ärgernis und Zuneigung äußerte Teresa ungeschminkt, aber auch den Wunsch (Cta 306), »viele Priorinnen von ihrer Art zu haben«.

In Sevilla waren es beide, die Madre und die jüngere Priorin, deren gläubiger, aber ebenso praktisch handelnder Lebensmut die kleine Kommunität zusammenhielt. Und schließlich stellte sich auch finanzielle Hilfe ein, als im August 1575 Teresas Brüder Lorenzo und Pedro aus Übersee zurückkehrten. Don Lorenzos kleine achtjährige Tochter Teresita, die später in den Karmel eintrat, lief im grobgeschneiderten Habit im Kloster herum, erzählte in der Rekreationsstunde »von Indios und vom Meer«

und erheiterte Teresa und die Nonnen. Der in Perú reich gewordene Don Lorenzo de Cepeda stiftete den Karmelitinnen ein besseres Haus mit großem Obstgarten, günstig gelegen mit schönem Ausblick auf die über den Guadalquivir ziehenden Schiffe.
Während sich der Konvent im Inneren festigte, drohte von außen her das Allerschlimmste Teresa und ihre Unbeschuhten zu überwältigen. Im Herbst wurde die Madre nochmals beim Inquisitionstribunal denunziert. Eine übelwollende Beatin beschuldigte Teresa, sie verlangte von den Nonnen, vor ihr zu beichten, und sie übernähme von den abergläubischen Alumbrados, den Erleuchteten, die ganz verinnerlichten Gebetsübungen. Es kam wiederholt zu Verhören, zu angstvoller Ungewißheit, bis die Anklage als fälschlich erkannt wurde.
Folgenschwerer waren die vom Generalkapitel der Karmeliten in Piacenza über die Madre Teresa und die Unbeschuhten verhängten Strafen. Die Beschuhten Karmeliten, Teresas sogenannte »Nachtvögel«, triumphierten über die in ihren Augen abtrünnigen Rebellen. Die ohne Vollmacht des Ordensgenerals Rubeo gegründeten Klöster sollten aufgelöst werden. Deren Mönche sollten in ihre alten Konvente der milderen Regel zurückkehren. Die Padres Jerónimo Gracián de la Madre de Dios, Juan de la Cruz, Ambrosio Mariano und Prior Antonio de Jesús nannte das Verdikt »ungehorsame Söhne«, die den Orden spalten wollten. Teresa selbst wurden weitere Klostergründungen untersagt. Sie sollte sich in ein kastilisches Kloster zurückziehen und die Klausur nicht mehr verlassen.
War schon die Gründung in Sevilla die mühevollste aller Klostergründungen, so fielen auf Teresas zwölfmonatigen Aufenthalt in der andalusischen Stadt böse Schatten. Wohl konnte Madre Ana de San Alberto noch stellvertretend am Jahresanfang 1576 in Caravaca ein Kloster gründen. Doch wie verständlich schrieb Teresa am 30. Dezember, es wäre ihr und den Schwestern »nicht

nach Liedchen zumute«, *No estamos para coplas.* Vor ihrer Abreise schrieb sie (Cta 97), die hiesige Gegend und deren Menschen wären ihr fremd, sie wünschte nichts sehnlicher, als bald in Kastilien, dem »Land der Verheißung«, zu sein.

Der Bruderkrieg der Karmeliten

Im Juni 1576 reiste Teresa über Malagón zu ihrem selbstgewählten Verbannungskloster in Toledo. Ein Trost war es, daß ihr Bruder Don Lorenzo, der selbst mit seinen Kindern und Gefolge nach Avila zog, für bequeme Reisewagen, für Lebensmittel und gute Quartiere sorgte. Anders als auf der Hinreise vor einem Jahr litten die einundsechzigjährige Teresa und ihre mitfahrenden Karmeliten keine Not.

Die Madre hatte eine Schlacht verloren, aber sie gab sich nicht geschlagen. Sie wäre nicht Teresa de Ahumada, Teresa de Jesús, die Madre Fundadora, wenn sie nun der Resignation verfiele. Wie eine Löwin kämpfe sie um ihr Junges, um ihr Reformwerk mit den ihr angemessenen Mitteln. Noch in Sevilla hatte sie an König Philipp, an den Ordensgeneral Padre Rubeo geschrieben, Briefe, in denen sie ihr Handeln rechtfertigte, ihr Reformwerk verteidigte. In einem ihrer besten, ergreifendsten Briefe (Cta 95) bat sie Rubeo nicht für sich (»ich tauge zu gar nichts mehr«), doch um so eindringlicher für ihre Unbeschuhten Karmeliten, besonders für Jerónimo Gracián, den sie einen Engel nannte und dessen Fähigkeiten sie rühmte, bat auch für den »armen Mariano«, den Hitzkopf, der ihren Zorn erregte, weil er oft leichtfertig unüberlegtes Zeug redete.

Zu beiden Padres, die als »ungehorsame Söhne« galten, bemerkte sie im Brief an den Ordensoberen in unübertrefflicher Formulierung: *De hijos es errar, de padres perdonar y no mirar a sus faltas.* Der im Spanischen so dicht gefügte Satz läßt sich nur unzulänglich übertragen: »Den Kindern ist das Irren zu eigen, den Vätern das Verzeihen und ihnen die Fehler nachzusehen.«

Teresa hätte eigentlich nach Avila gehen sollen, auf Weisung von Padre Gracián, der als von Nuntius Ormaneto ernannter Apostolischer Visitator noch nicht offiziell abgesetzt war. Aber niemand nahm Anstoß daran, daß sie ein volles Jahr im Konvent in Toledo blieb. Vielleicht wollte sie in dieser Krisenzeit, in der ihre vierzehn Gründungen auch wirtschaftlich in größte Not gerieten, in unmittelbarer Nähe ihrer einflußreichen Gönnerin Luisa de la Cerda bleiben.

Wegen der zunehmenden Bedrängnis und der bekümmerten Stimmung in den Konventen, aber auch persönlich, wird es Teresa schwergefallen sein, auf eigenes aktives Handeln verzichten zu müssen. »Man hat mir eine schöne Zelle gegeben, abgesondert und mit Ausblick auf den Obstgarten. Besuche nehmen mich wenig in Anspruch. Müßte ich nicht zahllose Briefe schreiben, so ginge es mir viel zu gut, als daß dieser Zustand hätte von Dauer sein können. Denn immer, wenn es mir zu gut geht, tritt bald eine Änderung ein.« (Cta 105)

Wenn auch viele Schreiben wie jene an Juan de la Cruz oder Francisco Borja verlorengingen, so blieb doch eine Fülle von Teresas Handschriften oder ihren Diktaten erhalten. Die meisten Briefe stammen aus dem Jahr der Zwangsklausur in Toledo und den anschließenden zwei Jahren in Avila. Es war die große Zeit der äußerst produktiven, verständigen und mitreißenden Briefschreiberin Teresa.

Durch ihre Briefe blieb die Madre im Dialog mit ihren Priorinnen, den fernen Konventen, mit Gracián und einzelnen Descalzos. Keinen Tag ließ sie ihre Reform außer acht. Sie sprach den Verzagten Mut zu, gab Anweisungen, Ratschläge, nicht nur in geistlichen Belangen. Sie, die Klausurnonne, kümmerte sich um Zinszahlungen einzelner Klöster, um die Aufnahme von Postulantinnen und deren Mitgift. Nichts war zu gering, um nicht bedacht zu werden, nicht der Wollstoff für die Einkleidung von Novizinnen (»Je grober man ihn bekommt, desto besser«), nicht das Reisegeld für einen Padre oder die Empfehlung eines Abführmittels, eines Sirups, der ihr selbst »das Leben gerettet hatte«.

Die selbst nahezu ständig unter Krankheiten leidende Teresa sorgte sich um die Gesundheit ihrer Mitschwestern oder Briefpartner. Sie wußte, daß der Aderlaß kein Allheilmittel war, riet der Priorin María Bautista energisch davon ab. Sie empfahl Orangenblütenöl als Mittel gegen Herzschwäche und kannte ebenso aus indischem Harz bereitete Pastillen, die mit Rosenzukker vermischt bei ihren rheumatischen Leiden halfen.

Ihr Bruder Don Lorenzo, der ehemalige königliche Schatzmeister und Alcalde von Quito, bekam von Teresa Ratschläge zur Erziehung seiner Söhne. Leichtfertiger Umgang wäre zu vermeiden, und sie sollten »nicht anders als zu Fuß gehen; aber laßt sie studieren!« Einmal schrieb Teresa ihrem Bruder: »Ich muß lachen, Ihr schickt mir Backwerk, Obst und Geld, und ich schicke Euch einen Bußgürtel.« Aber gerade ihn, den übereifrigen Büßer, machte sie darauf aufmerksam, daß seine Gesundheit Gott lieber sei als seine Bußübungen.

Teresa schrieb spontan, oft in Eile, las das Geschriebene nicht nochmals durch, wie sie ihren Bruder wissen ließ (Cta 166). »Ich tue das niemals. Sollte ich einen Buchstaben auslassen, so fügen Sie diesen hinzu. Man weiß ja, was ich sagen will, das übrige ist Zeitverlust.« Was sie mitteilen wollte, schrieb sie ohne Umschweife, konkret, anschaulich, aufrichtig, ob sie sich ergrimmt über einen Mißstand oder zärtlich über ihre Nichte Teresita oder Graciáns kleine Schwester Isabel äußerte. Sie konnte heiter,

humorvoll, nicht selten mit erfrischender Selbstironie reagieren, aber immer die menschlichen Bedürfnisse achtend, das leibhaftige Dasein, das Leben, das ja auch sie, die Mystikerin, nicht unentwegt in geistige und geistliche Höhen trug.
In der Bedrängnis dieser Monate in Toledo gab es auch einfache Erfahrungen, durchaus heitere Erlebnisse, wie in den Rekreationsstunden, von denen ein Liedchen der kleinen Isabel sprach und das Teresa in einem ihrer Briefe (Cta 139) zitierte:

La madre fundadora
Viene a recreación:
Bailemos, cantemos
Y hagámosle son.

Die Mutter Gründerin
Kommt zur Rekreation:
Laßt uns tanzen, singen
Und musizieren für sie.

Viele Briefe Teresas lassen die Jahrhunderte zwischen ihrer und unserer Zeit vergessen. Sie war eine geniale Briefschreiberin, was auch mit ihrer Begabung zur Freundschaft zusammenhing. Sie besäße Geist und Herz, wurde einmal von ihr gesagt. Aber sie besaß noch etwas anderes: die Gabe einer Ursprünglichkeit, die bewundernswerte Fähigkeit, sich mitzuteilen, zutreffende Worte zu finden für das sie Bewegende. In der Fähigkeit, das Komplizierte ohne den geringsten Sinnverlust einfach und verständlich zu sagen, verfügte Teresa von Avila über eine Sprache, die nur den wirklich großen Autorinnen und Autoren gegeben ist. Teresas Schreiben wie ihr Leben zeigt, daß wahre Größe über alles Auseinanderstrebende, Komplizierte und Mehrdeutige hinausgelangt und wesenhaft einfach ist.

In weniger als sechs Monaten schrieb Teresa ihr Hauptwerk »Die innere Burg«, ihr thematisch und formal, in der Schreibweise, der Geschlossenheit, Klarheit und im Einfallsreichtum herausragendes Werk. Sie wußte das selbst. Eine Woche nach der Vollendung am 29. November 1577 schrieb sie von »vielen Vorzügen dieses Juwels« gegenüber ihrer »Lebensgeschichte«, der *Vida,* »und wie man sagt, ist die Arbeit vortrefflich geraten«. Padre Gracián hatte Teresa zum Schreiben verpflichtet, wie zuvor in Toledo zur Fortsetzung ihres Buchs der Klostergründungen, *Las Fundaciones.* Sie hatte sich gesträubt, eingewandt, ihr fehle zum Schreiben Gesundheit und Verstand. Dann schrieb sie, oft unterbrochen durch Pflichten, notwendige Briefe, wochenlang unter Kopfschmerzen und mitunter einfallslos vor ihren Blättern sitzend. Sie schrieb nachts, über Mitternacht hinaus, bis der Arzt dies der Zweiundsechzigjährigen untersagte. Doch am Ende, im Nachwort, empfand sie »große Freude«, und sie wünschte auch ihren Schwestern: »Habt ihr einmal die Wonnen dieser Burg erfahren, werdet ihr in allen Dingen Ruhe finden – seien sie auch voller Qual und Mühe.«
Teresa nannte ihr Buch *Castillo interior,* »Innere Burg« oder »Seelenburg«, vielleicht in Erinnerung an die Ritterromane, die sie in ihrer Mädchenzeit las, doch eher, weil Burgen in Kastilien jedermann vertraut waren und zugleich etwas Herausragendes, Erhabenes darstellten.
Ihr zentraler Einfall, die Burg mit ihren Gemächern, den »Wohnungen«, als Bild der Seele, beschleunigte ihr Schreiben, auch wenn sie am Anfang bemerkt: »Es geht mir wie den Vögeln, die man das Sprechen lehrt: sie können nichts anderes sagen, als was man ihnen beigebracht hat oder was sie gehört haben und wiederholen es ein ums andere Mal.« Sie fragt selbstkritisch, ob es nicht Unsinn sei, wenn sie vom Hineingehen in die Burg spricht, »da man ja selbst die Burg ist«. Sie erkennt das Unzu-

längliche von Vergleichen, schreibt noch am Ende: »Ich lache über diese Vergleiche, die mich nicht befriedigen; aber ich weiß keine anderen.«

In der »Inneren Burg« vermittelt Teresa von Avila eine auf sieben Ebenen, in sieben »Wohnungen«, *las Moradas*, sichtbar werdende mystische Zusammenschau, zugleich Bekenntnis und Anleitung für ihre Schwestern. Am ehesten vergleichbar ist Teresas Werk in seiner geistlich-mystischen Intensität und Geschlossenheit den »Bekenntnissen« des Augustinus. Aber es geht hier nicht um eine unmittelbare autobiographische Abfolge, sondern um den Versuch, gebunden an das eigene Erleben, die mystische Annäherung an Gott darzustellen, den »Freundschaftsverkehr« mit Gott, wie sie selbst sagt.

In sieben Stufen, ausgehend von der Selbsterkenntnis und dem Verlangen nach Taten, vollzieht sich eine Steigerung über die Erkenntnis der eigenen Nichtigkeit und Armut bis zur »Selbstvergessenheit«, zum Aufgehen des eigenen Wollens in den Willen Gottes. In der siebten Wohnung spricht Teresa von der Vereinigung, der geistlichen Vermählung mit Gott, dem Inbild jeglicher Mystik. Sie zitiert noch einmal ihr Bild von der Verwandlung des kleinen weißen Schmetterlings: »Jetzt ist der kleine Falter gestorben, voll überschwenglicher Freude, daß er nun Ruhe gefunden hat und Christus in ihm lebt.«

Wir sind heute aus verschiedenen Gründen empfänglich für meditative und mystische Erfahrungen. Wir erkennen den Reichtum, der aus der inneren Erfahrungswelt strömt, mag auch die Erwartungshaltung aus christlicher oder fernöstlicher oder anderer Sicht geprägt sein. Doch hätte, wer Teresas mystischen Weg als Flucht in eine unverbindliche spirituelle Weltferne deutet, ihre Persönlichkeit mißverstanden. Das ihr Eigentümliche liegt ja gerade darin, daß ihre Annäherung an Gott undenkbar wäre ohne menschliche, soziale Verbindlichkeit.

Schon in der vierten Wohnung heißt es: »Es kommt nicht darauf an, viel zu denken, sondern viel zu lieben.« In der fünften Wohnung: »Ob wir Gott lieben, kann man nicht wissen, obwohl es Anzeichen dafür gibt; aber ob wir unseren Nächsten lieben, das merkt man. Und ihr dürft mir glauben: Je mehr ihr hierin Fortschritte macht, um so tiefer ist eure Liebe zu Gott.«
Erstaunlich für den Abschluß eines Hauptwerks der christlichen Mystik, aber doch konsequent lenkt Teresa im letzten Abschnitt der siebten Wohnung den Blick auf die biblischen Frauen Maria und Martha. Die Beschauliche *und* die Tätige »müssen beisammen sein, um den Herrn beherbergen zu können und ihn immer bei sich zu behalten«. Teresa selbst lebte in dieser Symbiose. Ohne die Verbindung von Kontemplation und äußerer Aktivität hätte die Madre ihr Reformwerk nicht begründen, noch weniger ausbauen und vollenden können. Als sie in Avila den letzten Teil ihrer »Inneren Burg« schrieb, zeigte sich erneut die Notwendigkeit praktischen, der Welt zugewandten Handelns. Es ging um das Überleben der Unbeschuhten Karmeliten.
Im Sommer 1577 war Nuntius Ormaneto, der Beschützer der Descalzas, in Madrid gestorben. Unter seinem Nachfolger Felipe Sega, dem Parteigänger der Beschuhten, begann die schlimmste Verfolgung Teresas und ihrer Karmeliten. Wie der neuernannte Apostolische Nuntius Teresa einschätzte, ist überliefert. Er nannte sie eine »unstete, ungehorsame und widerspenstige Vagabundin, die unter dem Schein der Frömmigkeit schlechte Lehren erfinde, die außerhalb ihrer Klausur umherschweife und sich als Lehrerin ausgebe, entgegen dem Gebot des Apostels Paulus, wonach Frauen nicht lehren dürfen«. (Cta 255 mit Anm.)
Der Hauptangriff begann mit einer Verleumdungswelle, die Teresas engsten Vertrauten, den noch tätigen Visitator Padre Gracián, in Mißkredit bringen sollte. In einem empörten Brief bat die Madre König Philipp um Hilfe gegen die »Ränke des Teufels und

der Beschuhten Padres«. Wenig später, im Oktober 1577, fand im Kloster der Encarnación in Avila die Neuwahl der Priorin statt. Als fünfundfünfzig Nonnen, die Mehrzahl, Teresa wählten, wurden sie vom aufsichtsführenden Padre Provinzial der Beschuhten Karmeliten exkommuniziert. Die Stimmzettel warf man ins Feuer. Anfang Dezember – Teresa hatte eben die Niederschrift ihrer »Inneren Burg« beendet – wurden Juan de la Cruz und ein zweiter Padre mit Hilfe der Stadtwache nachts in ihren Zellen überfallen und verschleppt.

Noch einmal bat Teresa den König inständig um Hilfe. Von den aus dem Kloster der Encarnación entführten Beichtvätern sei Padre Juan, »der große Diener Gottes, infolge vieler Leiden geschwächt«, so daß sie um sein Leben fürchte. Doch man sage ja offen, »daß die Reform ausgerottet werden müsse«. Der Bruderkrieg der Karmeliten nahm verbrecherische Züge an.

Fast neun Monate hörte Teresa über das Schicksal des kleinen Mönchs Juan nichts. Die Beschuhten Karmeliten hielten ihn in ihrem Kloster in Toledo gefangen. In einer engen Dachkammer, kaum hoch genug zum Stehen, war er von der Außenwelt abgeschnitten, wie Teresa später Gracián mitteilt (Cta 249). Er wurde mißhandelt, mit Ruten geschlagen, und durfte seine Unterkleider nicht wechseln, obwohl er todkrank war. Alles erduldete er schweigend. In der letzten Gefängniszeit gab ihm ein mitleidiger junger Wärter Schreibsachen, und der Dichter-Mystiker Juan de la Cruz schrieb mit seinem *Cántico espiritual* eines der ergreifendsten Werke spanischer geistlicher Lyrik. Die Verse sprechen auch von seiner Not.

Adonde te escondiste,
Amado, y me dejaste con gemido?
Como el ciervo huiste,
Habiendome herido ...

Y todos mas me llagan
Y dejame muriendo
Un no sé qué que quedan balbuciendo ...

Wo denn verbirgst du dich,
Geliebter, und läßt mich seufzend allein?
Wie der Hirsch fliehst du mich
und mein Verwundetsein ...

Alle verletzen sie mich,
treiben sie mich in Todesnot,
und ich versteh' nicht, was sie stammelnd meinen ...

Eines Morgens Mitte August fand der Wärter die Gefängniszelle leer. Genau kennt man die Umstände der Flucht nicht. Nur soviel, daß der schmächtige Fray Juan die Zellentür öffnen, durch einen Vorraum gehen konnte und sich mit Hilfe zusammengeknüpfter Streifen aus zwei alten Decken aus dem Fenster an der Klostermauer herabließ. Da es Nacht war, verbarg er sich und lief im Morgengrauen zum Kloster der Unbeschuhten Karmelitinnen. Die Schwestern nahmen den geschundenen kleinen Mönch auf und versteckten ihn.

Fray Juan blieb in nächster Zeit unbehelligt. Jedoch der Kampf der Beschuhten Karmeliten gegen die Madre Teresa und deren Konvente ging weiter, steuerte seinem Höhepunkt zu, der endgültigen Auslöschung des Reformwerks.

Die Gegner beriefen sich auf das Generalkapitel des Ordens in Piacenza. Dort war schon 1575 die Auflösung aller außerhalb Kastiliens und ohne Erlaubnis des Ordensgenerals gegründeten Klöster verfügt worden. Die Padres der Descalzos waren verpflichtet, in ihre früheren Klöster der milderen Regel zurückzukehren. Wenn sie sich weigerten, sollte nötigenfalls die weltliche Macht eingreifen. Der Ordensobere Padre Rubeo hatte einen

Generalvikar ernannt, der die Einhaltung dieser Beschlüsse überwachte. Neben Nuntius Sega stellte sich der Generalvikar Padre Tostado als noch schärferer Gegner der Reform heraus.
Nicht lange nach der Flucht des kleinen Mönchs Juan hob Nuntius Sega alle Ernennungen seines Vorgängers Ormaneto auf, und Padre Gracián verlor sein Amt als Apostolischer Visitator. Damit unterlag auch er den Beschlüssen und Maßnahmen der Beschuhten. Er hielt sich versteckt, wurde aber noch im Herbst 1578 ergriffen und im Kloster der Beschuhten in Madrid in Haft gesetzt. Nuntius Sega exkommunizierte Gracián wie die Padres Antonio de Jesús, Mariano und andere Descalzos, die nun in den Arrestzellen der Beschuhten Karmeliten saßen.
Für Teresa müssen es furchtbare Wochen und Monate gewesen sein, denn Ende 1578 trafen die Maßnahmen auch ihre Nonnenklöster. Am 24. Dezember erreichte die Madre ausgerechnet in ihrem erstgegründeten Kloster San José in Avila die schlimmste Botschaft des Nuntius Sega. Sein Dekret unterstellte offiziell alle Klöster der Reform, auch die Nonnenklöster und jene in Kastilien, rechtlich und personell den Beschuhten. Teresa sollte auf Lebenszeit in ein anderes Kloster versetzt werden. Jeglicher Briefwechsel mit Padre Gracián wurde ihr verboten.
In jeder Phase des Bruderkriegs verhielt sich die Madre in unglaublicher Weise loyal, trotz ihres Temperaments und obwohl sie erfahren mußte, wie ihr Reformwerk mit unlauteren Mitteln zerschlagen wurde. Als sie vom Tod Padre Rubeos in Rom hörte, war vergessen, daß der zuerst so vertrauensvolle Ordensgeneral ihren Gegnern freie Hand gelassen hatte. Sie habe geweint, schrieb sie, es sei ihr »herzlich leid, ihm so viel Verdruß gebracht« zu haben, das habe er nicht verdient.
Sie kämpfte mit ihren Mitteln, sandte unentwegt ihre Briefe aus, machte ihren Schwestern Mut und forderte von ihnen Vertrauen. El Señor, der Herr, scheine auf dem Meer zu schlafen, doch

wird er, »wenn der Sturm entfesselt ist, den Winden Ruhe gebieten«. Das schrieb sie ihren Karmelitinnen in Sevilla. Dort hatte man die Priorin María de San José abgesetzt und gezwungen, sämtliche Briefe der ihr eng verbundenen Teresa dem Provinzial der Beschuhten auszuhändigen.
Offensichtlich hatten die Gegner, angetrieben von Nuntius Sega und Padre Tostado, den Bogen überspannt. Vielleicht rührte sich beim einen oder anderen das schlechte Gewissen. Als auch die letzte Hoffnung zu schwinden drohte, appellierten Freunde der Reform, vor allem der einflußreiche Don Luis Hurtado de Mendoza, Graf de Tendilla, an den Gerechtigkeitssinn des Königs. Vier Briefen Teresas, ihrem letzten Hilferuf vom 4. Dezember 1577, war Philipp II. die Antwort schuldig geblieben. Merkwürdig, weil doch die Reform der Unbeschuhten Karmeliten seinen eigenen religiösen Vorstellungen entgegenkam. Jetzt erst, im März 1579, sicherlich unter dem Eindruck des von Tendilla Gehörten, reagierte er sofort. Philipp machte Nuntius Sega die unbegründeten Feindseligkeiten gegen die Unbeschuhten zum Vorwurf. Er berief zur Urteilsfindung vier unabhängige Berater, darunter zwei Dominikaner und einen Augustiner.
Es bleibt ein Rätsel, wie schnell sich Nuntius Sega mit dem Wind in die von den Beratern gewiesene Richtung drehte. Bereits am ersten Apriltag erließ er ein Dekret, das die Unbeschuhten von der Gehorsamspflicht gegenüber den Oberen der Beschuhten Karmeliten befreite. In Padre Angel de Salazar erhielten die Unbeschuhten ihren eigenen Oberen. Alle Padres der Descalzos wurden aus der Klosterhaft entlassen. Der Madre Teresa wurde volle Bewegungsfreiheit zugestanden, auch die Berechtigung zur Gründung ihrer Klöster. Dieses Ergebnis übertraf sogar die erste auf Kastilien begrenzte Gründungserlaubnis des Ordensgenerals. Es fehlte nur noch das Breve des Papstes zur Bildung einer in jeder Hinsicht eigenständigen Ordensprovinz.

Aller Reisen Ende

Nach drei Jahren Klosterarrest wurden der Vierundsechzigjährigen mit der neugewonnenen Bewegungsfreiheit neue Lasten aufgebürdet. Der Generalvikar Padre Angel de Salazar drängte auf eine baldige Visitationsreise. Die durch den Bruderkrieg in Not geratenen Konvente der Descalzas erwarteten den Zuspruch der Madre mehr denn je. Von Avila aus sollte sie in den nächsten fünf Monaten die Konvente in Medina del Campo, Valladolid, Alba de Tormes, Salamanca, Toledo und Malagón besuchen, in Malagón sogar im November/Dezember 1579 den Bau eines neuen kleinen Klosters mit zunächst elf Zellen leiten, nachdem Doña Luisa de la Cerda die Geldmittel bewilligt hatte. Noch aus Avila hatte Teresa der Priorin María Bautista geschrieben: »Jetzt stellen Sie sich diese arme alte Nonne vor, die sogleich reisen soll. Ich sage Ihnen, das macht mich lachen, denn mir fehlt nicht der Mut zu noch größeren Strapazen.«
Strapaziös waren allerdings die Fahrten im trockenen kastilischen Hochsommer, wenn der ungefederte Planwagen über die steinigen Straßen rumpelte. Aber trotz ihrer labilen Gesundheit scheint die Madre nichts von ihrer Energie eingebüßt zu haben. Unermüdlich schrieb oder diktierte sie in jedem der besuchten Konvente Briefbotschaften an ihre Priorinnen, an Padre Gracián oder andere Ordensväter. Sie berichtete von den Tagesereignissen, kümmerte sich um Postulantinnen, Geldsorgen, die Ge-

sundheit ihrer Briefpartner, um Kleinigkeiten, erst recht um Fragen der Ordensgemeinschaft und auch solche des politischen Lebens.
Im Juli in Valladolid, einen Monat nach ihrem Aufbruch, als ein Erbfolgekrieg zwischen Spanien und Portugal auszubrechen drohte, schrieb sie ihrem Freund Don Teutonio de Braganza, Erzbischof von Evora, sie »befürchte das größte Unheil für Ihr Königreich und das unsrige« (Cta 289). Don Teutonio möge auf seinen Neffen, den Thronprätendenten und Antreiber zum Krieg, einwirken, daß nicht »Christen einander ums Leben bringen«. Den Krieg konnte Teresa nicht verhindern, doch Don Teutonio hatte sie für den Frieden gewonnen.
Teresa wäre gerne einige Zeit in Malagón geblieben. Dort konnte sie das Kloster nach ihren Wünschen ausstatten. Doch es gab kein Ausruhen, nicht für die Madre.

Ya no durmáis, ya no durmáis
Pues que no hay paz en la tierra.

Schlaft nicht, schlaft nicht,
Denn es gibt keinen Frieden auf Erden.

Sie zuerst folgte ihrem Aufruf, den sie anläßlich einer Profeß, einer Gelübdefeier, dichtete. Am Jahresanfang 1580 befahl ihr Padre Angel de Salazar die Gründung eines Klosters in Villanueva de la Jara. In dem Dörfchen auf halbem Weg zwischen Toledo und Valencia warteten neun Beatinnen, die seit vier Jahren in Gemeinschaft lebten, auf die Aufnahme und Einkleidung durch Madre Teresa. Padre Antonio de Jesús, seit der Gründung des ersten Mönchsklosters einer der verläßlichsten Helfer, holte Teresa und vier ihrer Nonnen ab. Auf der Fahrt über das winterkalte Hochland der Mancha, in Villarrobledo und La Roda, wurde die Madre gefeiert. Aber das Reisen war beschwerlicher geworden.

Sie blieb nur wenige Wochen in Villanueva, ließ sich im Konvent, wie üblich, zu niederen Diensten einteilen. Beim Wasserholen schlug ihr die Brunnenkurbel, die einem Helfer aus der Hand gerissen wurde, mit solcher Wucht gegen den Körper, daß sie zu Boden stürzte. Der linke Arm, vor zwei Jahren bei einem Sturz in der Dunkelheit gebrochen, wurde erneut schwer verletzt. Teresa war auf Hilfe angewiesen. Seit dem ersten Armbruch hatte sie in der Laienschwester Ana de San Bartolomé eine unentbehrliche Begleiterin gefunden. Ana war Bauerntochter, eine Analphabetin, die bei Teresa sozusagen über Nacht lesen und schreiben lernte. Sie wurde Teresas Pflegerin und Sekretärin, die ihre Schrift in erstaunlicher Weise den Vorlagen Teresas anglich. In den letzten Jahren schrieb Ana viele Briefe nach Diktat, so daß die Madre nur zu unterzeichnen brauchte.

Nach dem Tod der Madre wird auch Ana de San Bartolomé den schwarzen Schleier der Descalza nehmen. Sie wird mit Ana de Jesús nach Frankreich und Flandern gehen, um dort Karmelklöster zu gründen und als Priorin im Sinne Teresas zu wirken. Aber noch steht die dreißigjährige Bauerntochter der Madre zur Seite. Teresa nennt sie »große Dienerin Gottes und so verständig, daß sie mir weit besser helfen kann als manche Chorschwester«.

Das Jahr 1580 brachte Teresa persönliches Leid wie nie zuvor. Ende März, schon in Toledo, setzte ein jäher Schlaganfall ein erstes Warnzeichen. Ein heftiges fiebriges Herzleiden plagte sie und zwang sie zu längerem Aufenthalt in Toledo. Mühsam kämpfte sie gegen die körperliche Schwäche an, ohne ihren früheren Elan zurückzugewinnen.

In Spanien wütete eine Grippeepidemie, der im Sommer zwei ihrer seit den Anfängen in Avila vertrautesten Freunde zum

Opfer fielen, ihr einstiger Beichtvater Baltazar Alvarez und Don Francisco de Salcedo. Schon im Juni war in Avila ihr Bruder Don Lorenzo de Cepeda gestorben, der ihr liebste aus der Familie, mit dem sie seit seiner Rückkehr aus Perú in enger Verbindung stand. Die Erbschaftsstreitigkeiten der Verwandten, Teresa zur Schlichtung aufgetragen, setzten ihr mehr zu als die Sorgen um ihre Klöster. Sie kümmerte sich um den armen Don Pedro, den zweiten aus Westindien zurückgekehrten Bruder, der haltlos, verbittert, lebensuntüchtig in finanzielle Abhängigkeit von Don Lorenzo geraten war und nun völlig zu scheitern drohte.

Im August 1580, nachdem sie die Guadarramaberge überquert hatte, nach Aufenthalten in Segovia und Medina, war sie wieder in Valladolid. Ein schwerer Rückfall – erneut aufkommende Herzinsuffizienz, Fieber, Kopf- und Ohrenschmerzen, eine Gehirnblutung – führte in eine Krise. Wer sie in diesen Tagen sah, bangte um ihr Leben. Sie erholte sich zwar, aber noch im Spätherbst fühlte sie sich schwach, niedergedrückt, ohne Zuversicht. Zum ersten Mal zweifelte sie an ihren unternehmerischen Fähigkeiten.

Padre Angel de Salazar, auf ihre Gesundung vertrauend, beauftragte sie mit der Gründung neuer Konvente in Palencia und Burgos. Sie wehrte ab, nun doch eine müde gewordene arme Alte. Niemand vermochte sie umzustimmen, auch nicht die Priorin María Baustista, die sich mit ihren Schwestern fragte, ob die mutlose alte Nonne noch ihre Madre Fundadora sei. Teresa merkte selbst, daß sie der Herausforderung nicht so leicht entkam. Sie bat den Herrn, *Nuestro Señor*, um seine Entscheidung und hörte dessen Stimme (F 29,6): »Was fürchtest du? Habe ich dich jemals im Stich gelassen? Ich bin heute derselbe, der ich immer war. Unterlasse es nicht, diese beiden Klöster zu gründen.«

Am Jahresende konnte Teresa nach Palencia reisen. Die Grün-

dung des Konvents, vorbereitet durch Padre Gracián, machte keine großen Schwierigkeiten. Don Alvaro de Mendoza, schon in Avila Teresas Beschützer und nun Bischof von Palencia, unterstützte die Gründung und versprach, den Schwestern »Brot und anderes, was sie brauchen«, zu geben.
In Palencia erreichte die Madre eine Nachricht, die sie »eine der größten Freuden« ihres ganzen Lebens nennt. Papst Gregor XIII. hat durch ein Breve die Trennung von Beschuhten und Unbeschuhten Karmeliten bestätigt und die Selbständigkeit der reformierten Karmeliten in eigener Ordensprovinz verbürgt. Das betraf nach der Gründung von Palencia vierzehn Nonnen- und zwölf Mönchsklöster, die letzteren meist von Teresas »kleinem Mönch« Juan de la Cruz gegründet. »Jetzt leben wir alle im Frieden, Beschuhte und Unbeschuhte. Niemand kann uns hindern, dem Herrn zu dienen.«
Merkwürdig, daß Teresa nach dieser befreienden Lösung nicht den Papst lobt (F 28,30–32), sondern »unseren Katholischen König Don Philipp, durch dessen Hilfe Gott das so gute Ende herbeigeführt hat«. Sicherlich war es für Philipp II. auch ein Politikum, die spanische Ordensgründung gegen den jahrelangen Widerstand der »Römer« durchzusetzen.
Der König übernahm als Schutzherr die Kosten des ersten Generalkapitels der Unbeschuhten im März 1581 in Alcalá de Henares. Zum Ordensprovinzial wurde Padre Jerónimo Gracián gewählt, nicht weil Teresa auf seiner Wahl bestanden hätte. Besser geeignet für dieses Amt fand sie sogar den älteren, als Prior erfahrenen Padre Antonio de Jesús, der im Generalkapitel eine Stimme weniger als Gracián erhielt.
Teresa konnte als Frau an der Versammlung nicht teilnehmen. Aber sie hatte Gracián ihre Vorschläge mitgeteilt. Die mit ihrer ersten Gründung in Avila geschaffenen Regeln sollten ergänzt und für alle Konvente verbindlich werden.

Die Madre bestand auf privater Besitzlosigkeit, auf strenger Klausur, bestand darauf, daß Priorinnen als erste niedere Dienste übernehmen sollten. Ihre Hinweise sind konkret, so bei der Kleidervorschrift oder der Erlaubnis zum Strümpfetragen. Sie forderte die Einhaltung der Fastengebote, sprach aber ebenso von der Pflicht der Priore, für »hinreichende Nahrung« zu sorgen. Oder sie forderte die Aufhebung eines Verbots, an Fasttagen zum Nachtimbiß Eier und Brot zu essen. Derartige Verbote würden »nur Skrupel auslösen und der Gesundheit schaden« (Cta 355).

Alles, was sie veranlaßte, war dem menschlichen Leben gemäß, war menschenwürdig und zeigte ein hohes Maß an allgemeiner Einsicht und Selbsterkenntnis. Die Madre war längst eine Berühmtheit, von der man sprach und deren Aussprüche weitererzählt wurden. Es paßte zu ihr, zu ihrer unverfälschten Gottes- und Menschennähe, daß sie gesagt haben soll: »Wenn Rebhuhn, dann Rebhuhn; wenn Fasten, dann Fasten.«

Über sich selbst sagte sie zu Fray Pedro de la Purificación, der sie bei der letzten Gründung in Burgos begleitete: »Wissen Sie, mein Vater, man hat mir in meinem Leben drei Lobsprüche erteilt. Man sagte, ich sei klug, heilig und schön. Von diesen drei Lobsprüchen glaubte ich zwei und meinte, sie zu verdienen. Ich glaubte, daß ich klug und schön sei; das war eine große Eitelkeit. Aber wenn man mir sagte, ich sei tugendhaft und heilig, erkannte ich immer die darin liegende Täuschung.«

Die letzten beiden Lebensjahre sind wie ein Konzentrat, die geraffte Zusammenfassung ihres Lebens. Noch einmal alle Höhen und Tiefen, noch einmal Widerstände und deren Überwindung, die eigenen Krankheiten, die eigene Mutlosigkeit und deren Überwindung, noch einmal die Aufforderung: *Caminemos*, Laßt uns reisen! Die endlosen beschwerlichen Fahrten im Planwagen, unterwegs primitive Herbergen, auf den Straßen über die im Sommer heiße, im Winter frostige Meseta, durch die Flußtäler von Palencia nach Soria, von dort über das Hochland nach Avila, von Avila wieder nordwärts nach Burgos, von Burgos über Valladolid, Salamanca nach Alba de Tormes.

Die Gründung in Burgos verzögerte sich. Aber im Juni 1581 gründete die Madre Fundadora in Soria einen Nonnenkonvent. Im September war sie, erschöpft von der langen Reise, nach Avila zurückgekehrt. Noch einmal wählten die Schwestern von San José die Madre zur Priorin, »einzig deshalb«, schrieb Teresa, »weil sie in äußerster Not leben«. Ihr bischöflicher Gönner Don Alvaro de Mendoza hatte Avila verlassen; der stets hilfreiche Don Francisco de Salcedo war gestorben. Die Schwestern von San José setzten ihre ganze Hoffnung auf die Madre. Es waren spanische Hungerjahre mit steigenden Lebenskosten und wachsenden Staatsausgaben durch König Philipps niederländische und portugiesische Unternehmungen. Wer dachte da noch an Almosen?

Auch in Granada, wo eine Klostergründung bevorstand, erwarteten die Schwestern ihre Madre Fundadora. Im November kam Fray Juan de la Cruz mit Maultieren und Wagen aus Andalusien, um Teresa und einige Nonnen abzuholen. In Avila war Mitte November viel Schnee gefallen. Trotz der Kälte ging es Teresa »gesundheitlich besser als gewöhnlich«. Aber sie enttäuschte den Fray Juan, weil sie nicht mit ihm reiste und die Gründung des Schwesternkonvents in Granada Ana de Jesús, der Priorin von Beas, überließ. Es war Teresas letzte Begegnung mit ihrem »kleinen Seneca«, wie sie ihn auch nannte, den Dichter-Mystiker Juan de la Cruz, der im Gehorsam Pflichten auf sich nahm, die seinem Wesen eher widersprachen.

Die Begegnung mit Fray Juan empfand Teresa als »großen Trost«. Sie wird ihm gesagt haben, daß sie wegen der endlich konkreten Vorbereitungen zur Gründung in Burgos und ihrer erforderli-

chen Anwesenheit dort auf die weite Reise nach Andalusien verzichten müßte.
Die reiche Witwe Doña Catalina de Tolosa, großmütige Gönnerin der Reform wie am Anfang Doña Guiomar de Ulloa oder Luisa de la Cerda, hatte in Burgos den Weg gebahnt. Doña Catalina hatte die Erlaubnis des Stadtrats erlangt und stellte den Schwestern fürs erste ihr Haus zur Verfügung.
Als Teresa am Morgen des 2. Januar 1582 mit ihren Planwagen Avila verließ, war sie voll Zuversicht. Nichts hinderte ihren Aufbruch, weder die eigene Gebrechlichkeit noch die Winterkälte. Sie widersprach jedem Einwand. Wie früher bei solchen Unternehmungen übertrug sich ihre unerhörte Kühnheit auf die Mitfahrenden. *Caminemos . . . Monjas del Carmelo!* Mit ihr fuhren Gracián und Fray Pedro de la Purificación, ihre fünfzehnjährige Nichte Teresita, nun Karmelnovizin, Ana de San Bartolomé und sechs für den Konvent vorgesehene Nonnen, außerdem die Fuhrleute und einige andere Begleiter.
Alles, was jemals bei einer Gründung Widerstand bot, schlug ihr noch einmal geballt entgegen, auf dem Weg und in Burgos. Selbst die Naturgewalten schienen sich gegen die reisenden Karmeliten verschworen zu haben. Sie wurden von Schneetreiben und wolkenbruchartigen Regenfällen überrascht. In Valladolid und Palencia mußten sie Ruhepausen einlegen. Teresa erkrankte, geplagt von Fieber, Schüttelfrost und Halsschmerzen, ohne Zeit für die Heilung zu finden.
Im überschwemmten Flußtal des Río Arlanzón gerieten sie bei heftigen Regengüssen in Sumpfland. Die Zugtiere mußten ausgespannt werden, um vereint jeden Wagen aus dem Morast zu ziehen. Alle Mitfahrenden mußten in die Speichen greifen. Bei der Überquerung des Arlanzón war die als Notbehelf errichtete Pontonbrücke überflutet. Man sah nur strömendes Wasser, ein Meer ringsum. Teresa bestand darauf, im ersten Wagen über die

schwankende Brücke zu fahren, verlangte aber von den anderen die Rückfahrt zur letzten Herberge, wenn sie abstürzen und ertrinken sollte.

Kein Wagen stürzte in den wildströmenden Arlanzón. Doch diesmal beklagte sich Teresa in der ihr eigenen Gesprächsweise: »Herr, war dies notwendig, nach soviel Leiden?« Sie hörte: »Teresa, so behandle ich meine Freunde.« Und rasch parierte sie: »Mein Gott, deswegen hast du auch so wenige.«

Am 26. Januar, vierundzwanzig Tage nach ihrem Aufbruch, erreichten sie Burgos, frierend und durchnäßt. Teresa und die Schwestern nahm Doña Catalina in ihrem Haus auf, während die Mönche bei Don Pedro Manso, einem Domherrn und Studienfreund Graciáns, wohnen konnten. Es war nicht verwunderlich, daß nun, nach der Anspannung der letzten Tage und Wochen, Teresas Kräfte versagten. Noch am Abend der Ankunft erlitt sie einen Schwächeanfall. Mehr als zuvor schmerzte der Hals, sie hustete Blut, konnte am nächsten Tag den Kopf nicht mehr bewegen und mußte liegend hinter einem verhangenen Gitter Besucher empfangen.

Mit der körperlichen Schwäche konnte sie fertig werden. Viel schlimmer war, wie sich bald zeigte, der Widerstand des Erzbischofs Don Cristóbal Vela gegen ein Reformkloster in seiner Stadt. Er schien alles darauf anzulegen, die Gründung zu hintertreiben, obwohl er Don Alvaro de Mendoza sein Einverständnis gegeben hatte. Dabei stammte er aus Avila, aus einer Familie, die mit Teresas Eltern befreundet war und das Nachbarhaus der Cepeda bewohnte.

Don Cristóbal erklärte Gracián, er habe Verhandlungen, doch keine Gründung versprochen, und nun stellte ihn die Madre »mit so vielen Nonnen« vor vollendete Tatsachen. Beim nächsten Besuch Graciáns zeigte sich der Erzbischof erstaunt, weil Teresa mit ihren Nonnen noch nicht abgereist wäre. In den folgenden Wochen erfand er stets neue Bedingungen. Im »weltlichen Haus« der Doña Catalina de Tolosa dürfte keine Messe gelesen, dürfte kein Kloster gegründet werden. Die Madre Fundadora müßte ein eigenes Haus und geregelte Einkünfte vorweisen.

Die fast siebenundsechzigjährige Teresa ließ sich nicht einschüchtern. Doch sie kämpfte allein, denn der schwache Gracián drängte schon zum Aufgeben. Sie zog mit ihren Schwestern in die Dachkammern des Hospitals, auch dort von Doña Catalina mit dem Nötigsten versorgt. Und schließlich erwarb sie am Ufer des Arlanzón, einem »anmutigen Ort«, ein altes, aber brauchbares Haus mit Garten, in das die Karmelitinnen am 19. März einziehen konnten. Zwei Tage zuvor hatte Teresa der Priorin María de San José geschrieben, mit ihr sei nicht mehr viel anzufangen. »Sie würden erschrecken, wenn Sie sähen, wie sehr ich gealtert bin und zu nichts mehr recht tauge.«

Jetzt zeigte auch Don Cristóbal Vela seine Bereitschaft zur Versöhnung. Er besuchte das Haus am Arlanzón und verhielt sich gegenüber Teresa äußerst liebenswürdig.

Eine letzte Bewährungsprobe wurde ihr in Burgos abverlangt. Noch einmal drohte eine Naturgewalt ihr Werk zu zerstören. In der letzten Maiwoche überflutete der Arlanzón die tiefer gelegenen Stadtteile, riß Häuser mit sich, entwurzelte Bäume und schwemmte Tote aus den Gräbern. Teresa weigerte sich, ihr Kloster zu verlassen. Dann stieg die Flut so sehr, daß niemand zu Hilfe kommen konnte. Ana de San Bartolomé berichtete, wie die Madre das Allerheiligste ins obere Stockwerk bringen ließ, wie sie dort mit den Schwestern betete und alle hungerten, denn Lebensmittel und andere Sachen standen unter Wasser. Von sechs Uhr früh bis Mitternacht fürchteten die Nonnen, daß ihr zur Insel gewordenes Haus unter der Flut zerbrechen würde.

Das alte Haus hielt stand. Der Río Arlanzón kehrte in sein

Flußbett zurück. Die Madre kümmerte sich um die Beseitigung der Schäden. Sie regelte mit Hilfe von Doña Catalina die Zahlungen für den Unterhalt des Konvents.
Zwei Monate nach der Überschwemmung glaubte sie, ihre Aufgabe in Burgos erfüllt zu haben, zögerte aber noch, bis wieder ihr Herr zu ihr sprach: »Wieso zweifelst du? Hier ist alles vollendet; du kannst gut reisen.« (F 31,50)
Sie wollte nach Avila gehen, um das Ordensgelübde ihrer Nichte Teresita entgegenzunehmen, wohl auch, um im Konvent San José etwas Ruhe zu finden. »Aber unser Herr erlaubt mir selten, meinem Willen zu folgen«, schrieb sie Mitte August von Palencia aus, schon auf dem Weg nach Süden.
In Valladolid hielten sie Streitigkeiten um das Erbe ihres Bruders Don Lorenzo und ärgerliche Ordensangelegenheiten über einen Monat auf. Jerónimo Gracián war nach Andalusien gereist, und Teresa sandte ihm einen langen Brief (Cta 439), ihren letzten Brief an Gracián, in dem die gesundheitlich geschwächte, aber um den Orden unermüdlich und resolut wie in ihren besten Tagen sorgende Siebenundsechzigjährige nach einer »elenden Nacht« fast wie eine verlassene Liebende klagt: »Ich verstehe den Grund Ihrer Abreise nicht. Aber Ihre Abwesenheit empfand ich unter den gegenwärtigen Umständen so schmerzlich, daß mir die Lust vergangen war, Ihnen zu schreiben.«
In Medina del Campo überfielen sie ihre alten Kopf- und Hals-, dazu Gliederschmerzen, Erbrechen und wieder Fieber. Ana de San Bartolomé hatte sie kaum gesundgepflegt, als Padre Antonio de Jesús, der stellvertretende Provinzial, in Medina eintraf und Teresa befahl, nach Alba de Tormes zu reisen. Doña María Enríquez, Herzogin von Alba, deren Tochter in diesen Tagen ein Kind erwartete, hatte nach der Madre verlangt. Den Wunsch konnte man der mit Teresa freundschaftlich verbundenen Förderin der Karmeliten nicht abschlagen.

Teresa plante selbst, die Konvente in Salamanca und Alba zu besuchen, später, von Avila aus, nachdem Teresita ihre Profeß abgelegt hatte. Sie gehorchte Padre Antonio. Doch Ana de San Bartolomé überlieferte, unter keinem Befehl eines Oberen habe Teresa mehr gelitten als unter diesem. So brach sie in der von der Herzogin geschickten Karosse zu ihrer letzten Reise auf.
Noch einmal war sie unterwegs, wenn auch jetzt im Gehorsam. *Caminemos ... Monjas del Carmelo!* Laßt uns reisen, Karmelnonnen! Noch einmal der von den Nonnen gesungene Vers, aber jetzt in anderer Bedeutung, ohne Rückkehr für die Madre, die den Aufbruch liebte.
Ein Stück Wahrheit traf der päpstliche Nuntius Sega, als er Teresa eine Unruhige und Umherziehende nannte, *fémina inquieta y andariega*. Doch liegt in dem abwertend Gemeinten ein anderer, tieferer Sinn, sobald Teresa selbst zu Wort kommt. Nur Unkenntnis oder bewußte Herabsetzung konnten dazu verleiten, in der »umherziehenden« Madre Fundadora eine ziellose Vagabundin zu sehen. In den »Confessiones« des Augustinus hatte sie auf der ersten Seite gelesen: *Inquietum est cor nostrum*, Unruhig ist unser Herz, bis es ruht in DIR. Beim Lesen der »Bekenntnisse«, im Konvent der Encarnación, öffnete sich der Weg zu ihrem Leben, wie sie selbst schrieb. Es ging ja nicht nur darum, Klöster zu gründen und tätig zu sein.
Caminemos, forderte sie ihre Schwestern auf, aber die ganze Verszeile lautet:

Caminemos para el cielo.
Laßt uns den Weg zum Himmel gehen.

Was heißt *el cielo*, Himmel? Wie läßt sich das von Teresa de Jesús Gemeinte verständlich machen? Ihr »Himmel« ist kein abgenutztes oder romantisches Bild, sondern umfaßt die unaufhebbare Gottesnähe, von der Augustinus spricht. »Es schien mir, als hätte der Herr mich gerufen«, notierte sie nach dem Lesen der »Confessiones«. Ihr Zielstreben war folgerichtig. Teresas ganzes Leben erscheint in ihren Schriften und ihrer Selbstdarstellung als Aufstieg, als Transzendenz ihrer Seele in der Begegnung mit Gott.

Diese Begegnung war kein abstrakter, kein frömmlerischer oder weltflüchtiger Vorgang, sondern vollzog sich höchst konkret. Sie sagte *Majestad* oder *el Señor*, doch sie sprach mit Gott wie mit einem vertrauten Partner, Ratgeber, Verantwortlichen und Freund. Ein ungeheurer Vorgang, der provozierte, bei den Beamten einer starren Orthodoxie Ärgernis auslöste, denn sie war eine Frau.

Ihr Gott war nicht der Gott der Letrados, der Gelehrten, der starrsinnigen Theologen, sondern »der Gott Abrahams, Isaaks und Jakobs«, auf den sich zweiundsiebzig Jahre nach ihrem Tod der Franzose Blaise Pascal in seinem »Mémorial« berief, ein lebendiger und menschennaher Gott. Die Beziehung zu ihrer *Majestad* gab ihr die Freiheit, undoktrinär und pragmatisch zu handeln und läßt sie in ihrer untrennbaren Gottes- *und* Menschennähe heutiger erscheinen als die dem Menschen entfremdeten Doktrinäre. Ihr ganzes Leben war eine Herausforderung zum Menschlichsein.

Der Hinwendung zum Menschen widerspricht nicht Teresas Berufung auf Gott in ihrem Gedicht mit der oft zitierten Endzeile *Sólo Dios basta*, Allein Gott genügt. In der mystischen Ansprache und Vision erfuhr sie Gott als höchste Instanz, als ihre wahrhafte *Majestad*, ihren Herrn. Jedoch mit der mystischen Intensivierung ihres geistlichen Lebens öffnete sich zugleich oder unmittelbar danach ihr Weg in die Gemeinschaft, in die Sozietät, beginnend mit der Gründung ihres ersten Klosters.

Es ist ihr Gott, der sie aus der Vereinzelung, aus ihrer individuellen Heilserwartung herausholt, der durch seinen Zuspruch Aufgaben stellt, die sie der vollen Lebenswirklichkeit mit ihren Höhen und Tiefen aussetzt. Es ist aber auch ihr Gott, dem allein sie in ihrer Glaubenskraft zutraut, daß er ihrem Leben Halt gibt und sie furchtlos macht.

Nada te turbe
nada te espante
todo se pasa

Dios no se muda
la paciencia
todo lo alcanza

quien a Dios tiene
nada le falta
sólo Dios basta.

Nichts verwirre dich,
nichts erschrecke dich,
alles vergeht.

Gott ändert sich nicht.
Die Geduld
erreicht alles;

wer Gott besitzt,
dem fehlt nichts.
Gott allein genügt.

Das Gedicht fand man nach dem Tod der Madre in einem ihrer Gebetbücher. Schon dem Tod nahe, war Teresa in Alba de Tormes eingetroffen und sagte, sie fühle sich sehr müde. Noch ein paar Tage nahm sie am Chorgebet teil, kümmerte sie sich um

Fragen der Kommunität in Alba. Am 29. September 1582 bekam sie einen Blutsturz. Die Priorin ließ Padre Antonio de Jesús herbeiholen. Die Herzogin besuchte Teresa, wohl doch, wie auch Padre Antonio, von ihrem schlechten Gewissen geplagt, denn sie hatte die Reise der Madre nach Alba gewünscht. Ana de San Bartolomé und zwei Schwestern pflegten die Sterbende.
Eine der Augenzeuginnen, María de San Francisco, überlieferte, Teresa hätte einen Psalmvers wiederholt gesprochen: *Cor contritum et humiliatum, Deus, non despicies.* Ein zerknirschtes und gedemütigtes Herz wirst du, Gott, nicht verschmähen. Die Madre hätte auch, wie in einem ihrer Zwiegespräche mit Gott, wiederholt gesagt: *En fin, Señor, soy hija de la Iglesia.* Endlich, Herr, bin ich eine Tochter der Kirche.
Ihren müden Kopf in die Arme der Bauerntochter Ana gelegt, starb Teresa am 4. Oktober, dem Festtag des heiligen Franziskus. Ihr Gesicht soll strahlend schön und voller Frieden gewesen sein. Noch zweimal machte man Teresa zur Reisenden im Planwagen, in der Galera. 1585 bestimmte das Generalkapitel der Unbeschuhten Karmeliten die Exhumierung der Madre und ihre Grablegung in Avila. Im Folgejahr führte man den Leichnam zurück nach Alba de Tormes. Vierzig Jahre nach ihrem Tod wurde Teresa de Jesús nach dem üblichen Kanonisierungsprozeß in das Verzeichnis der Heiligen eingetragen. Man nannte sie längst la Santa, die Heilige.

Anhang

Zeittafel

1451	Isabel von Kastilien geboren.
1452	Fernando von Aragón geboren.
1454	Isabels Vater Juan II. von Kastilien stirbt. Sein Sohn Enrique IV., Isabels Stiefbruder, wird König.
1469	In Valladolid geheime Vermählung Isabels von Kastilien mit dem Infanten Fernando von Aragón.
1474	Enrique IV. von Kastilien stirbt. Isabel I. Königin von Kastilien.
1479	Fernando II. wird nach dem Tod des Vaters König von Aragón. Vereinigung der Königreiche von Kastilien und Aragón. Geburt Juanas, der Tochter Isabels und Fernandos in Toledo.
1480	Inquisition in Kastilien.
1482	Beginn des Feldzugs gegen das Emirat Granada.
1483	Ernennung des Dominikaners Tomás de Torquemada zum Großinquisitor.
1484	Erneute Inquisition in Aragón.
1492	Eroberung Granadas. Ende der Reconquista. Jiménez de Cisneros wird Beichtvater Isabels. Ausweisung der Juden aus Spanien. Kolumbus entdeckt Amerika.
1494	Vertrag von Tordesillas. Spanien und Portugal teilen die Welt in zwei Hemisphären. Papst Alexander VI. verleiht Isabel und Fernando den Titel *Reyes Católicos* – die Katholischen Könige.
1495	Cisneros wird Erzbischof von Toledo und Spaniens Primas.
1496	Vermählung Philipps des Schönen mit Juana von Kastilien.
1497	Don Juan (19), einziger Sohn Isabels und Fernandos, stirbt und wird in Avila beigesetzt.

1500	Juanas und Philipps Sohn Carlos (Karl V.) in Gent geboren.
1502	Juana und Philipp besuchen Spanien. Ausweisung der Muslim aus Spanien.
1503	Juanas und Philipps Sohn Fernando (Ferdinand I.) in Alcalá de Henares geboren.
1504	Isabel die Katholische stirbt in Medina del Campo. Juana wird Thronerbin.
1506	Philipp der Schöne stirbt in Burgos. Kolumbus stirbt in Valladolid.
1507	Cisneros wird Großinquisitor.
1508	Maximilian I., Vater Philipps des Schönen, erwählter römischer Kaiser.
1509	Fernando der Katholische bringt seine Tochter Juana nach Tordesillas. Juana bleibt dort, angeblich dem Wahnsinn verfallen, bis zu ihrem Tod 1555.
1515	Juanas Sohn Carlos (Karl V.) wird großjährig. Teresa von Avila geboren.
1516	Fernando II., der Katholische, stirbt. Proklamation Carlos zum König von Kastilien und Aragón.
1517	Carlos betritt spanischen Boden. In Tordesillas erste Begegnung mit der Mutter. Kardinal Cisneros stirbt. Luthers Thesenanschlag in Wittenberg.
1519	Tod Kaiser Maximilians. Sein Enkel Carlos wird in Frankfurt zum Kaiser gewählt: Karl V.
1519–21	Eroberung Mexikos durch Hernán Cortez.
1520–21	Aufstand und Niederlage der Comuneros in Spanien.
1521	Reichstag zu Worms. Luther vor Karl V.
1526	Karl V. heiratet Isabel von Portugal in Sevilla.
1527	Philipp (II.), Sohn Karls und Isabels, in Valladolid geboren.
1529	Die Türken vor Wien, zum Rückzug gezwungen.
1530	Kaiserkrönung Karls V. in Bologna. Reichstag zu Augsburg, erstes protestantisches Bekenntnis, die Confessio Augustana.
1531	Die 16jährige Teresa im Internat Santa María de Gracia in Avila. Erkrankung und 1532 Rückkehr zum Vater.
1532–34	Pizarro erobert Perú.
1534	Ignatius von Loyola gründet den Jesuitenorden.

1535	Teresa tritt ins Kloster Encarnación in Avila ein.
1537	Teresa legt am 3. November Profeß ab.
1538	Schwere und anhaltende Erkrankung.
1539	15. August: Teresa verfällt einer mehrtägigen Ohnmacht. Rückkehr ins Kloster, drei Jahre gelähmt.
1540	Johannes von Gott gründet den Orden der Barmherzigen Brüder.
1541	Philipp II. wird mit der Regierung beider Spanien beauftragt. Ignatius von Loyola Ordensgeneral der Jesuiten.
1542	Johannes vom Kreuz (Juan de la Cruz) geboren.
1554	Teresas »Bekehrungserlebnis«.
1555	In Tordesillas stirbt Juana. In Avila begegnet Francisco Borja der Karmelitin Teresa. Augsburger Religionsfrieden.
1555	Oktober: Abdankung Karls V. als Souverän der Niederlande. Übergabe an König Philipp II.
1556	16. 1.: Verzicht Karls V. zugunsten seines Sohnes Philipp II. auf Kastilien, Aragón, Sizilien und Westindien (Las Indias). Die deutsche Kaiserwürde überläßt Karl V. seinem Bruder Ferdinand.
1557	Karl V. zieht sich nach Yuste zurück.
1558	Kaiserkrönung Ferdinands I. in Frankfurt. Karl V. stirbt in Yuste.
1560	Teresa und Gefährtinnen beschließen die Gründung eines Karmelitinnenklosters.
1560–62	Teresa schreibt, auf Anordnung ihres Beichtvaters, ihre erste, nicht erhaltene Lebensgeschichte.
1562	Gründung des Klosters San José in Avila.
1563	Teresa verläßt das Kloster Encarnación, siedelt nach San José über, Priorin. Philipp II. beginnt mit dem Bau des Escorial. Fray Juan de San Matía (Juan de la Cruz) tritt in Medina del Campo in den Karmeliterorden ein.
1565	Abschluß der neuen, erhaltenen Fassung von Teresas *Vida*, ihrer Selbstbiographie.
1566	Teresa schreibt ihr Werk »Weg der Vollkommenheit«, *Camino de Perfección.*
1567	Gründung des Klosters in Medina del Campo.

1567 Teresas erste Begegnung mit Juan de la Cruz.

1568 April: Gründung des Klosters in Malagón.
August: Gründung des Klosters in Valladolid.
November: Gründung des Klosters für Unbeschuhte Karmeliten in Duruelo durch Juan de la Cruz.

1569 Mai: Gründung des Klosters in Toledo.
Juni: Gründung des Klosters in Pastrana.

1570 November: Gründung des Klosters in Salamanca.

1571 Januar: Gründung des Klosters in Alba de Tormes.
Oktober: Teresa wird Priorin des Klosters Encarnación in Avila.
Seesieg über die Türken bei Lepanto.

1572 März: Jerónimo Gracián tritt in Pastrana in den Karmelorden ein.
September: Juan de la Cruz wird Beichtvater im Kloster Encarnación.

1573 Teresa beginnt die Niederschrift ihres Buches der Klostergründungen *(Las Fundaciones)*.

1574 März: Gründung des Klosters in Segovia.
Juni: Padre Gracián wird Provinzvikar und Visitator des Karmelordens in Andalusien.

1575 Februar: Gründung des Klosters in Beas.
Streitigkeiten zwischen Beschuhten und Unbeschuhten Karmeliten.
Teresa lernt in Beas Padre Gracián kennen.
Mai: Gründung des Klosters in Sevilla.
Teresa erhält Befehl, auf weitere Gründungen zu verzichten und sich in ein Kloster zurückzuziehen.

1576 Januar: Gründung des Klosters in Caravaca durch Ana de San Alberto.
Teresa verläßt Sevilla und geht nach Toledo.

1577 Teresa schreibt in Toledo und Avila ihr mystisches Hauptwerk »Die innere Burg« (*Las Moradas*).

1579 König Philipp II. stiftet Frieden zwischen Unbeschuhten und Beschuhten Karmeliten.

1580 Päpstliches Breve bestätigt endgültig die eigene Ordensprovinz der Descalzos, der Unbeschuhten.
Dezember: Gründung des Klosters in Palencia.

1581	März: Erstes Generalkapitel der Unbeschuhten wählt Padre Gracián zum Provinzial. Juni: Gründung des Klosters in Soria.
1582	Januar: Gründung des Klosters in Granada durch Ana de Jesús und Juan de la Cruz. Teresa reist von Avila nach Burgos, gründet dort im April ihr letztes Kloster. August/September: Teresa in Valladolid und Medina del Campo. 20. September: Auf Befehl des Provinzialvikars reist Teresa nach Alba de Tormes. 4. Oktober: Teresa de Jesús stirbt in Alba de Tormes. Durch die Einführung des Gregorianischen Kalenders im selben Jahr fällt ihr Todestag auf den 15. Oktober.
1588	Erste Ausgabe der Schriften Teresas in Salamanca durch Fray Luis de León. Besiegung der spanischen Armada durch die Engländer. Spaniens Goldenes Jahrhundert, das *Siglo de Oro*, geht zu Ende.
1598	Philipp II. stirbt im Escorial.
1622	Heiligsprechung Teresas von Avila.
1970	Santa Teresa wird als erste Frau zur Kirchenlehrerin ernannt.

Spanisches Wörterverzeichnis

Für die Eigennamen wählte ich im Text die spanische Schreibweise, also Isabel für Isabella, Juana für Johanna, Fernando für Ferdinand, Enrique für Heinrich usf. Das wird heutigen Lesern keine Schwierigkeit bereiten. Nur in wenigen Fällen, wo spanische Namen zu sehr befremden würden, blieb es bei der gewohnten Namenschreibung, etwa Philipp statt Felipe oder bei den deutschen Kaisern Karl V. statt Carlos in der Jugend und Ferdinand I. statt Fernando.

Das Wörterverzeichnis soll das Verstehen bestimmter im Text vorkommender spanischer Begriffe erleichtern.

Alcabala	Zehnprozentige Verkaufssteuer, von privaten Steuerpächtern eingetrieben
Alcalde	Bürgermeister und Richter
Alcázar	Maurische Burg
Alpargatas	Hanfsandalen, Fußbekleidung der »Unbeschuhten« Karmeliten
Alumbrados	Erleuchtete. Spirituelle Erneuerungsbewegung im spanischen 16. Jahrhundert. Vielfach durch übertriebenen Subjektivismus und Schwarmgeisterei von der orthodoxen Lehre der Kirche abweichend.
Autodafé	Aus dem Portugiesischen übernommen. Spanisch *auto de fé*. Abgeleitet vom lateinischen *actus fidei*, Glaubensakt. Feierliche Urteilsverkündung der Inquisition, teils mit Urteilsvollstreckung.
Beatin	Spanisch *beata*. Laienschwester, die ohne eigentliches Gelübde im Kloster lebt.

Breve	Lateinisch. Päpstlicher Erlaß
Calzado	Beschuht. Karmelitermönch, der milderen Regel verpflichtet
Calzados	Die »Beschuhten« Karmeliter, im Gegensatz zu den »Unbeschuhten«, den Descalzos, die nach der strengeren Regel lebten.
Camino	Weg, Straße
Cañadas	Festgelegte Wanderrouten der Schafherden vom nördlichen Hochland zum Süden.
Capitulaciones matrimoniales	Ehevertrag
Castillo	Burg, Kastell
Castillo interior	Die innere Burg, »Seelenburg«. Kurztitel einer Schrift Teresas von Avila.
Cédula	(königliche) Verfügung
Colón (Kolumbus)	Cristóbal Colón nannte sich Kolumbus in Spanien und in spanischen Diensten. Ursprünglich hieß der gebürtige Genuese Cristóforo Colombo, noch in seiner vorspanischen Zeit in Portugal Cristovâo Colombo. Hierzu: Salvador de Madariaga, Kolumbus. S. 69–85.
Comuneros	Sammelbegriff für die 1520 aufständischen kastilischen Städte. Literaturhinweis: J. A. Maravall, Las Comunidades de Castilla; J. Perez, La révolution des ›Comunidades‹ de Castille; J. I. Gutiérrez Nieto, Las Comunida des; S. Haliczer, The Comuneros of Castile.
Conquista	Eroberung
Conquistadores	Eroberer
Consejo Real	Kronrat, dem seit 1480 ein Bischof, drei Adelige, sieben oder acht Juristen (Letrados) angehörten.
Consejo de la Suprema y General Inquisición	Oberster Rat der Inquisition. An der Spitze der vom König ernannte General- oder Großinquisitor. Seine Urteile waren unanfechtbar.
Contador mayor	Oberster Rechnungsführer, dem »Schatzkanzler« vergleichbar.

Converso	Bekehrter. Im engeren Sinne der Judeoconverso, der zum Christentum bekehrte Jude. Auch für dessen Nachfahren gebräuchlich. So war Teresa eine Conversa.
Corregidor, -es	Königliche Kontrollbeamte. In den Städten eingesetzt als Bürgermeister.
Cortes	Parlament (Spanisch nur im Plural)
Criada, -s	Dienerin, -nen
Descalzas	Die »Unbeschuhten« nannten sich die Karmelitinnen (Descalzos die Karmeliten), die sich der strengeren Observanz in den von Teresa von Avila und Juan de la Cruz neugegründeten Klöstern verpflichteten. Vordem gab es auch bei den Franziskanerinnen Descalzas.
Descalzo	Unbeschuht, barfuß, Barfüßermönch
Encarnación	Lateinisch *incarnatio*, Fleischwerdung. Im christlichen Wortgebrauch die Menschwerdung des Gottessohnes. Name des Klosters der Karmelitinnen in Avila, genauer: Monasterio Nuestra Señora Santa María de la Encarnación.
Espirituales	Die »Geistlichen« oder »Spirituellen«, die im Gegensatz zu den gelehrten Theologen, den Letrados, einem einfachen Frömmigkeitsideal zustreben.
Fray	Ordensbruder, Ordensangehöriger, auch für die Ordenspriester gebräuchlich.
Fueros	Rechte, Sonderrechte, vor allem der Städte oder bestimmter Regionen.
Fundación	Gründung, Stiftung
Fundadora	Gründerin. Teresa von Avila wurde Madre Fundadora genannt.
Grande	Angehöriger des Hochadels
Hidalgo	Angehöriger des niederen Adels. Das Wort kommt von *hijo de algo*, Sohn von etwas.
Huerta	Bewässertes Obst-, Gemüseland
Indias	Las Indias wurden die neuentdeckten Länder jenseits des Ozeans genannt, weil Kolumbus

	glaubte, Indien entdeckt zu haben. Von dieser Landbestimmung abgeleitet entstand der Name Indianer.
Infant Infantin	Historischer Titel der spanischen Prinzen und Prinzessinnen
Inquisición	Inquisition, Glaubensbefragung, Glaubensgericht. Die spanische Inquisition dauerte von 1480 bis zur offiziellen Abschaffung im Juli 1834. Literaturhinweise: H. Kamen, Die spanische Inquisition; H. Ch. Lea, Die Inquisition; H. Ch. Lea, Geschichte der spanischen Inquisition; M. Defourneaux, Spanien im Goldenen Zeitalter, S. 40ff, 145ff; U. Dobhan, Gott–Mensch–Welt, S. 18ff.
Konnetabel	Condestable. Kronfeldherr, oberster Heerführer. Mitgliedern der königlichen Familie vorbehalten.
Letrado, -s	Gelehrter, Akademiker. Im engeren Sinne die in den Staatsdienst und Kronrat berufenen Juristen. Im religiösen Bereich die gelehrten Theologen im Gegensatz zu den »Espirituales«.
Limpieza de sangre	Reinheit des Blutes. Das erste Statut zur Limpieza erließ Toledo 1449. Bis ins 17. Jh. folgten mehrfach solche Erlasse zum Nachweis des »reinen Blutes«, unerläßlich zur gesellschaftlichen Anerkennung, zur Aufnahme in bestimmte Dienste, Körperschaften, Orden. Es gab Proteste, so von den Jesuiten unter den drei ersten Ordensgenerälen. Auch Teresa lehnte die Limpieza-Bedingung zur Aufnahme in den Orden ab.
Mancha	La Mancha, die Heimat Don Quijotes, ist das Hochland südöstlich von Toledo bis zur Sierra Morena.
Marranos	Oft verwendet für Conversos, neugetaufte Juden. Nach Henry Kamen »vermutlich entweder aus dem hebräischen *maranatha* (der Herr

	kommt) oder aus einer Schilderung der Juden als Menschen, die den wahren Glauben verdekken (marrán)«. Das Wort wird auch mit dem spanischen *marranos*, Schweine, in Verbindung gebracht.
Maravedí, -s	Hauptzahlungsmittel, Verrechnungseinheit in Kastilien. Zur Zeit der Katholischen Könige ergaben 375 Maravedís einen Dukat. Ein Dukat entsprach etwa dem Wochenlohn eines Facharbeiters. Die Umrechnung schwankt. So stieg 1475 der Brotpreis von 2 auf 10 Maravedís. Bei Isabels Thronbesteigung betrugen die (bescheidenen) Jahreseinkünfte der Krone 40000 Dukaten. Der Erzbischof von Toledo verfügte über die doppelten Einkünfte. Der allerdings reichste Ritterorden von Santiago brachte es auf Jahreseinkünfte in Höhe von 600000 Dukaten.
Meseta	Innerspanische Hochebene
Mesta	Vereinigung der Schafzüchter
Monasterio	Kloster
Monja, -s	Nonne, -n
Monja del Carmelo	Nonne des Karmelklosters
Morisco	Maure, zum Christentum bekehrt
Mozárabe	Christ, unter maurischer Herrschaft lebend
Mudéjar	Maure, im rückeroberten christlichen Gebiet lebend. Die für die spanische Kunst bedeutenden Mudéjaren-Künstler arbeiteten bis ins 16. Jahrhundert.
Mugeres	Mujeres, Frauen. Als Juanas Dienerinnen oder Dueñas zitiert.
Ordenanzas Reales	Königliche Verordnungen, Gesetze. Im Auftrag der Königin Isabel gesammelt von Alfonso Diaz de Montalvo. Grundlage der spanischen Rechtswissenschaft.
Procuradores	Die Abgeordneten (Bevollmächtigten) der Cortes
Provincial	Provinzial. Der Obere einer Ordensprovinz
Reconquista	Rückeroberung der von den Mauren beherrsch-

	ten Gebiete, über sieben Jahrhunderte vom äußersten Norden nach Süden getragen. Die Reconquista endete 1492 mit der Einnahme von Granada.
Reyes Católicos	Katholische Könige. Papst Alexander VI., ein Borja, aus hochadeligem spanischen Geschlecht stammend, verlieh den völlig singulären Titel 1494 dem Königspaar Isabel von Kastilien und Fernando von Aragón.
Sanbenito	Verballhornt aus *saco bendito*, geweihter Sack. Kleidung der von der Inquisition Verurteilten: gelber Überwurf, bemalt mit diagonalen Kreuzen oder Flammen.
Santa Hermandad	Heilige Bruderschaft. Ortsgebundene Polizeitruppe, gefürchtet, weil zu unmittelbarer Urteilsvollstreckung ohne Gerichtsverfahren berechtigt.
Santiago	Sant Yago, der Apostel Jakobus der Ältere, der spanische Nationalheilige.
Sephardim	Aus Spanien ausgewanderte bzw. vertriebene Juden und deren Nachfahren. Kolumbus soll ein Sephardim gewesen sein.
Sierra	Gebirge, Gebirgszug
Siglo de Oro	Spaniens Goldenes Jahrhundert, politisch grundgelegt durch die Katholischen Könige, endend mit der Niederlage der Armada (1588) und dem Tod Philipps II. (1598).
Tanto monta	Wappenspruch der Katholischen Könige, bedeutet »ebenso gewichtig, von gleichem Gewicht, gleicher Bedeutung«, die Gleichrangigkeit von Isabel und Fernando hervorhebend. Man sagte auch: Isabel como Fernando, Isabel wie Fernando.
Vega	Fruchtbare Ebene, Schwemmland
Vida	Leben, Lebensgeschichte. Kurzform von Teresas Autobiographie, Libro de la Vida.
Yo la Reina	Ich die Königin. Formel der Königin Isabel bei allen Unterzeichnungen.

Yo el Rey — Unterzeichnungsformel Fernandos (und der spanischen Könige): Ich der König.

Yugo y Flechas — Joch und Pfeile. Wappenemblem der Katholischen Könige, wiederum die Gemeinsamkeit kennzeichnend. Dazu kam auch der Gordische Knoten.
Die Wappenembleme sind gelegentlich an Bauwerken zu sehen, mit dem Wappenspruch. So in Toledo (San Juan de los Reyes) und in Segovia (Santa Cruz).

Literaturverzeichnis I

Der erste Teil der Bibliographie enthält Titel zu Isabel von Kastilien und Juana die Wahnsinnige, eine Auswahl, begrenzt auf benutzte, zitierte oder im Zusammenhang wichtige Literatur.

A. *Quellen und ältere Literatur*

Archivo General de Simancas. Guia del Investigador por D. Angel de la Plaza Bores. Madrid 1986.

Bergenroth, Gustav A.: Calendar of Letters, Despatches, and State Papers relating to the negotiations between England and Spain. London 1862–1904. Hierzu: Supplement to Volume 1 and 2. London 1868.

Bernáldez, Andrés: Historia de los Reyes Católicos. 2 Bde., Sevilla 1870.

ders.: Memorias del Reinado de los Reyes Católicos. Biblioteca Reyes Católicos. Madrid 1962.

Colección de Documentos Inéditos para la Historia de España. Hrsg. Martín Fernández Navarrete, Miguel Salvá, Pedro Saint de Baranda u. a. Madrid 1842–1895. Neudruck Vaduz 1964–1966.

Crónica Incompleta de los Reyes Católicos. Edit. J. Puyol. Madrid 1934.

Documentos sobre Relaciones Internacionales de los Reyes Católicos. Hrsg. Antonio de la Torre. Bde. 1–6. Barcelona 1949–1966.

Enríquez del Castillo, Diego: Crónica del Rey Don Enrique el Cuarto. In: Biblioteca de Autores Españoles. Madid 1878.

Fernández de Oviedo, Gonzalo: Las Quincaguenas de la noblez de España. Madrid 1880.

ders.: Libro de la cámara real del Principe Don Juan. Madrid 1870.

Galíndez de Carvajal, Lorenzo: Anales Breves del Reynado de los Reyes

Católicos. In: Colección de Documentos Inéditos para la Historia de España. Madrid 1851.
ders.: Crónica de Enrique IV. Edit. Torres Fontes. Murcia 1945.
Lalaing, Antoine de: Voyage de Philippe le Beau en Espagne en 1501. In: Collection de Voyage des Souverains des Pays-Bas. Edit. Gachard. Brüssel 1876.
Marineo Sículo, Lucio: De Rebus Hispaniae Memorabilibus. Alcalá de Henares 1533.
Mártir de Anglería, Pedro: Epistolario. 4 Bde. Madrid 1953. In: Documentos Inéditos para la Historia de Espana. Bd. 9–12.
Mexía, Pedro: Historia del Emperador Carlos V. Hrsg. J. de Mata Carriazo. Colección de Crónicas Españolas. Bd. VII. Madrid 1945.
Padilla, Lorenzo de: Crónica de Felipe I, llamado el Hermoso. In: Colección de Documentos Inéditos para la Historia de España. Madrid 1846. Bd. VIII.
Palencia, Alonso de: Crónica de Enrique IV. 5 Bde. Madrid 1904–1909.
Pulgar, Hernando del: Crónica de los Reyes Católicos. 2 Bde. Madrid 1943.
Prescott, William H.: History of the Reign of Ferdinand and Isabella. 2 Bde. London 1867.
Rodríguez Villa, Antonio: La Reina Doña Juana la Loca. Madrid 1892.
Sandoval, Prudencio de: Historia de la vida y hechos del emperador Carlos V. Valladolid 1603. 3 Bde. Madrid 1956.
Santa Cruz, Alonso de: Crónica de los Reyes Católicos. Sevilla 1951.
Tratados Internacionales de los Reyes Católicos. Hrsg. José López de Toro. Bd. 1–2. Madrid 1952.
Valera, Mosén Diego de: Crónica de los Reyes Católicos. Madrid 1927.
Vital, Laurent: Premier Voyage de Charles-Quint en Espagne. In: Collection des Voyages des Souverains des Pays-Bas. Edit. Gachard. Brüssel 1881.

B. Jüngere Literatur

Balaguer, V.: Los Reyes Católicos. 2 Bde. Madrid 1892.
Ballesteros y Beretta, Antonio: Geschichte Spaniens. München/Berlin 1943.
Ballesteros, M.: La Obra de Isabel la Católica. Segovia 1953.
Bleiberg, Germán: Diccionario de historia de España. 3 Bde. Madrid 1968–69.

Brandi, Karl: Kaiser Karl V. Werden und Schicksal einer Persönlichkeit und eines Weltreiches. Bd. I. 6. Aufl. Frankfurt a.M. 1976; Bd. II. Quellen und Erläuterungen. 2. Aufl. München 1967.
Braudel, Fernand: La Méditerranée et le monde méditerranéen à l'époque de Philipp II. 2 Bde. Paris 1966.
Brouwer, Johan: Johanna de Waanzinnige. Amsterdam 1977. Deutsch: Johanna die Wahnsinnige. München 1978.
Carrande, Ramón: Carlos V y sus banqueros. Madrid 1949.
Castro, Américo: La Realidad Histórica de España. Deutsch: Spanien, Vision und Wirklichkeit. Köln 1957.
Défourneaux, Marcelin: La Vie quotidienne en Espagne au siècle d'or. Paris 1964. Deutsch: Spanien im Goldenen Zeitalter. Stuttgart 1986.
Domínguez Ortiz, Antonio: Los conversos de origen judío después de la expulsión. Madrid 1957.
ders.: Los Judeoconversos en España y América. Madrid 1971.
Domke, Helmut: Spaniens Norden. München 1967.
Doussinague, José María: Fernando el Católico y Germana de Foix. Madrid 1944.
ders.: La política exterior de Fernando el Católico. Madrid 1944.
ders.: El testamento político de Fernando el Católico. Madrid 1950.
Faber, Gustav: Spaniens Mitte und Katalonien. München 1977.
Ferdinandy, Michael de: Karl V. München 1978.
Fernández Alvarez, Manuel: Política Mundial de Carlos V y Felipe II. Madrid 1966.
ders.: Karl V. Herrscher eines Weltreichs. München 1984.
Fernández de Retana, Luis: Isabel la Católica, fundadora de la unidad nacional española. Madrid 1947.
Garcia y Garcia de Castro, Rafael: Virtudes de la Reina Católica. Madrid 1961.
Gómez del Mercado, F.: Isabel I, reina des España y madre de América. Madrid 1943.
Gutiérrez Nieto, J. I.: Las comunidades. Movimiento antiseñoral. Madrid 1973.
Haliczer, S.: The Comuneros of Castile. Forging of a Revolution 1475–1521. Madison/Wisc. 1981.
Heine, Hartmut: Geschichte Spaniens in der frühen Neuzeit 1400–1800. München 1984.
d'Hulst, Henri: Le Mariage de Philippe le Beau. Antwerpen 1958.

Imann-Gigandet, Georges: Jeanne la Folle. Paris 1947.
Irving, Washington: Chronicle of the Conquest of Granada. New York 1868.
Kamen, Henry: The Spanish Inquisition. London 1965. Deutsch: Die spanische Inquisition. München 1967.
Konetzke, Richard: Kreuzzugs- und Missionsidee. In: Propyläen Weltgeschichte, Bd. VI, 2. Frankfurt/Berlin 1976.
Lahnstein, Peter: Auf den Spuren von Karl V. München 1979.
Lea, Henry Charles: History of the Inquisition of the Middle Ages, London 1888. Deutsch: Die Inquisition. Nördlingen 1985.
ders., A history of the Inquisition of Spain. 4 Bde. New York 1906–1908. Deutsch: Geschichte der spanischen Inquisition. Leipzig 1911–12. Nachdruck Aalen 1980.
Llanos Torriglia, Félix de: La Reina Isabel. Madrid 1949.
Lofts, Norah: Crown of Aloes. Deutsch: Königin Isabella. München 1978.
Lowe, Alfonso: The Companion Guide to the South of Spain. London 1972. Deutsch: Spaniens Süden. München 1972.
Lutz, Heinrich: Das Zeitalter Karls V. In: Propyläen Weltgeschichte, Bd. VII, 1. Frankfurt/Berlin 1976.
Machiavelli, Niccolo: Il Principe. Deutsch: Der Fürst. Stuttgart 1961.
Madariaga, Salvador de: Spain. Deutsch: Spanien, Wesen und Wandlung, Stuttgart 1955.
ders.: Vida del Muy Magnifico Señor Don Cristóbal Colón. Deutsch: Kolumbus. Bern/München 1966. TB München 1975.
Maravall, José Antonio: Las comunidades de Castilla, una primera revolución moderna. Madrid 1963.
Marques de Lozoya: Historia de España, Tomo tercero. Barcelona 1967.
Mateo, A. M.: Colón e Isabel la Católica. Valladolid 1942.
Menéndez Pidal, Ramón: Der Spanier in der Geschichte. München o.J.
ders.: Los Reyes Católicos según Maquivelo y Castiglione. Madrid 1952.
Merriman, R. B.: The Rise of the Spanish Empire, Bde. II und III. New York 1936 und 1925.
Merzbacher, Friedrich: Die spanische und italienische Staatenwelt. In: Propyläen Weltgeschichte, Bd. VI, 2. Frankfurt/Berlin 1976.
Miller, Townsend: The Castles and the Crown. New York, London 1963. Deutsch: Isabel und Juana. Um Spaniens Krone. München 1967.
Nette, Herbert: Karl V. in Selbstzeugnissen und Bilddokumenten. Reinbek 1979.

Perez, J.: La révolution des ›Comunidades‹ de Castille. Bordeaux 1970.
Pfandl, Ludwig: Spanische Kultur und Sitte des 16. und 17. Jahrhunderts. Kempten 1924.
ders.: Johanna die Wahnsinnige. Freiburg i. Br. 1930.
ders.: Philipp II. Gemälde eines Lebens und einer Zeit. München 1948.
Pierson, Peter: Philipp II. Vom Scheitern der Macht. (Mit ausführlicher Bibliographie.) Graz/Wien/Köln 1985.
Prawdin, Michael: Donna Juana, Königin von Kastilien. Düsseldorf 1953.
Rassow, Peter, und Schalk, Fritz, Hrsg.: Karl V. Der Kaiser und seine Zeit. Köln/Graz 1960.
Rouco-Varela, Antonio M.: Staat und Kirche im Spanien des 16. Jahrhunderts. München 1965.
Sánchez Albornoz, Claudio: España. Un enigma histórico. 2 Bde. Buenos Aires 1956.
ders.: Del ayer des España. Tripticos históricos. Madrid 1973.
Sarasola, Fr. Modesto: Isabel la Católica y el Destino de Doña Juana la Beltraneja. Valladolid 1960.
Schneider, Reinhold: Philipp II. oder Religion und Macht. Hellerau 1931. In: Iberisches Erbe. Olten 1949.
Seaver, H. L.: The Great Revolt in Castile. London 1929.
Silió Cortés, César: Isabel la Católica. Madrid 1951.
Sonntag, Franz Peter: Ruhelose Zeit. Das Jahrhundert der Reformation und der Reform. Leipzig 1984.
Tyler, Royall. The emperor Charles the Fifth. London 1956. Deutsch: Kaiser Karl V. Stuttgart 1959.
Vicens Vives, Jaime: Fernando el Católico, príncipe de Aragón, rey de Sicilia 1458–79. Madrid 1952.
ders.: La vida y la obra del Rey Católico. Ponencia presentada al V Congreso de Historia de la Corona de Aragón. Zaragoza 1952.
Walsh, William Thomas: Isabella of Spain. New York 1930. Deutsch: Isabella. Die letzte Kreuzfahrerin. Berlin 1938.
Wittlin, A. St.: Isabella. Begründerin der Weltmacht Spanien. Erlenbach-Zürich 1936.

Der im 2. Kapitel (Eine Landschaft als Bestimmung) zitierte Vers von Antonio Machado aus *Poesias Completas*, Madrid 1966, in eigener Übertragung.

Literaturverzeichnis II

Der besseren Übersicht wegen folgt hier gesondert das Literaturverzeichnis zu Teresa von Avila. Auch dies kann nur eine Auswahl sein, begrenzt auf benutzte, zitierte oder im Zusammenhang wichtige Literatur. Auf weitere Sekundärliteratur verweist Dobhan, Gott-Mensch-Welt.
Zur Kennzeichnung der Zitate aus den Werken Teresas wurden die üblichen Kürzel verwendet.

V	Libro de la Vida (Lebensgeschichte), entstanden 1565
F	Las Fundaciones (Buch der Klostergründungen), entstanden 1573–1581
CE	Camino de Perfección (Weg der Vollkommenheit), nach dem Manuskript des Escorial, entstanden 1566
CV	Camino de Perfección (Weg der Vollkommenheit), nach dem Manuskript von Valladolid, entstanden 1566
M	Las Moradas del Castillo interior (Wohnungen der inneren Burg. Kurzform: Die innere Burg oder Seelenburg), entstanden 1577
Cta	Carta (Brief), geschrieben 1546–1582

Teresas Verse, ebenso die Texte aus der Lebensgeschichte (V) und dem Buch der Klostergründungen (F) wurden vom Autor neu übersetzt. Die Zitierung erfolgt nach der spanischen Vorlage. Zitate aus »Die innere Burg« (M) nach der Übersetzung von Vogelgsang. Zitate aus den Briefen (Cta) und andere Zitate wurden teils überarbeitet nach der Übersetzung von Alkofer und werden nach der deutschsprachigen Gesamtausgabe (Kösel) zitiert.

A. Schriften Teresas von Avila
Gesamtwerke und Auswahlen

Spanische Ausgaben:

Santa Teresa de Jesús
Obras Completas. Hrsg. von Efrén de la Madre de Dios OCD und Otger Steggink OCarm. Madrid, 5. Edit. 1977.
Obras. 9 Bde. Hrsg. von Silverio de Santa Teresa. Burgos 1915–1924.
Obras. Hrsg. von Tomás de la Cruz. Burgos 1971.
Libro de la vida. Revisión textual por el P. Enrique Llamas Martínez. Madrid 1981.
Libro de las Fundaciones. Revisión textual, introducción y notas de Teófano Egido. Editorial de Espiritualidad. Madrid 1983.

Deutsche Ausgaben:

Sämtliche Schriften der hl. Theresia von Jesu. Hrsg. von Aloysius Alkofer OCD. 6 Bde. München 1931–1941. Neuauflagen 1980–1984.
Irene Behn (Hrsg.): Wege zum Gebet. Eine Textauswahl. Zürich-Einsiedeln-Köln 1976.
Dobhan, Ulrich (Hrsg.): Teresa von Avila. Gotteserfahrung und Weg in die Welt. Olten/Freiburg 1979.
Dobhan, Ulrich (Hrsg.): Teresa von Avila. Freundschaft mit Gott. München–Zürich 1987.
Erika Lorenz (Hrsg.): Teresa von Avila. »Ich bin ein Weib – und obendrein kein gutes«. Ein Porträt der Heiligen in ihren Texten. Ausgewählt, übersetzt und eingeleitet von Erika Lorenz. Freiburg i. Br. 1982.
P. Antonio Sagardoy (Hrsg.): Gott hat mich überwältigt. Die Autobiographie der hl. Teresa von Avila. Wien–Freiburg–Basel 1985.
Fritz Vogelgsang: Teresa von Avila. Die innere Burg. Hrsg. und übersetzt von Fritz Vogelgsang. Zürich 1979.

B. Literatur über Teresa von Avila

Alonso Cortés, Narciso: Pleitos de los Cepeda. In: Boletín de la Real Academia Española, 25, 1946.
Alvarez, Tomás, y Domingo, Fernando: Inquieta y andariega. Burgos 1981.

Ana de San Bartolomé: Autobiografía. Editorial de Espiritualidad. Madrid 1969.
dies.: Obras completas I, prep. por Julián Urkiza. Rom 1981.
Auclair, Marcelle: Das Leben der heiligen Teresa von Avila. Zürich 1953.
Behn, Irene: Spanische Mystik. Darstellung und Deutung. Düsseldorf 1957.
Castro, Américo: De la edad conflictiva. Crisis de la cultura española en el siglo XVII. Madrid 1971.
ders.: Teresa la Santa, Gracián y los separatismos con otros ensayos. Madrid 1972.
Deneuville, Dominique: Santa Teresa de Jesús y la mujer. Barcelona 1966.
Dobhan, Ulrich: Gott-Mensch-Welt in der Sicht Teresas von Avila. Frankfurt a. M./Bern/Las Vegas 1978.
Efrén de la Madre de Dios und Steggink, Otger: Tiempo y vida de Santa Teresa. Madrid 1977.
Egido, Teófanes: La novedad teresiana de Américo Castro. In: Revista de Espiritualidad 32, 1973, S. 82–94.
Herbstrith, Waltraud: Teresa von Avila. Die erste Kirchenlehrerin, Bergen-Enkheim 1971.
dies.: Verweilen vor Gott. Mit Teresa von Avila, Johannes vom Kreuz, Theresia von Lisieux, Edith Stein. Freiburg/Basel/Wien 1977.
dies.: (Hrsg.) Gott allein. Teresa von Avila heute. Freiburg/Basel/Wien 1982.
Lapauw, Camillus: Teresa von Avila. Wege nach innen. Innsbruck/Wien/München 1981.
Llamas Martínez, Enrique: Santa Teresa de Jesús y la Inquisición española. Madrid 1972.
ders.: Santa Teresa de Jesús ante la Inquisición española. In: Ephemerides Carmeliticae 13, 1962, S. 518–565.
Lorenz, Erika: Teresa von Avila. Licht und Schatten. Schaffhausen 1982.
Maaß, Fritz-Dieter: Mystik im Gespräch. Materialien zur Mystik-Diskussion in der katholischen und evangelischen Theologie Deutschlands nach dem Ersten Weltkrieg. Würzburg 1972.
Madariaga, Salvador de: Mujeres españolas. Madrid 1972.
Márquez, Antonio: Los alumbrados. Orígenes y filosofía. Madrid 1972.
Márquez Villanueva, Francisco: Santa Teresa y el linaje. In: Espiritualidad y literatura en el siglo XVI. Madrid-Barcelona 1968, S. 139–205.
Morcillo González, Casimiro: Maestra luminosa y segura. In: Revista de Espiritualidad. Juli/Dezember 1970.

Moriones, Ildefonso: Das teresianische Charisma. Eine Studie über die Ursprünge. Rom 1973.
Nigg, Walter: Große Heilige. Zürich/Stuttgart 1962.
ders.: Heimliche Weisheit. Mystiker des sechzehnten bis zum neunzehnten Jahrhundert. Olten 1975.
ders.: Theresia von Avila. Mit Farbbildern von Helmut Nils Loose. Freiburg/Basel/Wien 1981.
O'Brien, Kate: Therese von Avila. Porträt einer Heiligen. Heidelberg 1954.
Papásogli, Giorgio: Teresa von Avila. Paderborn 1961.
Pfandl, Ludwig: Spanische Kultur und Sitte des 16. und 17. Jahrhunderts. Eine Einführung in die Blütezeit der spanischen Literatur und Kunst. München-Kempten 1924.
ders.: Geschichte der spanischen Nationalliteratur in ihrer Blütezeit. Freiburg i. Br. 1929.
Piñar, Blas: Teresa de la Hispanidad. In: Revista des Espiritualidad 22, 1963, S. 499–518.
Rahner, Hugo: Rezension des Buches von H. Kamen, Spanische Inquisition. In: Stimmen der Zeit, 180, 1967, S. 428 ff.
Saggi, Ludovico: Santa Teresa »Carmelitana«. In: Carmelus 18, 1971, S. 42–63.
ders.: (Hrsg.) Santi del Carmelo. Biografie da vari dizionari, Rom 1972.
Salvador de la Virgen del Carmen: Teresa de Jesús. 2 Bde. Vitoria 1964–1968.
Schering, Ernst A.: Mystik und Tat. Therese von Jesu, Johannes vom Kreuz und die Selbstbehauptung der Mystik. München 1959.
ders.: »Dios solo basta«. Charisma, Aktivität und Weisheit der Teresa von Avila. In: Erbe und Auftrag 49, 1973, S. 267–277.
Schneider, Reinhold: Theresia von Spanien. München 1939.
ders.: Iberisches Erbe. Olten 1949.
Sender, Ramón J.: Tres Novelas Teresianas. Barcelona 1967. Deutsch: Die Heilige und die Sünder. Roman in drei Bildern. Stuttgart 1971.
Serís, Homero: Nueva genealogia de Santa Teresa. In: Nueva Revista de Filología Hispánica 10, 1956, S. 365–384.
Steggink, Otger: Erfahrung und Realismus bei Teresa von Avila und Johannes vom Kreuz. Düsseldorf 1976.
Stein, Edith: Teresia von Avila. Konstanz 1958.
Sudbrack, Josef: Erfahrung einer Liebe. Teresa von Avilas Mystik als Begegnung mit Gott. Freiburg i. Br. 1979.
Theeuwes, Josef: Abenteuerin Gottes. Teresa von Avila. Leutesdorf 1982.

Tomás de la Cruz: Santa Teresa de Avila hija de la Iglesia. In: Ephemerides Carmeliticae 17, 1966, S. 305–367.
ders.: El pensamiento de Santa Teresa. In: Ephemerides Carmeliticae 21, 1970, S. 115–168.
ders.: Santa Teresa de Jesús contemplativa. In: Ephemerides Carmeliticae 13, 1962, S. 9–62.
Valentín de la Cruz: Santa Teresa en Burgos. Historia de la última fundación. Burgos 1982.
Waach, Hildegard: Theresia von Avila. Leben und Werk. Wien 1955.
Weisheit der Liebe. Festschrift zum 4. 12. 1982, dem 400. Todestag der hl. Teresa. Christliche Innerlichkeit, Heft 2–4, Wien 1982.

Personenregister

Sach- und Ortsregister

Bildnachweise

Isabel von Kastilien
Ausschnitt aus einem Doppelporträt der Reyes Católicos
Unbekannter Meister, Ende 15. Jhd.
Museo de la Catedral, Avila
Bildquelle: MAS, Barcelona

Fernando II. von Aragon
Gemälde eines unbekannten niederländischen Meisters, Ende 15. Jhd.
Bildquelle: Kunsthistorisches Museum, Wien

Einzug der katholischen Könige Isabel und Fernando in Granada 1492
Basrelief 16. Jhd.
Capilla Real Granada
Bildquelle: MAS, Barcelona

Teresa von Avila
Statue vor dem Karmeliter-Kloster bei St. Maria della Vittoria
Bildquelle: Bildarchiv preußischer Kulturbesitz

Isabel von Kastilien
Holzstatue von Felipe Vigarny (gest. 1533) in der Capilla Real in Granada
Bildquelle: Bildarchiv preußischer Kulturbesitz

Grabmal des Prinzen Juan
Real Monasterio de Santo Tomás-Avila

Juana die Wahnsinnige
Ausschnitt aus einem flämischen Triptychon, Ende 15. Jhd.
Musées Royaux des Beaux Arts, Brüssel
Bildquelle: A. C. L., Brüssel

Philipp der Schöne
Gemahl Juanas
Stich um 1500
Bildquelle: Bildarchiv der Österreichischen Nationalbibliothek, Wien

Die Kinder Juanas
Tafelbild 15. Jhd.
Museum Santa Cruz, Toledo
Bildquelle: MAS, Barcelona

Carlos (Karl V.), ältester Sohn Juanas
Gemälde von Barent van Orley, um 1516
Bildquelle: Archiv für Kunst und Geschichte, Berlin

Teresa von Avila
Gemälde eines anonymen Malers, 17. Jhd.
Real Academia de la Lengua, Madrid

Tordesillas oberhalb des Rio Duero
Rechts neben dem Viereckturm der Torre der Königin Juana

Teresa kleidet die ersten Karmeliter von Pastrana ein
Gemälde aus dem 16. Jhd.
Heute im Franziskanerinnenkloster Pastrana
Bildquelle: Helmut Nils Loose
aus: Theresia von Avila, Herder, Freiburg 1981

Klostergründungen der Mutter Teresa
Bildquelle: Alvarez, Tomás y Domingo, Fernando: Inquieta y andariega. La aventura de Teresa de Jesús. Burgos 1981.

Inhalt

Die beiden Häuser Trastámara; die Vereini

Enríque II.
* 1333, † 1

Juan I.
v. Kastilien
* 1358, † 1390
f. 1379

Katharina v. Lancaster † 1448 ∞ Enríque III. v. Kastilien * 1379, † 1406 f. 1390

Isabel (1) v. Portugal † 1496 ∞ **Juan II.** v. Kastilien * 1405, † 1454 f. 1406 ∞ (1) **María** v. Aragón † 1445

Juana (2)
Enríquez
† 1468

Enríque IV. v. Kastilien * 1425, † 1474 f. 1454 ∞ **Juana** v. Portugal † 1475

Juana »La Beltraneja«
* 1462, † 1530

Alfonso XII. v. Kastilien * 1453, † 1468 f. 1465

Isabel (1) v. Kastilien * 1451, † 1504 f. 1474 ∞ **Fernando II.** v. Aragón * 1452, † 1516 f. 1479

Nach Hartmut Heine, Geschichte Spaniens 1400–1800, Verlag C. H. Beck, München 1984